Halbartschlager · Ruß · Seligmann · Dollmann

Neuseeland

Die 81 schönsten Wanderungen und Trekkingrouten

ROTHER
BERGVERLAG

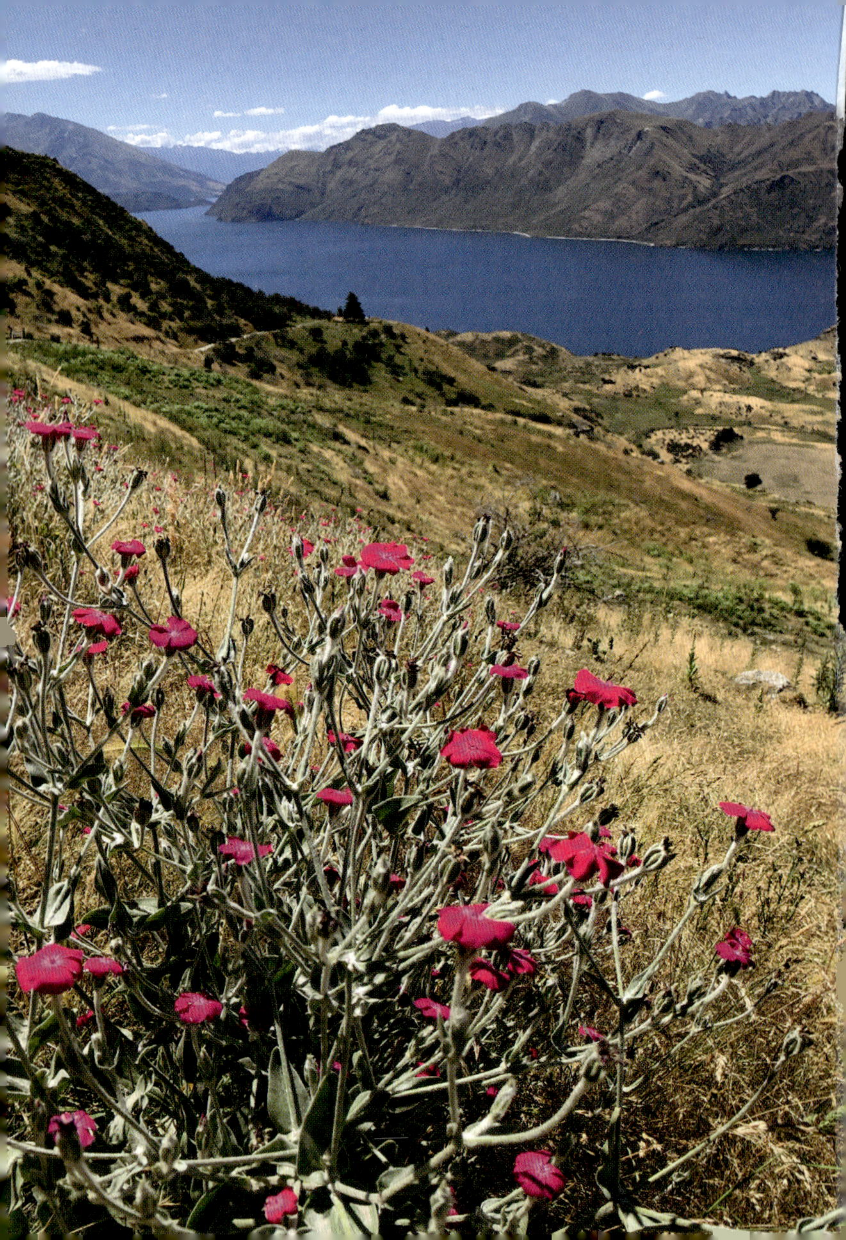

VORWORT

Aotearoa, das »Land der langen weißen Wolke«, nannten die Māori ihre neue Heimat. Sie kamen vor rund 800 Jahren aus Ostpolynesien mit großen Kanus und waren erstaunt über den Wolkenstau am Alpenhauptkamm der Südinsel. Aus Europa reisen Besucher heute in rund 30 Stunden nach Neuseeland, um gewissermaßen einen Inselstaat auf der gegenüberliegenden Seite des Globus, im fernen Südpazifik, zu entdecken. Māori wie heutige Besucher treffen auf ein außergewöhnliches Land. Vor 800 Jahren war Neuseeland ein Refugium der Vögel, eine völlig unberührte, immergrüne Wald- und Buschlandschaft; heute ist Neuseeland ein Freilichtmuseum der Natur, mit einer fast verschwenderischen Fülle an Landschaftsbildern und Naturschönheiten – ohne Zweifel ein Paradies für Wanderer und Naturliebhaber.
Dank seiner überschaubaren Größe und einem kaum enden wollenden Netz von Wanderwegen erschließen sich unzählige Möglichkeiten, die ursprünglichen Schönheiten des Landes zu entdecken: Der erfahrene Gipfelliebhaber wird ansehnliche Bergspitzen besteigen können; der ausdauernde Streckenwanderer wird von den Weitwanderwegen mit den vielfältigen Landschaften überwältigt sein; aber auch die Familie, die gemütliche Spaziergänge in der Natur liebt, wird mit beeindruckenden Erinnerungen reichlich belohnt werden.
Da es uns bei unserem ersten Neuseelandbesuch auch so erging, haben wir aus der Fülle der Wandermöglichkeiten eine Auswahl von 81 Touren aus den landschaftlich schönsten Gebieten zusammengestellt. Dabei werden kleine Ausflüge entlang zerklüfteter Küstenabschnitte ebenso beschrieben wie Tagestouren zwischen rauchenden Vulkanen, einsame Hüttenaufstiege mit weiten Ausblicken über tief eingeschnittene Fjorde, anspruchsvolle Hochgebirgstouren an den Flanken gletscherbedeckter Bergriesen sowie Gipfelrouten über grüne Bergkämme und schroffe Grate zu imposanten Bergspitzen.

Wir wünschen Ihnen aufregende, erholsame und erlebnisreiche Wanderungen in Neuseeland!

Wien, im Frühjahr 2024 — Franz Halbartschlager und Gerhard Ruß

Kronen-Lichtnelken vor dem Panorama des Lake Wanaka (Tour 57).

INHALTSVERZEICHNIS

Zentrale Südinsel

Süden der Südinsel

Fels in der Bucht von Cathedral Cove (Tour 3).

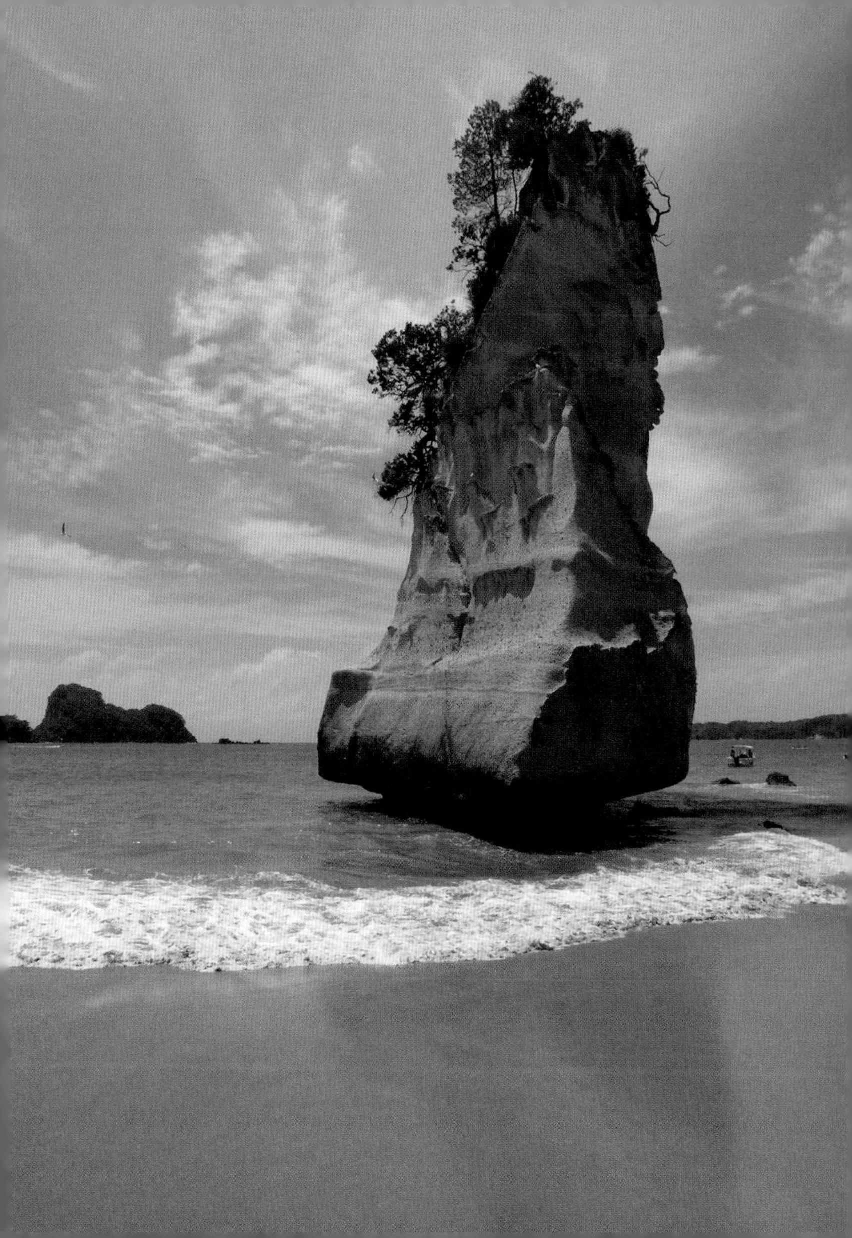

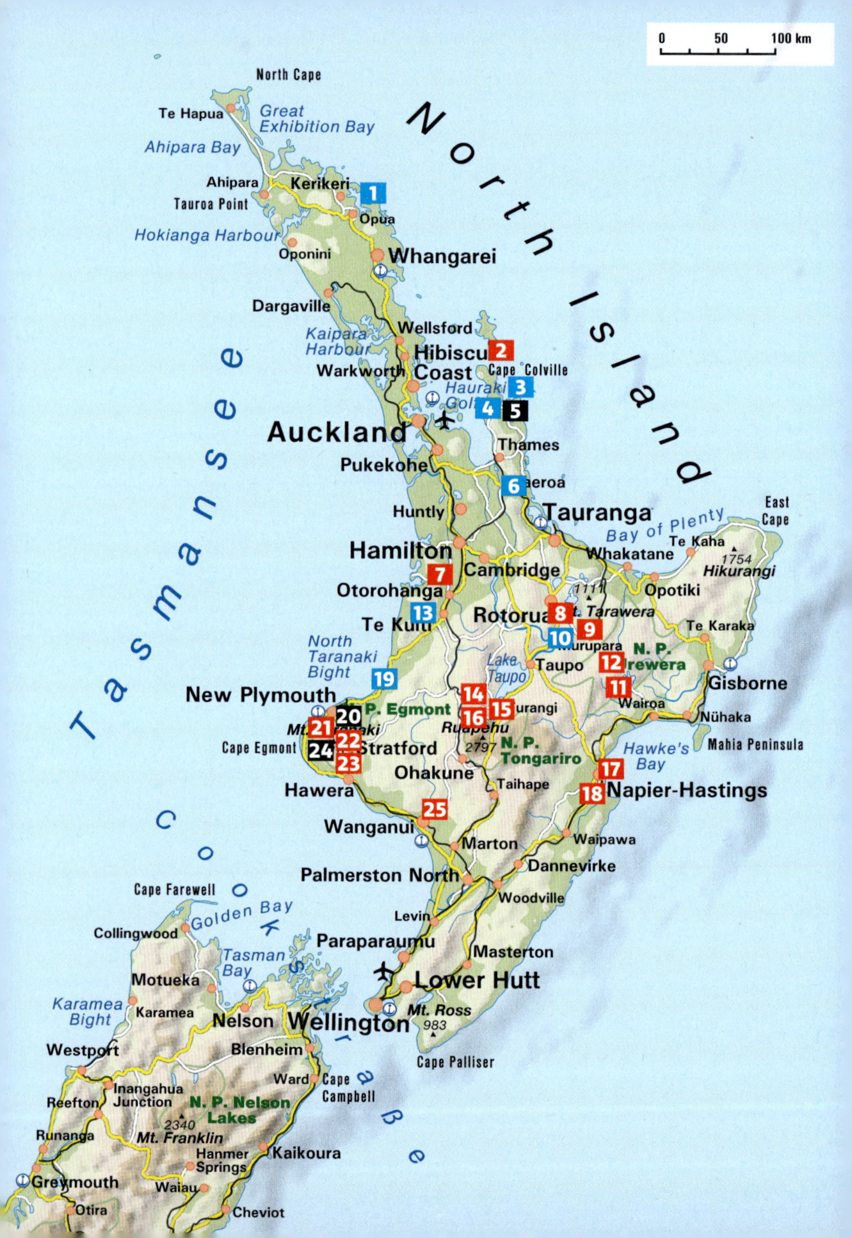
0 50 100 km
North Island
Tasmansee
Cookstraße
North Cape
Te Hapua
Great Exhibition Bay
Ahipara Bay
Ahipara
Kerikeri
Tauroa Point
Opua
Hokianga Harbour
Oponini
Whangarei
Dargaville
Wellsford
Kaipara Harbour
Warkworth
Coast
Cape Colville
Auckland
Thames
Pukekohe
Huntly
Tauranga
East Cape
Bay of Plenty
Te Kaha
Hamilton
Whakatane
1754
Hikurangi
Cambridge
1111
Opotiki
Otorohanga
Rotorua
Te Karaka
North Taranaki Bight
Lake Taupo
Taupo
N. P.
Gisborne
New Plymouth
Wairoa
Nühaka
Stratford
2797
N. P. Tongariro
Mahia Peninsula
Cape Egmont
Hawke's Bay
Ohakune
Taihape
Hawera
Napier-Hastings
Wanganui
Marton
Waipawa
Palmerston North
Dannevirke
Cape Farewell
Woodville
Golden Bay
Collingwood
Levin
Paraparaumu
Tasman Bay
Masterton
Motueka
Lower Hutt
Karamea Bight
Karamea
Mt. Ross
983
Nelson
Wellington
Westport
Blenheim
Cape Palliser
Ward
Cape Campbell
Inangahua Junction
Reefton
N. P. Nelson Lakes
2340
Runanga
Mt. Franklin
Hanmer Springs
Kaikoura
Greymouth
Waiau
Otira
Cheviot
1
2
3
4
5
6
7
8
9
10
11
12
13
14
15
16
17
18
19
20
21
22
23
24
25

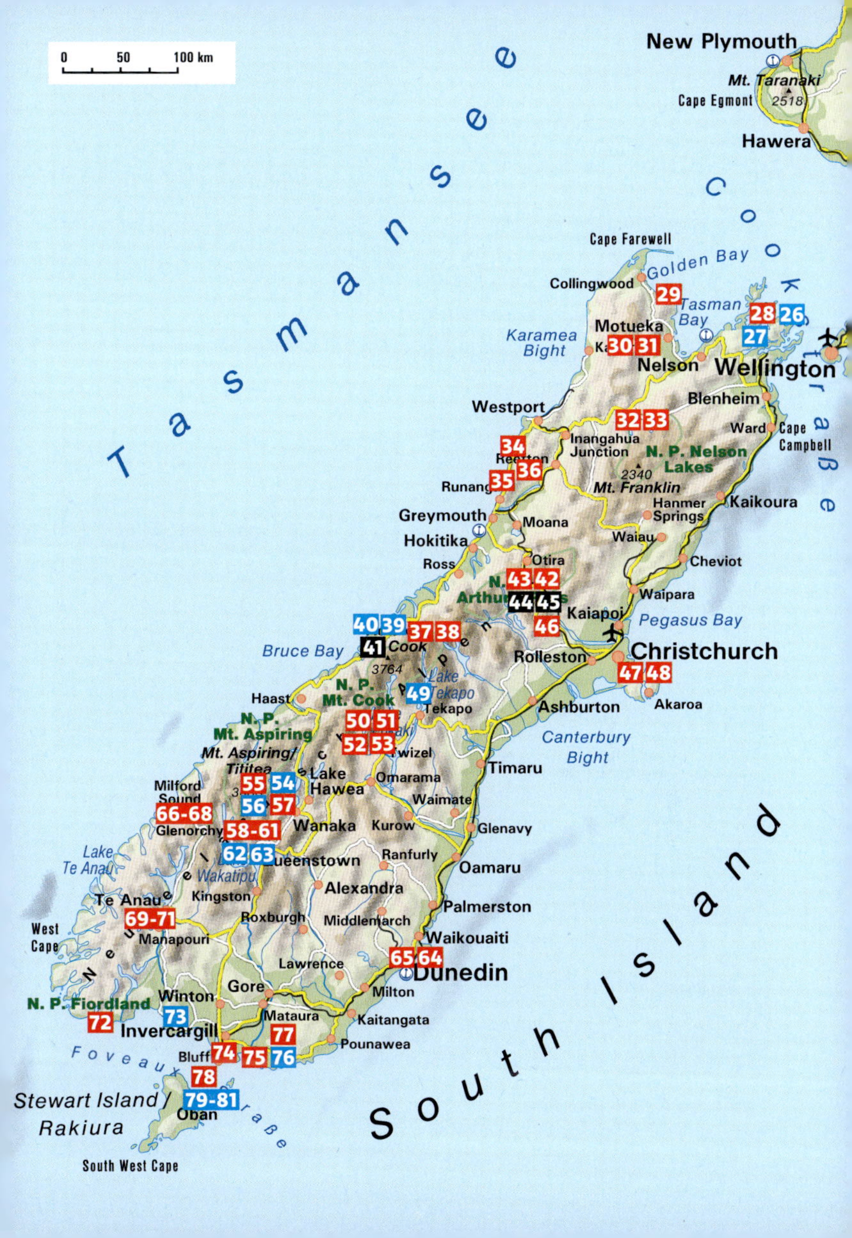
0 50 100 km
New Plymouth
Mt. Taranaki
Cape Egmont
2518
Hawera
Tasmansee
Cookstraße
Cape Farewell
Golden Bay
Collingwood
29
Tasman Bay
28 26
27
Motueka
Karamea Bight
30 31
Nelson
Wellington
Blenheim
Westport
32 33
Ward
Cape Campbell
34
Inangahua Junction
N. P. Nelson Lakes
36
35
2340
Runanga
Mt. Franklin
Hanmer Springs
Kaikoura
Greymouth
Moana
Hokitika
Waiau
Otira
Cheviot
Ross
43 42
44 45
Waipara
Kaiapoi
46
40 39
37 38
Pegasus Bay
41
Cook
Bruce Bay
Rolleston
Christchurch
3764
47 48
Lake Tekapo
Haast
N. P. Mt. Cook
49
Tekapo
Ashburton
Akaroa
N. P. Mt. Aspiring
50 51
52 53
Canterbury Bight
Mt. Aspiring/Tititea
Twizel
Timaru
Lake Hawea
Omarama
55 54
Milford Sound
56 57
Waimate
66-68
Wanaka
Kurow
Glenorchy
58-61
Glenavy
62 63
Queenstown
Ranfurly
Lake Te Anau
Oamaru
Wakatipu
Alexandra
Te Anau
Kingston
Palmerston
69-71
Roxburgh
Middlemarch
West Cape
Manapouri
Waikouaiti
65 64
Dunedin
Lawrence
South Island
Gore
Milton
N. P. Fiordland
Winton
73
72
Mataura
Kaitangata
Invercargill
77
Pounawea
Foveauxstraße
Bluff
74
75
76
78
Stewart Island / Rakiura
79-81
Oban
South West Cape

TOP-TOUREN

Coromandel Coastal Walkway
Eine Küstenwanderung durch eine entrückte Märchenwelt *(Tour 2, 6.00 Std.).*

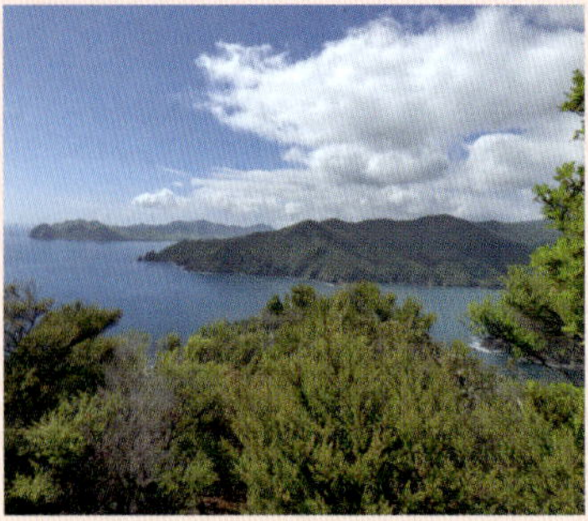

Billygoat Circuit und The Pinnacles (773 m)
Abenteuerliche Wanderung durch immergrüne Wälder mit vielen Highlights *(Tour 5, 7.00 Std.).*

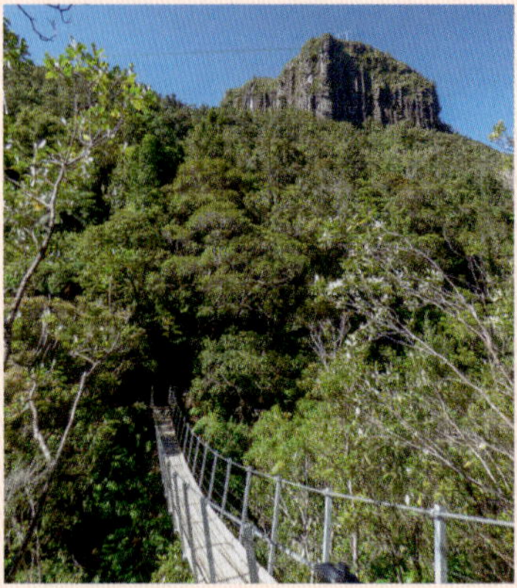

Tongariro Alpine Crossing
Durch eine facettenreiche Vulkanlandschaft *(Tour 14, 7.00 Std.).*

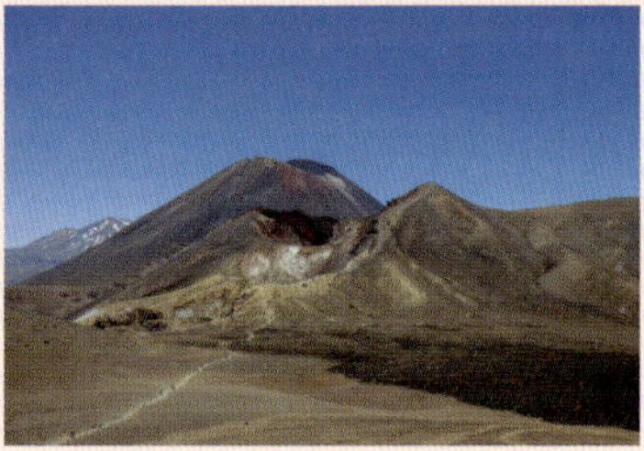

Lake Dive Track
Ein lohnender Querschnitt an Landschaften am Mount Taranaki *(Tour 24, 6.30 Std.).*

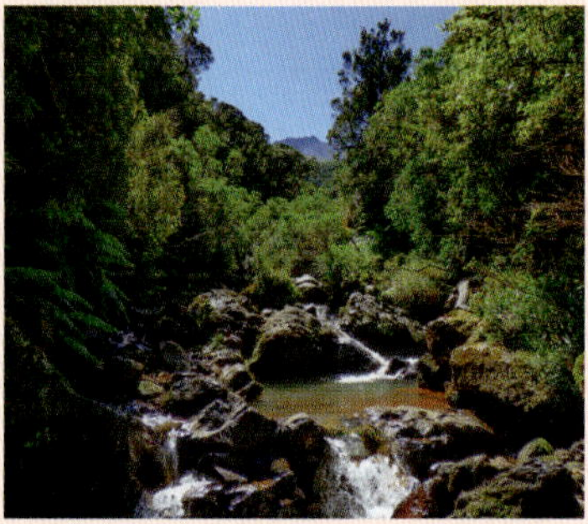

Kea Point und Hooker Valley Track
Ein Gletscherparadies mit schönstem Ausblick auf den Mount Cook *(Tour 50, 5.00 Std.).*

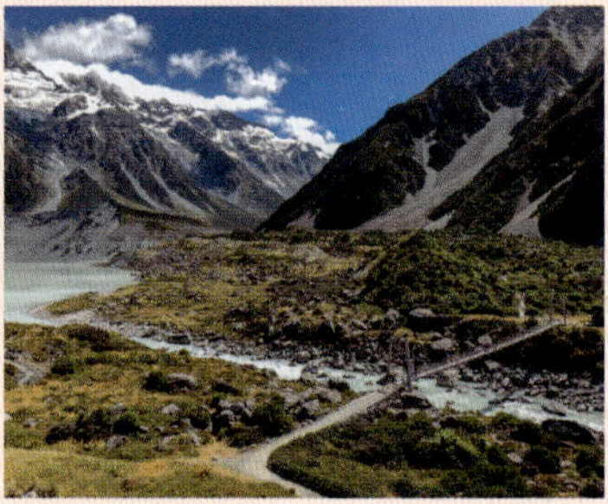

Ben Ohau und Greta Track
Einsame Bergtour vor imposanter Seenkulisse *(Tour 53, 6.30 Std.).*

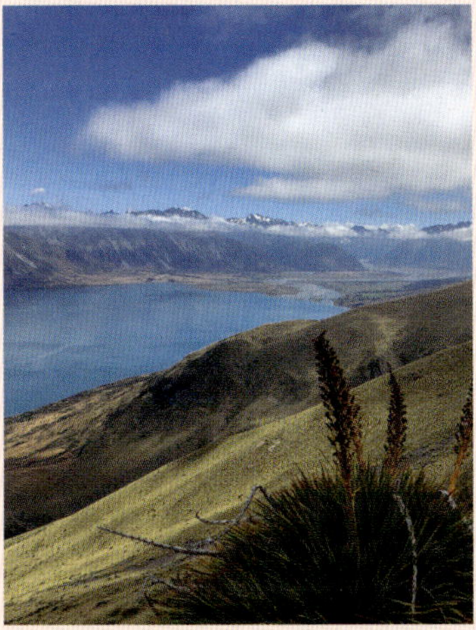

Mount Judah Track – Heather Jock Track
Aufstieg in einen imposanten Talschluss mit Geschichte *(Tour 58, 5.30 Std.).*

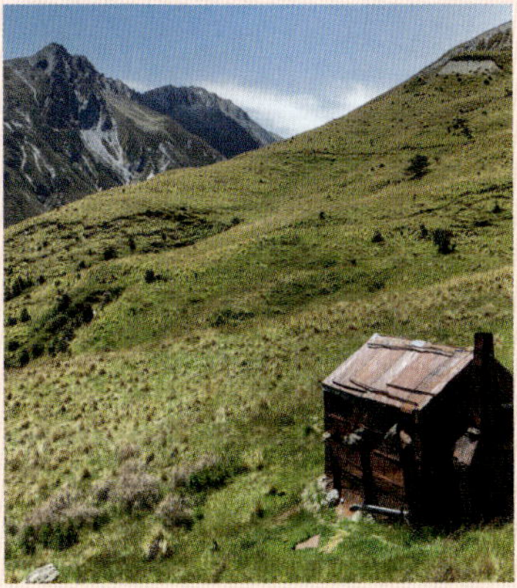

Caples–Greenstone Track
Unvergessliche Landschaft aus dem Drehbuch vom »Herrn der Ringe« *(Tour 68, 3 Tage).*

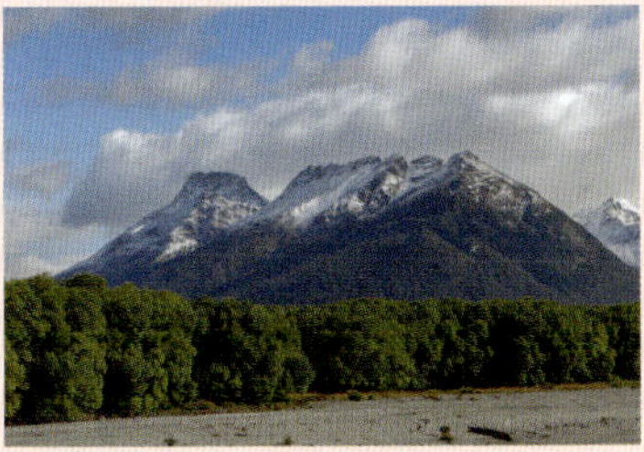

Tuatapere Hump Ridge Track
Eine gelungene Symbiose von Küste, südlichem Regenwald und Felslandschaft *(Tour 72, 3 Tage).*

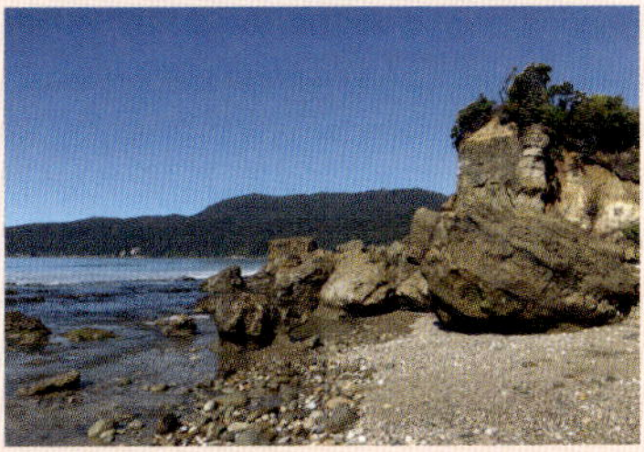

Rakiura Track
Ein Great Walk durch eine wildromantische Wald- und Küstenlandschaft *(Tour 78, 3 Tage).*

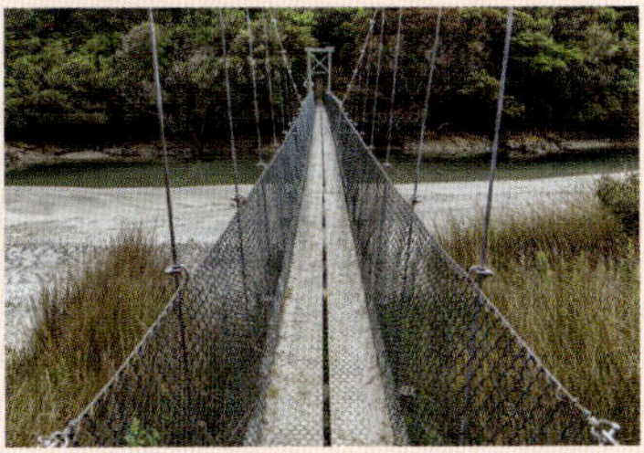

WICHTIGE HINWEISE FÜR UNTERWEGS

Anforderungen

Die meisten Wanderungen verlaufen auf deutlich erkennbaren und zumeist auch markierten Wegen, dennoch erfordern einige Touren Orientierungssinn. Zudem sind bei einigen Touren gute Kondition, Trittsicherheit und fallweise auch Schwindelfreiheit nötig. Bei guter Vorbereitung (z. B. Informationen über die zu erwartenden Wetterverhältnisse), realistischer Selbsteinschätzung (eigene Kondition und körperliche Verfassung) und hinreichender Ausrüstung (Wasser und Lebensmittel) ist jede der beschriebenen Wanderungen problemlos zu bewältigen.

Für die Charakterisierung der Gesamtschwierigkeit bietet die dreistufige farbliche Schwierigkeitsbewertung eine gute Orientierung. Bei gleicher Farbe darf aber dennoch nicht von exakt gleichem Schwierigkeitsgrad ausgegangen werden. Zudem ist bei jeder Tour unter dem Schlagwort »Anforderungen« in der Kurzinfo eine detaillierte Beschreibung zur Beschaffenheit des Weges zu finden. Diese bezieht sich in der Regel auf eine Wandersituation im neuseeländischen Sommer. Im Winter oder bei ungünstigen Witterungsverhältnissen können sich die Anforderungen erheblich erschweren.

SCHWIERIGKEITSKATEGORIEN

■ = Leicht

Leichte Wanderungen auf zumeist breiten und einfachen Wegen, vorwiegend eben oder mit nur mäßigen An- und Abstiegen verlaufend. Diese Wanderwege sind nicht allzu lang (meist unter oder knapp über 10 km) und auch bei schlechter Witterung gefahrlos zu begehen.

Auch Kinder und ältere Menschen können diese Touren problemlos bewältigen.

■ = Mittel

Mittelschwere Wanderungen auf breiten Wegen oder schmalen Pfaden. Sie können zum Teil steile An- und Abstiege enthalten und an manchen Stellen Trittsicherheit (im Sinne von rutschigen Passagen) erfordern. In der Regel können diese Touren jedoch auch von wenig geübten Wanderern begangen werden.

■ = Schwierig

Anspruchsvolle Wanderungen, die aufgrund ihrer steilen An- und Abstiege, wegen ihrer Länge und wegen besonderer Anforderungen (z. B. Flussquerungen, schwierige Wegpassagen mit kurzen Kletterstellen, unmarkierte Abschnitte) ausschließlich erfahrenen und konditionsstarken Wanderern zu empfehlen sind.

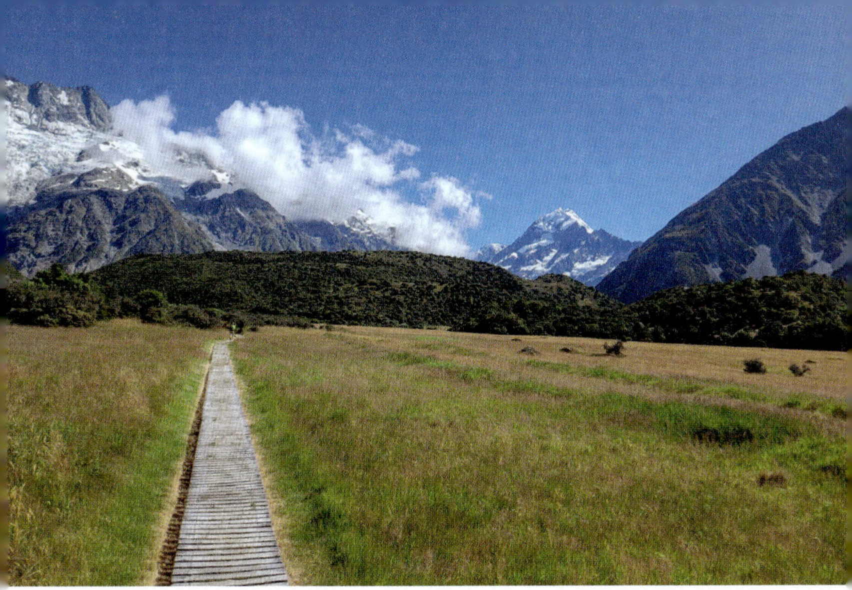

Wanderung auf Boardwalk Richtung White Horse Hill Campground (Tour 50).

Gehzeiten

Die Gehzeiten jeder Tour sind eigenhändig bemessen und entsprechen einem gemütlichen Wandertempo von 2–4 km/h. Dabei handelt es sich jedoch um reine Gehzeiten; Fotopausen, Stopps zur Orientierung oder Picknickpausen sind nicht eingerechnet.

GPS-TRACKS UND KOORDINATEN DER AUSGANGSPUNKTE

Auf **gps.rother.de** stehen zu diesem Wanderführer GPS-Tracks und die Koordinaten der Ausgangspunkte zum kostenlosen Download bereit. Dieser QR-Code führt direkt zum Download. 6. Auflage, Passwort: **433806yde**

Die GPS-Tracks können in die **Rother App** importiert werden. In der App kann man unterwegs stets sehen, wo man gerade ist und wo es langgeht. **Anleitungen dazu: rother.de/gps**

Trotz sorgfältiger Prüfung können wir Fehler und zwischenzeitliche Veränderungen nicht ausschließen. Verlassen Sie sich für die Orientierung niemals einzig und allein auf die GPS-Daten, sondern beurteilen Sie die Verhältnisse vor Ort.

Neuseelands Wanderwege

Neuseeland hat viele unterschiedliche Kategorien an Wanderwegen. Man findet vor Ort u. a. folgende Bezeichnungen: Walk, Walkway, Track, Trail, Route. Tatsächlich ist von der Bezeichnung nicht unbedingt auf die Schwierigkeit des Weges zu schließen. Der Großteil der Wege wird vom Department of Conservation (DOC) verwaltet, d. h. sie werden von Mitarbeiterinnen und Mitarbeitern der Behörde markiert, gereinigt und instand gesetzt. Auf der Website des DOC (doc.govt.nz) wird zudem der aktuelle Zustand der Wege dokumentiert und kommuniziert.

Das DOC unterscheidet sechs Wegkategorien:

- **Easiest – Easy access short walk:** Einfacher Wanderweg bis zu 1 Std. Wegzeit ohne Stufen und auf ebenem Gelände, damit auch rollstuhltauglich. Der Weg ist nicht markiert, weil eindeutig.
- **Easiest – Short walk:** Einfacher Wanderweg bis 1 Std. Wegzeit mit Stufen, damit nicht rollstuhltauglich. Der Weg ist nicht markiert, weil eindeutig.
- **Easy – Walking track:** Einfacher Wanderweg bis zu einer Dauer von einem Tag; Abschnitte des Weges können steil, mit Stufen versehen oder auch sumpfig sein; Flüsse sind mit Brücken überspannt. Der Weg ist markiert.
- **Intermediate – Easier tramping track:** Mittelschwerer Wanderweg bis zu einer Dauer von mehreren Tagen; Abschnitte des Weges können steil, mit Stufen versehen oder auch sumpfig sein; Flüsse sind mit Brücken überspannt. Der Weg ist markiert.
- **Advanced – Tramping track:** Schwieriger Wanderweg von einem bis zu mehreren Tagen; Abschnitte des Weges können steil, mit Stufen versehen oder auch sumpfig sein; Flussquerungen ohne Brücke sind möglich. Der Weg ist markiert.
- **Expert – Route:** Sehr schwieriger Wanderweg von einem bis zu mehreren Tagen; Abschnitte des Weges können steil, mit Stufen versehen oder auch sumpfig sein; Flussquerungen ohne Brücke sind möglich. Der Weg ist markiert.

Wegmarkierungen in neuseeländischen Nationalparks (hier Touren 15 und 16).

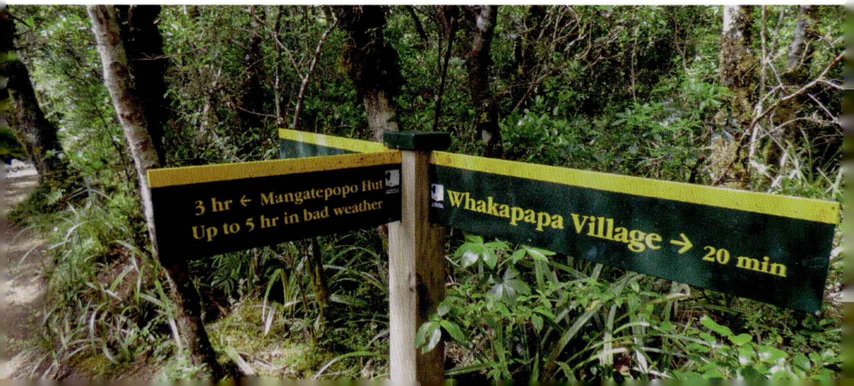

SYMBOLE

Symbole im Tourenkopf	
mit Bahn/Bus erreichbar	Schutzhütte
Einkehrmöglichkeit	Campingplatz
für Kinder geeignet	Parkplatz
Symbole im Höhenprofil	Gipfel / Brücke
Bushaltestelle	Aussichtsturm
Bahnhof	Aussichtsplatz
Schiffsanlegestelle	Sattel, Passübergang
Auf-/Abfahrt mit Seilbahn	Wasserfall
Ort mit Einkehrmöglichkeit	Picknickplatz
Einkehrmöglichkeit	Bademöglichkeit
	markanter Baum

In der Regel sind Neuseelands Wanderwege sehr gut markiert. Das zentrale Markierungssystem – wie erwähnt vom DOC angelegt – besteht aus drei Markierungseinheiten:

- An den meisten offiziellen Wegeinstiegen gibt es Informationstafeln mit Wegzielen und Wegzeiten (z. B. 3 Stunden bis zur Mount Luxmore Hut).
- Wegpfeile an Kreuzungen weisen die Richtung zum nächsten Wanderziel.
- Orangefarbene Dreiecke an Bäumen oder Bauwerken bzw. Poller mit oranger Markierung (oberhalb der Baumgrenze), manchmal auch Steinmännchen, markieren den richtigen Wegverlauf.

Zudem gibt es fallweise regionale Markierungssysteme (z. B. in lokalen Naturschutzgebieten). Eine Besonderheit neuseeländischer Wanderwege sind Hängebrücken (Swingbridges). Neuseeland verfügt über kurze Flussläufe, die bei heftigen Regenfällen enorme Wassermengen führen und tief ausgegrabene Flusstäler gebildet haben. Stabile Brücken gibt es daher meist nur bei wichtigen Transitrouten bzw. Straßen, nicht jedoch in Nationalparks. Hier behilft man sich oft mit Hängebrücken, die nicht selten in atemberaubender Höhe über Flusstälern angelegt wurden. Die Überquerung kann für Menschen mit Höhenangst eine Herausforderung darstellen, weswegen es angeraten ist, sich im Vorfeld über den Wegverlauf zu erkundigen.

Reisezeit: Klima und Wetter

Neuseeland liegt auf der Südhalbkugel zwischen dem 34. und dem 47. Breitengrad; gespiegelt auf die Nordhalbkugel und auf Europa ist das die geografische Breite zwischen Marokko – Iberischer Halbinsel – Frankreich und der subtropisch bis gemäßigte Klimaraum. Dieses Klimaregime trifft jedoch nicht deckungsgleich auf Neuseeland zu, was mit mehreren regionalen Faktoren zusammenhängt. Neuseeland ist eine isolierte und kleine

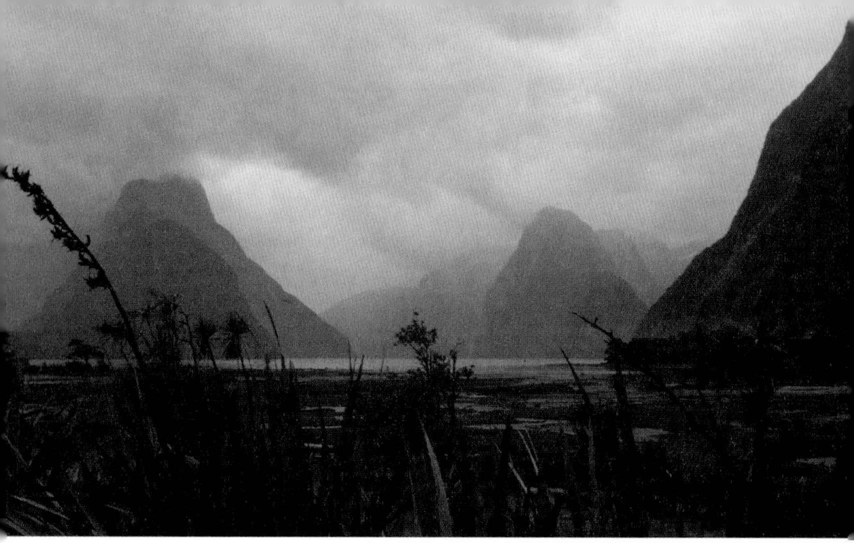

Wetterstimmung im Milford Sound.

Landmasse, der nächste Kontinent (Australien) liegt erst in einiger Entfernung. Zudem wirken die umgebenden Meere mildernd auf die Inseln ein. Dynamische Westwindströmungen treiben ständig neue Hoch- und Tiefdruckgebiete über Neuseeland hinweg. Aufgrund dieser und weiterer Faktoren lässt sich das Klima Neuseelands als stark maritim geprägt beschreiben, mit großen regionalen Unterschieden hinsichtlich Niederschlagsmengen und geringeren Temperaturdifferenzen.
Statistisch werden die höchsten Jahresdurchschnittstemperaturen im Norden und Osten der Nordinsel sowie im Norden der Südinsel gemessen (z. B. Bay of Islands, Hawke's Bay, Golden Bay), die niedrigsten im Zentrum der Südinsel. Die höchsten Niederschlagsmengen fallen an der Westküste der Südinsel – bis zu 7.000 mm an rund 300 Tagen im Jahr –, wodurch diese Region zu den niederschlagsreichsten Gebieten der Welt zählt. Hingegen leidet der Osten der Südinsel häufig an Trockenheit (Christchurch: 300–600 mm pro Jahr).
Was bedeutet dies fürs Reisen und Wandern auf Neuseeland? Durch die Lage auf der Südhalbkugel verschieben sich die Jahreszeiten: von September bis November ist Frühling, von Dezember bis Februar Sommer, von März bis Mai Herbst und von Juni bis August Winter. Abgesehen von diesen Jahreszeiten ist das Wetter wenig konstant, sprich: lang anhaltende Hoch- oder Tiefdruckgebiete sind selten, Extremwetterereignisse (Unwetter mit heftigen Niederschlägen und Folgewirkungen) hingegen in manchen Regionen des Landes häufig. In Küstennähe sind ganzjährig milde Tempera-

turen anzutreffen (im Sommer selten über 25 Grad, im Winter selten unter 5 Grad), während im Landesinneren die Temperaturgegensätze steigen (z. B. in Zentral-Otago fallweise bis 40 Grad im Sommer sowie an bis zu 200 Tagen Nachtfrost).
Der neuseeländische Frühling kann noch kühl und unbeständig sein, präsentiert das Land aber von der schönsten Seite. Noch sind wenige Reisende unterwegs und viele Wanderrouten sind menschenleer. Allerdings beginnen jetzt oft erst die Aufräumarbeiten nach dem Winter, d. h. Regen und Schnee der Monate Juni bis August haben manche Wege mit Muren verlegt oder Brücken beschädigt. Diese Reparaturarbeiten finden oft im Frühling statt, weswegen manche Wanderrouten geschlossen sind.
Von den Wetterverhältnissen her ist die Nordinsel milder als die Südinsel. Beginnt man eine Wanderreise nach Neuseeland im Frühling, dann ist es angeraten, von Nord nach Süd zu reisen. Der Sommer ist die beliebteste Reisezeit in Neuseeland. Im Januar und Februar sind die Wetterlagen am stabilsten und alle Regionen des Landes problemlos zugänglich. Dann sind auch viele Neuseeländer unterwegs und verbringen ihre Ferien an der Küste oder auf einem der vielen Wanderwege des Landes. Auf mancher Wanderroute kann es nun zu »Gedränge« kommen. Huts haben insgesamt nur beschränkte Kapazitäten und eine Vorplanung und Vorbuchung sind für den Sommer auf jeden Fall angeraten. Im Herbst versiegen allmählich die Touristenströme in den Nationalparks. Das Wetter wird nun instabiler, kann aber noch wunderschöne Herbstimpressionen produzieren. Für manche Wanderregionen (z. B. Te Urewera National Park) ist der Herbst die schönste Jahreszeit. Der neuseeländische Winter bringt Schneefall ins Hochgebirge (z. B. Neuseeländische Alpen, Tongariro-Gebiet) und Regen ins Küstenland. Reisen kann in diesen Monaten beschwerlich sein (gesperrte Pässe, überflutete Straßen). Wer dennoch feucht-kühle Temperaturen liebt, der wird im Osten der Inseln auch in dieser Jahreszeit schöne Wandererlebnisse finden.

Ausrüstung

Die Wanderschuhe sollten gut eingetragen und mit rutschfester Profilsohle ausgestattet sein. Kletterausrüstung ist bei keiner der Touren notwendig. Wanderstöcke bringen vor allem bei längeren Touren mit steilen An- und Abstiegen eine spürbare Entlastung der Beine bzw. der Gelenke und können die Standfestigkeit erhöhen. Auch bei der Überquerung von Bächen und Flüssen können sie gute Dienste leisten. Gamaschen können bei Wanderungen durch Schlamm, Schnee oder hohes Gras Schutz für Schuhe und Hose bieten.
Regen-, Wind- und Kälteschutz sollte in Neuseeland zu jeder Jahreszeit im Rucksack sein. Fürs Wandern werden leichte und strapazierfähige Hosen empfohlen. Viele Touren können im Sommer auch mit kurzen Hosen gewandert werden. Zu bedenken ist aber, dass bei manchen Touren auf schmalen Pfaden Gras- und Buschland zu durchqueren ist, wo lange

Hosenbeine vor Kratzspuren schützen können. Ideal sind daher Wanderhosen mit je nach Situation abnehmbaren Hosenbeinen.
Sonnenschutz sollte in Neuseeland ebenso ein unerlässlicher Bestandteil der Wanderausrüstung sein. Neben Sonnenschutzcreme mit hohem Schutzfaktor (am besten vor Ort kaufen) ist auch eine Kopfbedeckung ratsam. Neuseeland ist im Vergleich zu anderen Ländern von geringerer Luftverschmutzung betroffen, hat aber eine dünnere Ozonschicht in der Atmosphäre, wodurch die Sonneneinstrahlung intensiver ist und auch an bewölkten Tagen rasch zu Sonnenbrand führen kann.
Insektenschutzmittel, vor allem gegen Sandflies, sollten fixer Bestandteil der Ausrüstung sein, insbesondere auf Touren mit Übernachtung oder in Nationalparks.
Für mehrtägige Wanderungen mit Zelt- oder Hüttenübernachtung ist es unerlässlich, einen Schlafsack mitzuführen, der möglichst wasserdicht verpackt sein sollte. In den Huts stehen in der Regel Kochgelegenheiten zur Verfügung, aber nicht immer Kochgeschirr und Besteck. In vielen neuseeländischen Supermärkten, in Campinggeschäften oder in den Visitor Centres des DOC gibt es Trekking Food zu kaufen, gefriergetrocknet und federleicht. Dieses wird – mit Wasser gekocht – zu einem warmen und halbwegs geschmackvollen Abendessen auf Weitwanderwegen. Trinkwasser steht ebenso in den Huts zur Verfügung, zumeist ist es Regenwasser. Es gibt allerdings keine Garantie auf Keimfreiheit. Wer sehr vorsichtig sein möchte, sollte Wasserentkeimungsmittel oder Filter mitführen. Wasser aus Flüssen und Seen sollte man nur gut abgekocht trinken.
Nicht fehlen sollten überdies eine gut ausgestattete Reiseapotheke bzw. ein Erste-Hilfe-Kit, eine Taschenlampe und etwas Toilettenpapier.

Wanderung auf der Mount Judah Road (Tour 58).

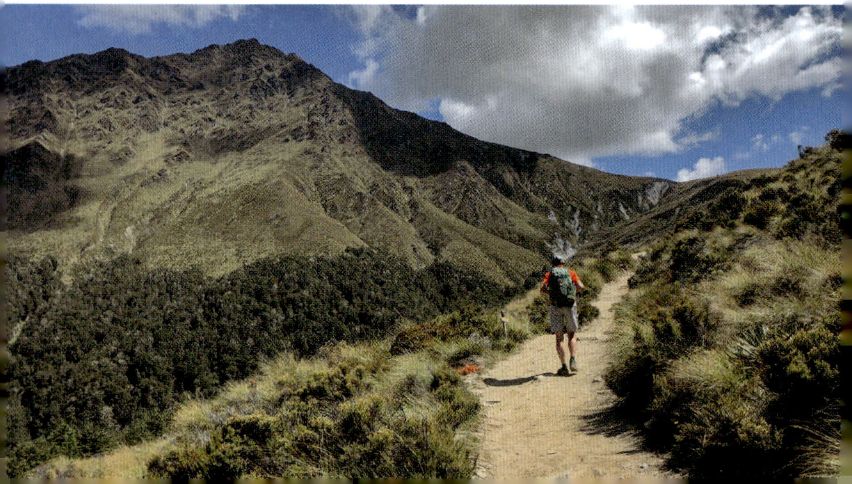

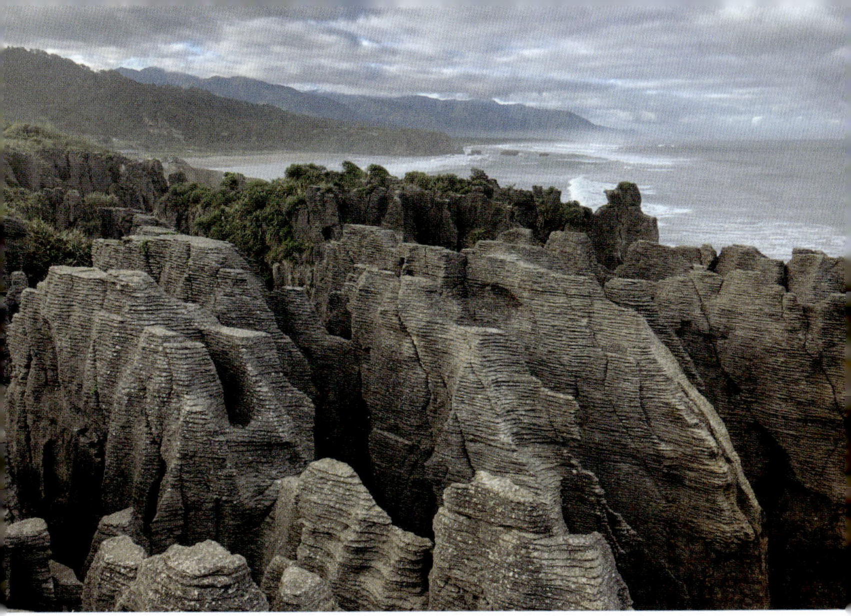

Te Rerenga Wairua; Pancake Rocks in Punakaiki.

Gefahren

Die Wanderwege an sich bergen – bei entsprechender Ausrüstung und Selbsteinschätzung – keine Gefahren. Bei den auf S. 12–14 beschriebenen Anforderungen wurde bereits auf die Besonderheiten neuseeländischer Wanderwege hingewiesen. Klettersteige und ausgesetzte Passagen gibt es in großer Zahl, jedoch ebenso ausreichend Hinweise und Warnungen davor, sodass man nicht zufällig in einer Kletterwand landet. Die größte und zugleich meist unterschätzte Gefahr für Wanderer stellen Flussquerungen dar, die auch statistisch die häufigste Unfallursache sind. Während und nach heftigen Regenfällen schwellen Bäche und Flüsse in wenigen Minuten zu reißenden Strömen an. Furten unter diesen Umständen kann lebensgefährlich sein. Oft reicht etwas Geduld, denn schon nach einer Stunde kann der Wasserstand in unbedenkliche Höhen zurückgegangen sein.

In diesem Zusammenhang steht auch eine zweite Gefahrenquelle: Das neuseeländische Wetter sollte man niemals unterschätzen. Temperaturstürze, Nebel, Regen- und Schneefall auch im Sommer können jederzeit auftreten. Vor dem Aufbruch zu mehrtägigen Wandertouren sollte man die Wettervorhersage studieren und realistisch bewerten und unbedingt entsprechende Ausrüstung einpacken. Bei anspruchsvollen Bergtouren sollte fallweise auch immer ein Umkehren in Betracht gezogen werden.

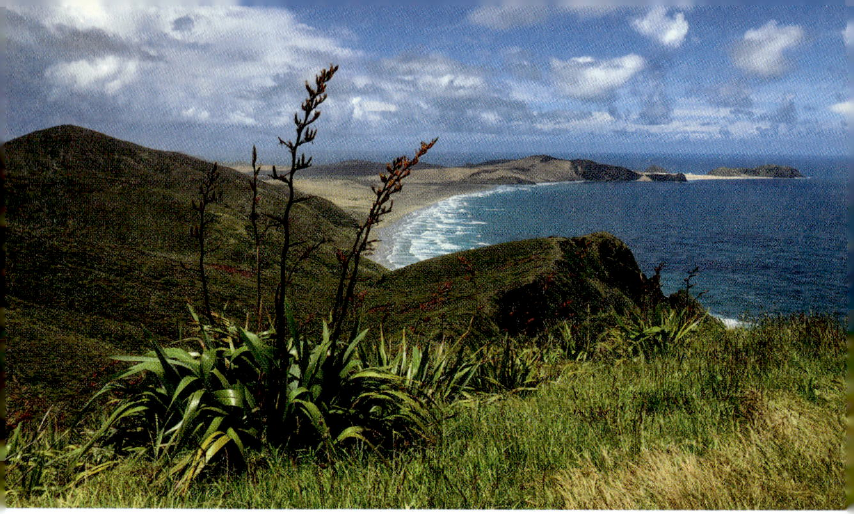

Blick auf Te Werahi Beach südlich von Cape Reinga.

Gefährliche Wildtiere gibt es in Neuseeland nicht. Allerdings ist es möglich, dass man gelegentlich domestizierten Tieren begegnet, v. a. Kühen, Schafen, Ziegen und Hunden. Manche Wege kreuzen Tierweiden. Wichtig ist es, den Tieren ihren Freiraum zu lassen, und Herden weiträumig zu umgehen, um Berührungen zu vermeiden. Von den genannten Tieren geht die größte Gefahr von Kühen in Muttertierhaltung aus. Wenn Sie selbst mit Hund wandern, dann seien Sie in solchen Situationen besonders achtsam und nehmen Sie Ihren Hund in diesen Fällen an die Leine, um Panik und Attacken von Weidetieren zu vermeiden.

Unterkunft und Einkehr

Neuseeland ist kein Land großer Städte, viele Wanderungen liegen in Nationalparks oder fernab von größeren Siedlungen. In den Dörfern und Städten in der Nähe von touristischen Angeboten gibt es zumeist ein gutes Netz an Hotels, Motels und Motorcamps. Für Wanderer sind in der Regel Backpackers in größeren Städten und Motorcamps gute Anlaufstellen. Backpackers sind kostengünstige Hotels mit Schlafräumen und Gemeinschaftsduschen, oft an zentralen Plätzen (z. B. in der Nähe von Busbahnhöfen) gelegen. Motorcamps sind Campingplätze oder kleine Feriensiedlungen mit Chalets zur Miete.

Auf den Weitwanderwegen stehen in der Distanz von Halbtages- bis Tagesetappen Hütten (Huts) zur Verfügung, die vom DOC verwaltet werden. Derzeit gibt es über 1000 Huts, die nach unterschiedlichen Kategorien eingeteilt werden:

- Gut ausgestattete Hütten der Kategorie »Serviced« verfügen über Trinkwasser (Regenwasser ohne Reinheitsgarantie), Toiletten, Matratzen, Gasöfen und Gaskocher.
- Hütten der Kategorie »Standard« verfügen über die gleiche Ausstattung, jedoch ohne Gaskocher und meist mit Holzöfen.
- Hütten der Kategorie »Basic« haben nur Schlafplattformen ohne Matratzen.
- Zudem gibt es Biwaks, die nur als Notunterkünfte genützt werden können.

Schlafplätze in Hütten auf den »Great Walks« (Serviced Huts) müssen während der Sommermonate mit konkretem Datum beim DOC vorgebucht werden (siehe auch Hinweise in den Tourenbeschreibungen). Für Hütten der Kategorien Serviced, Standard und Basic benötigt man Backcountry Hut Tickets, die zum Übernachten berechtigen und für alle Backcountry-Hütten im Land verwendbar sind – erhältlich in jedem Visitor Information Centre des DOC.

Auf vielen mehrtägigen Wandertouren ist Zelten auf ausgewiesenen Plätzen (zumeist in der Nähe der Hütten) möglich. Sind Huts in der Nähe, kann auch deren Infrastruktur benutzt werden. Auch fürs Zelten benötigt man in diesem Fall eine Berechtigung, die in jedem Visitor Information Centre des DOC erworben werden kann.

Anfahrt zu den Wanderungen

Neuseeland verfügt über ein weit verzweigtes überregionales Busnetz, das viele Städte und manche Dörfer miteinander verbindet. Busfahrpläne sind in den lokalen Visitor Information Centres erhältlich. Darüber hinaus sind lokale Anbieter, manchmal auch Betreiber von Unterkünften (Backpacker, Jugendherbergen, manche Campingplätze) beim Transport zu Wegeinstiegen behilflich. Tatsächlich braucht man aber gehörig Geduld, möchte man das Land mit öffentlichen Verkehrsmitteln bereisen und abgelegene Orte besuchen. Ein Mietauto ist das unabhängigste Transportmittel und man gelangt damit in Gegenden, die auch kleinere Shuttlebusse nicht mehr anfahren. Parkplätze beim Einstieg in Wanderwege sind in der Regel immer ausreichend vorhanden. Liegt der Endpunkt einer Wanderung fernab vom Ausgangspunkt und sollte keine Busverbindung möglich sein, ist es meist relativ einfach, über eine Mitfahrgelegenheit (z. B. trampen) zurück zum Ausgangspunkt zu gelangen. Tatsächlich ist Trampen in Neuseeland noch üblicher als in Europa.

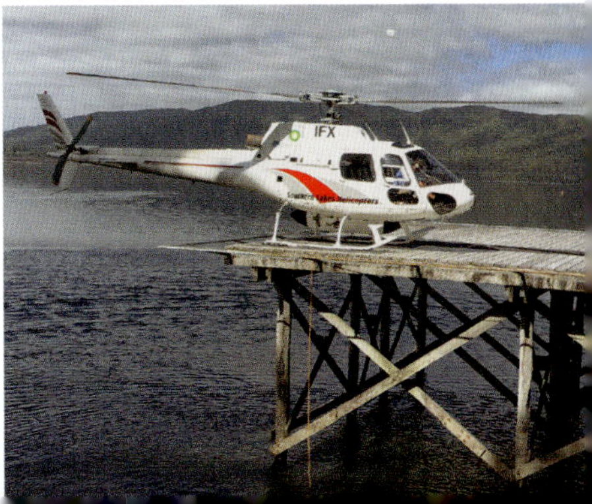

Hubschrauberlandeplatz am Lake Te Anau.

Karten und Reiseführer

Der Rother Wanderführer Neuseeland bietet eine vielfältige Auswahl an Wanderungen, die über das gesamte Land verteilt liegen. Die beigefügten Beschreibungen, Kärtchen und Höhenprofile sind in der Regel ausreichend, um sich unterwegs – in Verbindung mit den angebrachten Markierungen – optimal orientieren zu können. Wer zusätzliche Karten verwenden möchte, erhält in den Visitor Information Centres des DOC einfache Übersichtskarten in Form von Faltblättern oder kleinen Broschüren zum Kauf. Die umfassendste Wanderkarte zu Neuseeland gibt es nur online: Auf der Website des Department of Conservation (DOC, doc.govt.nz) finden sich auf einer Onlinekarte alle offiziellen Wanderwege des Landes.
Deutschsprachige Reiseführer zu Neuseeland wurden von den meisten einschlägigen Verlagen publiziert und können als gute Vorbereitung für eine Neuseelandreise dienen. Zudem gibt es von einigen Verlagen auch Wanderführer unterschiedlicher Qualität.

Verhalten unterwegs

Ein Grundprinzip sollte sein: Verhalten Sie sich Ihren Mitwandernden und der Umwelt gegenüber respektvoll. Wandern ist kein Hochleistungs-, sondern ein Genusssport. Wer in Gruppen wandert, sollte sich am schwächsten Wegbegleiter orientieren. Langsames, rhythmisches und gleichmäßiges Gehen ist in der Regel energiesparender als schnelles Wandern mit häufigem Anhalten. Pausen und regelmäßiges Trinken sind ebenfalls anzuraten. Idealerweise hinterlassen Sie auf den Wanderungen nur Ihre Fußabdrücke. Wenn Sie mit dem Auto anreisen, dann parken Sie so, dass niemand behindert wird. Hinterlassen Sie keine Abfälle und pflücken Sie keine geschützten Pflanzen. Wenn Sie auf Tore und Gatter treffen, dann hinterlassen Sie diese in dem gleichen Zustand, wie Sie sie angetroffen haben.
Wald- und Buschbrände sind ein zunehmendes Problem im sommerlichen Neuseeland. Deswegen ist ein sehr vorsichtiger Umgang mit Feuer ausgesprochen wichtig. Das Anfachen von kleinen Lagerfeuern kann extreme Folgen haben und wird mit hohen Strafen geahndet. Seien Sie als Raucherin oder Raucher besonders vorsichtig, wenn Sie Zigaretten oder Streichhölzer ausmachen.
Die langen Wege, die fallweise hohen Temperaturen im Sommer und die wenigen Versorgungsstellen unterwegs erfordern es, dass ausreichend Trinkwasser mitgeführt werden muss. Auf diese Weise tragen Wanderer leider oft dazu bei, dass viel Plastik zum Einsatz kommt und im schlechtesten Fall auch in der Natur verbleibt. Leitungswasser ist in Neuseeland in der Regel trinkbar. Ungeachtet dessen kaufen viele Wanderer Wasser in Plastikflaschen. Dies kann vermieden werden. Viele Beherbergungsbetriebe informieren ihre Gäste über die Qualität des Wassers und bieten auch erstklassiges Leitungswasser zum Abfüllen in Trinkflaschen an. So können Wanderer dazu beitragen, die Plastikflut einzudämmen.

Der Umwelt zuliebe ...

Auch beim Wandern hinterlassen wir einen ökologischen Fußabdruck, aber im Einklang mit der Natur unterwegs zu sein, ist gar nicht so schwer!

VORBEREITUNG UND ANFAHRT

- Sich vorab informieren, worauf in Bezug auf Natur und Umwelt in der jeweiligen Wanderregion besonders zu achten ist.
- Soweit möglich mit Bahn und Bus anreisen, Wander- und Rufbusse nutzen.
- Ist eine Anfahrt mit dem Auto nötig, Fahrgemeinschaften bilden.
- Bei weiten Anfahrten Mehrtagestouren planen oder von einem Quartier vor Ort aus mehrere Touren absolvieren.
- Flugreisen möglichst reduzieren und durch Beiträge zu Klimaschutzprojekten kompensieren.

KLEIDUNG UND AUSRÜSTUNG

- Beim Kauf von Outdoor-Kleidung auf umweltfreundliche und faire Herstellung achten und Kleidungsstücke möglichst viele Jahre nutzen.
- Ausrüstung kann man eventuell auch gebraucht kaufen oder ausleihen.
- Reparieren statt neu kaufen.

VERPFLEGUNG

- Beim Einkauf Bio-Ware, regionale und saisonale Erzeugnisse bevorzugen.
- Hütten und Gasthäuser auswählen, die regionale Produkte verwenden.
- Auf Einwegflaschen und Plastikverpackungen verzichten, stattdessen wiederverwendbare Trinkflaschen und Brotzeitboxen benutzen.

ÜBERNACHTUNG

- Bei lokalen Anbietern buchen, damit Menschen vor Ort profitieren.
- Auf Hütten und in anderen Unterkünften Strom und Wasser sparen.

UNTERWEGS

- Wege benutzen und Abkürzer vermeiden.
- Sperrungen von Wegen und Schutzgebieten respektieren.
- Keine Blumen pflücken und keine Pflanzen entnehmen.
- Waldbrandgefahr beachten.
- Müll wieder mit nach Hause nehmen und dort entsorgen.
- Toilettengänge in freier Natur möglichst vermeiden.
- Lärm vermeiden.
- Hunde an die Leine nehmen.

ROTHER
BERGVERLAG

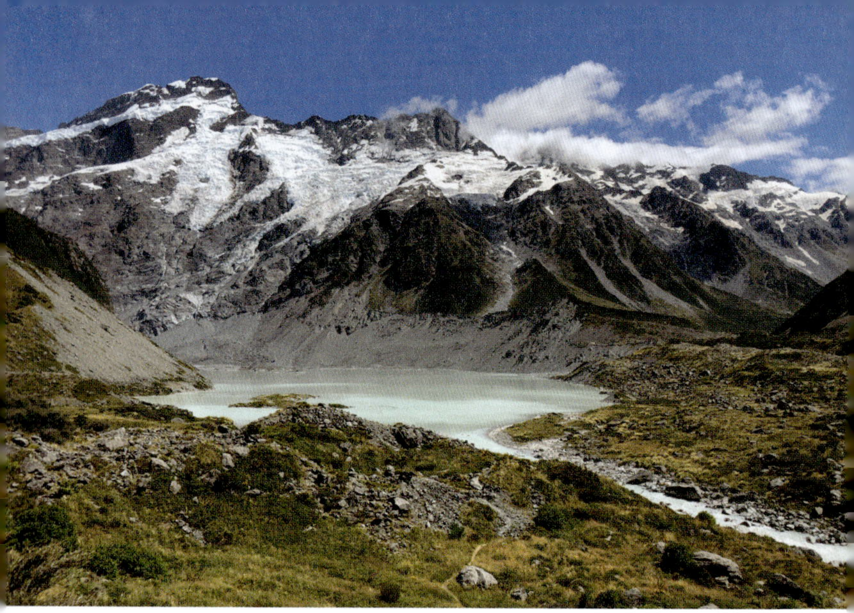

Mueller Lake in den Neuseeländischen Alpen (Tour 50).

Environmental Care Code

Das Department of Conservation (DOC) hat einen »Environmental Care Code« herausgegeben, dessen Bestandteile jeder Wanderer zum Schutz der Natur beachten sollte. Darin sind folgende Verhaltensregeln festgelegt:

- Schütze Neuseelands Flora und Fauna, denn sie ist einzigartig und oftmals vom Aussterben bedroht!
- Minimiere deinen Abfall und packe wieder ein, was du mitgebracht hast!
- Benutze die bereitgestellten Toiletten, ansonsten vergrabe deine Toilettenabfälle weit entfernt von Wasser, Wanderwegen und Hütten!
- Halte Bäche und Seen sauber: Wasche dich in Bächen und Seen ohne Seife oder lasse das Wasser im Boden versickern!
- Vorsicht mit Feuer und Zigaretten! Tragbare Kocher sind umweltfreundlicher und effizienter als offene Feuer.
- Verwische nach dem Zelten alle Spuren deines Besuches!
- Bleibe auf markierten Wegen, um die empfindliche Vegetation zu schützen!
- Nimm Rücksicht auf andere Besucher!
- Behandle historische/spirituelle Orte mit Zurückhaltung und Respekt!
- Genieße deinen Besuch in der Natur. Wird der nächste Besucher merken, dass du da warst?

INFORMATIONEN UND ADRESSEN

Internationale Anreise

Neuseeland verfügt über drei internationale Flughäfen: Auckland, Christchurch und Wellington, wobei die Hauptstadt Wellington derzeit nur von Australien aus angeflogen wird. Die Anreise von Europa erfolgt in der Regel mit Zwischenlandung auf einem der großen asiatischen Flugdrehkreuze, wobei der Standort von der gebuchten Fluglinie abhängt. Die schnellsten Flugverbindungen (inkl. Umsteigzeit) zwischen Mitteleuropa und Neuseeland dauern derzeit zwischen 28 und 32 Stunden. Überlegenswert ist die Option von Gabelflügen, die von einigen Fluglinien angeboten werden, sprich: Hinflug nach Auckland und Rückflug von Christchurch oder umgekehrt. Innerhalb Neuseelands verbindet Air New Zealand die meisten größeren Städte durch günstige und schnelle Flugangebote.
Für eine Einreise nach Neuseeland ist für Staatsbürger aus Deutschland, Österreich und der Schweiz kein Visum erforderlich, allerdings muss seit 2019 eine elektronische Einreisegenehmigung (NZeTA) beantragt werden, die in der Regel innerhalb weniger Tage erteilt wird. Die Kosten dafür belaufen sich auf 23 NZD (Stand 2023).
Neuseeland ist sehr engagiert, seinen äußerst sensiblen Naturraum vor invasiven Arten zu schützen. Aus diesem Grund dürfen keine Pflanzen und Pflanzenprodukte, Tiere und Tierprodukte eingeführt werden, dazu zählen auch Lebensmittel. Ebenso sollten alle Outdoor-Utensilien wie Wanderschuhe, Stöcke, Zelte usw. für eine Einreise nach Neuseeland sehr gut gereinigt sein. Dies wird am Flughafen genauestens untersucht, weswegen die Einreise einige Zeit in Anspruch nehmen kann.

Blick auf die Torrent Bay im Abel Tasman National Park (Tour 29).

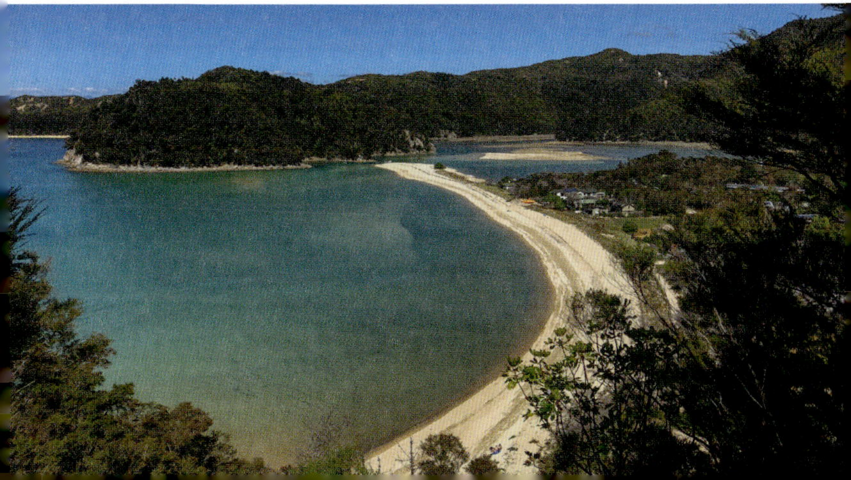

Zeitunterschied

Zwischen Mitteleuropa und Neuseeland gibt es eine Zeitverschiebung von 11 Stunden in der Sommerzeit und 12 Stunden in der Winterzeit.

Auskunft

Neuseeland verfügt über ein sehr gutes Netz an Besucherzentren (Visitor Information Centres), die über lokale Informationen verfügen und kompetent Auskünfte jeder Art erteilen. Es gibt in nahezu jedem Ort von touristischem Interesse ein Visitor Information Centre, in dem z. B. auch Unterkunft, Mietwagen, Fährfahrt, Bustransfer und diverse Aktivitäten gebucht werden können.

Das Department of Conservation (DOC, doc.govt.nz) verwaltet als oberste Naturschutzbehörde die einzelnen Wandergebiete und ist zuständig für den Erhalt der Wanderwege und Hütten. Alle Nationalparks besitzen eine oder mehrere DOC-Dienststellen. Dort gibt es aktuelle Informationen über den Zustand von Wanderwegen oder über Hüttenbelegungen, zudem Auskünfte über eventuelle Gefahren sowie die aktuelle Wettervorhersage für ein bestimmtes Wandergebiet. Auch Hüttenpässe und weiteres Kartenmaterial sind dort erhältlich.

Notruf und Bergrettung

Die allgemeine Notrufnummer in Neuseeland ist 111. Diese Telefonnummer umfasst die auch für die Bergrettung zuständige Polizei, Feuerwehr und Ambulanz. In weniger dicht besiedelten Gegenden kann es unter Umständen lange dauern, bis der nächste Arzt erreichbar ist. 0800 500 222 ist eine gebührenfreie Nummer für den Pannendienst (über 350 Vertragswerkstätten des AA-Automobilclubs), der rund um die Uhr erreichbar ist.

Bei allen mehrtägigen Wanderungen sollte man beim nächstgelegenen Visitor Information Centre des DOC ein »Intention Form« ausfüllen, in dem man seine genaue Wanderroute bekannt gibt.

Mietautos und Straßen

Ein Mietauto ist wohl die schnellste und flexibelste Form, Neuseeland zu bereisen. An den internationalen Flughäfen wie auch in den größeren Städten gibt es eine gute Auswahl an Mietwagenfirmen, die Autos verschiedener Größe und zu unterschiedlichen Konditionen anbieten. Man sollte zuvor gut überlegen, welche Routen man in Neuseeland befahren möchte, bevor man sich für ein Mietauto entscheidet. In Neuseeland gibt es viele Schotterstraßen, die nicht von allen Mietautos befahren werden dürfen (nicht im Versicherungspaket inkludiert). Sehr wohl erlaubt ist dies für Allradfahrzeuge (4WD), die jedoch in der Miete sehr teuer sind. Für viele Besucher Neuseelands ist es ein lang ersehnter Traum, mit einem Wohnmobil das Land zu durchfahren. Bedenken sollte man in diesem Fall: Wohnmobile sind das kostspieligste Reiseverkehrsmittel und in der Hauptsaison sind viele Wohnmobile unterwegs und verstopfen so manche Routen.

Wer ein Auto in Neuseeland mieten möchte, braucht einen internationalen Führerschein sowie eine Kreditkarte als Sicherstellung. Die Altersgrenze variiert je nach Mietwagenfirma. Am einfachsten bekommt man ein Auto im Alter zwischen 25 und 65 Jahren.

Neuseeland verfügt über ein gut ausgebautes Straßennetz. Straßengebühren werden nicht erhoben, Autobahnen gibt es bisher nur im Umland der größten Städte. Derzeit wird an einer Autobahnroute zwischen Wellington und Auckland gebaut. In vielen Teilen des Landes ist die Qualität der Straßen schlecht, weil extreme Wetterereignisse (z. B. heftige Regenfälle) die Instandhaltung sehr erschweren. In Neuseeland wird links gefahren, rechts hat Vorfahrt. In Ortschaften gilt ein Tempolimit von 50 km/h, auf Überlandstraßen und Autobahnen von 100 km/h.

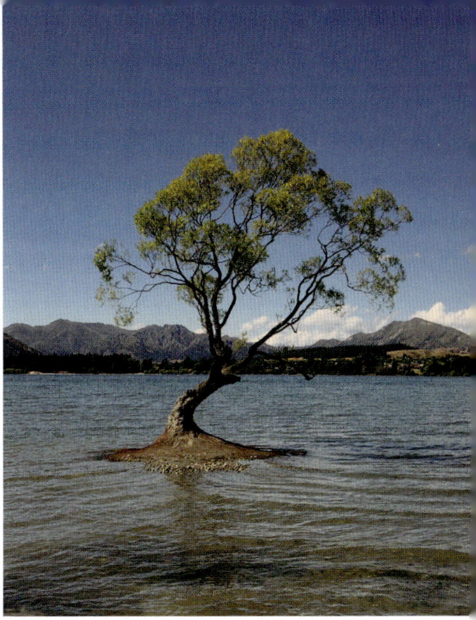

Der berühmte Wanaka Tree.

Öffentlicher Verkehr

Neuseeland hat zwar nur etwas mehr als zwei Drittel der Landesfläche Deutschlands (rund dreimal die Größe Österreichs sowie sechsmal die Größe der Schweiz), doch sind die Distanzen zwischen der Nord- und Südspitze oder auch zwischen den größten Städten des Landes beträchtlich. Daher lohnt bei der Reiseplanung auch das Einbeziehen von öffentlichen Verkehrsmitteln.

Neuseeland verfügt über 30 Inlandsflughäfen, die mehr oder weniger regelmäßig von zwei Fluglinien beflogen werden: Air New Zealand (airnewzealand.co.nz) und Jetstar (jetstar.com/nz).

Ein gut ausgebautes Busnetz verbindet fast alle kleinen und mittleren Siedlungen mit den größeren Städten des Landes. Hierfür braucht man etwas Geduld, wird dafür aber mit gutem Service belohnt. Durch die Kooperation mit der Eisenbahn (kiwirail.co.nz) und den Interislander-Fähren (interislander.co.nz) ist ein sehr weitreichender Verkehrsverbund vorhanden. Weitere Infos unter intercity.co.nz.

Telefon

- Vorwahl von Neuseeland nach Deutschland: 0049
- Vorwahl von Neuseeland nach Österreich: 0043
- Vorwahl von Neuseeland in die Schweiz: 0041
- Vorwahl aus dem Ausland nach Neuseeland: 0064.

Wer in Neuseeland mit dem eigenen Handy telefonieren möchte, der kauft am besten eine Sim-Karte eines regionalen Anbieters für sein Mobiltelefon. Diese wird an den Flughäfen angeboten, kann aber auch in Postämtern, Supermärkten, Informationszentren oder Tankstellen gekauft werden. Die Verkäufer übernehmen oft auch das Wechseln der Sim-Karte.

Währung und Geld

Die Landeswährung ist der Neuseeländische Dollar (NZD), der in 100 Cents unterteilt ist. Im Umlauf sind derzeit Banknoten zu 5, 10, 20, 50 und 100 NZD. Münzen gibt es zu 10, 20 und 50 Cents sowie zu 1 und 2 NZD. Wechselstuben sind inzwischen rar und zumeist nur auf Flughäfen und in größeren Städten zu finden. Geldautomaten (ATM) gibt es in großer Zahl und nahezu in jedem Dorf. Dort kann Bargeld mit EC-Karten (für eine allfällige Freischaltung bei der Hausbank nachfragen) und Kreditkarten abgehoben werden. Die Kreditkarte ist in Neuseeland ein sehr gängiges Zahlungsmittel. Damit kann beinahe jede Rechnung beglichen werden.

Ein Schafscherer bei der Arbeit.

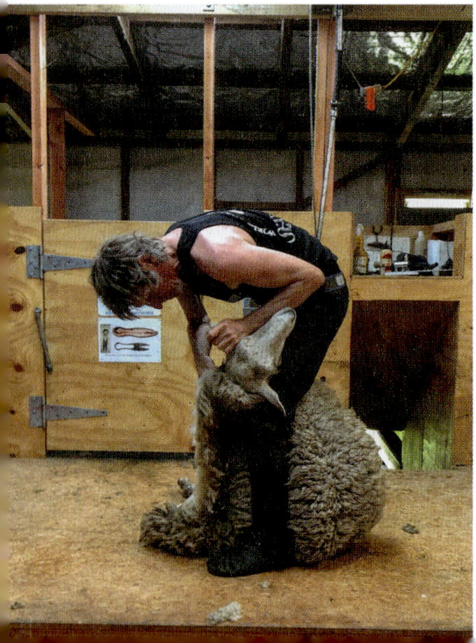

Gesundheitsversorgung

Vorweg: Neuseeland ist kein Land, das hohe Gesundheitsrisiken birgt: Es gibt keine gefährlichen und angriffslustigen Wildtiere, kaum giftige Pflanzen und auch keine lebensbedrohlichen Infektionskrankheiten. Dennoch können beim Wandern gelegentlich kleinere Unfälle passieren und so ist man auf medizinische Versorgung vor Ort angewiesen. Neuseeland hat insgesamt ein gut ausgebautes Netz an Gesundheitseinrichtungen, dies jedoch eher im Umkreis der größeren Städte. Honorare für die Ärzte müssen vor Ort bezahlt werden und können bei Rückkehr über Reise- oder Unfallkrankenversicherung refundiert werden. Gängige Medikamente (z. B. gegen Erkältung und Durchfall) oder Verbandsmaterial sind in

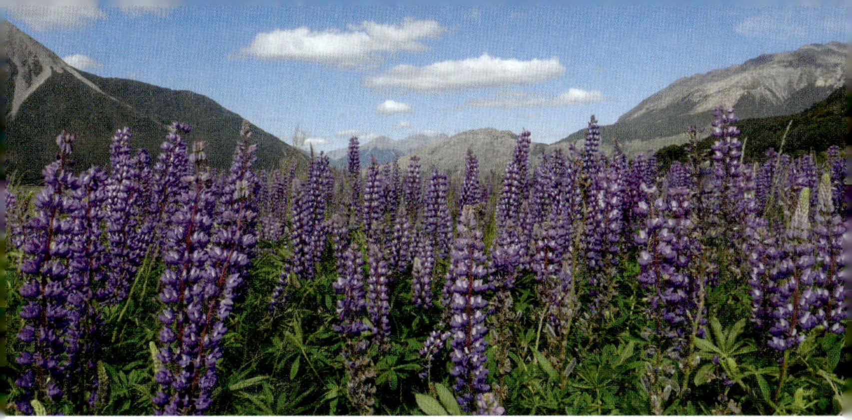

Lupinen am Lake Tekapo.

den meisten Supermärkten gelistet. In den Kleinstädten gibt es zudem Apotheken, wobei zwischen pharmacies (Apotheken in unserem Sinn) und drugstores oder chemists (Drogeriemärkte, oft in Supermärkte integriert) unterschieden wird. Viele in Europa gängige Medikamente gibt es in Neuseeland nicht, aber vergleichbare Präparate mit gleichem Wirkstoff.

Kriminalität

Statistisch gilt Neuseeland als eines der sichersten Reiseländer der Welt. Dennoch gibt es immer wieder in Reiseblogs und Reiseberichten die Warnung vor Autoeinbrüchen auf abgelegenen Parkplätzen.

Wichtige Internetadressen

- **newzealand.com:** Offizielles Webportal des New Zealand Tourism Board. Zu finden sind: Aktivitäten, Routen, Transport/Verkehr, Unterkünfte. Umfassende Informationsplattform zur Planung einer Neuseelandreise.
- **govt.nz:** Offizielles Webportal der neuseeländischen Regierung mit umfassenden Informationen zu Politik und Gesellschaft Neuseelands. Für Reisende ist u. a. die Sektion »Immigration and visas« besonders relevant.
- **doc.govt.nz:** Webportal des Department of Conservation (DOC). Hier finden sich alle relevanten Informationen zu Nationalparks und Wanderrouten in Neuseeland.
- **kotuia.org.nz:** Webportal zum kulturellen Erbe Neuseelands mit Zugang zu allen Museen und kulturellen Sehenswürdigkeiten des Landes.
- **tourism.net.nz:** Portal von Reiseanbietern und -veranstaltern in Neuseeland.
- **backpackerboard.co.nz:** Webportal für kostenbewusste Neuseelandreisende mit Routentipps, Aktivitäten, Transport/Verkehr, günstigen Unterkünften und Jobangeboten unterwegs.

NEUSEELAND: LAND UND LEUTE

Neuseeland-Steckbrief

- Fläche: 268.021 km^2, drei Hauptinseln (Nordinsel, Südinsel, Stewart Island) und zahlreiche kleine Inseln in der näheren und weiteren Umgebung.
- Einwohner: 5,1 Millionen (Stand 2023), davon rund 70 % europäischer Abstammung, 14 % Māori, 7 % Polynesier, 8 % Asiaten, 1 % Sonstige.
- Städte: Hauptstadt Wellington; Auckland ist die größte Stadt des Landes und der Nordinsel, Christchurch die größte Stadt der Südinsel.
- Regierungsform: Parlamentarische Demokratie ohne geschriebene Verfassung mit dem König von Großbritannien (derzeit Charles III.) als offiziellem Staatsoberhaupt, vertreten durch einen Generalgouverneur.
- Landschaft: Neuseeland ist ein Inselstaat mit rund 18.000 km Küstenlinie und ca. 700 Inseln. Zwischen der Nordspitze der Nordinsel und der Südspitze der Südinsel erstreckt sich Neuseeland auf ca. 1600 km Luftlinie. Das Land ist durchgehend hügelig und gebirgig und in weiten Teilen von Vulkanen durchsetzt. Der höchste Berg Aoraki/Mt. Cook (3755 m) liegt in den Neuseeländischen Alpen auf der Südinsel.
- Nationaltier: Der Kiwi ist das Nationaltier Neuseelands, ein Schnepfenstrauß. »Kiwis« ist aber auch eine »liebevolle« Bezeichnung für die Menschen Neuseelands. Als Kiwi ist auch die Frucht der chinesischen Stachelbeere bekannt, die ursprünglich aus China kommt, aber auch in Neuseeland in großen Mengen produziert wird.

Der legendäre Mitre Peak im Milford Sound.

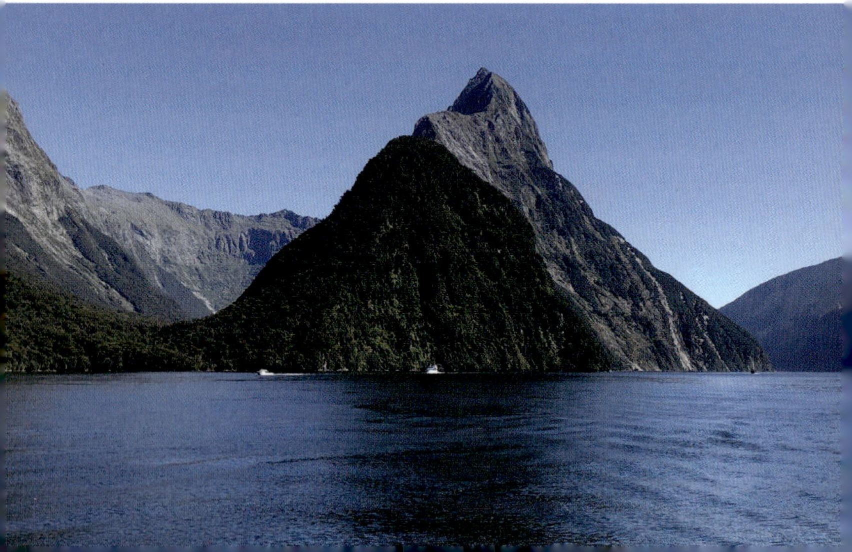

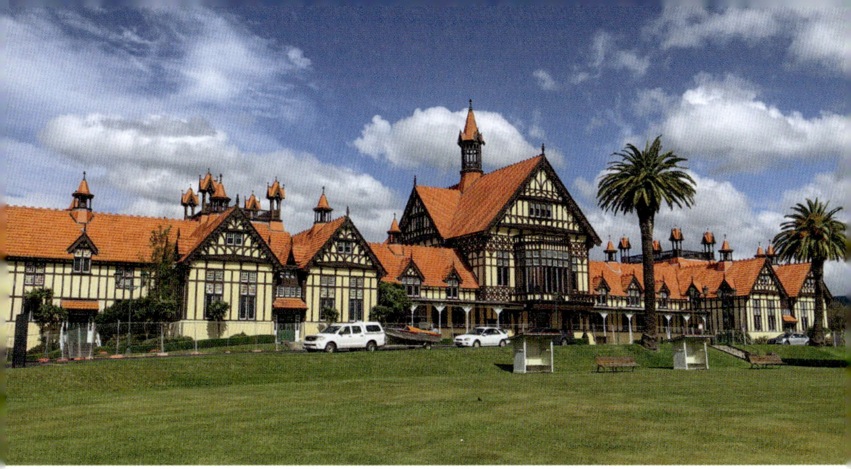

Das historische Badehaus in Rotorua, heute Rotorua Museum.

Ein Inselstaat mit der Vielfalt eines Kontinents

Es gibt wohl kaum ein anderes Land, das auf einem geografisch so engen Raum eine derartige Vielfalt an Landschaftsbildern aufweist wie Neuseeland. Der im südwestlichen Teil des Pazifischen Ozeans, 20.000 km von Europa entfernt liegende Inselstaat besteht aus drei großen Inseln (Nordinsel, Südinsel und Stewart Island) und zahlreichen kleineren Inseln. Aufgrund von Verschiebungen der Kontinentalplatten präsentieren sich die beiden Hauptinseln Neuseelands äußerst kontrastreich. Die Nordinsel besticht vor allem durch Farben und Naturphänomene: Goldgelbe Sandstrände, grüne Hügel, komplexe Höhlensysteme, urzeitliche Wälder und ein ausgeprägter Vulkanismus charakterisieren die Landschaft. Die stärkste Vulkanaktivität befindet sich zwischen dem Tongariro-Nationalpark im Zentrum und der nördlich gelegenen Bay of Plenty und äußert sich in rauchenden Kratern und geothermischen Gebieten. Zu den aktiven Vulkanen zählen Ruapehu, Ngauruhoe, Tongariro, Tarawera und White Island. Andere Vulkane, z. B. im Egmont-Nationalpark, gelten als ruhend.
Die Südinsel ist die größere der beiden Hauptinseln mit nur einem Drittel aller Einwohner Neuseelands, die zerstreut in vielen kleinen Orten leben. Sie ist vielfältiger und unberührter als die Nordinsel und durch eine fast verschwenderische Fülle an ursprünglicher Natur geprägt. Tief eingeschnittene Fjorde und ausgedehnte, mit Moos überwucherte kühle Regenwälder kennzeichnen den Süden der Insel. Im Nordwesten der Südinsel formen unterirdische Schächte, Dolinen (Senkgruben) und Ponore (Schlucklöcher) eine ausgeprägte Karstlandschaft. Im Zentrum zieht sich das gewaltige Gebirgsmassiv der Südalpen fast über die gesamte Insel. Hier sind die höchsten Gipfel und die längsten Gletscher Neuseelands zu finden.

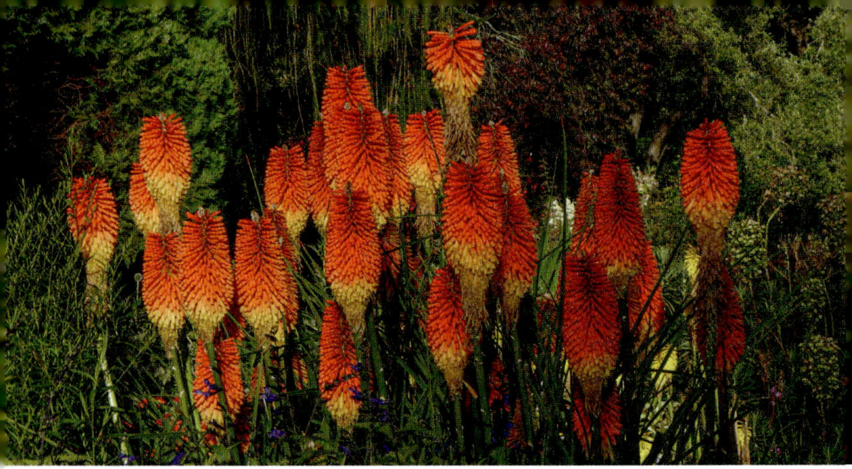

Prächtige Fackellilien.

Vegetation

Es gibt in Neuseeland außer einer sehr seltenen, kleinen Spinne kaum gefährliche oder giftige Pflanzen. Als Folge der über 100 Millionen Jahre dauernden völligen Isolation der Inseln im Pazifik konnte sich Neuseelands einzigartige Flora und Fauna ungestört und eigenständig entwickeln und brachte dabei zahlreiche endemische (d. h. nur hier vorkommende) Arten hervor. Allein 84 % aller Pflanzen Neuseelands sind endemisch, darunter einige botanische Raritäten wie Kauri, eine immergrüne Fichtenart, die bis zu 2000 Jahre alt und über 50 m hoch werden kann. In Northland und auf der Coromandel-Halbinsel ist diese zweitgrößte Baumart der Welt noch zu finden. In den Regenwäldern der Nordinsel wächst Rimu (Rotkiefer), einer der verbreitetsten Bäume Neuseelands, Rata trifft man besonders an der Ostküste der Nordinsel und auf der Coromandel-Halbinsel an. Im Dezember trägt er leuchtend rote Blüten und sieht damit dem Pohutukawa-Baum sehr ähnlich. Dieser blüht ebenso um die Weihnachtszeit prächtig in Rot und wird deshalb als Christmas Tree bezeichnet. Beide gehören zur Familien der Eisenholzbäume. Vornehmlich auf der Südinsel findet man Nikau, die einzige subtropische Palme Neuseelands.
Weiter im Süden ist die Vegetation von der Höhe abhängig. Auf Meereshöhe bis etwa 800 m dominieren Regenwälder mit Moosen, Farnen und Baumfarnen, die bis 20 m hoch werden können. Auch der tropisch aussehende Cabbage Tree ist weit verbreitet. Ganz im Süden überwiegen Buchenwälder, insbesondere Rotbuchen, Silberbuchen und Bergbuchen. In Höhen ab 1200 m beginnen das Tussock-Grasland und die alpine Vegetation. Oberhalb der Baumgrenze begegnet man alpinen Butterblumen, Berggänseblümchen, Enzian und dem neuseeländischen Edelweiß.

Tierwelt

Auch Neuseelands Tierwelt weist Besonderheiten auf, denn aufgrund der ursprünglich fehlenden Raubtiere entwickelten sich zahlreiche flugunfähige Vögel. Der bekannteste ist der nachtaktive Kiwi (Schnepfenstrauß), der in den dichten Farnwäldern beheimatet ist. Nur 5 % aller Kiwiküken überleben in der Wildnis. Im Fjordland gibt es noch 5000 Kiwis, auf Stewart Island etwa 20.000. Dagegen sind zwei weitere flugunfähige Vögel, die Rallenarten Weka (Wekaralle) und Pukeko (Purpurhuhn), häufiger entlang der Wanderwege anzutreffen. Den kleinen Fantail (Graufächerschwanz) erkennt man an seinem breit gefächerten Schwanz, mit dem er in den Wäldern kleine Insekten vom Boden hochwedelt. Häufig wird man auch der Waldtaube (Kererū) begegnen, deren hubschrauberähnlicher Flügelschlag schon von Weitem zu hören ist. In den alpinen Bereichen der Südinsel wird der Wanderer höchstwahrscheinlich den Bergpapagei Kea mit grün-gräulich glänzendem Federkleid zu Gesicht bekommen. Der hochintelligente und äußerst neugierige Papagei lebt oberhalb der Schneegrenze. Sein etwas kleinerer Verwandter Kaka hat ein rot-gräuliches Federkleid und kommt vornehmlich in den Wäldern der Südinsel vor. Zudem leben in oder auf dem Wasser zahlreiche, auch seltene Vögel, wie zum Beispiel der Albatros und einige Pinguinarten.

Bei den Meeressäugetieren sind Robben, Wale und Delfine sehr verbreitet. Das häufigste Landsäugetier ist nicht, wie oft vermutet, das Schaf, von dem es in Neuseeland etwa 30 Millionen gibt, sondern das ursprünglich wegen seines Fells aus Australien eingeführte Opossum. Etwa 70 Millionen Exemplare gelten heute als größte Landplage, da sie den einheimischen Wald zerstören und unter anderem Kiwieier fressen. Aus diesem Grund werden sie überall in Neuseeland gejagt oder vergiftet.

Die größte Basstölpel-Kolonie Neuseelands (Tour 17).

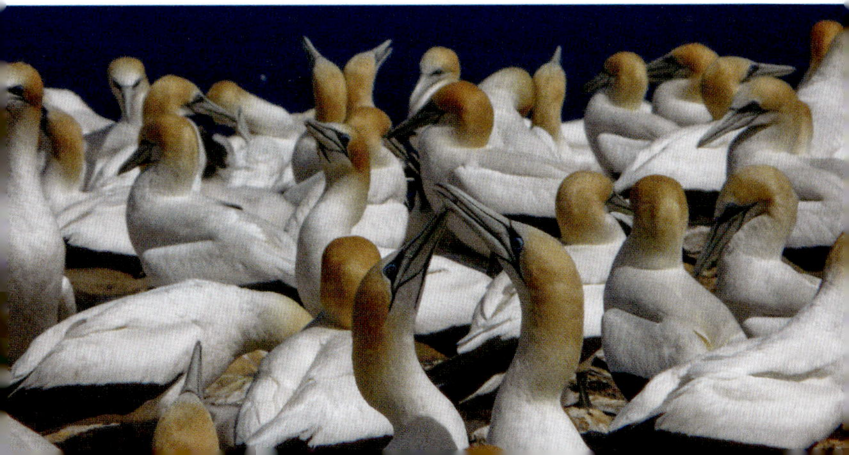

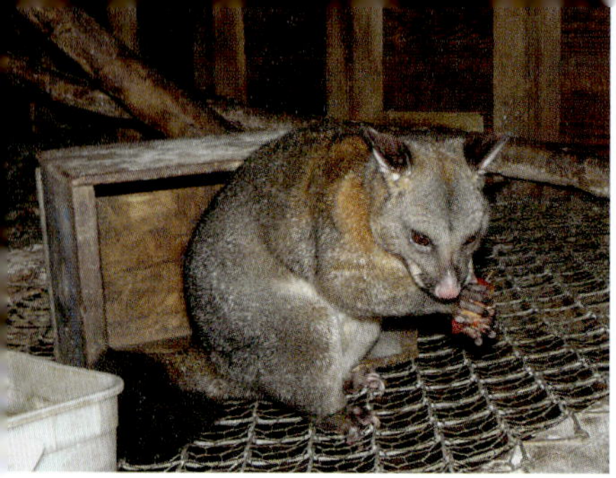

Possum oder Fuchskusu.

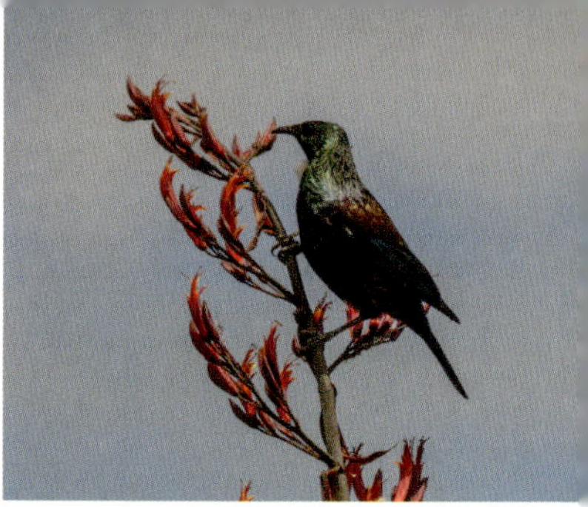

Tui auf einer Flachsblüte.

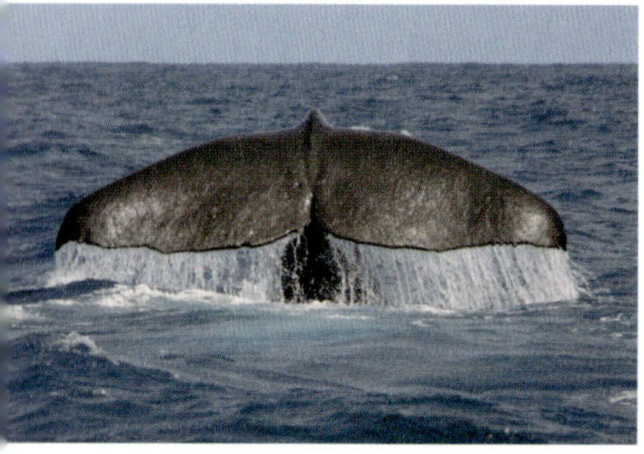

Buckelwal-Fluke in der Bucht von Kaikoura.

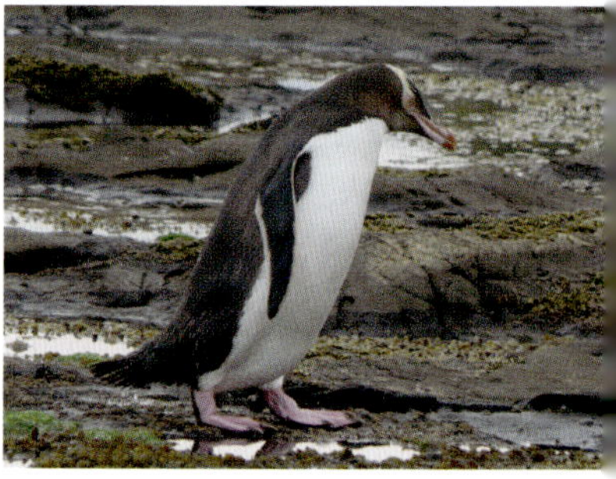

Gelbaugenpinguin in Curio Bay.

Aus der artenreichen Insektenwelt sind die namhaften Glowworms hervorzuheben. Dabei handelt es sich um die Larven einer Fliege, von denen dünne, klebrige Leuchtfäden herunterhängen, mit denen sie kleinere Insekten fangen. Sie kommen im Regenwald an dunklen, feuchten Felsüberhängen vor sowie in feuchten Höhlen, die sie sich mit der Weta, einem geschützten, bis zu 10 cm großen Insekt teilen. Zu den unangenehmen Plagegeistern zählen die kleinen, schwarzen Sandflies, die besonders im feuchten Südwesten der Südinsel in Schwärmen auftreten – sie beißen und saugen Blut. Wespen können in einigen Gebieten, z. B. in den Wäldern der nördlichen und zentralen Südinsel, ein Problem sein.

Nationalparks und Naturschutzgebiete

Die allerschönsten und ursprünglichsten Landschaften Neuseelands sind mittlerweile in 14 großen **National Parks**, mehreren **Maritime Parks** und mehr als einem Dutzend **Forest Parks** geschützt, die vom Department of Conservation (DOC) verwaltet werden. Allein 30.000 km² Landesfläche sind in der höchsten Schutzkategorie eingeordnet. Der älteste Nationalpark Neuseelands ist der Tongariro-Nationalpark, der 1887 gegründet wurde. Erst 2002 wurde Rakiura auf Stewart Island zum Nationalpark erklärt und ist somit der jüngste. Der kleinste Nationalpark ist der Abel-Tasman-Nationalpark, der Fjordland-Nationalpark ist der größte. Zum Schutz der Natur hat das DOC Richtlinien herausgegeben, die insbesondere für den Aufenthalt in den Nationalparks beachtet werden sollten (s. Seite 23). Drei Gebiete wurden per UNESCO-Beschluss zum Weltkulturerbe der Menschheit erklärt: Tongariro-Nationalpark, Südwest-Neuseeland und Neuseelands subantarktische Inseln.

Nationalparks auf der Nordinsel: Tongariro, Whanganui, Egmont, Te Urewera.

Nationalparks auf der Südinsel: Abel Tasman, Kahurangi, Nelson Lakes, Paparoa, Arthur's Pass, Westland Tai Poutini, Aoraki/Mount Cook, Mount Aspiring, Fjordland.

Nationalpark auf Stewart Island: Rakiura.

Eine Besonderheit des Nationalparktourismus in Neuseeland stellen die sogenannten **»Great Walks«** dar, Weitwanderwege, die durch die schönsten Abschnitte der geschützten Landschaften führen. Im Augenblick listet Neuseeland zehn Great Walks:

Great Walks auf der Nordinsel: Tongariro Northern Circuit (45 km, Tour 15), Whanganui Journey (145 km, Wasserweg in Form einer Bootstour), Lake Waikaremoana Track (46 km).

Great Walks auf der Südinsel: Abel Tasman Coast Track (46 km, Tour 29), Paparoa Track (56 km), Heaphy Track (78 km), Routebourne Track (32 km), Milford Track (53 km), Kepler Track (66 km, Tour 69).

Great Walk auf Stewart Island: Rakiura Track (32 km, Tour 78).

Geschichte und Identität

Neuseeland versteht sich heute als Teil des Polynesischen Kulturraumes und als Schutzmacht der polynesischen Inselwelt. Aufgrund seiner peripheren Lage wurde das Land erst sehr spät besiedelt. Bezüglich der Zuwanderung der Māori, der Erstbevölkerung der Insel, gibt es mehrere Thesen zum Zeitpunkt (besser: zum Zeitraum) der Erstberührung, die wahrscheinlich zwischen dem 8. und 13. Jh. n. Chr. stattgefunden hat. Die Zuwanderung erfolgte aus dem ostpolynesischen Raum auf großen Kanus. Noch heute leiten sich Māori-Familien von einzelnen Sippen ab, die gemeinsam auf einem der Kanus Neuseeland erreicht haben. Diese historischen Überfahrten werden von der Forschung heute einstimmig als »große Seefahrt« tituliert. Die ersten Bewohner Neuseelands waren Jäger und Sammler und dezimierten die von ihnen vorgefundene Flora und Fauna in wenigen Generationen. Erst danach kam es zu einer Umstellung auf Ackerbau und Viehzucht, jedoch in einem bescheidenen Ausmaß, sodass in der Frühzeit der Besiedelungsgeschichte wohl immer ein gewisses Defizit an Lebensmitteln vorhanden war und Krieg um Ressourcen herrschte. Die Jäger und Sammler dürften sich anfangs aufgrund der vorhandenen Tierwelt auf der

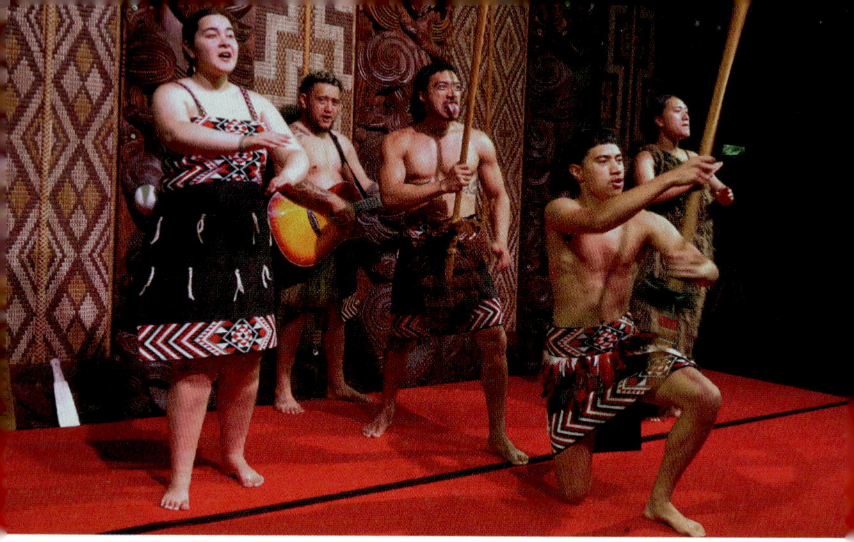

Traditioneller Māori Haka in Waitangi.

Südinsel konzentriert haben. Später war die Nordinsel dichter besiedelt, da sie für Landwirtschaft besser geeignet war und auch der polynesischen Urheimat hinsichtlich des Klimas ähnlicher war.
Soweit man heute weiß, erreichten erst 1642 die ersten europäischen Schiffe Neuseeland. Der Niederländer Abel Janszoon Tasman gilt als der »Entdecker« Neuseelands aus europäischer Perspektive, jedoch ging er nicht an Land. Erst die Briten unter James Cook betraten 1769 den Boden der Nordinsel und waren von Anfang an mit skeptischen und widerständigen Māori konfrontiert. Dennoch folgten dieser Landberührung bald die ersten europäischen Siedler, anfangs Walfänger, später Bauern, Holzfäller, Goldgräber usw. Zahllose Konflikte zwischen Pakeha (Weiße in der Sprache der Māori) und Māori folgten, daneben auch Phasen friedlichen Nebeneinanders. Am 6. Februar 1840 wurde der Vertrag von Waitangi zwischen den Engländern und Vertretern der Māori abgeschlossen, was de facto einer Übergabe der Inseln in die britische Kolonialverwaltung gleichkam. Der Vertrag ist bis heute Gegenstand widersprüchlichster Debatten, gilt aber als wegweisend. Die Māori interpretierten den Inhalt des Vertrages von Waitangi anders als die Pakeha. Heute vertritt der offizielle Staat Neuseeland eher die Sichtweise der Māori als die der ehemaligen Kolonialherren.
Ungeachtet dessen entwickelte sich Neuseeland im 19. Jh. zu einer britischen Siedlerkolonie, die in Gehabe, Kultur und Selbstverständnis ein Abbild des Mutterlandes war. Wirtschaftlich verstand man sich als integrativer Bestandteil des British Empires und lieferte in großem Ausmaß und zum

Teil monokulturell produziert, was auf den britischen Märkten gebraucht wurde: Wolle, Fleisch, Holz und vieles mehr. Auf politischer Ebene bekam Neuseeland schon im 19. Jh. eine Selbstverwaltung, doch wollte man sich nur widerwillig vom Mutterland trennen. Bereits 1907 wurde der koloniale Status von Neuseeland in London ohne Druck aufgehoben, aber erst 1947 sah sich Neuseeland veranlasst, gänzlich unabhängig zu werden, wobei die Bande zu Großbritannien durch die Königsfamilie (offizielles Staatsoberhaupt) weiterhin bestehen blieben. Eine wirtschaftliche, und damit verbunden, auch emotionale Entfremdung fand erst seit dem Beitritt des Vereinigten Königreichs zur EG 1972 statt, was in Neuseeland eine enorme ökonomische Krise auslöste. Der Inselstaat verlor nun seinen wichtigsten Absatzmarkt für Agrarprodukte in Europa, was eine zunehmende Hinwendung Neuseelands zu den Pazifik-Anrainerstaaten zur Folge hatte. Heute beliefert Neuseelands Milch-, Fleisch- und Holzwirtschaft in erster Linie die ostasiatischen Märkte.
Staat und Gesellschaft Neuseelands verstehen sich heute als progressiv und weltoffen. Der Umgang mit seiner Geschichte und ihren Konflikten sowie mit der multikulturellen Bevölkerung wird konstruktiver geführt als im benachbarten Australien. Dennoch gibt es auch Unzufriedenheit, wachsende Spannungen zwischen den verschiedenen Zuwanderungsgruppen und zuletzt massive Kritik an den sehr restriktiven COVID-Maßnahmen der Regierung in den Jahren 2020/2021.

Häuserfront im Goldgräberstädtchen Shantytown Heritage Park.

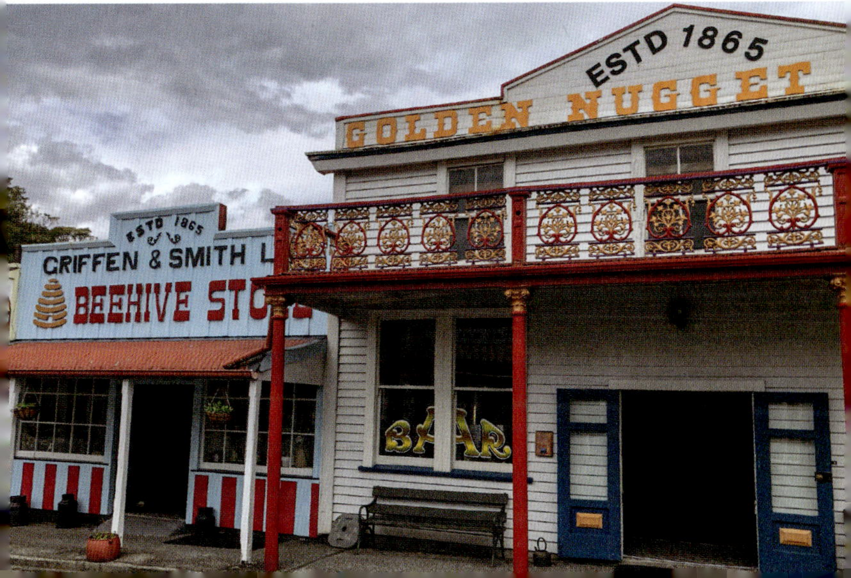

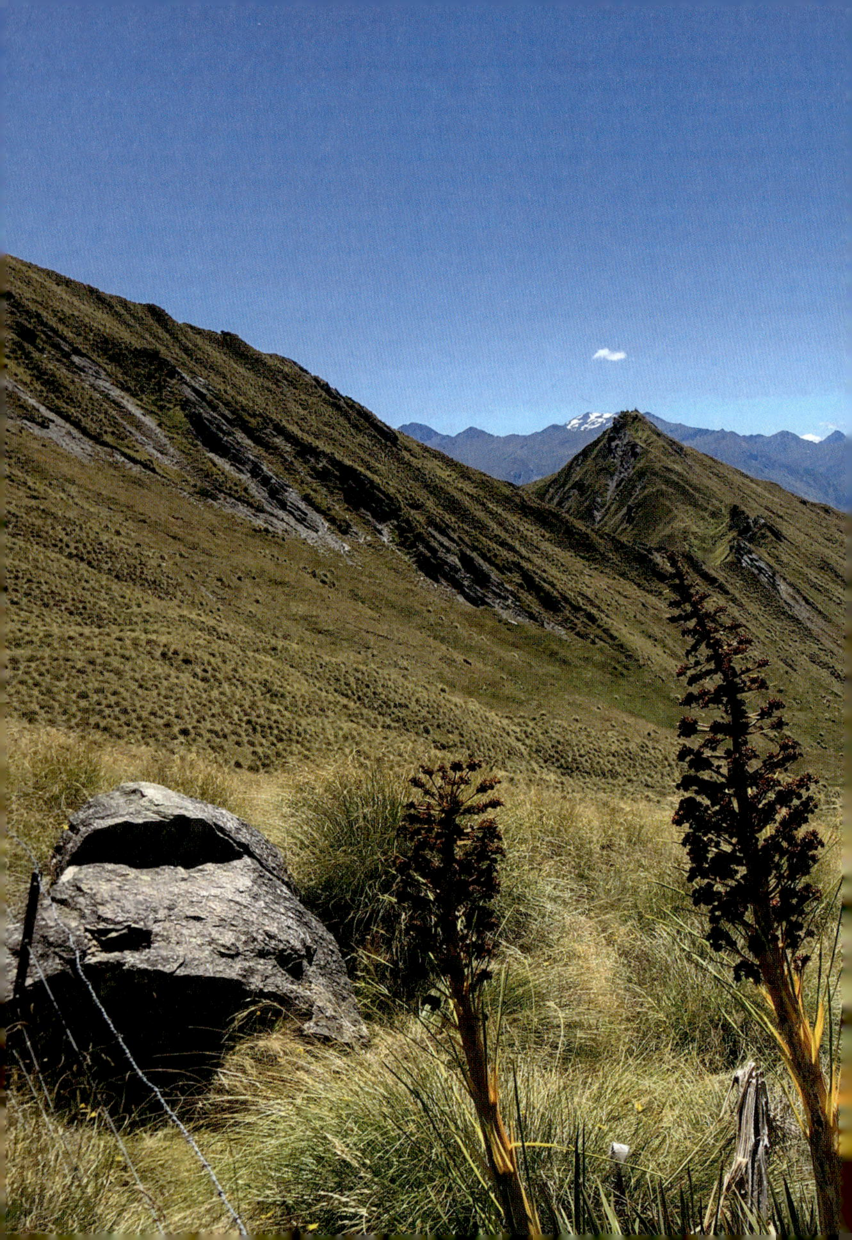

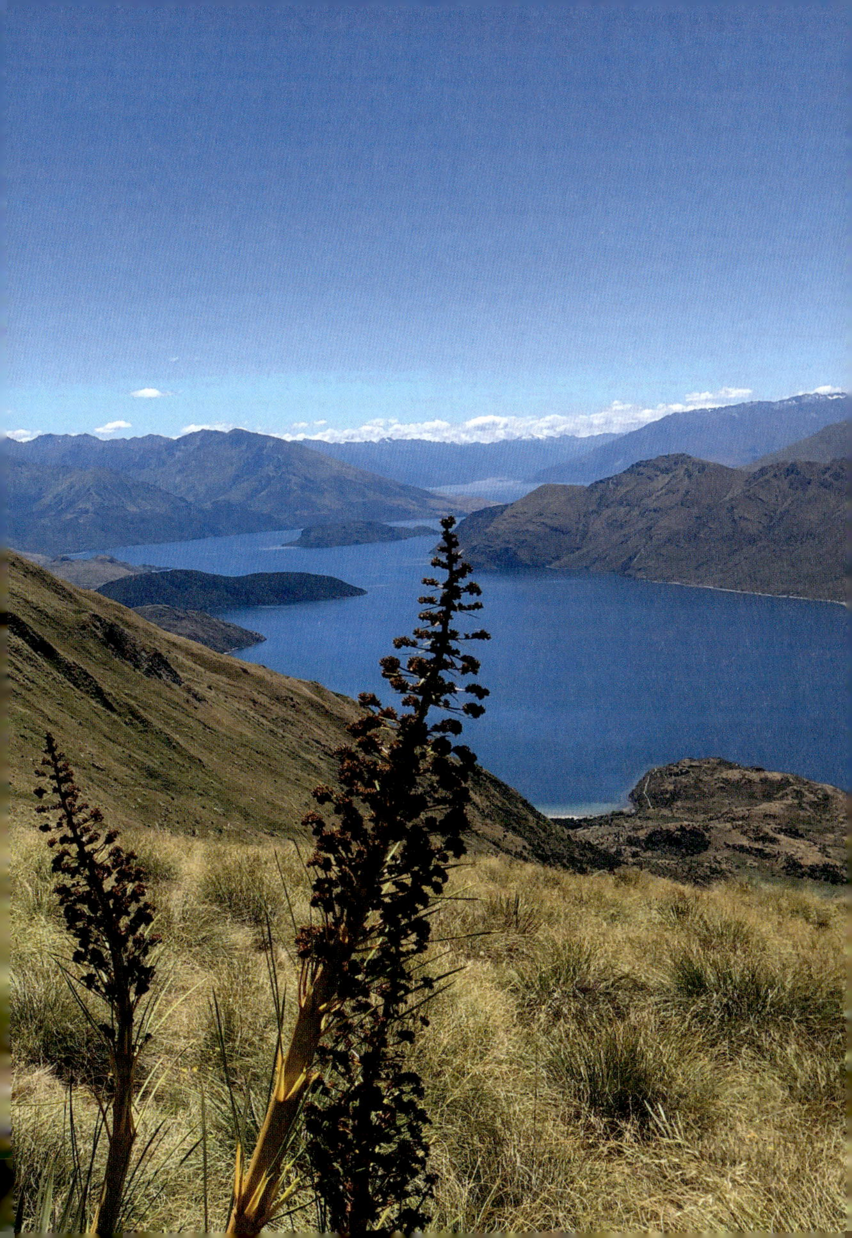

↗ 130 m | ↘ 130 m | 5.4 km

1 Urupukapuka Island

1.30 h

Wandern im Südseeparadies

Urupukapuka Island ist die größte Insel der Bay of Islands. Ursprünglich war sie von den Ngare Raumati, einem Māori Iwi (Sippe), bewohnt. Seit den 1840ern siedelten die ersten Europäer, zunächst Walfänger, später Schafzüchter, hier, die für einen Pappenstiel den Māori dieses Inselparadies abgekauft hatten. Berühmt wurde Otehei Bay, die Hauptbucht der Insel, durch den US-amerikanischen Wildwest-Schriftsteller Zane Grey, der hier Anglerurlaube verbrachte. Heute ist Urupukapuka ein Naturschutzgebiet (Wildlife Sanctuary), das vom Department of Conservation (DOC) verwaltet wird. Einen Tag auf Urupukapuka zu verbringen und die vielen aussichtsreichen Wanderwege zu erkunden, gehört zu den schönsten Erlebnissen im Northland von Neuseeland.

Ausgangspunkt: Otehei Bay, 7 m.
Anreise: Tägliche Fährverbindung von Pahia (ab 10.00 Uhr) und Russel (ab 10.10 Uhr) nach Otehei Bay; Rückfahrten ab 13.45 oder 16.15 Uhr möglich; Preis (Stand 2023): 35 NZ-Dollar (hin und retour). Weitere Informationen und Buchung der Fährverbindung: exploregroup.co.nz/otehei-bay/otehei-bay-ferry.
Anforderung: Einfacher Wiesenpfad und Waldweg mit zum Teil kräftigen An- und Abstiegen.
Markierung/Infrastruktur: Der Weg ist mit den üblichen Symbolen markiert: orange Dreiecke, Informationstafeln und Wegpfeile an einigen Kreuzungen. Der Weg kombiniert sich aus Teiletappen unterschiedlicher Wanderrouten auf Urupukapuka: Otehei Bay, Urupukapuka Bay Loop und Cable Bay Loop.
Einkehr: Otehei Bay, unterwegs keine.
Tipps: 1. Die kleine Stadt Russell/Kororāreka war einst als »the hellhole of the Pacific« (»das Höllenloch des Pazifiks«) bekannt, weil es im 19. Jh. eine wichtige Landgangstation für europäische Seeleute (vor allem Walfänger) war. Oft wird Russell deswegen als erste europäische Hauptstadt Neuseelands gesehen. Heutzutage ist die kleine Küstenstadt ein besonders lohnendes Ausflugsziel: Historische Gebäude (z. B. Christ Church, die älteste Kirche Neuseelands), Kunstgalerien, Cafés und Restaurants direkt am Wasser machen Russell zu einem lohnenden Ausflugsziel. – 2. Die Anbieter der Fährverbindung von Pahia bzw. Russell nach Otehei Bay bieten auch Bootsausflüge in der Bay of Island an. Besonders die Touren zum Cape Brett und Hole in the Rock sind zu empfehlen und werden in Erinnerung bleiben. Weitere Informationen und Buchung: exploregroup.co.nz/otehei-bay/otehei-bay-ferry.

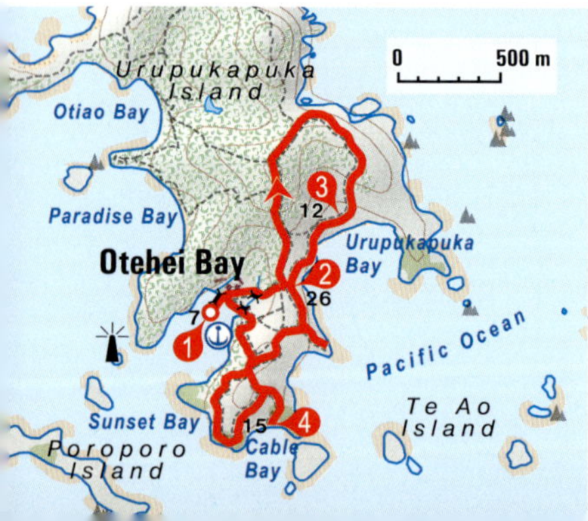

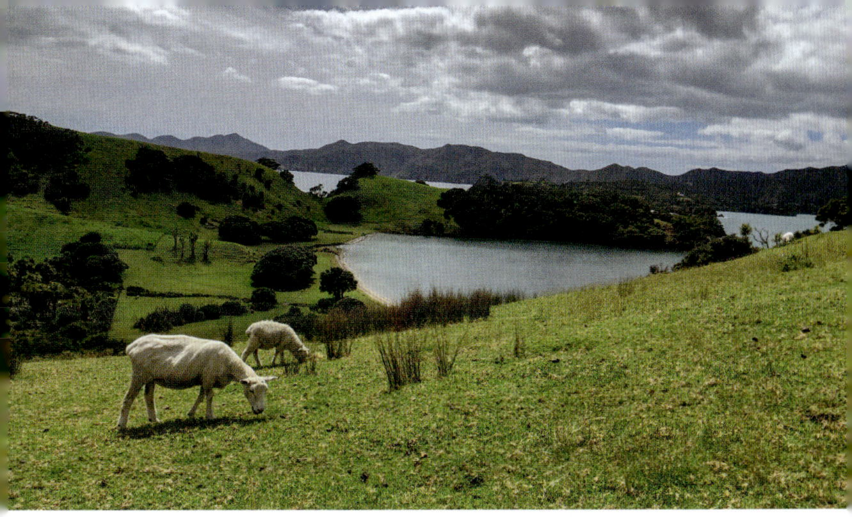

Buchtenlandschaft auf Urupukapuka Island.

Wir starten die Wanderung bei der Fähranlegestelle in **Otehei Bay** ❶. Am Ende des Piers halten wir uns erst nach rechts, dann nach halb links und queren in der Folge eine Wiese und eine kleine Brücke. Danach geht es nach links ein kurzes Stück durch einen Manukawald. Auf einer Lichtung bzw. Weide treffen wir auf eine zentrale **Wegkreuzung** ❷, Ausgangspunkt vieler Wanderwege auf der Insel, die sich aus verschiedenen Etappen kombinieren.

Wir wandern nach links (Urupukapuka Bay Loop) und steigen ziemlich steil bergan. Links liegt der zuvor gequerte Wald und rechts blicken wir auf eine Landschaft von Buchten und Inseln, eingetaucht in ein türkisblaues Meer. Wir gewinnen rasch an Höhe, der Weg knickt leicht nach links und verläuft nun für etwa 5 Min. (450 m) direkt im Wald. Sobald wir diesen verlassen, haben wir bereits die Klippen der Inselnordküste vor Augen. Einen Wegabzweig, der nach links verläuft, ignorieren wir. Wir wandern auf einem schmalen Pfad entlang der Nordküste und sehen die tiefen Abbrüche und einige vorgelagerte Felsinseln. Nun steigen wir etwas steiler bergab in Richtung der **Urupukapuka Bay** ❸, einer breiten Bucht mit Campingplatz. An dieser entlang geht es zurück zur vorher schon passierten **Wegkreuzung** ❷. Der folgende Wegabschnitt führt in den Südosten der Insel. Das Wegkreuz passieren wir geradeaus und halten uns bei der folgenden Weggabelung nach links. Nun geht es auf einem Stichweg auf eine kleine Halbinsel, auf der früher ein Māori Pa gestanden haben soll, heute jedoch keine Überreste mehr davon existieren. Ein mächtiger Pohutukawa-Baum (rote Blüte im Dezember/Januar) unterstreicht die Besonderheit des Ortes.

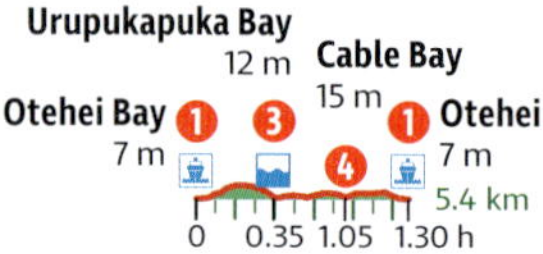

Am Rückweg von dieser Halbinsel gehen wir bei erster Gelegenheit nach links und folgen nun der Cable Bay Loop. Zunächst umwandern wir einen Hügel und erreichen dahinter bereits die **Cable Bay** ④, eine flache Bucht im Osten der Insel. Aus der Bucht geht es ein Stück den gleichen Weg zurück und bei erster Gelegenheit nach links. Wir steigen einen kleinen Hügel südlich der Bucht hinauf und genießen auch hier wieder einen prächtigen Ausblick. Danach durchwandern wir einen Küstenwald oberhalb der Sunset Bay. Hier soll ebenfalls einmal ein Māori Pā gestanden haben. Nun dreht der Weg Richtung Norden und wir haben die Südspitze von Urupukapuka, die Kapurarahurahu-Halbinsel, umrundet. Wir steigen zu einem Aussichtshügel (den wir zuvor von beiden Seiten umwandert haben) hoch und genießen noch einmal den prächtigen Ausblick über die gesamte Insel.
Tief unter uns liegt die Otehei Bay. In diese Richtung gehen wir nach links über eine Schafsweide hinab und passieren ein kleines Stück eines Küstenwaldes. Zurück auf der Weide mit Holzzäunen, mündet unser Weg an einer T-Kreuzung in einen Querweg ein. Hier halten wir uns links und gehen zwischen zwei Holzhäusern (Wirtschaftsgebäude der Schafzucht) direkt Richtung Fähranlegestelle in **Otehei Bay** ①.

Ehemaliges Māori Pā auf Urupukapuka Island.

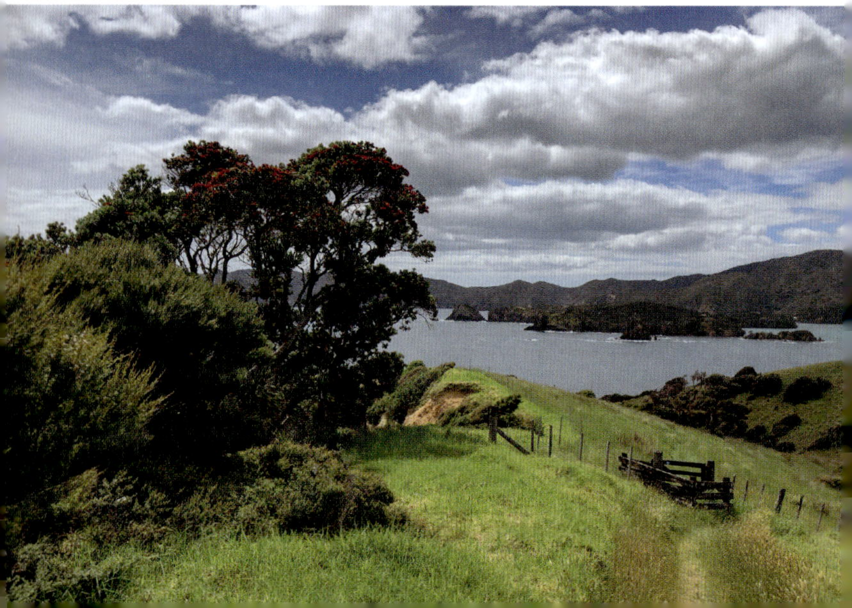

↗ 750 m | ↘ 750 m | 15.3 km

TOP

6.00 h

Coromandel Coastal Walkway

2

Eine Küstenwanderung der Superlative

Die Nordküste der Coromandel-Halbinsel ist für Besucher von außen schwer zu erreichen und gefühlterweise »ein Ende der realen Welt« oder – wie es Besucher schreiben – : »It's like walking through a 10 km film set«. Nördlich von Colville gibt es nur noch sporadisch Asphaltstraßen. Küstenwald und wenige beweidete Hügel prägen die Landschaft. Ein Sehnsuchtsort für Aussteiger und Liebhaber von Einsamkeit. Zwischen Stony Bay und Fletcher Bay erstreckt sich jedoch eine der schönsten Wanderrouten des Landes: der Coromandel Coastal Walkway, der unzählige unvergessliche Ausblicke beschert. Der Weg kann – sofern kräftige Anstiege in Kauf genommen werden – als Rundwanderung angelegt werden.

Ausgangspunkt: Stony Bay, 15 m.
Anreise: Zufahrt auf der Stony Bay Road; die Straße endet in der Stony Bay vor dem Campingplatz; Parkplatz links der Straße.
Anforderung: Zu Beginn einfacher Waldweg in Küstennähe mit Aufstieg zu Aussichtspunkten auf Küstenhügeln; in diesem Wegabschnitt sind einige Bachquerungen und mäßige An- und Abstiege (zum Teil auf rutschigem Untergrund) zu bewältigen. Der Rückweg im Hinterland startet mit einem kräftigen Anstieg auf einem verwachsenen Wiesenpfad zwischen oder neben Weidezäunen; dann einfacher Wegverlauf beim Abstieg durch den Wald, Flussquerung des Stony Bay Creek auf Trittsteinen zum Abschluss. Gute Kondition, Ausdauer und etwas Trittsicherheit sind gefordert.
Markierung/Infrastruktur: Der Weg ist mit den üblichen Symbolen markiert: orange Dreiecke, Informationstafeln und Wegpfeile an einigen Kreuzungen. Toilette an der Stony Bay. Bademöglichkeit in Poley Bay.
Einkehr: Keine.
Tipp: Der Norden der Coromandel-Halbinsel ist gewissermaßen unbewohnt. Die Zufahrt ist nur auf Schotterstraßen möglich. Es gibt kaum Siedlungen, keine Restaurants, Geschäfte oder kulturelle Sehenswürdigkeiten, dafür eindrucksvolle unberührte Natur und einsame Buchten. Wer einige Tage und Nächte hier verbringen möchte, muss Zelt und Schlafsack einpacken. Eine Ausnahme bildet seit 2002 das Tangiaro Retreat, eine Lodge mit modernen Cottages und einem Restaurant, etwa 25 km nördlich der Siedlung Coromandel gelegen. Weitere Informationen und Buchung: kiwiretreat.co.nz.

Vom Campingplatz in **Stony Bay** ❶ folgen wir der Fahrstraße durch das Campinggelände links der Bucht und zweigen von dieser auf einen Erd-Wiesen-Pfad nach rechts ab (Markierung). Danach geht es durch ein Holztor und wir erreichen einen Küstenwald. Durch dichtes Gehölz auf einem schmalen Pfad wandern wir in der Folge immer leicht bergan. An einigen Stellen kann man durch die Büsche auf Stony Bay blicken. Hin und wieder muss man auch schmale Bachläufe queren. Nach etwa 30 Min. (1,6 km) kann man nach rechts den Weg verlassen, um auf einem Stichweg zum

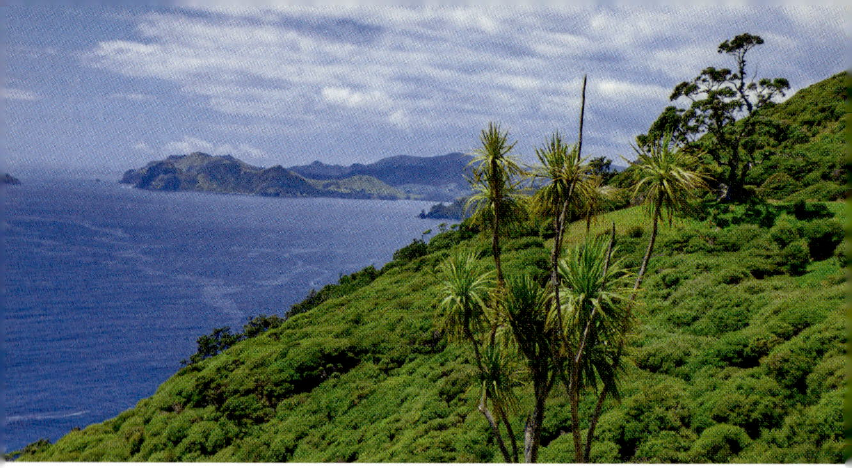

Prächtige Küstenlandschaft im Norden der Coromandel-Halbinsel.

Aussichtspunkt 1 ❷ zu gelangen. Zurück am Hauptweg, wandern wir in der Folge in mehreren Kurven im Hinterland der Steilküste durch dichten Küstenwald. Wir passieren eine kleine Höhle, einen Flusslauf (der unterhalb unseres Weges Kaskaden bildet) und erreichen 1 Std. nach dem ersten Aussichtspunkt einen weiteren Stichweg, der in einigen Minuten zum **Aussichtspunkt 2** ❸ hochführt. Dieser liegt auf einer Landzunge über der Shag Bay. Wieder am Hauptweg, folgen wir der Beschilderung nach Poley Bay. Der Weg führt wieder etwas ins Hinterland und verläuft weiterhin durch dichten Küstenwald. Danach kommen wir zu einer Lichtung und nun leitet ein schmaler Pfad an einer Felswand entlang. Auf einer Lichtung liegt ein kleiner Picknickplatz mit Aussicht. Ab hier geht es nun kontinuierlich bergab. Der Weg wird schwieriger, steiler und ist abschnittsweise stark ausgespült. In einigen Kurven steigen wir ab und folgen bei einer Weggabelung einem Abstiegspfad nach rechts zur **Poley Bay** ❹. Die kleine felsige Bucht mit großkörnigem Sand liegt um eine Flussmündung. Wir wandern zurück zum Hauptweg und nach der Weggabelung nach rechts weiter. Gleich darauf queren wir einen kleinen Bachlauf und steigen in der Folge kräftig bergan (ca. 100 Hm). Bei einem Holzzaun beginnt ein Weidegebiet. Ab hier wird der Wegcharakter etwas anders, weil der Küstenwald nur noch zum Teil vorhanden ist. Vor uns liegt ein Holzhaus (nicht bewohnt, wahrscheinlich

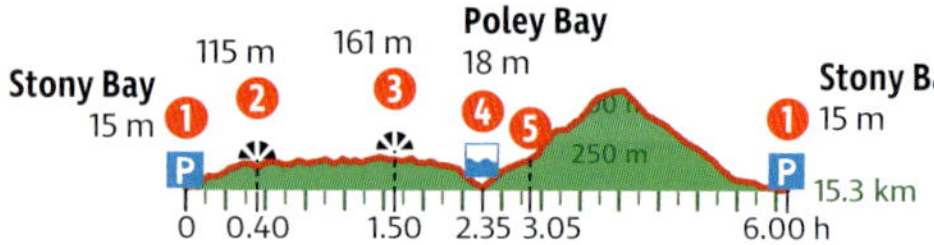

zeitweise für die Betreuung der Weide genutzt), auf das wir zuwandern. Unterhalb des Hauses treffen wir auf eine **Wegkreuzung** 5 und folgen ab hier dem Coromandel Mountainbike Track, der auch als Wanderweg genutzt wird. Ein Wegpfeil informiert uns, dass noch 3 Std. Wanderung bis Stony Bay vor uns liegen. Wir gehen Richtung Haus hoch und folgen dahinter einem Wiesenpfad, der steil bergan führt. Links des Wanderweges sieht man Küstenwald und Buschland, das die Hügel überzieht, rechts von uns liegt ein Weidezaun und dahinter Weideland. Wir steigen zügig 350 Hm an und genießen einen großartigen Rundblick auf das nördliche Küstenland der Coromandel-Halbinsel.
Bei einer Gabelung am höchsten Punkt der Wanderung folgen wir dem linken und etwas breiteren Wegverlauf, der vom Zaun weg, zunächst leicht bergab und in der Folge durch einen Küstenwald führt. In einer Linkskurve queren wir einen Fluss und wandern weiterhin bergab. Nachdem wir den Wald verlassen haben, müssen wir den **Stony Bay Creek** 6 auf Trittsteinen queren. Danach geht es auf einem Wiesenpfad an einigen eindrucksvollen Bäumen links vorbei und auf eine Hausruine zu, die wir in einem Rechtsbogen umwandern. Ein zweites Bauernhaus liegt rechts des Weges. Gleich neben diesem erreichen wir die Stony Bay Road und den Ausgangspunkt unserer Wanderung bei **Stony Bay** 1.

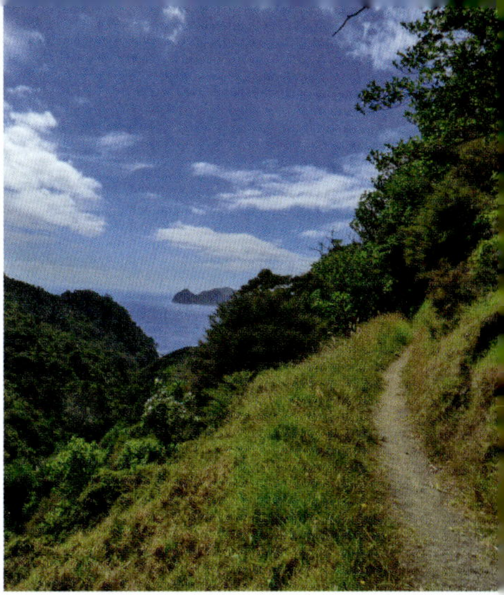

Wanderpfad am Coromandel Coastal Walkway.

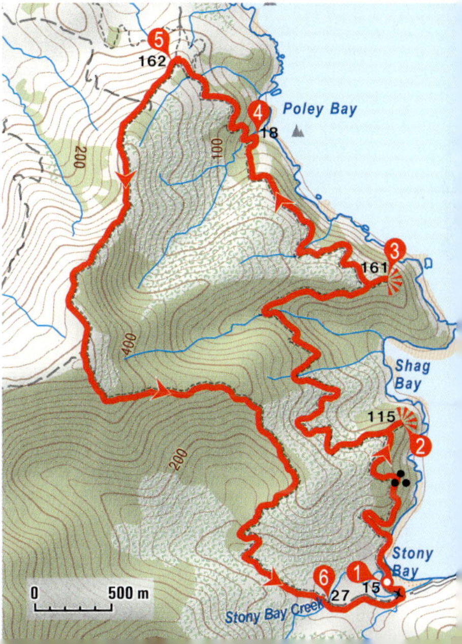

↗ 270 m | ↘ 270 m | 7.4 km

3 Cathedral Cove

3.00 h

Eine kathedralähnliche Küstenhöhle an einem zauberhaften Strand

Cathedral Cove zählt zu den bekanntesten Küstenabschnitten an der nordöstlichen Coromandel-Halbinsel. Seit 1993 ist das Gebiet inkl. der vorgelagerten Inseln unter dem Namen »Te Whanganui-a-Hei« ein Naturschutzgebiet. Das Küstengestein besteht aus einem hellen Kalkstein, der durch permanente Ausspülungen besondere Formen entwickelt hat, wie Cathedral Cove oder den markanten Hoho-Felsen.

Talort: Hahei, 15 m.
Ausgangspunkt: Visitor Car Park am südwestlichen Dorfrand von Hahei, 9 m.
Anforderungen: Im Ort Hahei einfacher Wanderweg auf Fahrstraßen, später auf Schotterwegen und Küstenpfaden.
Markierung/Infrastruktur: Der Weg ist mit den üblichen Symbolen markiert: orange Dreiecke, Informationstafeln und Wegpfeile an einigen Kreuzungen. Ein Shuttledienst zwischen Visitor Car Park und Grange Road Car Park steht in der Hochsaison zur Verfügung.
Einkehr: Hahei, unterwegs keine.

Tipp: Etwa 25 km südlich von Hahei liegt in der idyllischen Te Karo Bay »Sailors Grave«, das Grab eines europäischen Seefahrers, wahrscheinlich eines der ältesten seiner Art in Neuseeland. Im Mai 1842 war der 22-jährige William Sampson, ein Matrose der HMS Tortoise, in der Te-Karo-Bucht ertrunken und wurde hier an Land bestattet. Ein weißer Lattenzaun begrenzt das Grab. Eindrucksvolle Pohutukawa-Bäume mit roter Blüte im Dezember und Januar unterstreichen die Besonderheit des Platzes.

Wir starten am Visitor Car Park von **Hahei** ❶, der am südlichen Dorfrand rechts der Zufahrtsstraße liegt. Von hier aus queren wir die Pa Road und folgen einem Pfad, der hinter einer Häusergruppe halb links über eine Wiese führt und in die Hahei Beach Road einmündet. Dieser folgen wir 200 m nach rechts. Dann biegen wir nach links in die Grange Road ein und wandern auf dieser ca. 1,5 km am Gehsteig, zumeist leicht bergan, bis zur **Cathedral Cove Viewing Platform** ❷. Unterwegs bietet sich nach rechts ein schöner Blick auf die Küste und die vorgelagerten Inseln, die zum Whanganui a Hei/Cathedral Cove Marine Reserve gehören.
Von der Cathedral Cove Viewing Platform steigen wir über Stufen auf einem Boardwalk ab, der nach links Richtung Küste bergab führt. Der Weg verläuft in der Folge abschnittsweise auf Schotter und Asphalt. Etwa 10 Min. (500 m) nach der Plattform gibt es nach rechts einen Abzweig zur Gemstone Bay und weitere 100 m später neuerlich nach rechts einen Weg Richtung Stingray Bay. Wir bleiben geradewegs Richtung Cathedral Cove, laut einer Informa-

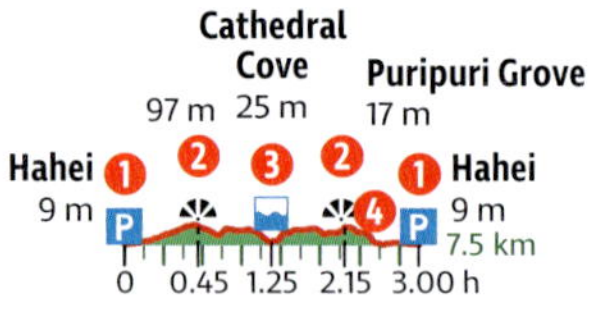

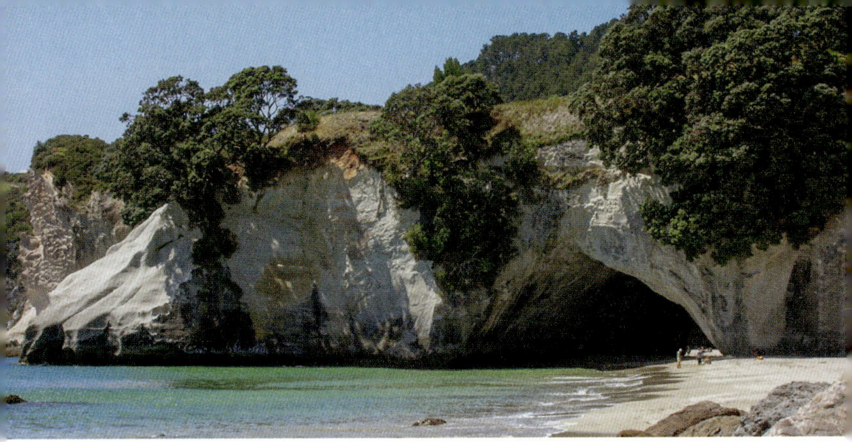

Blick auf die Cathedral Cove.

tionstafel sind es dorthin noch 35 Min. Zunächst geht es steil bergan zu einem Aussichtspunkt auf die Küste. Kurz darauf treffen wir auf ein Informationsschild, das auf eine geplante Aufforstung hinweist, einen »Gedenkwald« für die neuseeländischen Opfer (Soldaten) des Ersten Weltkrieges. Am rechten Rand des Waldes wandern wir in der Folge etwas steiler bergab, zuletzt auch über Stufen bis zum Strand (Mares Leg Cove). Von dort geht es nach links durch Cathedral Cove, einen eindrucksvollen natürlichen »Küstentunnel«, zum viel besuchten Sandstrand von **Cathedral Cove** ❸ mit dem markanten Te Hoho Rock. Der feine Sand und die bizarre Felslandschaft machen Cathedral Cove zu einer der schönsten Badebuchten des Landes. Zurück nehmen wir zunächst den gleichen Weg bis unterhalb der **Cathedral Cove Viewing Platform** ❷, von der wir auf Holzstufen abgestiegen sind. Von hier aus wandern wir geradeaus weiter (Wegrichtung Puripuri Grove). Auf einem Erdpfad, flankiert von Flachsbüschen, geht es zügig bergab und durch einen Küstenwald. Zuletzt steigen wir über Stufen zur **Puripuri Grove** ❹ ab. Entlang des Strandes queren wir zunächst einen schmalen Bachlauf auf einem Holzstamm und wandern weiter bis zu einer Holztreppe, die nach rechts auf die Hahei Beach Road führt. Dieser folgen wir bis zur Siedlung bergan, passieren die Abzweigung in die Grange Road (s. Hinweg) und wandern weiter auf der Hahei Beach Road und auf dem gleichen Weg zurück bis zum Visitor Car Park von **Hahei** ❶.

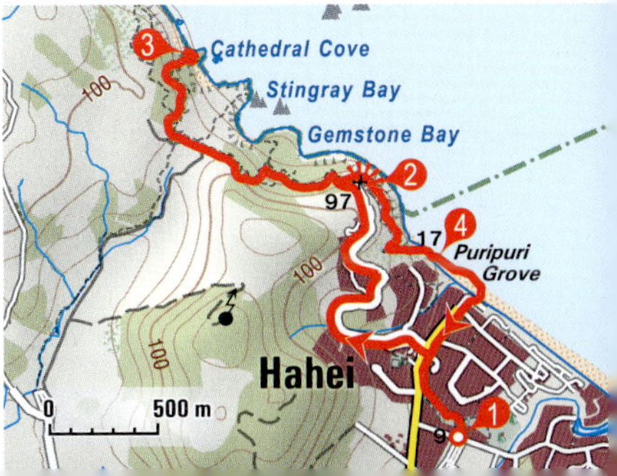

↗ 210 m | ↘ 210 m | 4.3 km

4 Cookson Kauri Walk

1.30 h

Urwaldwanderung zu immergrünen Baumriesen

Diese außergewöhnliche Waldwanderung verläuft spannend durch einen dichten Urwald aus Rimubäumen, Farnen und Farnbäumen. Zwei beeindruckend hohe Kauri-Bäume mit enormem Stammumfang sorgen obendrein für einen krönenden Abschluss.

Talort: Thames, 10 m.
Ausgangspunkt: Wainora Campsite an der Kauaeranga Valley Road, 152 m.
Anforderungen: Einfacher Wanderweg auf Boardwalk mit vielen Stufen; vor dem Ziel müssen zahlreiche Steine und Wurzeln überstiegen werden.
Markierung/Infrastruktur: Der Weg ist mit den üblichen Symbolen markiert: orange Dreiecke, Informationstafeln und Wegpfeile an einigen Kreuzungen.
Einkehr: Keine.
Tipp: Hoffman's Pool ist ein populärer und attraktiver Badeplatz am Kauaeranga River. Dieser liegt etwa 5 km südlich der Wainora Campsite an der Kauaeranga Valley Road (auf der rechten Seite, wenn man von Thames kommt). Das Becken ist tief, hat klares Wasser und einen sandigen Untergrund. Der Sprung von den Felsen in das kühle Nass ist an heißen Tagen besonders beliebt.

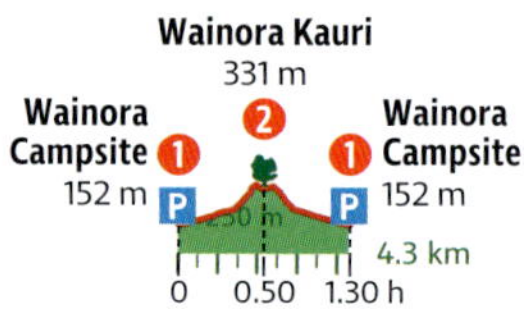

Wir überqueren die **Wainora Campsite** ❶, an deren Ende wir an einem Schild (»Cookson's Kauri Walk«) über Stufen den Wald betreten. Zuvor wird geraten, die Schuhe zu desinfizieren (Hilfsmittel stehen am Wegeingang bereit), um die Kauri-Bäume vor Pilzinfektionen zu schützen. Der Wanderweg führt die ersten 20 Min. (1,5 km) immer entlang oder in der Nähe des Wainora-Flusses, den wir in diesem Abschnitt mehrmals auf Holzbrücken queren müssen. Danach führt der Pfad – der hier größtenteils durch einen Wald von Farnbäumen verläuft – vom Fluss weg und steigt über Stufen kontinuierlich an. Wir erreichen eine Anhöhe, von der wir durch das Blattwerk der Bäume hindurch einen Blick auf den Table Mountain

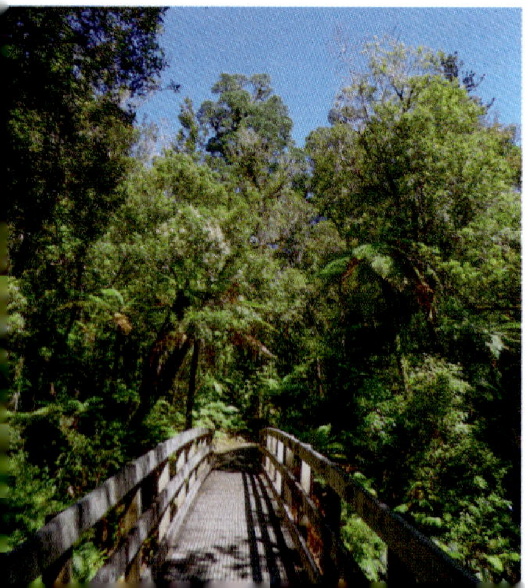

Holzbrücke am Cookson Kauri Walk.

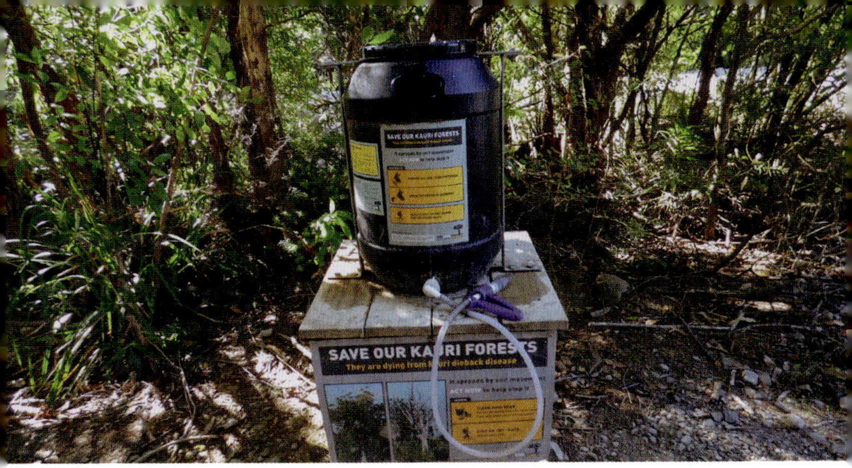

Desinfektionsstation am Start des Cookson Kauri Walk.

werfen können. Nun geht es etwas flacher weiter und wir erreichen in etwa 10 Min. den ersten mächtigen Kauri-Baum. Dies ist nur der »kleinere« der beiden Baumriesen. Danach geht es etwas bergab und kurz darauf stehen wir vor dem **Wainora Kauri** ❷. Der Baum, dessen Alter auf etwa 600 Jahre geschätzt wird, hat einen enormen Stammumfang und ein ausgedehntes Wurzelwerk. Vor der großen Abholzung war die Coromandel-Halbinsel mit ausgedehnten Kauriwäldern bedeckt. Heute gibt es nur noch spärliche Reste davon im Norden der Nordinsel.

Auf demselben Weg wandern wir wieder zurück zur **Wainora Campsite** ❶.

Der eindrucksvolle Wainora Kauri.

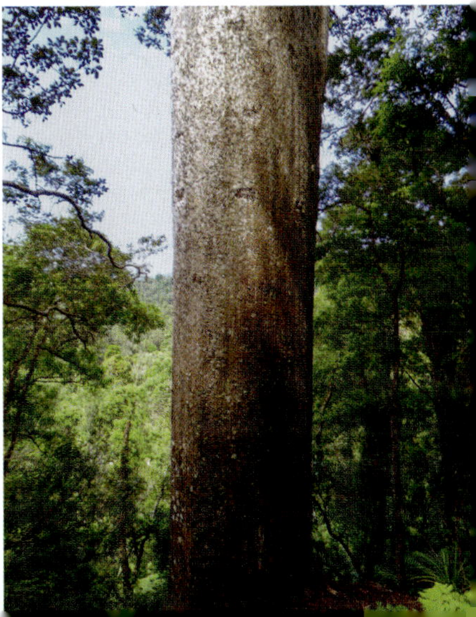

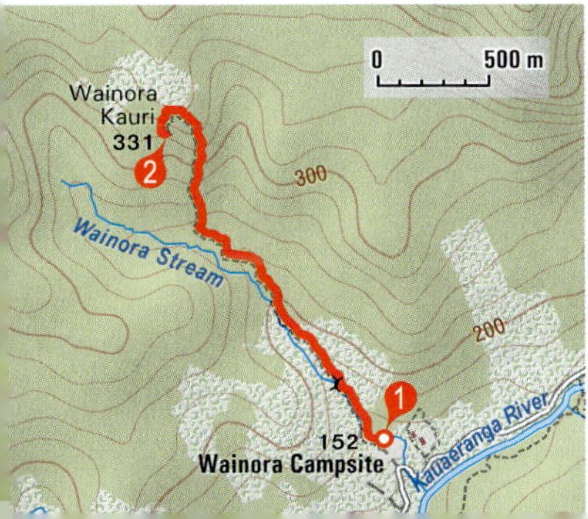

TOP

5 Billygoat Circuit und The Pinnacles, 773 m

↗ 900 m | ↘ 900 m | 17.6 km

7.00 h

Auf den Spuren europäischer Holzfäller durch eine spektakuläre Waldlandschaft

Die Coromandel-Halbinsel war früher von endlosen Kauri-Wäldern bedeckt. Auf der Jagd nach Rohstoffen und deren Ausbeutung haben die ersten Generationen europäischer Siedler diese Region abgeholzt. Der Wanderweg führt gewissermaßen auf den Wegen dieser Rodungen in den nördlichen Regenwald Neuseelands, entlang von alten Bahnschienen (zum Abtransport der mächtigen Stämme), auf handgeschlagenen Steinwegen, vorbei an Dämmen und Flutbecken. Spektakulär sind die Aussichten auf tiefe Schluchten, auf rauschende Flüsse und zahlreiche Wasserfälle. Höhepunkt der Tour ist aber die Besteigung von The Pinnacles (773 m), einer bizarren Felsnadel. Von oben bietet sich ein spektakulärer Ausblick auf die durchwanderte Landschaft, über das üppige, grüne Kauaeranga Valley bis hin zu beiden Küsten der Coromandel-Halbinsel!

Talort: Thames, 10 m.
Ausgangspunkt: Parkplatz am Ende der Kauaeranga Valley Road, 160 m.
Anforderungen: Lange Tour, die Kondition und Trittsicherheit erfordert. Der Wanderweg verläuft großteils auf schmalen Waldpfaden, ausgespülten Wegen und ebenso über felsiges Gelände, das bei Regen und Nässe sehr rutschig sein kann. Zahlreiche Bach- und Flussquerungen auf Swingbridges und Trittsteinen. Der Aufstieg auf The Pinnacles erfolgt über zahlreiche Stufen und zuletzt auch auf Leitern und über Felsen (mit Seilen gesichert).
Markierung/Infrastruktur: Der Weg ist mit den üblichen Symbolen markiert: orange Dreiecke, Informationstafeln und Wegpfeile an einigen Kreuzungen.
Einkehr: Keine.

Am Parkplatz am Ende der **Kauaeranga Valley Road** ❶, 160 m, gehen wir ein kurzes Stück die Zufahrtsstraße zurück, passieren den Campingplatz, zweigen bei nächster Gelegenheit nach links ab und folgen dem markierten Weg (Schild »Kauaeranga Kauri Trail«), der gleich in Richtung Flussbett des Kauaeranga River führt. Den breiten Flusslauf (Schotterbank) müssen

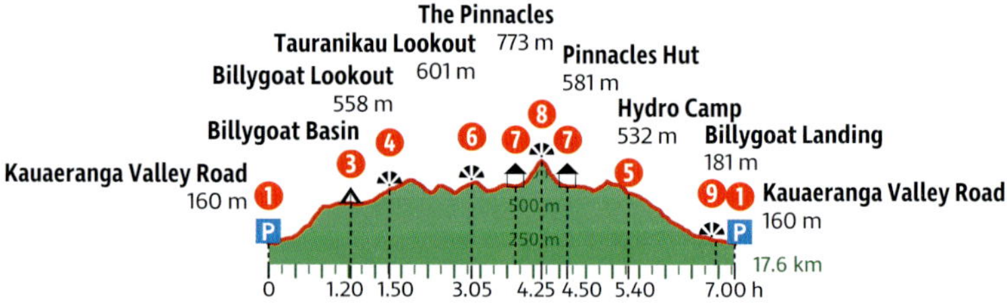

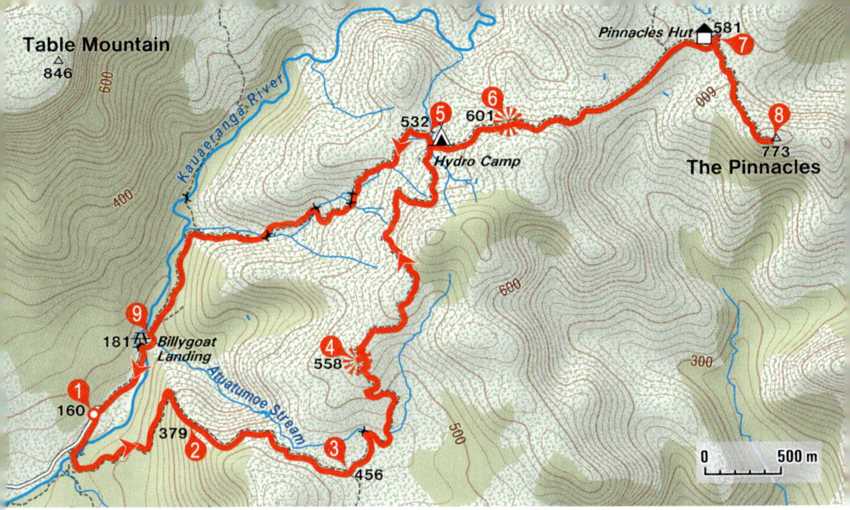

wir auf Trittsteinen queren, was bei Wasserhochstand schwierig oder unmöglich sein kann. Im Anschluss führt der Wanderweg auf einem schmalen Pfad durch den Wald. Wir queren einen ersten Hügel auf vielen Erd-Holz-Stufen, vorbei an Farnbäumen und Nikaupalmen. Nach einem leichten Abstieg und einer Bachquerung auf rutschigen Trittsteinen geht es in der Folge auf einem stark ausgespülten Pfad stetig bergan. Nach einer steilen Rechtskurve wandern wir auf Steinstufen gut 150 Hm bergauf. Bei einer Plattform bietet sich ein prächtiger Ausblick in die Landschaft. Hier beginnt ein Abschnitt mit verlegten **Bahngleisen** **2**, auf welchen die mächtigen Kauri-Stämme in der Zeit der Rodungen abtransportiert wurden. Informationstafeln an einigen Abschnitten des Weges weisen darauf hin. Der Wanderweg führt nun die Gleise entlang und folgt etwas später einem ebenfalls von den Holzfällern angelegten Steinweg, der ab hier etwas flacher, aber weiterhin leicht bergan verläuft. Nach links bietet sich gelegentlich hinter

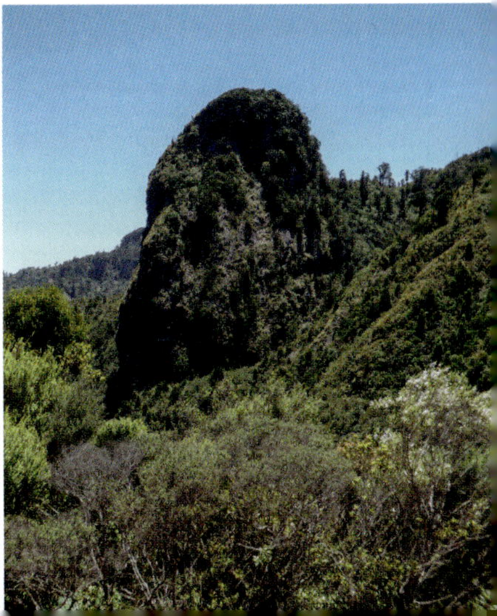

Markante Felsnadel am Billygoat Circuit.

dem dichten Pflanzenbewuchs ein schöner Blick in eine Schlucht (Atuatumoe Stream) mit einer Serie von Wasserfällen (Billygoat Falls). Wir umwandern einen Hügel und passieren einen kleinen Bach auf Trittsteinen, bevor wir eine Wegkreuzung bei **Billygoat Basin** ❸ erreichen. Hier liegt ein Campingplatz mit öffentlicher Toilette. Knapp davor biegen die Wanderwege Tarawaere Track (ein Rundweg) und der Hihi Track (Streckenwanderung) an einer gut markierten Stelle ab. Wir bleiben auf dem Weg Richtung Hydro Camp und Pinnacles Hut, wandern in der Folge auf einem schmalen Erdpfad durch Buschland und passieren auf einer Brücke den Atuatumoe Stream. Der Weg führt ein kurzes Stück entlang des Flusses, knickt jedoch dann nach links weg und führt im Anschluss auf einem abschnittsweise stark ausgespülten Pfad wieder stetig bergan. Der **Billygoat Lookout** ❹, 558 m, bietet einen prächtigen Rundblick in das grüne Kauaeranga Valley. Danach flacht der Weg etwas ab. Auf einem felsigen, aber einfach zu begehenden Pfad wandern wir durch Buschland. Mehrfach überqueren wir kleine Höhenrücken und Bachläufe. Markant sind eine Stelle mit einer Hangrutschung (Informationstafel) und etwas später eine Felsnadel, die wir rechts passieren. Danach geht es auf Treppen steiler bergab zum **Hydro Camp** ❺, das auf einer Lichtung liegt, aber keine Infrastruktur bietet. Von hier weg gehen wir weiter Richtung Pinnacles Hut. Später werden wir auf dem gleichen Weg wieder bis zum Hydro Camp zurückkommen und Richtung Kauaeranga Valley weitergehen, um so unsere Rundwanderung abzuschließen.
Der Weg Richtung Pinnacles Hut quert gleich nach dem Hydro Camp einen Bachlauf auf Trittsteinen (kann bei starken Niederschlägen gefährlich oder unmöglich sein) und führt im Anschluss abwechselnd auf Steinstufen sowie auf einem Erdweg zügig bergan. Vom **Tauranikau Lookout** ❻ bietet sich neuerlich ein schöner Rundblick. Von hier ab wird der Weg einfacher. Markant ist ein mächtiger Kauri-Stamm, der rechts des Weges liegt und eindrucksvolle Ausmaße besitzt. In einiger Entfernung sieht man hier bereits den Berg The Pinnacles, die höchste und markanteste Erhebung der Region. Wenig später treffen wir neuerlich auf eine Wegkreuzung. Nach links führt eine Wanderung Richtung Moss Creek Junction, die jedoch (vorübergehend oder für immer) geschlossen wurde, um die Restbestände der Kauri-Bäume in der Gegend zu schützen. Wir gehen einige Stufen bergab und im Anschluss auf einen Boardwalk zur **Pinnacles Hut** ❼, 581 m. Von dort wandern wir geradewegs auf den markanten Berg, der auch der Hütte den Namen gegeben hat, zu. Der anfänglich sanfte Anstieg geht bald in Stufen sowie in der Folge in einen felsigen Pfad mit Sicherungsseil über. Zuletzt steigen wir auf Eisenleitern bis zu einer Aussichtsplattform auf den **The Pinnacles** ❽, 773 m, hoch. Der Berg ist eine zerklüftete Kalksteinklippe und bietet eine grandiose Aussicht. Der endlos weite Blick reicht von den

Aufstieg zu The Pinnacles.

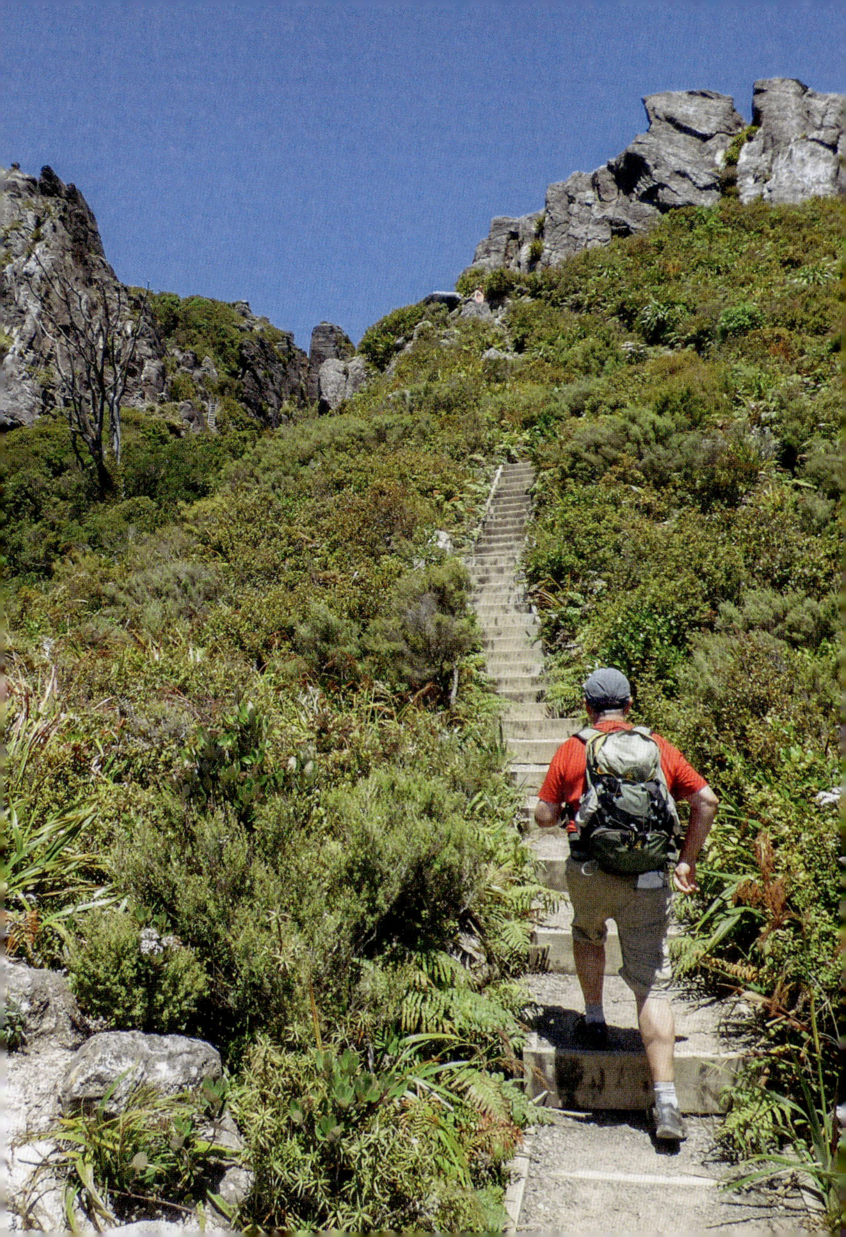

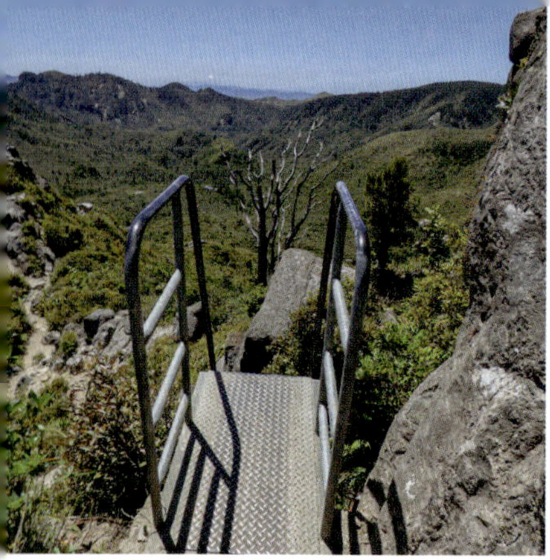

Aufstieg auf Leitern zur Aussichtsplattform auf The Pinnacles.

bewaldeten Bergrücken über tiefe Schluchten und bei guten Wetterverhältnissen zu beiden Küsten der Coromandel-Halbinsel.

Der Abstieg Richtung **Pinnacles Hut** 7 und weiter bis zum **Hydro Camp** 5 erfolgt auf dem gleichen Weg. Dort halten wir uns rechts und wandern auf dem »Billy Goat Track« Richtung Kauaeranga Valley Roadend. Unterwegs treffen wir auf die »Skidded Road«, die man zwischen zwei Tälern – Webb Creek und Condemned Creek – angelegt hat. Diese »Straße«, die tatsächlich ein gepflasterter oder in den Felsen geschlagener Weg ist, stammt aus dem frühen 20. Jh. Etwa 30 Min. nach dem Hydro Camp erreichen wir die erste Swingbridge über den Webb Creek, wenig später passieren wir diesen auf einer etwas breiteren Holzbrücke neuerlich. Danach geht es über einen Hügel und wieder bergab auf Flussniveau. Ein drittes Mal queren wir den Webb Creek, diesmal wieder auf einer Swingbridge. Nach einem Hangrutschgebiet treffen wir neuerlich auf eine Swingbridge. Danach verläuft der Wanderweg nach links und führt eine Zeitlang am Fluss entlang, bevor wir auf das breitere Kauaeranga Valley stoßen. Von rechts kommend, mündet ein Weg in unseren Wanderweg ein, der nun parallel zum Kauaeranga Fluss verläuft. Bevor wir die letzte Swingbridge auf unserer Tour erreichen, können wir nach links auf einem schmalen Stichpfad zum Aussichtspunkt **Billygoat Landing** 9 wandern. In einiger Entfernung sieht man von dort auf die Billygoat Falls.

Zurück am Hauptweg queren wir den Kauaeranga Fluss auf einer Swingbridge. Auf der anderen Flussseite wandern wir auf einem breiten Waldweg in wenigen Minuten bis zum Parkplatz am Ende der **Kauaeranga Valley Road** 1, wo wir diese lange und abwechslungsreiche Rundwanderung abschließen.

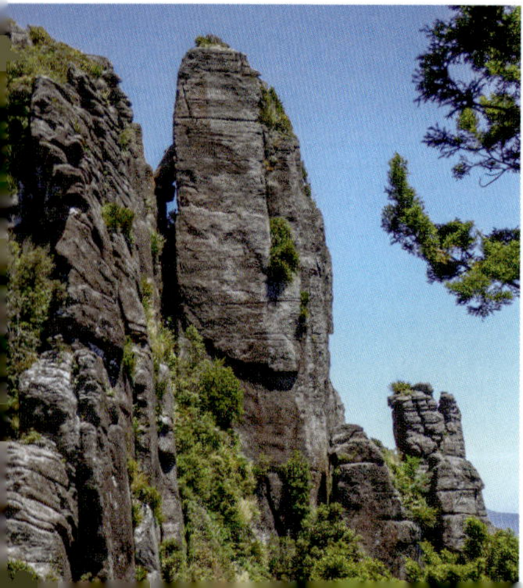

Blick auf The Pinnacles.

↗ 230 m | ↘ 230 m | 14.6 km

4.15 h

Karangahake Historic Walkway

6

Ein Historic Walkway mit Abenteuerpotenzial

Die Karangahake-Schlucht (Karangahake Gorge) bildet die natürliche Grenze zwischen der Coromandel Range und der Kaimai Range. Über mehr als 20 km hat der Ohinemuri River hier eine windungsreiche Schlucht geformt, durch die bis 1979 eine Eisenbahntrasse verlief. Im späten 19. Jahrhundert wurde auch dieses Gebiet vom neuseeländischen Goldrausch erfasst. Überreste von Schmelzen sind entlang des Weges noch reichlich zu sehen. Die Kombination von bizarrer Naturlandschaft und technischer Überformung machen den Reiz dieser Wanderung aus.

Talort: Waikino, 75 m.
Ausgangspunkt: Bahnhof von Waikino, 75 m.
Anforderungen: Einfache Wanderung auf zumeist breiten Schotterwegen; eine Besonderheit stellt der Wegabschnitt durch einen ca. 1 km langen und gut beleuchteten Eisenbahntunnel dar.
Markierung/Infrastruktur: Der Weg ist mit den üblichen Symbolen markiert: orange Dreiecke, Informationstafeln und Wegpfeile an einigen Kreuzungen. Zudem gibt es bei diversen Sehenswürdigkeiten (z. B. Minen und Schmelzen) Infotafeln.
Einkehr: In Waikino und Karangahake.
Tipp: Acht km westlich von Waikino, am Oberlauf des Ohinemuri River, liegt die Kleinstadt Waihi. Das Waihi Arts Centre and Museum ist ein typisches Museum für Lokalgeschichte mit Schwerpunkt auf Bergbau in der Region, kombiniert mit einer Kunstgalerie und einem lokalen Theater. Weitere Informationen und Öffnungszeiten: waihimuseum.co.nz.

Wir starten die Wanderung am kleinen Bahnhof von **Waikino** ❶. Mit Blickrichtung Fluss wandern wir nach rechts entlang der Gleise und wenig später rechts der stark befahrenen Straße (State Highway 2). Der markierte Weg führt nach links und durch einen kleinen Tunnel unter der Straße durch. Danach queren wir auf einer Brücke den Ohinemuri River und erreichen anschließend einen Schotterweg, der in der Folge links des Flusses bis nach Karangahake führt. Zunächst passieren wir in einer weiten Fluss-

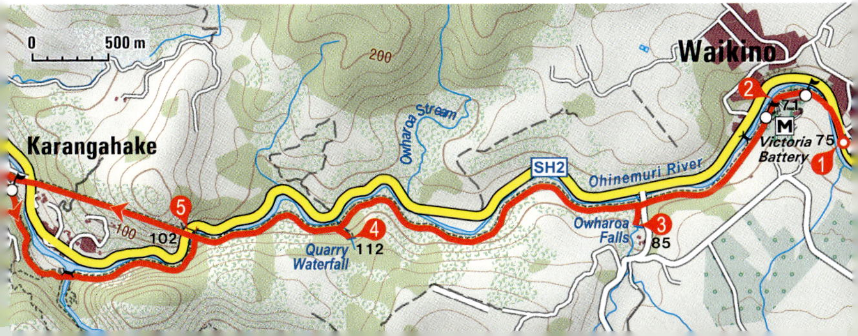

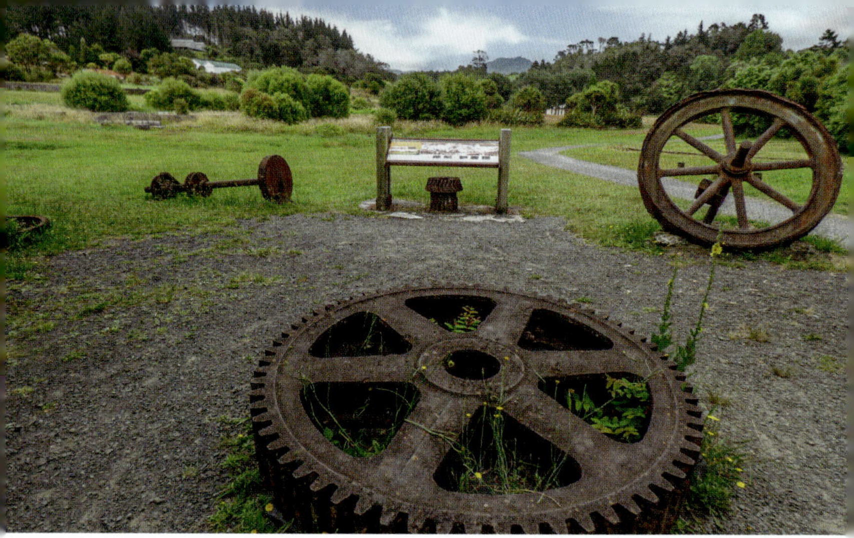

Reste der Victoria Battery.

schleife die Ruinen der **Victoria Battery** ❷. Hier wurde im 19. und 20. Jh. Golderz zerkleinert und für die Schmelze vorbereitet. Alte Bilddokumente (Informationstafeln) zeigen die Ausmaße des Gebäudekomplexes, der noch vor wenigen Jahrzehnten hier stand.

Wir folgen dem breiten Schotterweg am linken Flussufer, der auf einer ehemaligen Bahntrasse angelegt wurde, und kommen zur Waikino Memorial Bridge rechts des Weges. Etwa 15 Min. (1 km) später passieren wir eine Zufahrtsstraße (Waitawheta Road) zur nächsten Brücke (rechts des Weges) und zweigen auf dieser nach links ab. Ein Seitenpfad der Straße leitet uns zu den **Owharoa Falls** ❸, die schon von Weitem zu sehen sind. Diese 6 m hohen Kaskaden gehören zum Taieri Stream, der wenig später in den Ohinemuri einmündet. Wir kehren zum Schotterweg am Fluss zurück, halten uns links und passieren auf einer Holzbrücke den Taieri. Nun geht es weiter entlang des Ohinemuri River. Nach weiteren 45 Min. (2,5 km) treffen wir auf einen Seitenpfad zum **Quarry Waterfall** ❹. Um diesen zu sehen, muss man vom Schotterweg 5 Min. (150 m) nach links auf einem schmalen Pfad durch den Wald bis zu einer Felswand bergan wandern. Der Wasserfall ist ein dünner »Wasserschleier«, der von der Felswand in einen Pool herunterfällt – ein zauberhafter Ort, jedoch nicht sehr spektakulär.

Zurück am Hauptweg am Fluss wandern wir nach links weiter und erreichen etwa 15 Min. (1 km) später eine Brücke über den Ohinemuri River. Hier beginnt der »Rail Tunnel Loop«, ein etwa 2,5 km langer Rundweg bei der kleinen Siedlung Karangahake.

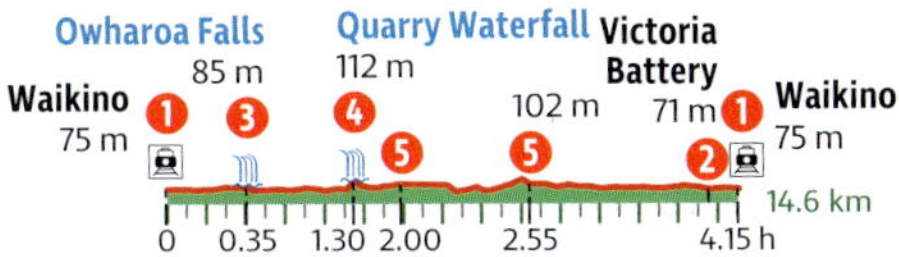

Wir gehen die Runde gegen den Uhrzeigersinn, queren die Brücke nach rechts und betreten den ca. 1 km langen ehemaligen **Eisenbahntunnel** ❺. Dieser ist breit und gut beleuchtet. Der Weg durch den Tunnel mündet direkt in einer weiteren Brücke über den Fluss, die bei der Karangahake Hall, dem Gemeindezentrum, am Südufer des Flusses ankommt. Am Ende der Brücke steigen wir nach links einige Holzstufen ab und erreichen wieder Industrieruinen (Crown Hill Battery) aus der Zeit des Goldrausches. Der Wanderweg führt rechts an den Gebäuderesten vorbei und steigt in einer Linkskurve leicht bergan, um im Anschluss auf einem schmaleren Pfad in der Nähe des Flusslaufes weiterzuführen. Nach 5 Min. (400 m) erreichen wir eine Swingbridge, auf der wir den Whaitawheta River queren. Gleich danach liegt die Woodstock Battery (wieder Überreste von Schmelzen). Wir gelangen zu einem der schönsten Wegabschnitte der Wanderung, unmittelbar am Flussufer verlaufend, jedoch teilweise betoniert. Nach 15 Min. (1 km) kommen wir wieder auf die Höhe der Brücke vor dem ehemaligen **Eisenbahntunnel** ❺ auf der Südseite des Flusses.
Hier schließen wir den »Rail Tunnel Loop« ab und wandern auf dem gleichen Weg zurück nach **Waikino** ❶, wo am Bahnhof die Wanderung endet.

Owharoa Falls.

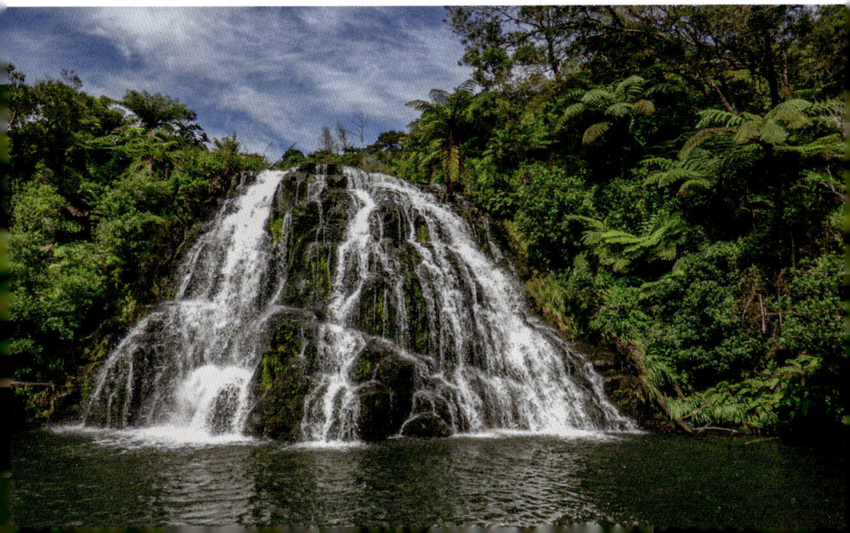

↗ 450 m | ↘ 450 m | 7.4 km

7 Mount Kakepuku, 449 m

3.00 h

Ein berühmter Vulkan und historischer Platz

Wenn der Mount Kakepuku aus der Landschaft auftaucht, ist es leicht zu verstehen, wie er seinen Namen erhalten hat. »Kakepuku-te-aroaro o Kahu« bedeutet »der geschwollene Bauch von Kahu«. Die Zuschreibung soll auf den Māori Tohunga zurückgehen, der auf die fortgeschrittene Schwangerschaft seiner Frau Kahurere Bezug nimmt. Zwei Māori Pa liegen im Naturschutzgebiet, allerdings so verwachsen, dass man kaum noch Strukturen erkennen kann. Der Kakepuku Track führt durch einen schönen Rest des ursprünglichen Waldes auf den alten Kratergipfel, von dem aus man einen herrlichen Blick auf die umliegende Landschaft von Waipa und Waikato hat.

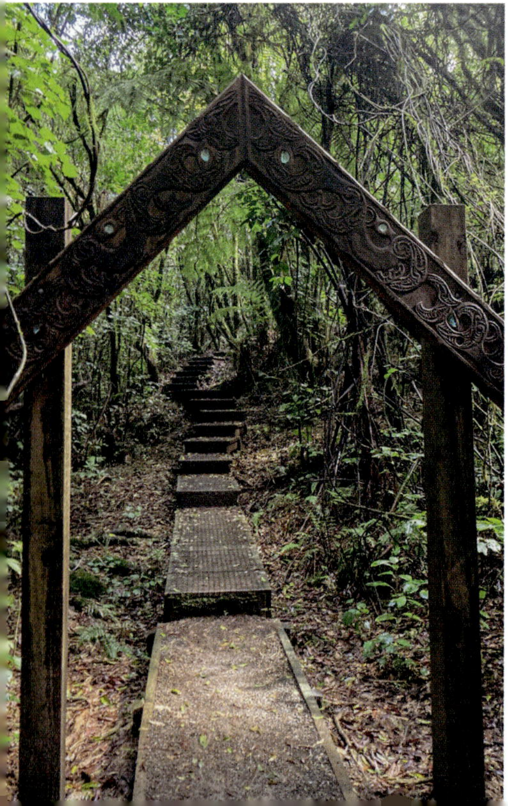

Talort: Kihikihi, 79 m.
Ausgangspunkt: Kakepuku Road Car Park, von Kihikihi kommend auf der rechten Seite, 48 m.
Anforderungen: Einfacher Wiesen- und Waldweg, der bei Regen rutschig sein kann. Viele Stufen im letzten Wegabschnitt (Auf- und Abstieg zum Gipfel).
Markierung/Infrastruktur: Der Weg ist mit den üblichen Symbolen markiert: orange Dreiecke, Informationstafeln und Wegpfeile an einigen Kreuzungen. Toilette am Wegeinstieg.
Einkehr: Keine.
Tipp: In der ersten Märzhälfte eines jeden Jahres findet in Tūrangawaewae, etwas nördlich von Hamilton, in der Heimat des Māori-Königs die größte Māori-Regatta des Landes statt. Die Veranstaltung hat Volksfestcharakter und wird von vielen Menschen aus dem polynesischen Kulturraum besucht. Die Präsentation der voll besetzten waka tauā (Kriegskanus) ist ein eindrückliches Erlebnis.

Aufstieg zum Mount Kakepuku.

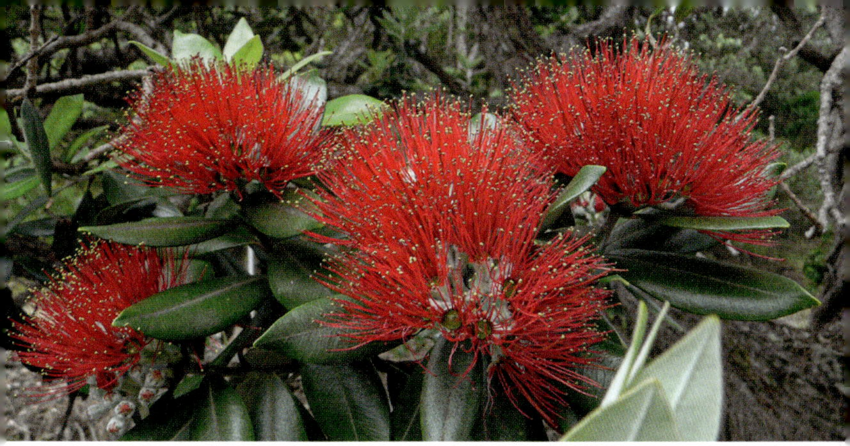

Blüten des Pohutukawa Tree.

Wir starten die Wanderung an der **Kakepuku Road** 1 am Fuß des gleichnamigen erloschenen Vulkans. Auf einem Erdweg wandern wir entlang einer Baumallee geradewegs auf den Berg zu. Nach etwa 5 Min. liegt vor einer Weggabelung ein kleiner Aussichtsturm auf der rechten Seite. Bei der folgenden Weggabelung gehen wir nach rechts und steigen in einigen Kurven im Wald kontinuierlich bergan. Nach weiteren 15 Min. treffen wir neuerlich auf eine Weggabelung. Nach links führt der »old path«, wir gehen nach rechts weiter und nun auf einem Hangweg für etwa einen halben Kilometer nur noch mäßig bergan. Wir queren einige Täler und wandern durch einen weitgehend intakten Wald bis zum Kraterrand. Nach einer steilen Linkskurve geht es – zum Teil auf Stufen – steil bergan Richtung Kraterrand. Am **Mount Kakepuku** 2, 449 m, gibt es einen Aussichtsturm mit Informationstafel zur Geschichte des Māori Pā. Die ursprünglichen Strukturen der Hügelfestung sind kaum mehr erkennbar, weil der dichte Wald diese überdeckt. Der Blick in die Umgebung – die Weiden und Felder um den Vulkan, bei guter Sicht die Westküste der Südinsel und die vorgelagerten Berge des Mount Pironga Forest Park – lohnt den Aufstieg. Der Rückweg erfolgt auf dem Hinweg.

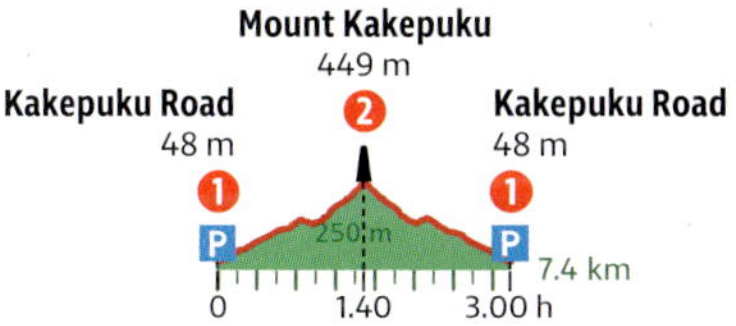

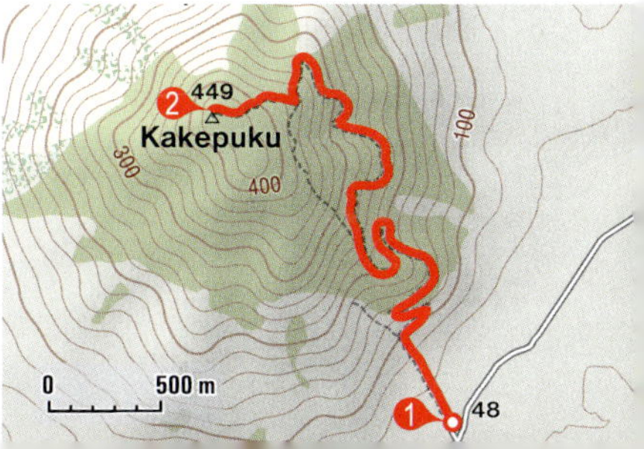

↗ 370 m | ↘ 370 m | 10.9 km

8 Tokorangi Pa Track

3.15 h

Ein intensives Walderlebnis mit schönen Ausblicken auf den Lake Rotorua

Bis in die 1880er-Jahre war der Tokorangi oder Whakarewarewa Forest ein Siedlungsgebiet der Māori, die aus diesem Waldgebiet ihren Lebensunterhalt bezogen. Danach kamen die Europäer, rodeten die Wälder, transportierten Holz ab und legten Felder und Weiden an. Zu Beginn des 20. Jh. begann man hier mit systematischer Forstwirtschaft: Die schnell wachsenden Redwood-Bäume, heimisch in den USA, wurden hier angepflanzt. Tokorangi Pa erinnert an die Māori-Sippe der Tūhourangi, die in den Hügeln über dem heutigen Rotorua ihr Pā (= Dorffestung) hatten. Von den ursprünglichen Gebäuden aus Holz ist heute nichts mehr sichtbar erhalten, nur der Name erinnert noch an deren Geschichte.

Talort: Rotorua, 290 m.
Ausgangspunkt: Visitor Centre Whakarewarewa Forest am Titokorangi Drive, 315 m.
Anforderungen: Sehr unterschiedliche, aber niemals mehr als mittelschwere Wegbedingungen: einfacher Waldweg im Redwood Forest, schmaler und steiler Pfad im Aufstieg zur Tokorangi Pa Road; danach breiter Waldweg; steiler Abstieg auf schmalem Waldpfad parallel zur Pipeline Road, danach wieder breiter Waldweg abwechselnd zu schmalen Pfaden, zuletzt abschnittsweise asphaltiert.
Markierung/Infrastruktur: Der Weg ist mit violetten Wegpfeilen markiert. Toilette und Informationszentrum am Wegeinstieg.
Einkehr: Café im Visitor Centre Whakarewarewa Forest.
Tipp: In Rotorua sollte man jedenfalls den Te Puia Geothermal Park besuchen, der nur unweit vom Whakarewarewa Forest entfernt liegt. Hier finden sich die wichtigsten Sehenswürdigkeiten der Stadt: der höchste Geysir Neuseelands (Pohutu), das Māori Arts and Crafts Institute (NZMAC), ein Kiwi-Haus und einiges mehr. Weitere Informationen und Öffnungszeiten: tepuia.com.

Am **Visitor Centre des Whakarewarewa Forest** ❶ beginnen sechs Wanderwege. Der Tokorangi Pa Track ist die zweitlängste Tour. Am ersten Wegabschnitt sind fünf Wanderwege auf der gleichen Route unterwegs. Mit Blickrichtung auf das Visitor Centre starten wir nach rechts und wandern auf einem einfachen Waldweg durch einen dicht gepflanzten Redwood Forest mit beeindruckend hohen Stämmen. Nach etwa 5 Min. (400 m) passieren wir eine Gedenktafel für Mary Sutherland (gest. 1955), die erste weibliche

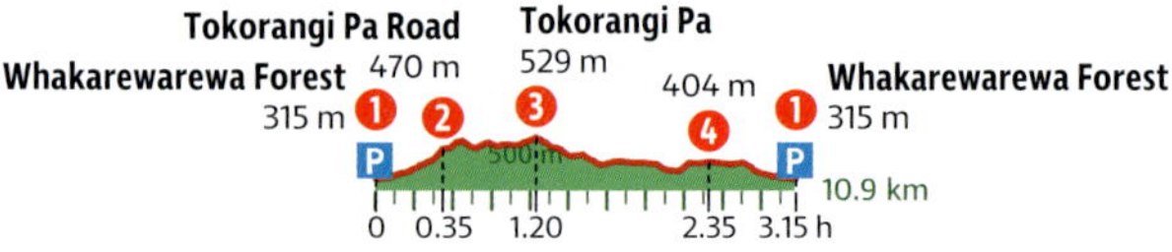

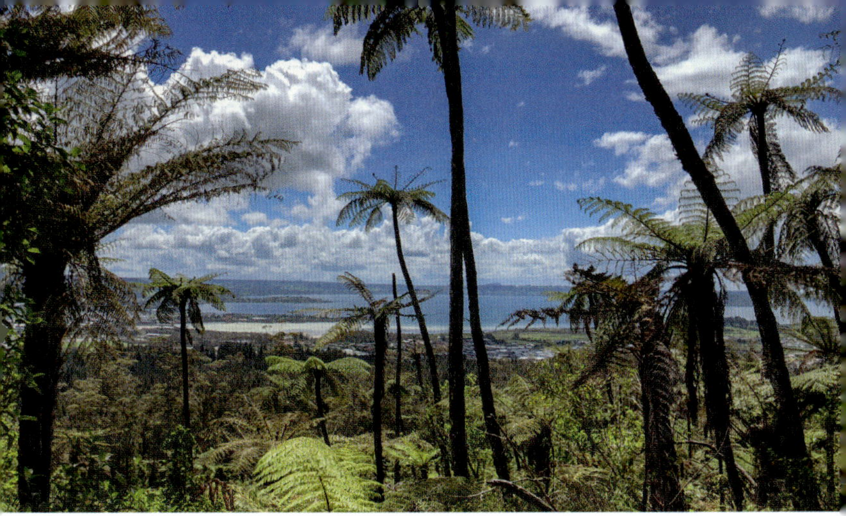

Blick auf den Lake Rotorua durch einen Farnbaumwald.

Försterin Neuseelands. Gleich danach betreten wir einen Boardwalk und überqueren auf diesem einen kleinen Thermalteich. Bei der Wegkreuzung danach halten wir uns nach links, der Markierung unseres Weges folgend, und kommen gleich darauf zu einem Aussichtspunkt auf den eben überquerten Thermalteich. Knapp nach dem Aussichtspunkt zweigen nach rechts drei Wege ab, einer davon ist unser Tokorangi Pa Track. Nun geht es für 15 Min. (1 km und 130 Hm) auf einem schmalen Pfad zügig bergan. Wir verlassen dabei den Redwood Forest und wandern durch eine vielfältige Waldlandschaft, die von verschiedenen Farnbäumen dominiert wird. Nach einem Holzzaun mündet unser Pfad in die **Tokorangi Pa Road** ❷. Diese ist ein breiter Erdweg (4WD), auf dem wir für etwas mehr als 30 Min.

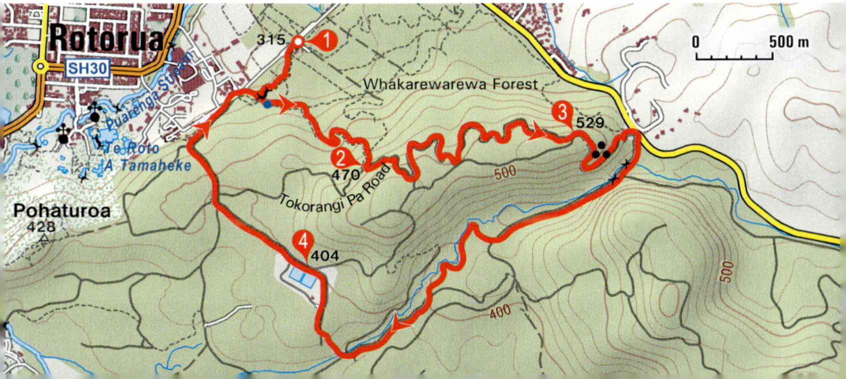

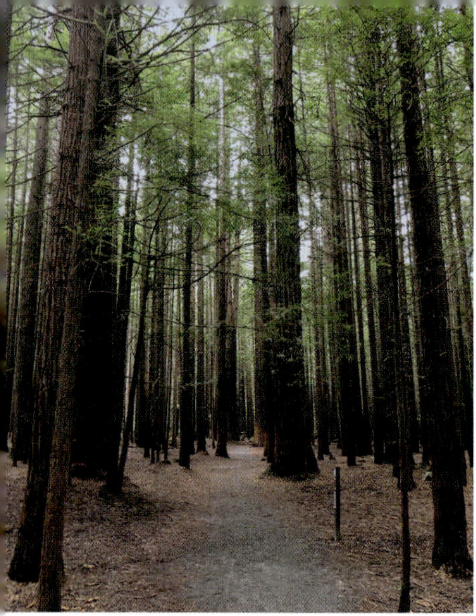

Wanderweg durch den Redwood Forest/ Sequoia-Wald.

(ca. 2,4 km) leicht bergan wandern. Links sieht man durch die Bäume auf den Lake Rotorua. Das **Tokorangi Pa** ❸ (befestigtes Māori-Dorf) erreichen wir am höchsten Punkt der Wanderung und am Ende der Tokorangi Pa Road. Überreste von Gebäuden sind nicht mehr vorhanden, aber eine Art Picknickplatz auf einer Lichtung mit Bank zum Ausruhen. Im Anschluss steigen wir in einigen Kurven bis zum Waldrand an der Tarawera Road ab. Vor einem markanten Wassertank gehen wir nach rechts und wandern auf dem Lynmore Link, einem Verbindungspfad zwischen zwei Waldwegen, steil bergab. Auf einer Brücke queren wir den Puarenga Stream und kurz darauf mündet unser Weg in die Pipeline Road ein, einen breiteren schottrigen Waldweg, der links vom Flusslauf verläuft. Auf dieser Pipeline Road bleiben wir für ca. 15 Min. (1 km). Danach geht es steil nach rechts und bei der nächsten Weggabelung nach ca. 100 m neuerlich nach rechts (Markierungen weisen den Weg). Wir erreichen wieder den Puarenga Stream, den wir auf einem schmalen Pfad entlangwandern. Später wird der Weg breiter (nun »The Wash Road«) und rückt etwas vom Flusslauf weg. Nach etwa 20 Min. am Ufer queren wir den Fluss nach rechts und wandern durch den Wald etwas bergan. In der Nähe von zwei großen **Wasserbassins** ❹ mündet unser Waldweg in eine Fahrstraße (Katore Road) ein. Auf dieser passieren wir die Wasserbassins links und wandern für etwas mehr als 15 Min. (1 km) auf der Katore Road bis zu einer größeren Kreuzung. Dort zweigen wir nach rechts in die Nursery Road ein. Auf dieser Fahrstraße (viele Mountainbiker) bleiben wir ebenfalls 15 Min. (1 km). Auf halbem Weg knickt die Nursery Road nach rechts und führt bis an den Rand einer Siedlung und auf eine weitere Fahrstraße (Titokorangi Drive) zu. Bevor wir auf diese treffen, wandern wir jedoch nach rechts auf einem Waldweg und erreichen wieder das Gebiet des Redwood Forest. Bald schon gelangen wir wieder zur bekannten Wegkreuzung beim Thermalteich. Dort halten wir uns links, queren den Teich auf dem Boardwalk und wandern die letzten 500 m bis zum **Visitor Centre Whakarewarewa Forest** ❶ zurück, wo wir unsere Rundwanderung abschließen.

↗ 400 m | ↘ 490 m | 13.6 km

5.00 h

Lake Tarawera Trail

9

Ein Landschaftsjuwel mit prägender Geschichte

Die Region um Lake Tarawera war Schauplatz einer großen Naturkatastrophe: Am 10. Juni 1886 erschütterte ein Erdbeben die Region um den Vulkan Mount Tarawera. Zeitzeugen zufolge riss der Vulkankegel seitlich auf und öffnete eine 7 km lange Erdspalte, das heutige Waimangu Volcanic Valley. Zuvor war die Region ein Touristenjuwel und die pink-weißen Sinterterrassen um den See waren ein Weltwunder, das Besucher aus aller Welt anlockte. Am Seeufer waren Hotels und Restaurants gebaut worden und Māori verdingten sich als Tour Guides. Das unweit vom Startpunkt der Wanderung gelegene »Buried Village« (»Pompeji Neuseelands«) ist ein verschüttetes Dorf, das an dieses Ereignis museal erinnert. Die Naturkatastrophe von 1886 hat die Landschaft komplett verändert. Der Lake Tarawera wirkt heute friedlich und auf den ersten Blick erscheint eine Wiederholung der Naturkatastrophe ausgeschlossen. Doch der Vulkan Mount Tarawera gilt als hoch aktiv und die heißen Quellen an der Te Rātā Bay sind vulkanischen Ursprungs.

Talort: Te Wairoa, 391 m.
Ausgangspunkt: Te Wairoa, Car Park an der Tarawera Road (links), 386 m.
Endpunkt: Te Rātā Bay/Hot Water Bay, 307 m. Für den Rückweg zum Pier (The Landing) am Punaromio Beach am Lake Tarawera sollte man ein Wassertaxi im Voraus buchen: z. B. Totally Tarawera, totallytarawera.com, Tel. 07 362 8080.
Anforderungen: Streckenwanderung auf überwiegend schmalen und zum Teil ausgespülten Waldpfaden mit einigen kräftigen An- und Abstiegen.
Markierung/Infrastruktur: Der Weg ist mit den üblichen Symbolen markiert: orange Dreiecke, Informationstafeln und Wegpfeile an einigen Kreuzungen. Toilette am Wegeinstieg.
Einkehr: Keine Einkehr unterwegs; am Pier (The Landing) gibt es ein Café.
Tipp: Te Wairoa/The Buried Village gilt als »Pompeji von Neuseeland«. 1848 wurde es als Modelldorf von christlichen Missionaren aufgebaut und entwickelte sich in den 1880er-Jahren zur Tourismushochburg mit diversen Beherbergungsbetrieben für den Besuch der Pink and White Terraces. Durch den Ausbruch des Mount Tarawera 1886 wurde das Dorf verschüttet und erst in den 1930er-Jahren Schritt für Schritt wieder ausgegraben. Ein Museum wurde eingerichtet und ein Rundgang durch die Ausgrabungsstätte angelegt. Weitere Informationen und Öffnungszeiten: buriedvillage.co.nz.

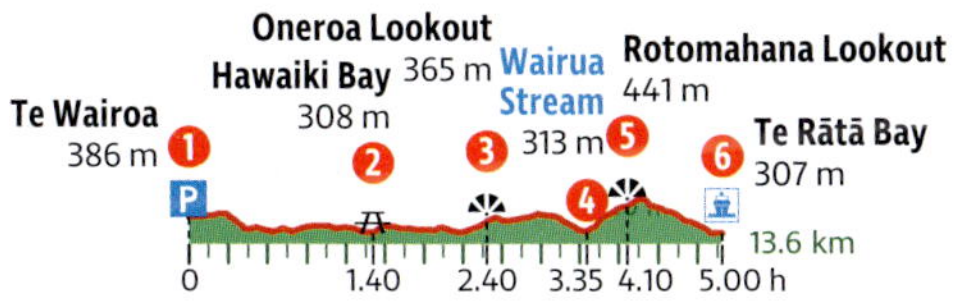

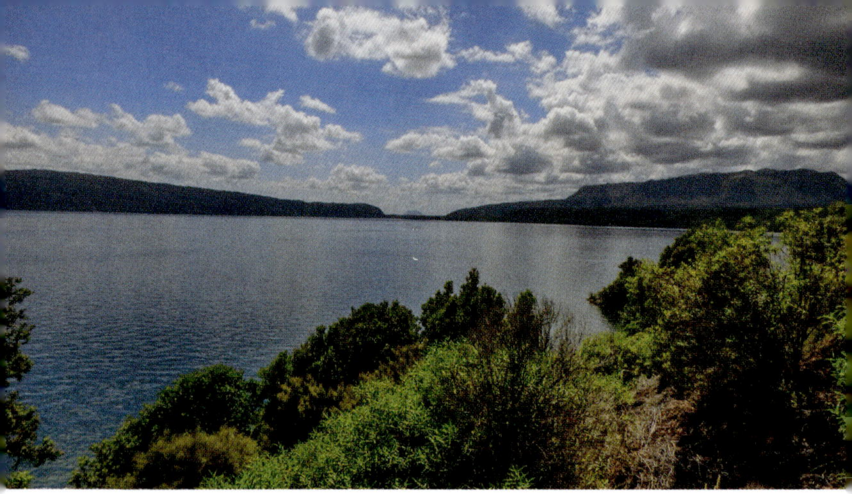

Blick auf den Lake Tarawera.

Wir starten die Wanderung am Car Park in **Te Wairoa** ❶, der etwas vor dem Buried Village auf der rechten Seite der Tarawera Road liegt. Nach einem Torbogen verläuft der Weg auf einem schmalen Kiespfad und quert kurz darauf auf einer Holzbrücke den Wairoa Stream. Danach knickt der Weg etwas nach links und folgt dem Flusstal. Wir durchwandern Gras- und Buschland mit üppiger Vegetation und vielen Blütenpflanzen. Jenseits des Flusses liegt das Buried Village, das an die Naturkatastrophe von 1886 erinnert. Nach einem leichten Anstieg eröffnet sich ein prächtiger Ausblick in das Tal des Wairoa Stream. Danach geht es auf einem schmalen Pfad zügig bergab zum See. Am Ufer führt nach links ein Weg zum Tarawera Landing Point, wo die Wassertaxis von der Te Rātā Bay/Hot Water Beach anlegen.

Wir gehen geradewegs weiter und wandern in der Folge für ca. 15 Min. parallel zum Seeufer, wobei wir das Wasser nur selten sehen, weil das dichte Blätterwerk kaum einen Blick durchlässt. Schließlich kommen wir aber ganz nahe an das Ufer heran. Danach knickt der Weg etwas nach links und wir umgehen den Putauaki Point im Landesinneren. Dieser Wegabschnitt ist schmal, zum Teil verwachsen und führt über einen kleinen Hügel. Das Seeufer erreichen wir wieder an der **Hawaiki Bay** ❷, wo wir auf einen schmalen Streifen Sandstrand treffen mit einem kleinen Picknickplatz (Sitzbank) und Toilette. Von hier hat man einen prächtigen Blick auf den Mount Tarawera mit seinem langen Spaltenkrater.

In der Folge geht es wieder einige Zeit am Seeufer entlang, zunächst leicht bergan und dann auf einer Art Terrassenweg. Nach einer Brücke (Zufluss zum See) erreichen wir die nächste Bucht (Te Hinau Bay) und umgehen neuerlich ein kleines Kap (Te Puroku Point) im Landesinneren. Wieder que-

ren wir einen Fluss auf einer Brücke und wandern nun auf einem sandigen Pfad und nahe am Ufer etwas steiler bergan bis zum **Oneroa Lookout** ❸, einem prächtigen Aussichtsplatz hoch über dem See.
Nun führt der Weg vom Seeufer weg. Es geht zunächst in einigen Kurven bergab in Richtung eines Flusstales und an diesem entlang. Der umgebende Wald ist – von Dezember bis Februar und bei idealen Wetterverhältnissen – übervoll von Zikaden, die einen fast ohrenbetäubenden Lärm verursachen. Wir steigen weiterhin ab zu einem zweiten Flusstal und folgen diesem bis in eine Niederung. Auf einer Brücke queren wir den **Wairua Stream** ❹ bei einem Picknickplatz mit Toilette. Nach links gibt es einen Stichweg zum Seeufer und zur Wairua Hut. Wir folgen der Wegmarkierung Richtung Hot Water Beach (von hier noch 4 km entfernt). Nach dem Flusstal geht es kontinuierlich und etwas später entlang einer Felswand bergan. Das weiche Gestein ist durch Regen stark erosionsgefährdet und nach längeren Niederschlagsphasen kann es hier Erdrutsche geben. Nach einem steilen Anstieg flacht der Weg zusehends ab und wir wandern zuletzt durch einen dichten Farnbaumwald zum **Rotomahana Lookout** ❺, wieder mit Picknickplatz und Sitzbank. Der Ausblick wird hier jedoch durch die dichten Waldkronen etwas eingeschränkt. Nach dem Lookout führt der Weg noch über einen Hügel, knickt im Anschluss nach links und führt zunächst sanft bergab, jedoch ist der Weg zum Teil ausgespült und rutschig. Im Laufe der Zeit wird der Abstieg steiler und zuletzt geht es über Stufen bis ans Flussufer bergab. Von hier aus sind es noch 10 Min. nach links in die **Te Rātā Bay/Hot Water Bay** ❻, wo wir unsere Wanderung abschließen. Für den Rücktransport zum Tarawere Landing Point stehen Wassertaxis zur Verfügung.

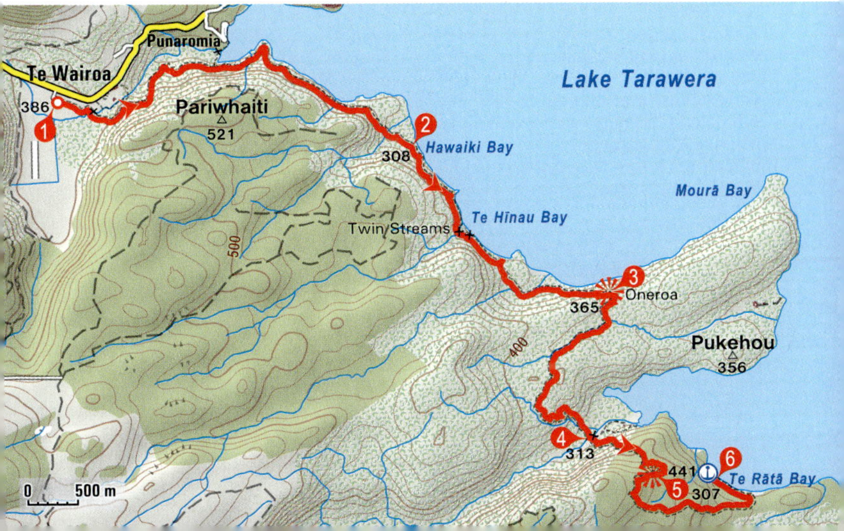

↗ 70 m | ↘ 180 m | 4.2 km

10 Waimangu Volcanic Valley Walk

1.30 h

Ein Vulkantal mit zahlreichen geothermischen Attraktionen

Das Waimangu Valley in seiner heutigen Form entstand am 10. Juni 1886. Damals brach der Vulkan am Mount Tarawera aus, der die gesamte Landschaft im Südosten von Rotorua umgestaltete. Im heutigen Waimangu Valley öffnete sich eine Kluft und eine Reihe von Kratern brach auf. Die gesamte Pflanzen- und Tierwelt des Tales ging zugrunde. Das Volcanic Valley veränderte sich seither dynamisch. Zwischen 1900 und 1904 war der höchste Geysir der Welt im Tal zu beobachten (ca. 400 m in einem 36-Stunden-Zyklus; heute verschwunden). 1917 gab es den bisher letzten Vulkanausbruch in Waimangu: Auf dem Gebiet des heutigen Echokraters am Westende des Tals zerstörte eine kleine Explosion ein Wohnhaus und der heutige Frying Pan Lake (Bratpfannensee) entstand. Diese Fakten einer geodynamischen Landschaft sollen nicht davon abhalten, das Waimangu Valley zu besuchen. Hier verbindet sich das Wandererlebnis mit außergewöhnlichen Eindrücken: zahlreiche Krater, Kraterseen, heiße Quellen und Fumarolen. Wasser- und Schwefeldampf liegen in der Luft. Höhepunkt ist zweifellos der Inferno Crater Lake, aufgrund seines markant trübblauen Wassers das Juwel Waimangus.

Talort: Rotorua, 290 m.
Ausgangspunkt: Visitor Centre Waimangu Volcanic Valley, 457 m.
Endpunkt: Lake Rotomahana, 345m. Siehe Hinweis.
Anforderungen: Zumeist sehr einfache Wanderung auf Schotterwegen; lediglich der Abschnitt Inferno Crater über den Mount Haszard verläuft auf einem schmalen Pfad durch den Wald mit zahlreichen Stufen über etwa 80 Hm Anstieg und einem folgenden Abstieg ins Tal.
Markierung/Infrastruktur: Beim Eintritt erhält man eine detaillierte Karte mit dem Verlauf der Wanderroute (inkl. Alternativen) und umfangreicher Beschreibung der einzelnen Stationen und Sehenswürdigkeiten; zudem gibt es Infotafeln und Wegschilder unterwegs.
Einkehr: Café im Visitor Centre Waimangu Volcanic Valley.
Hinweis: Für den Besuch des Waimangu Volcanic Valley muss Eintritt bezahlt werden (Stand 2023: 44 NZ-Dollar für Erwachsene). Im Eintrittspreis enthalten ist ein Shuttlebus zwischen Visitor

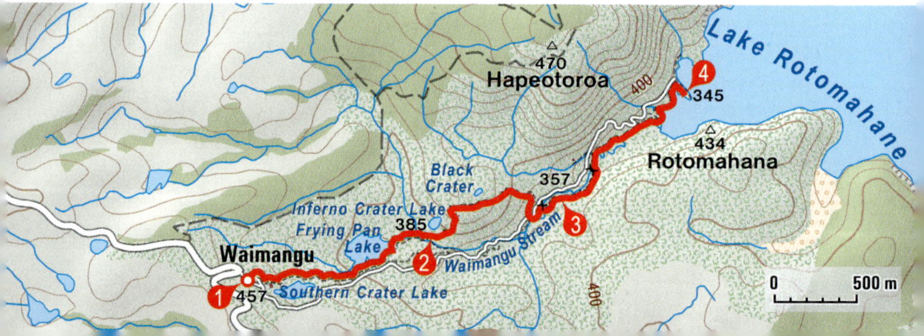

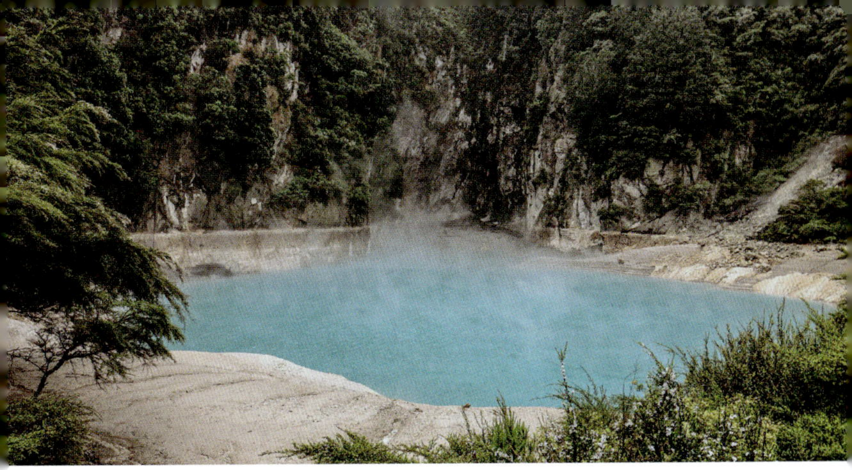

Blue Lake im Waimangu Volcanic Valley.

Centre Waimangu Volcanic Valley und Lake Rotomahana. Der Bus fährt zwischen 9 und 17 Uhr stündlich. Wer die Wanderung als Streckenwanderung unternehmen möchte, kann aufgrund des Busfahrplans entscheiden, wo er die Wanderung beginnen möchte. Zudem kann man den Besuch des Waimangu Volcanic Valley mit einer Bootsfahrt beschließen (Stand 2023: 47 NZ-Dollar für 45 Min. Rundfahrt).
Tipp: Unweit des Waimangu Volcanic Valley liegt Wai-o-Tapu, das als »thermales Wunderland« gilt. Auf mehreren kurzen Rundwegen kann man geothermale Erscheinungen in den vielfältigsten Formen bewundern: grüne und gelbe Seen, den Lady-Knox-Geysir sowie unzählige Schlammvulkane und Fumarolen. Die größte Attraktion von Wai-o-Tapu heißt Champagne Pool, ein See, der von einer der größten Thermalquellen Neuseelands gespeist wird und an den Rändern ein wunderschönes Farbenspiel präsentiert. Weitere Informationen und Öffnungszeiten: waiotapu.co.nz.

Wir gehen durch das **Visitor Centre Waimangu Volcanic Valley** ❶ und überblicken von der Terrasse aus das Waimangu Valley bis zum Mount Tarawera im Hintergrund. Wir passieren ein Haus und blicken gleich darauf auf den Southern Crater Lake. Der Krater ist 1889 aufgebrochen und heute inaktiv. Ein flacher, kalter See bedeckt die Oberfläche. Wir wandern weiter in das Tal bergab und treffen nach 10 Min. beinahe auf eine breitere Schotterstraße (Waimangu Bus Route), zweigen jedoch davor nach links ab und gehen auf einen riesigen Kratersee zu, den Echo Crater, und den darauf liegenden Frying Pan Lake. Eine Wasserdampfwolke schwebt über der Landschaft. Heiße Quellen entspringen am Seegrund in kühleres Wasser und verdampfen dadurch, ein ungewöhnliches Schauspiel.
Der Weg führt am rechten Seeufer entlang, vorbei an einem ungewöhnlichen Felsen, der heute Cathedral genannt wird. Gleich gegenüber liegt ein großes Becken. An dieser Stelle schoss zwischen 1900 und 1904 der höchste

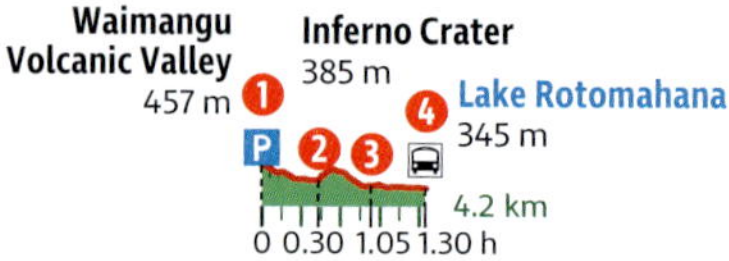

Geysir der Welt sein heißes Wasser fast 400 m in die Luft. Wenig später geht es etwas bergan, vorbei an Silikatterrassen, und wir blicken in das Wahrzeichen des Waimangu Valley, den Inferno Crater, der tief unter uns liegt. Das trübblaue Wasser des Sees hat ihm den Beinamen »Juwel« eingebracht. Krater und See liegen an der Flanke des Mount Haszard, der geradewegs vor uns liegt. Der Wasserstand des Kratersees folgt komplizierten Zyklen und tatsächlich liegt unter dem See ein Geysir, der für den wechselnden Wasserstand verantwortlich ist.
Wir folgen nun der Route Richtung Mount Haszard. Der Weg wird schmaler, führt am rechten Rand des **Inferno Craters** ❷ entlang und im Anschluss in einem großen Linksbogen über zahlreiche Stufen ca. 80 Hm bergan. Oben angekommen, leitet der Weg auf eine Hochebene und vorbei an ehemaligen Kratern, die jedoch inzwischen überwiegend von Buschland überdeckt sind. Der Weg führt im Anschluss etwas bergab und vor uns sehen wir in einiger Entfernung den Lake Rotomahana und dahinter den flachen Rücken des Mount Tarawera. Über zahlreiche Stufen steigen wir zu einer breiten Schotterstraße ab (Waimangu Bus Route). Nun gehen wir auf dieser Straße ein kleines Stück nach rechts und biegen bei erster Gelegenheit nach links auf einen Schotterweg ab. Auf diesem queren wir 100 m später auf einer Brücke den Waimangu Stream. Unser Weg führt nun für ca. einen halben Kilometer am rechten Flussufer entlang. Etwa 200 m nach der Brücke liegt auf der gegenüberliegenden Flussseite eine Ansammlung von **Dampfspalten** ❸ mit angepasster Vegetation (Moose, Farne, Flechten) in der Umgebung.
Wenig später queren wir den Waimangu Stream neuerlich auf einer Brücke (der oben erwähnte halbe Kilometer) und wandern nun wieder auf die Waimangu Bus Route zu. An dieser Stelle liegt auch eine der drei Haltestellen des Shuttlebusses im Tal. Der Wanderweg führt von der Straße nach rechts weg und nun am linken Ufer des Flusses entlang. Bis zum Seeufer sind es noch 10 Min. zu gehen. Rechts sieht man die Einmündung des Flusses in den Lake Rotomahana. Eine vielfältige Vogelwelt hat sich auf diesen speziellen Lebensraum (heiße Quellen, erhöhter ph-Wert, Fumarolen) spezialisiert, darunter Trauerschwäne, Pukekos und Löffler.
Bei einer kleinen Halbinsel im Übergangsgebiet vom Fluss zum See treffen wir wieder auf die breite Schotterstraße. Hier liegen die letzte Bushaltestelle (für die Rückfahrt), ein Picknickplatz und die Anlegestelle für Bootsausflüge auf dem **Lake Rotomahana** ❹. Nach rechts führt ein schmaler Pfad zu einem lohnenden Aussichtspunkt auf den See (ca. 200 m). Links von der Anlegestelle führt ein Weg ein kleines Stück am Seeufer entlang bis zu einer Bucht mit Fumaloren (ca. 300 m). Den Rückweg zum **Visitor Centre Waimangu Volcanic Valley** ❶ kann man mit dem Shuttlebus zurücklegen.

Ruapani Circuit

Dunkelgrüne Sumpflandschaft im kühlen Regenwald

Während dieser eindrucksvollen Waldwanderung, bei der selbst das sumpfige Wasser grün schimmert, streifen wir durch ursprüngliches Urwaldgebiet. Der mit einer verschwenderischen Fülle von Drachenbäumen dicht überwucherte Pfad führt uns an sieben kleinen, versumpften Wasserbecken vorbei. Wer genau schaut, kann hier sogar den insektenfangenden Sonnentau entdecken.

Talort: Streusiedlung Aniwaniwa, 640 m.
Ausgangspunkt: Brücke über den Aniwaniwa Stream, etwas nördlich des Lake Waikaremoana an der SH 38, 648 m.
Anforderungen: Bis Lake Waikareiti breiter Waldweg, danach schmaler Pfad mit kurzen steilen An- und Abstiegen; bei Regen sind die Waldpfade rutschig.
Markierung/Infrastruktur: Der Weg ist mit den üblichen Symbolen markiert: orange Dreiecke, Informationstafeln und Wegpfeile an einigen Kreuzungen. Der Weg setzt sich aus zwei separat markierten Wegetappen zusammen: Lake Waikareiti Walk und Ruapani Walk; Schutzhütte mit Toilette am Lake Waikareiti.
Einkehr: Keine.

Tipp: Der Te Urewera National Park ist eine der unzugänglichsten Regionen Neuseelands. In einem Umkreis von 50 km gibt es kaum eine Siedlung, dafür reichlich kühlen Regenwald, Seen, Flüsse und Moorlandschaften. Besucher kommen hierher, um die unvergleichliche Landschaft zu erleben. Ein guter Einstieg dafür ist der Besuch des Te Urewera Visitor Center in Te Kura Whenua, unweit der Mündung des Aniwaniwa Streams in den Lake Waikaremoana. Dieses 2016 neu errichtete Haus ist als Māori-Versammlungsplatz konzipiert worden, versteht sich aber als ein Ort des Wissens und der Information zur Region. Öffnungszeiten: Montag bis Freitag, 8.00 bis 16.30 Uhr.

Dichter Farnwald im Te Urewera National Park.

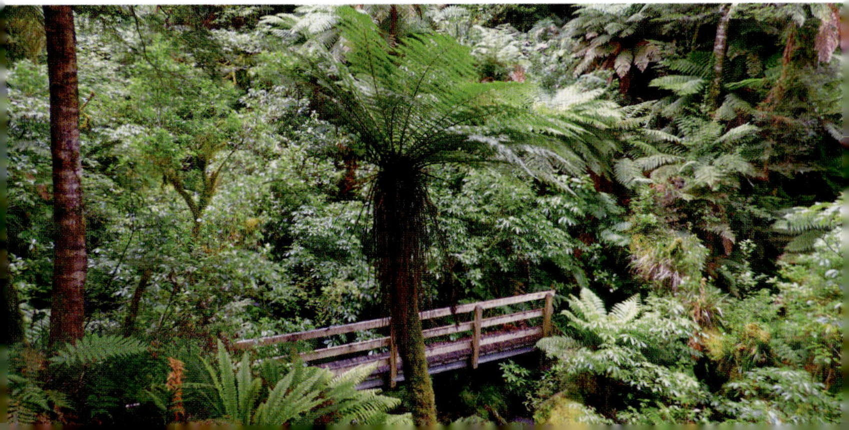

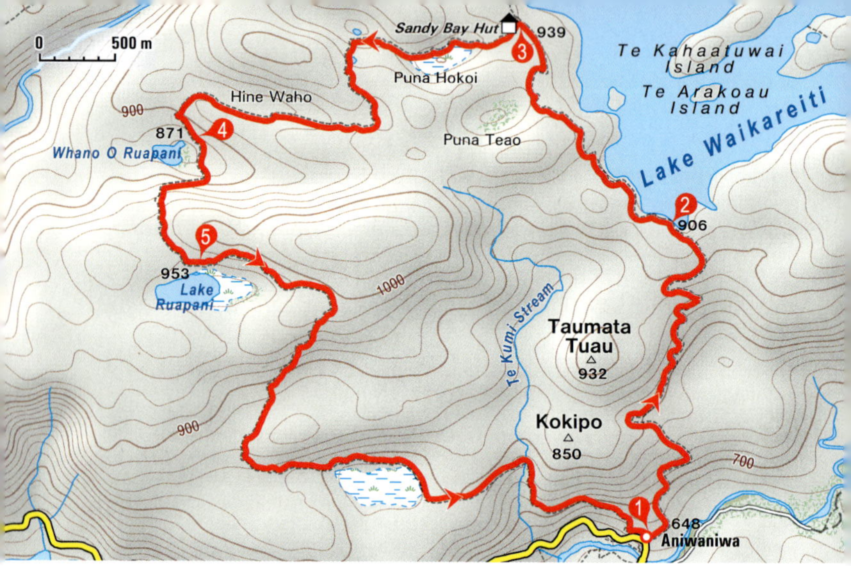

Der Ruapani Circuit startet nördlich der Streusiedlung **Aniwaniwa** 1, etwa 100 m nach der Brücke über den Aniwaniwa Stream bei einer Informationstafel rechts der Straße. Schon kurz darauf gibt es eine Weggabelung. Nach links führt der Ruapani Track, wir aber nehmen rechts den Lake Waikareiti Walk.

Wir wandern gegen den Uhrzeigersinn und folgen zunächst dem breiten und anfangs ebenen, dann leicht ansteigenden Weg durch den dichten, grünen Urwald. Die Vegetation ist hier besonders abwechslungsreich: riesige Rimu- und Kamahibäume, die bis oben hin mit Farnen überwuchert sind, blühende Putaputaweta, Fuchsien und Farnbäume.

Nach einer guten Stunde erreichen wir bei einem Shelter den **Lake Waikareiti** 2. Der bis zu 75 m tiefe See besticht durch sein glasklares Wasser und ist bis an seine Ufer dicht mit ursprünglichem Wald bewachsen. Jenseits der Schutzhütte führt uns ein mit orangefarbenen Dreiecken markierter Pfad weiter am See entlang. Wir wandern nun 30 Min. (2 km) – zunächst in

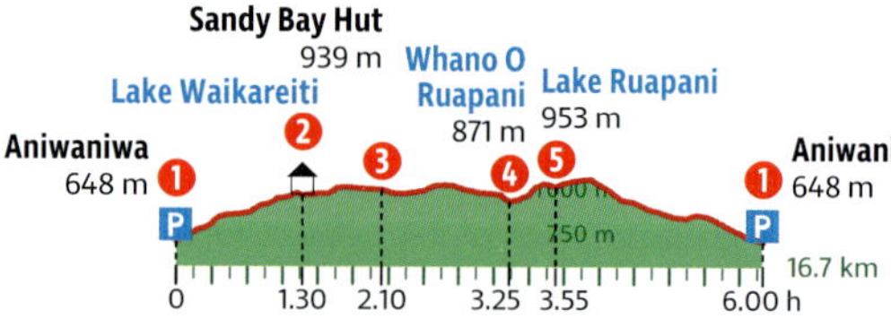

Sichtweite des Sees, später etwas weiter vom Ufer entfernt – leicht bergan, bis wir zur **Sandy Bay Hut** **3** gelangen. Von hier aus halten wir uns nach links und folgen dem Ruapani Track, einem schmalen Pfad durch dichten Wald. Kurz nach der Abzweigung streifen wir Puna Hokoi, ein Sumpfgebiet zu unserer linken Seite, und folgen in ständigem Auf und Ab den Markierungen an den Baumstämmen. Wir passieren den kleinen Tümpel Hine Rere und nach weiteren 5 Min. den sumpfig-grünen See Ngutu Manu links des Weges. Der Pfad führt zum Teil zwischen riesigen Buchen und meterhohen Drachenbäumen hindurch, um dann wieder von hohen Gräsern und Farnen völlig zugewuchert zu sein. Etwa 20 Min. später (1,5 km nach Ngutu Manu) treffen wir auf das Sumpfgebiet Hine Waho rechts des Weges und nach weiteren 15 Min. auf den kleinen See **Whano O Ruapani** **4**. Danach geht es für etwa 1 km 100 Hm bergan zum **Lake Ruapani** **5**. Während des Anstieges kann man – bei guter Sicht – durch die Blätter der Bäume hindurch einen Fernblick auf Lake Waikaremoana und Hawke's Bay genießen. Nun übersteigen wir einen Hügel und wandern im Anschluss kontinuierlich bergab zum Waipai Swamp rechts des Wegs, dem letzten Tümpel unserer Runde, den wir in etwa 1 Std. nach dem Lake Ruapani passieren. Weitere 15 Min. (1 km) später queren wir den Te Kumi River auf einer Brücke und steigen im Anschluss etwas bergab bis zum Ausgangspunkt unserer Rundwanderung nördlich von **Aniwaniwa** **1**.

Waldpfad am Ruapani Circuit.

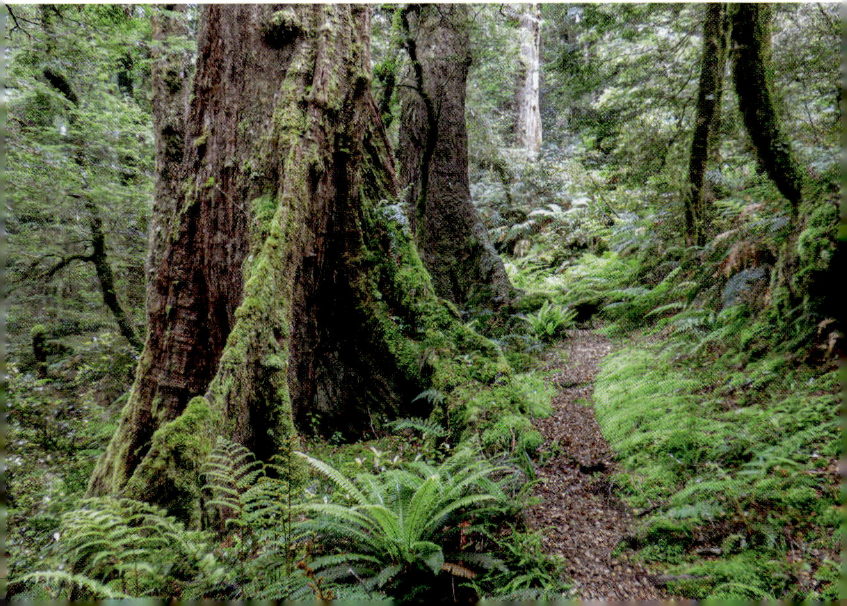

↗ 830 m | ↘ 830 m | 17.2 km

7.30 h

12 Mount Manuoha, 1392 m

Durch den feucht-kühlen Regenwald auf den höchsten Gipfel des Te-Urewera-Nationalparks

Die Wanderung ist vor allem ein »Walderlebnis«: Vorbei an mächtigen Baumriesen und meterhohen Waldfarnen, gelangen wir auf schmalen Pfaden zum einsamen Gipfel des Mount Manuoha. Dort bietet sich – bei gutem Wetter – ein unvergleichlicher Blick auf eine grenzenlose Waldlandschaft, auf den größten zusammenhängenden Regenwald der Nordinsel.

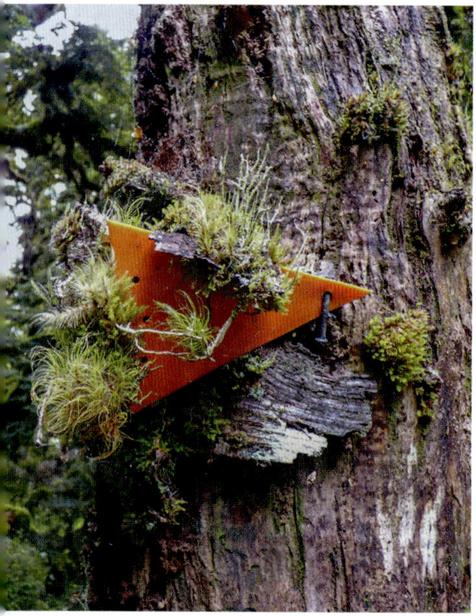

Talort: Streusiedlung Aniwaniwa, 640 m.
Ausgangspunkt: Waiotukupuna Bridge, etwa 16 km nordwestlich von Aniwaniwa an der SH 38, 620 m.
Anforderungen: Wegverlauf auf zum Teil rutschigen Waldpfaden mit stellenweise dürftiger Markierung; zu Beginn steiler Waldanstieg, später flachere Kammwanderung. Gute Kondition und etwas Orientierungssinn sind gefordert.
Markierung/Infrastruktur: Der Weg ist mit den üblichen Symbolen markiert: orange Dreiecke, Informationstafeln und Wegpfeile an einigen Kreuzungen; nachdem dieser jedoch selten begangen wird und auch aufgrund der besonderen Bedingungen (hohe Niederschlagshäufigkeit im feucht-kühlen Regenwald) ist der Wegverlauf nicht immer eindeutig erkennbar und zum Teil verwachsen.
Einkehr: Keine.

Neuseeländische Wegmarkierung.

Der Manuoha Track startet am Parkplatz etwas nördlich der **Waiotukupuna Bridge ❶**. Ein Hinweisschild (»Manuoha Hut 6 h«) markiert den Wegeinstieg. Anfangs sind wir auf einem breiten Waldweg unterwegs, kurz bevor dieser endet, führt nach rechts ein schmaler, nicht sofort erkennbarer Pfad in den dichten Wald, dem wir folgen. Nun geht es zügig bergan und schon nach 15 Min. queren wir den Te Manawa Stream auf Trittsteinen. Danach geht es in engen Kurven, über Wurzelwerk und durch dichtes Buschwerk

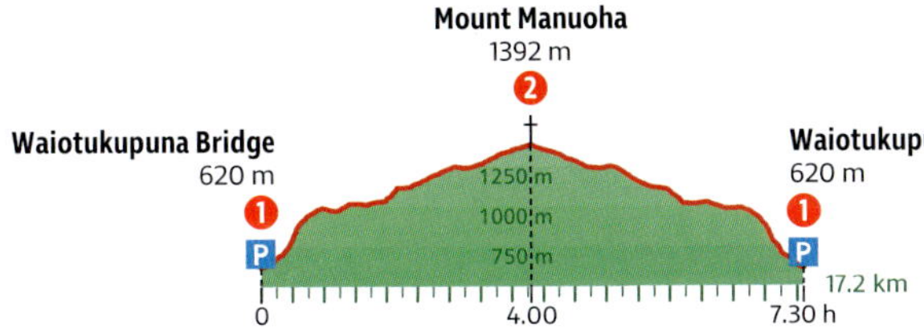

kontinuierlich bergan. Nach etwa 1.30 Std. und 2 km Wegstrecke haben wir einen Sattel (1020 m) erklommen. Nun führt der Wanderweg in einer Linkskurve etwas bergab und die folgenden 15 Min. weitgehend eben dahin. Orangefarbene Dreiecke, die in regelmäßigen Abständen an den Bäumen befestigt sind, markieren den Weg. Wir steigen im Anschluss auf einem breiten, flachen Kamm weiter auf und lassen uns von den Baumriesen rechts und links des Weges beeindrucken. Das stetige Bergauf, unterbrochen von kurzen Abstiegen, dauert etwa 3 Std., bevor der Weg oberhalb eines Erdrutschhangs (1270 m) vorbeiführt. Hier erhalten wir schon einen Vorgeschmack auf die erstklassige Aussicht, die uns am Gipfel erwartet. Nachdem wir diesen heiklen Abschnitt hinter uns gelassen haben, wird der Wald zunehmend lichter und verändert sein Aussehen: Immer wieder dringen Sonnenstrahlen durch das Blätterdach der mit Moos bedeckten, krumm gewachsenen Südbuchen und verleihen dem Wald eine märchenhafte, fast schon verwunschene Atmosphäre. Nach weiteren 45 Min. lassen wir die Baumgrenze hinter uns. Niedrige Büsche bedecken die flache Kuppe des **Mount Manuoha** ②, 1392 m, den wir knapp 15 Min. später erreichen (Wetter- und Vermessungsstation). Von hier genießen wir einen ausgezeichneten Blick auf die schier endlose Waldlandschaft des Te-Urewera-Nationalparks. Der Rückweg erfolgt auf dem Hinweg.

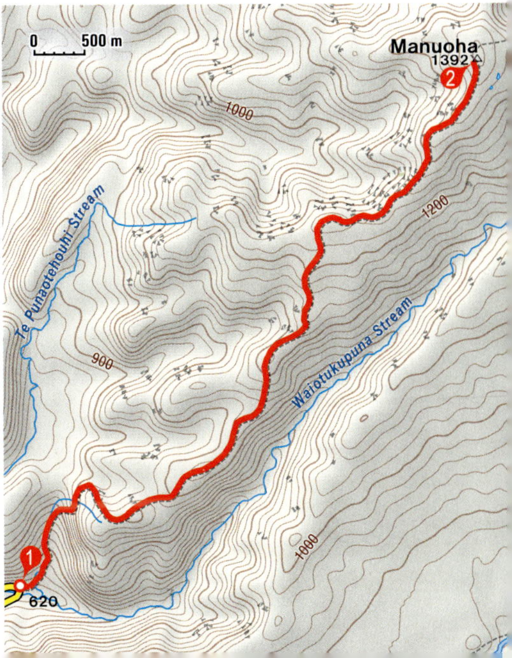

↗ 160 m | ↘ 160 m | 8.9 km

13 Waitomo Ruakuri Walk

2.30 h

Tunnelwanderung und Glühwürmchenhöhlen

In einer spektakulären Karstlandschaft, in der Flüsse unter der Erde verschwinden und Millionen winziger Glühwürmchen die dunklen Höhlen erleuchten, zeigt diese abwechslungsreiche Wanderung einen Höhepunkt in Form des Ruakuri Loop, einer Kurzwanderung, die bei so manch einem den Forschergeist erweckt: Gebückt geht man unter niedrigen Vorsprüngen hindurch, schlängelt sich durch kurze Tunnel und feuchte Engpässe, an riesigen Höhleneingängen entlang und über natürliche Kalksteinbrücken hinweg.

Talort: Waitomo Village, 70 m.
Ausgangspunkt: Waitomo Village Tourist Information, 70 m.
Anforderungen: Bis Aranui Cave überwiegend leichte Wanderung auf einem Wiesenpfad, der bei Nässe rutschig sein kann. Mehrere Zäune müssen über Stufen überstiegen werden. Der Ruakuri Loop verläuft auf einem einfachen Schotterweg, bei dem einige Tunnel durchquert werden müssen, wofür eine Taschenlampe hilfreich ist.
Markierung/Infrastruktur: Der Weg ist mit den üblichen Symbolen markiert: orange Dreiecke, Informationstafeln und Wegpfeile an einigen Kreuzungen. Informationszentrum mit Toilette am Wegeinstieg.
Einkehr: Waitomo Village.
Tipp: Der Name Waitomo leitet sich von den Māori-Wörtern Wai (= Wasser) und Tomo (= Loch) ab. Unter den grünen Hügeln von Waitomo liegt ein Labyrinth aus unzähligen Höhlen, die über Jahrtausende durch Regenwasser und unterirdische Flüsse aus dem Kalkstein herausgewaschen wurden.
Das wäre an und für sich noch nicht die Sensation. Doch in den Waitomo Caves ist ein besonderes Phänomen zu beobachten: Unzählige Glühwürmchen haben hier ihre Brutstätten. Tatsächlich handelt es sich um wurmähnliche Pilzmückenlarven, die das bläuliche Licht verwenden, um Beutetiere anzulocken. Dieses Spektakel, das wie ein nächtlicher Sternenhimmel erscheint, zählt zu den touristischen Highlights Neuseelands und ist am besten beim Besuch der Waitomo Glowworm Caves zu erleben. Weitere Informationen und Öffnungszeiten: waitomo.com.

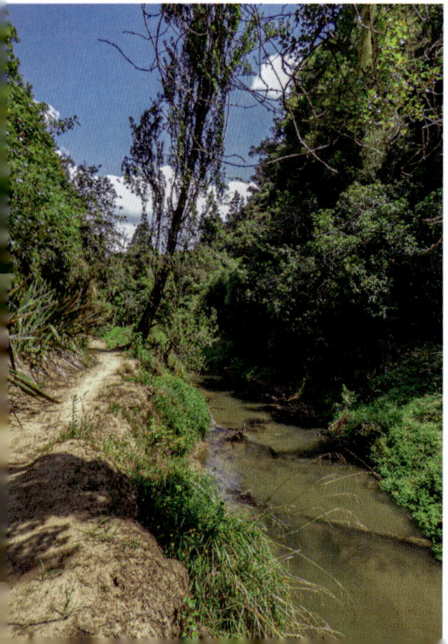

Pfad am Waitomo Stream.

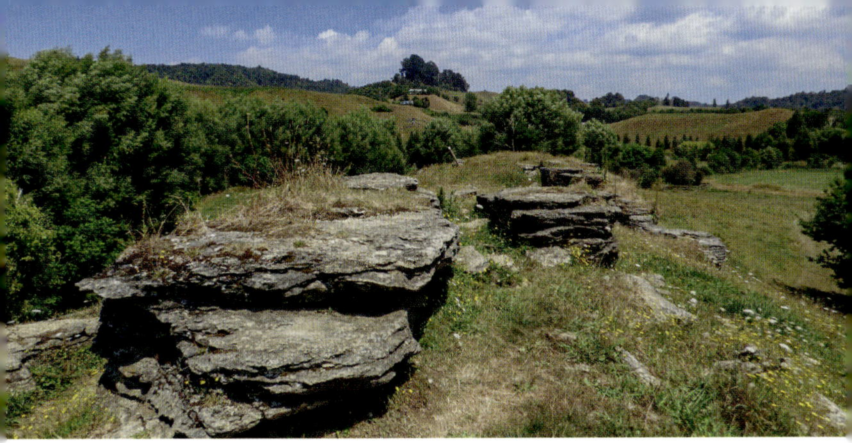

Kalksteinformationen am Wegrand des Waitomo Walk.

Wir starten die Wanderung gegenüber vom Visitor Center in **Waitomo Village** ❶. Eine Informationstafel zum »Waitomo Walkway« ist am linken Ende des Spielplatzes angebracht. Durch das Gatter und über die Wiese gelangen wir links in den Wald. Auf einer Brücke queren wir den Waitomo Stream und wandern auf einem Schotterweg durch den Wald. An einer Weggabelung bei einer Felswand gehen wir nach rechts und steigen über Stufen und entlang einer Weide zum **Waitomo Lookout** ❷ hoch, der einen prächtigen Blick in das Tal des Waitomo Stream ermöglicht.
Zurück bei der Weggabelung, geht es weiter in Richtung der berühmten Glowworm Caves. Wir passieren den Parkplatz und queren die Straße vor dem futuristischen Eingangsbereich. Danach folgen wir dem Schild »Ruakuri Reserve« und wandern ein Stück parallel zur Straße auf einem schmalen Pfad, der Richtung Flusstal wegknickt. Nun geht es durch ein Labyrinth von eigenwilligen Kalksteinformationen und danach über eine Wiese in Richtung eines Hügels mit schönem Ausblick auf das umliegende Farmland. Markierte Holzpfähle weisen uns den weiteren Weg. Wir kreuzen die Tumutumu Road und folgen nun auf einem schmalen Pfad dem Waitomo Stream links und einem Weidezaun mit dahinterliegendem Weideland rechts. Mehrfach müssen wir in den nächsten 2 km Weidezäune übersteigen (Überstiegshilfen vorhanden) und schließlich auf einer Swingbridge auch den Waitomo Stream queren. Etwa 15 Min. später erreichen wir ei-

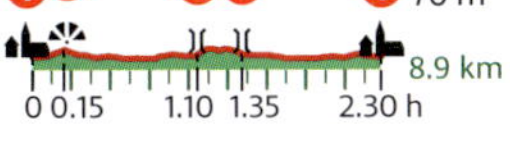

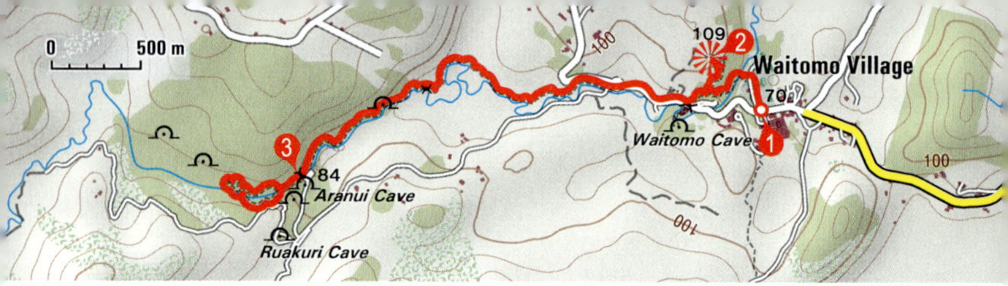

nen Parkplatz bei einer Brücke. Über die **Brücke 3** nach rechts führt ein Weg zur Aranui Cave. Wir bleiben aber geradeaus auf der linken Flussseite (Schild »Ruakuri Bushwalk«) und wandern nun in eine schluchtartige Landschaft. Bei einer bald folgenden Weggabelung gehen wir nach links und danach geradeaus bergan zu einem schmalen Tunnel. Der Ruakuri Loop hat tatsächlich die Form einer Acht und führt durch ein Tunnel- und Höhlensystem. Der Weg passiert den ersten Tunnel und schlängelt sich über schmale Holzstege über dem tief liegenden Flusslauf empor. An einer Gabelung (Schild »natural tunnel viewing platform«) können wir über Stufen zu einer riesigen Höhle hinuntergehen, die uns einen Einblick in einen unterirdischen Gang ermöglicht, in dem der Fluss für kurze Zeit verschwindet. Geradeaus windet sich der Weg durch ein verwachsenes Felstor mit unzähligen Ecken und Nischen. Vorbei an weiteren Klippen und Höhleneingängen kommen wir zur nächsten Weggabelung (gewissermaßen die Mitte der Acht), an der wir die Stufen links hochsteigen und uns kurz darauf nach rechts wenden (Schild »Car Park«). Wir gelangen zu einem Wasserfall und durch einen mit zahlreichen Stalagmiten und Stalaktiten gespickten Tunnel wieder ans Tageslicht zurück. Unsere Runde durch das Karstlabyrinth ist an der kleinen Holzbrücke beendet, über die es auf einem Schotterweg durch den grünen Regenwald geht, dann an der nächsten Abzweigung links zum Parkplatz. Danach folgen wir dem schon bekannten Weg zurück nach **Waitomo Village 1**.

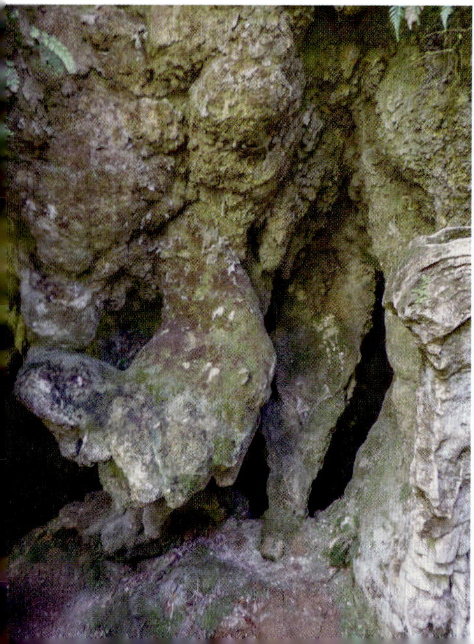

Stalaktit in einer Tropfsteinhöhle im Ruakuri Bushwalk.

7.00 h

Tongariro Alpine Crossing

Bizarre Lavalandschaft mit grünen Seen, zahllosen Fumarolen und berühmten Vulkanen

Inmitten des dramatischen Farbenspiels der Urgewalten sind wir auf diesem Wanderweg durch eine kontrastreiche Welt unterwegs: smaragdgrüne Seen, die in erstarrten dunklen Lavaflüssen glänzen, der markante und weithin sichtbare Red Crater, Fumarolen zwischen bizarren Lavatrümmern, immerfort wahrnehmbarer Schwefelgeruch! Das Tongariro Alpine Crossing ist ohne Zweifel eine der spektakulärsten Tageswanderungen Neuseelands und zählt daher für jeden Besucher der Nordinsel zum Pflichtprogramm!

Talorte: Whakapapa Village, 1140 m.
Ausgangspunkt: Parkplatz am Ende der Mangatepopo Road, abgehend vom SH 47, 1122 m. Die Parkdauer ist zeitlich begrenzt und zu kurz für die vollständige Tour. Daher ist es ratsam, einen Transfer zum Ausgangspunkt und ggf. auch eine Abholung vom Zielort zu buchen; zahllose Anbieter in den Orten der Umgebung (z. B. Whakapapa Village, Turangi, National Park). Alternative: privater Parkplatz ohne Zeitlimit am Endpunkt mit One-Way-Shuttle zum Ausgangspunkt. Kosten in beiden Fällen rund 60 NZ-Dollar pro Person (Stand 2023).
Endpunkt: Parkplatz am Ende der Ketetahi Road, abgehend vom SH 46, 760 m.
Anforderungen: Überwiegend Schotterweg und Boardwalk, steilere Passagen verlaufen über Stufen; einige Ab- und Anstiege sind rutschig und erfordern Trittsicherheit. Aufgrund der Länge der Wanderung und der An- und Abstiege ist gute Kondition gefordert; zudem sollte man warme Kleidung einpacken, weil der Großteil der Wanderung auf über 1000 m verläuft.
Markierung/Infrastruktur: Der Weg ist mit den üblichen Symbolen markiert: orange Dreiecke, Informationstafeln und Wegpfeile an einigen Kreuzungen. Entlang des Weges gibt es im Kilometerabstand Hinweise auf die zurückgelegte und bevorstehende Distanz. Mehrere öffentliche Toiletten liegen entlang des Weges.
Hinweis: Tongariro Alpine Crossing gehört zu den bekanntesten Wanderwegen Neuseelands. Deswegen ist die Tour in den Sommermonaten (Dez. bis Febr.) oft überlaufen, an manchen Tagen sind über 1000 Menschen hier unterwegs.
Einkehr: Keine.
Tipp: Nördlich des Tongariro National Parks liegt Neuseelands größter See: Lake Taupō. Tatsächlich handelt es sich dabei um den Kratersee eines vor mehr als 26.000 Jahren kollabierten Vulkans. Um den See gibt es ein reichhaltiges Unterhaltungsangebot. Einer der schönsten Aussichtspunkte auf den Lake Taupō liegt 6 km nördlich der Siedlung Turangi im Waiotaka Scenic Reserve.

Wir starten die Wanderung am Parkplatz am Ende der **Mangatepopo Road** ❶, 1122 m. Nachdem wir eine Art Welcome-Bereich mit Toiletten passiert haben, folgen wir einem breiten Schotterweg in das Mangatepopo Valley. Nach gut 15 Min. mündet unser Weg in den Weitwanderweg »Tongariro Northern Circuit« ein. Nach rechts geht es von hier aus Richtung Whakapapa Village (Wegpfeil), wir wandern jedoch geradeaus weiter und

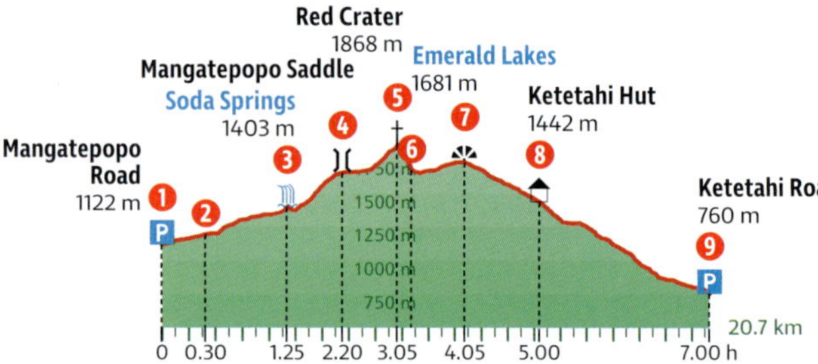

passieren kurz darauf den **Linksabzweig zur Mangatepopo Hut** 2. Der Weg führt im Anschluss auf den Mangatepopo Stream zu und durch eine bizarre Lavalandschaft, die erstaunliche Farbkontraste produziert: dunkle Lavatrümmer, kontrastiv dazu gold glänzendes Tussockgras und orangefarbene Flechten. Der größte Blickfang ist jedoch der Mount Ngauruhoe, ein mächtiger und perfekt geformter Vulkankegel (2287 m). Seine Lavaströme müssen wir im Laufe der Tour mehrfach queren.

Der Wanderweg durch das Mangatepopo Valley verläuft auf einem schottrigen Pfad und abwechselnd auf einem Boardwalk. Mehrfach queren wir den Fluss auf Brücken und wandern immer leicht bergan. Nach 45 Min. (3 km) erreichen wir eine Hochebene, die dahinter von einem Lavastrom flankiert wird. Auf der Höhe des Lavastromes gibt es einen Seitenpfad nach links zu den **Soda Springs** 3 (Informationstafel, 300 m), einem eindrucksvollen Wasserfall, der in seiner Umgebung eine grüne Oase geschaffen hat.

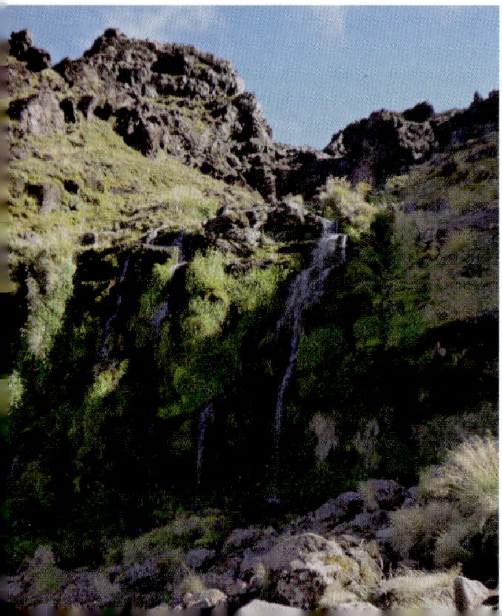

Zurück am Hauptweg, beginnt nun ein steiler Anstieg. Eine Informationstafel am Einstieg dieses Wegabschnitts warnt ungeübte und schlecht ausgerüstete Wanderer, hier weiterzugehen. Der Aufstieg über steile Steinstufen (»Giant's Staircase«) bis zum **Mangatepopo Saddle** 4, 1660 m, nimmt etwa 45 Min. in Anspruch. Oben angekommen, bietet sich bei guter Sicht ein atemberaubender Blick, der bis zum Mount Taranaki an der West-

Links: Soda Springs.
Rechts: Der eindrucksvolle Vulkan Mount Ngauruhoe.

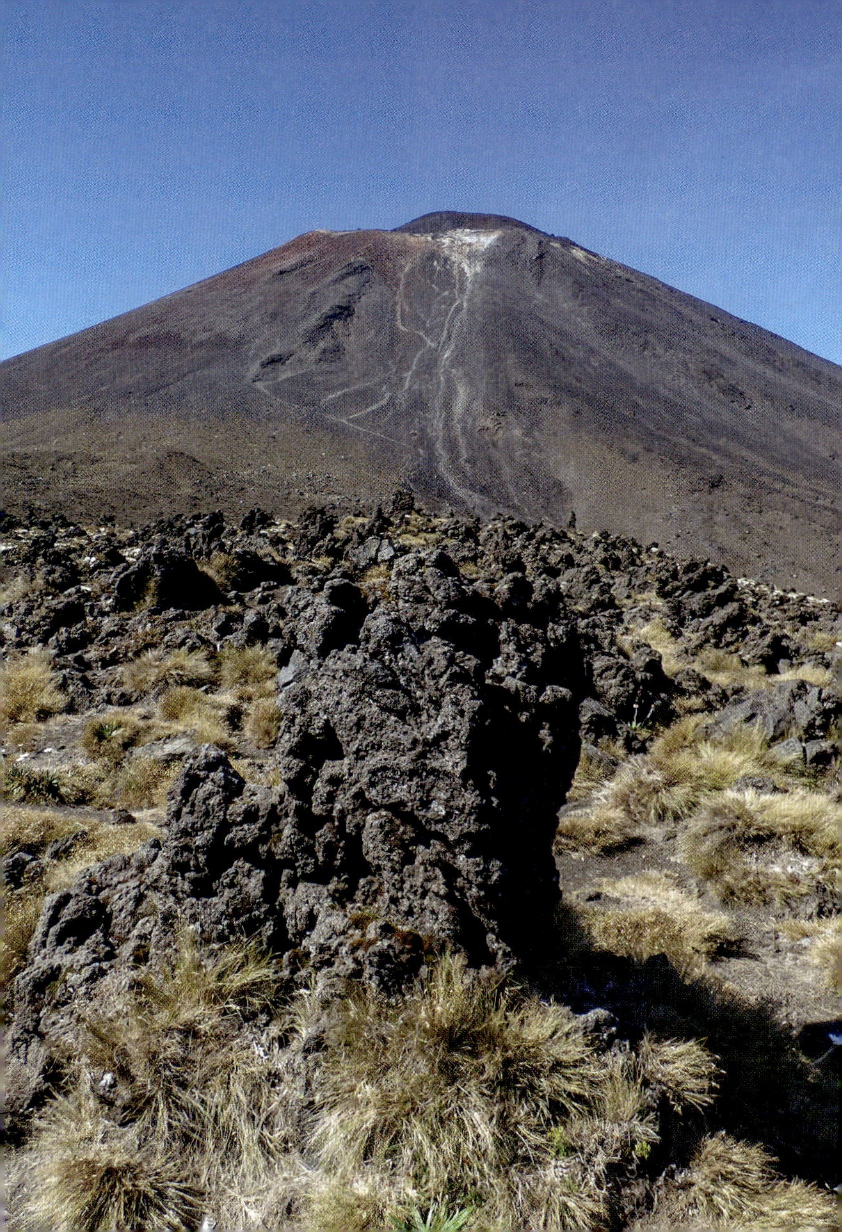

küste reicht. Vor uns liegt der Mount Ngauruhoe. Trittspuren nach rechts über das Lavafeld führen zum Krater hoch. Allerdings wird von einer Besteigung des Gipfels abgeraten, weil die Vulkane des Tongariro-Nationalparks für Māori eine besondere symbolische Bedeutung haben und aus Gründen des kulturellen Respekts von einer Besteigung der »heiligen Berge« abgeraten wird.

Nun geht es vom Sattel etwas bergab und wir queren eine weite Ebene zwischen den Vulkangipfeln: Red Crater vor uns und Mount Ngauruhoe hinter uns. Am Ende der Ebene liegt rechts ein See, der im neuseeländischen Sommer (Dezember bis Januar) zumeist ausgetrocknet ist. Nach der Ebene erwartet uns ein steiler, bei Nässe rutschiger Anstieg, über den wir in weiteren 45 Min. den höchsten Punkt der Wanderung, den Rand des aktiven **Red Crater 5**, 1868 m, erklimmen. Aus ihm entweichen Dampfwolken; Eisenoxid ist für das markante Rot verantwortlich. Links von uns befindet sich Mount Tongariro (1967 m), ein eher unscheinbarer Vulkan, der jedoch namensgebend für den Nationalpark ist. Geradewegs vor und unter uns liegen die drei leuchtend grünen **Emerald Lakes 6**. Der Abstieg zu diesen erfolgt auf einem rutschigen Pfad aus Schotter und Aschestaub. Um die Seen gibt es zahlreiche vulkanische Erscheinungen wie kleine dampfende Krater und Fumarolen; Schwefelgeruch liegt allerorts in der Luft.

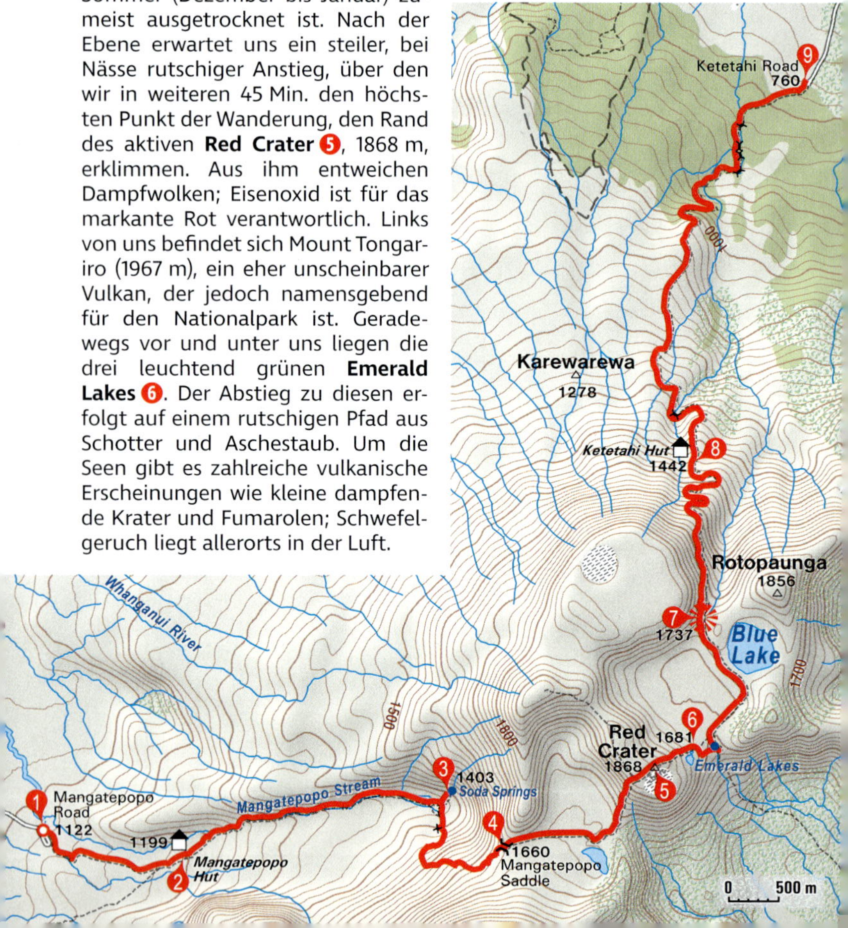

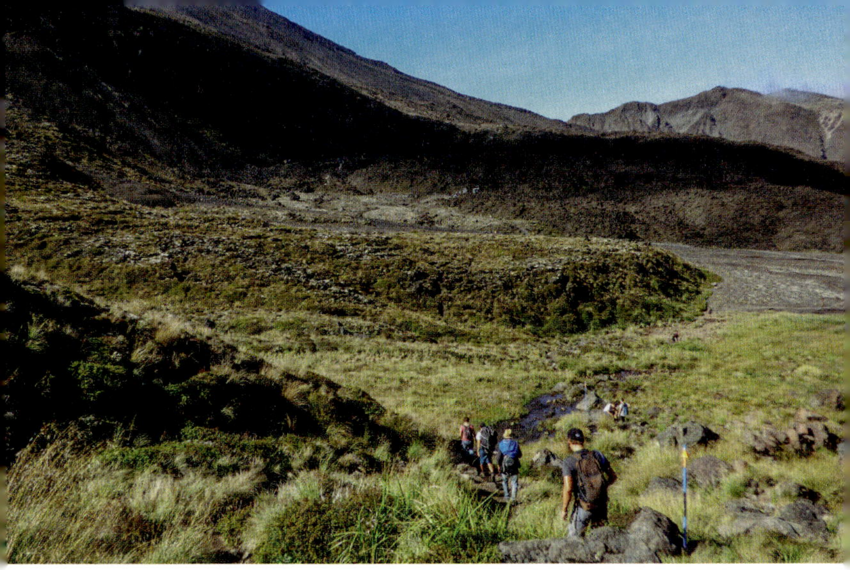

Wanderweg durch das Mangatepopo Valley.

Nach dem dritten See passieren wir einen Rechtsabzweig zur Oturere Hut; das ist der Wegverlauf des Tongariro Northern Circuit. Unser Wanderweg führt jedoch weiter Richtung Ketetahi Hut (4 km, 1 Stunde) und Ketetahi Car Park (10,4 km, 2,5 Stunden). In einem Linksbogen queren wir im Anschluss eine Talsenke und steigen auf einen Lavastrom hoch. Rechts von uns liegt nun der blau glänzende Blue Lake, an dessen Ufer die Wandertour verläuft. Im Anschluss geht es leicht bergab und der Weg windet sich zunächst gemütlich an den Flanken des North Crater entlang. Bei einem **Aussichtspunkt** 7 in einem Taleinschnitt blicken wir auf die herrliche Seenlandschaft (Lake Rotoaira und Lake Taupo), die nördlich des Nationalparks liegt. Danach führt der Weg in vielen Kurven über Steine und auf Stufen kontinuierlich bergab. Wir passieren die **Ketetahi Hut** 8, 1442 m, und bewundern die zahlreichen Rauchwolken am Hang, die noch immer auf vulkanische Aktivitäten hinweisen. Unweit der Hütte liegen die Ketetahi Hot Springs, wobei der Zugang zu den Quellen nicht erlaubt ist.
Nach der Hütte steigen wir in ein engeres Tal bergab und allmählich beginnt der Übergang vom Grasland in ein Buschland. Die letzten 3 km wandern wir durch einen Wald und eine Weile am Magatipua River entlang (aufgrund des hohen Mineraliengehalts aus den Hot Springs kein Trinkwasser!). Sobald der Weg vom Fluss weg biegt, nähern wir uns dem Parkplatz an der **Ketetahi Road** 9, 760 m, wo wir die Streckenwanderung abschließen und wo ggf. unser Shuttle für den Rücktransport wartet.

↗ 1500 m | ↘ 1500 m | 45.7 km

15 Tongariro Northern Circuit

4 Tage

Ein »Great Walk« durch den ältesten Nationalpark Neuseelands

Von Alpenkräutern über Wälder und ruhige Seen bis hin zu wüstenähnlichen Hochebenen führt diese Mehrtagestour durch eine Landschaft voller Kontraste, die auf Schritt und Tritt atemberaubende Aussichten bietet. Allerorten dominant sind aber Formen des aktiven Vulkanismus: Erstarrte Lavaströme, bizarre Vulkane und Kraterseen machen diese Tour rund um den legendären Mount Ngauruhoe zu einem echten Abenteuer.

Talort: Whakapapa Village, 1140 m.
Ausgangspunkt: Visitor Centre in Whakapapa Village, 1140 m.
Anforderungen: 1. Tag: Von Whakapapa Village bis Mangatepopo Hut (ca. 2.30 Std., 9,4 km), zumeist einfache Wanderung auf einem schmalen Pfad über Grasland; bei Regenwetter können die Flussquerungen schlammig und rutschig sein. **2. Tag:** Von Mangatepopo Hut bis Oturere Hut, (ca. 5 Stunden, 12,4 km, schwierigste Etappe), steiler Anstieg auf Steinstufen zum South Crater und zum Red Crater; rutschiger Abstieg zu den Emerald Lakes. **3. Tag:** Von Oturere Hut bis Waihohonu Hut (ca. 3 Stunden, 8,3 km), häufiges Auf und Ab über Lavagestein; Sand und Geröll mit einigen Bachquerungen. **4. Tag:** Von Waihohonu Hut bis Whakapapa Village (ca. 4.15 Std., 15,5 km), längste Etappe, jedoch einfach. Wer den Tongariro Northern Circuit in 3 Tagen bewältigen möchte, sollte die Etappe von Oturere Hut bis Whakapapa Village in einem Tag zurücklegen, mit frühem Aufbruch.
Markierung/Infrastruktur: Der Weg ist mit den üblichen Symbolen markiert: orange Dreiecke, Informationstafeln und Wegpfeile an den wichtigsten Kreuzungen. Öffentliche Toiletten gibt es in den Huts und entlang des Weges.
Unterkunft: Hüttenübernachtung in der Mangatepopo Hut, Oturere Hut und Waihohonu Hut. Zeltmöglichkeit in der Nähe der Hütten. Für die Hütten- und Zeltübernachtungen ist in jedem Fall in der Hochsaison (Dezember bis Februar) eine Vorbuchung notwendig, die über die Website des Department of Conservation (DOC) erfolgen soll (doc.govt.nz). In der Nebensaison können Hüttenpässe auch kurzfristiger in den Visitor Centres der Nationalparks erworben werden.
Einkehr: In den Huts entlang des Weitwanderweges gibt es Aufenthaltsräume und Picknickplätze. Lebensmittel zum Verkauf stehen nicht zur Verfügung, jedoch gibt es Trinkwasser (Regenwasserbehälter), das auf eigene Gefahr konsumiert werden kann (keine Reinheitsgarantie).
Hinweis: Sonnencreme, Sonnenbrille, wetterfeste und warme Kleidung (die gesamte Wanderroute liegt über 1000 m).

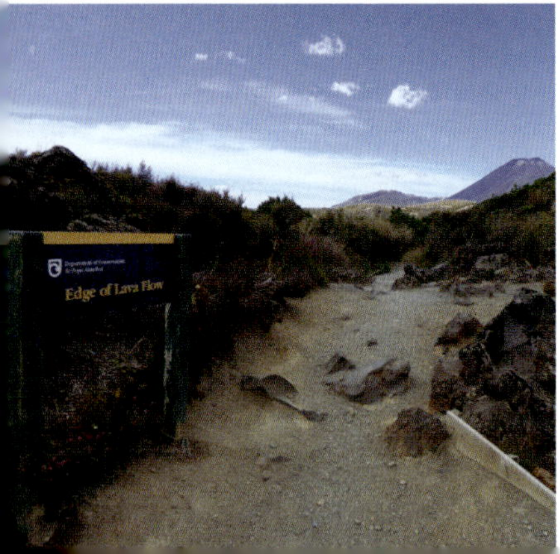

Wegmarkierung im Mangatepopo Valley.

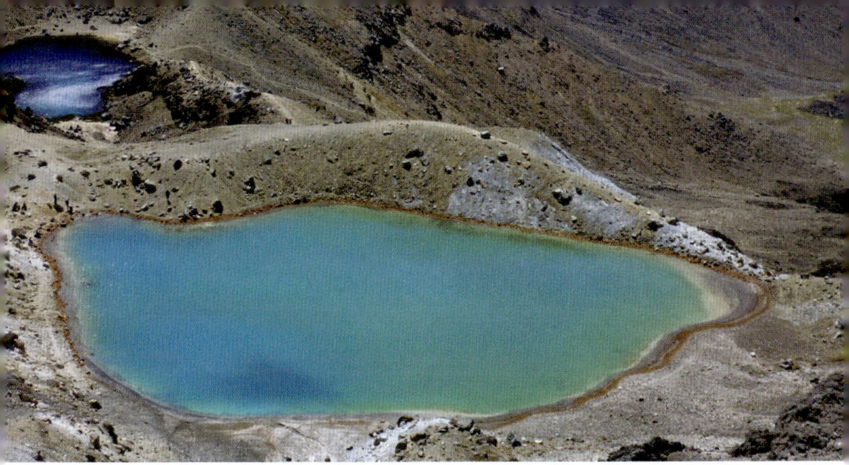

Emerald Lakes.

1. Tag: Die Wanderung startet beim Visitor Centre in **Whakapapa Village** ❶, 1140 m, und folgt der Hauptstraße (SH 48) etwa 100 m in nordwestliche Richtung zum markantesten Bauwerk des Nationalparks, dem »Chateau Tongariro Hotel«. Davor zweigen wir nach rechts in die Straße Ngauruhoe Place ab und wandern auf dieser 250 m. Bei einer Infotafel zum Great Walk und einem Wegpfeil (Richtung »Taranaki Falls Walk, Mangatepopo Track«) geht es nach links auf einen schmaleren Wanderweg ab. Auf diesem Weg bleiben wir für 15 Min. Brücken leiten über einige Bachläufe, die zum Teil von kleinen Wäldern gesäumt werden. Nach etwa 1 km erreichen wir den Wairere Stream, den wir auf einer Brücke überqueren. Dieser bildet übrigens das größte Flusstal des Nationalparks; hier erstreckt sich ein dichter Südbuchenwald. Nachdem wir in das Tal ab- und wieder aufgestiegen sind (Wegmarkierung Richtung Mangatepopo Hut), beginnt nun ein Wegabschnitt durch eine offene, goldbraun schimmernde Tussockgras-Landschaft. Der mit Ginsterbüschen gesäumte Pfad führt uns durch ein mit zahlreichen kleinen Wasserläufen durchzogenes Gebiet, in dem einfache Holzpfähle als Markierung dienen. Sowohl die leuchtenden Farben der Landschaft als auch der herrliche Anblick des Mount Ngauruhoe begleiten uns ständig. In häufigem Auf und Ab erreichen wir nach 1 Std. zwei unmittelbar aufeinanderfolgende Holzbrücken und treffen etwa 1.30 Std. später auf den Linksabzweig zur Mangatepopo Road. Wir halten uns rechts, folgen dem geschotterten Weg knapp 10 Min. und erreichen, links abbiegend, die **Mangatepopo Hut** ❷, 1190 m.

2. Tag: Am zweiten Tag wandern wir zu 75 % auf der Strecke des Tongariro Alpine Crossing. Von der Mangatepopo Hut geht es durch das Mangatepopo Valley auf einem schottrigen Pfad und abwechselnd auf einem Board-

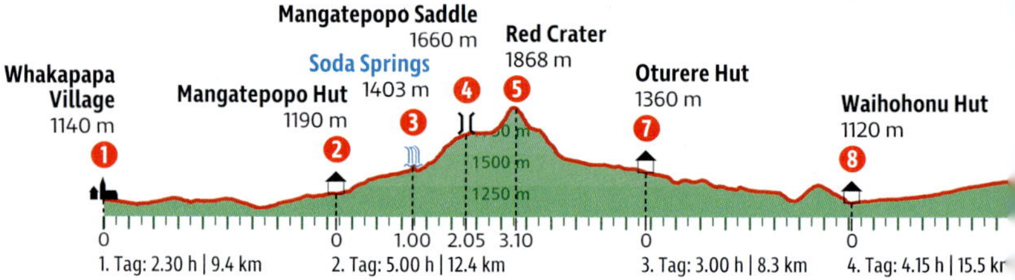

walk durch eine bizarre Lavalandschaft, die erstaunliche Farbkontraste produziert: dunkle Lavatrümmer, kontrastiv dazu goldglänzendes Tussockgras und orangefarbene Flechten. Der größte Blickfang ist jedoch der Mount Ngauruhoe (2287 m), ein mächtiger und perfekt geformter Vulkankegel. Unterwegs queren wir den Mangatepopo Stream mehrfach auf Brücken und wandern immer leicht bergan. Nach 45 Min. (3 km) erreichen wir eine Hochebene, die dahinter von einem Lavastrom flankiert wird. Auf der Höhe des Lavastromes gibt es einen Seitenpfad nach links zu den **Soda Springs** 3 (Informationstafel, 300 m), einem eindrucksvollen Wasserfall, der in seiner Umgebung eine grüne Oase geschaffen hat.

Zurück am Hauptweg, beginnt nun ein steiler Anstieg. Eine Informationstafel am Einstieg dieses Wegabschnitts warnt ungeübte und schlecht ausgerüstete Wanderer, hier weiterzugehen. Der Aufstieg über steile Steinstufen (»Giant's Staircase«) bis zum **Mangatepopo Saddle** 4, 1660 m, nimmt etwa 45 Min. in Anspruch. Oben angekommen, bietet sich bei guter Sicht ein atemberaubender Blick, der bis zum Mount Taranaki an der Westküste reicht. Vor uns liegt der Mount Ngauruhoe. Trittspuren nach rechts über das Lavafeld führen zum Krater hoch. Allerdings wird von einer

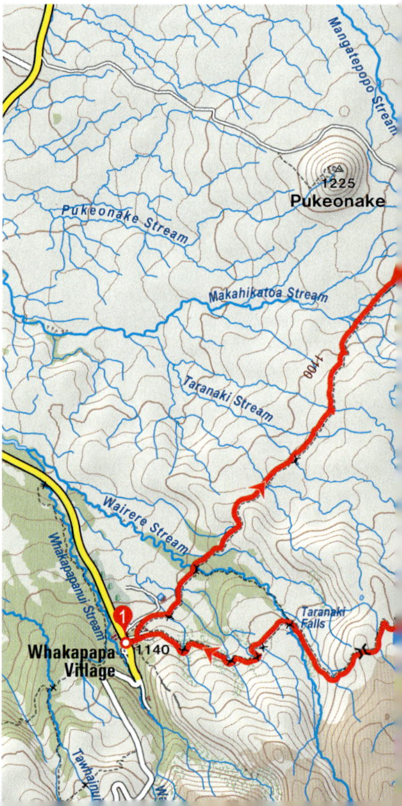

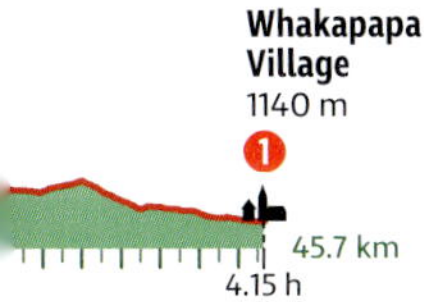

Besteigung des Gipfels abgeraten, weil die Vulkane des Tongariro-Nationalparks für Māori eine besondere symbolische Bedeutung haben und aus Gründen des kulturellen Respekts von einer Besteigung der »heiligen Berge« abgeraten wird.

Nun geht es vom Sattel etwas bergab und wir queren eine weite Ebene zwischen den Vulkangipfeln: Red Crater vor uns und Mount Ngauruhoe hinter uns. Am Ende der Ebene liegt rechts ein See, der im neuseeländischen Sommer (Dezember bis Januar) zumeist ausgetrocknet ist. Nach der Ebene erwartet uns ein steiler, bei Nässe rutschiger Anstieg, über den wir in weiteren 45 Min. den höchsten Punkt der Wanderung, den Rand des aktiven **Red Crater** 5, 1868 m, erklimmen. Aus ihm entweichen Dampfwolken; Eisenoxid ist für das markante Rot verantwortlich. Links von

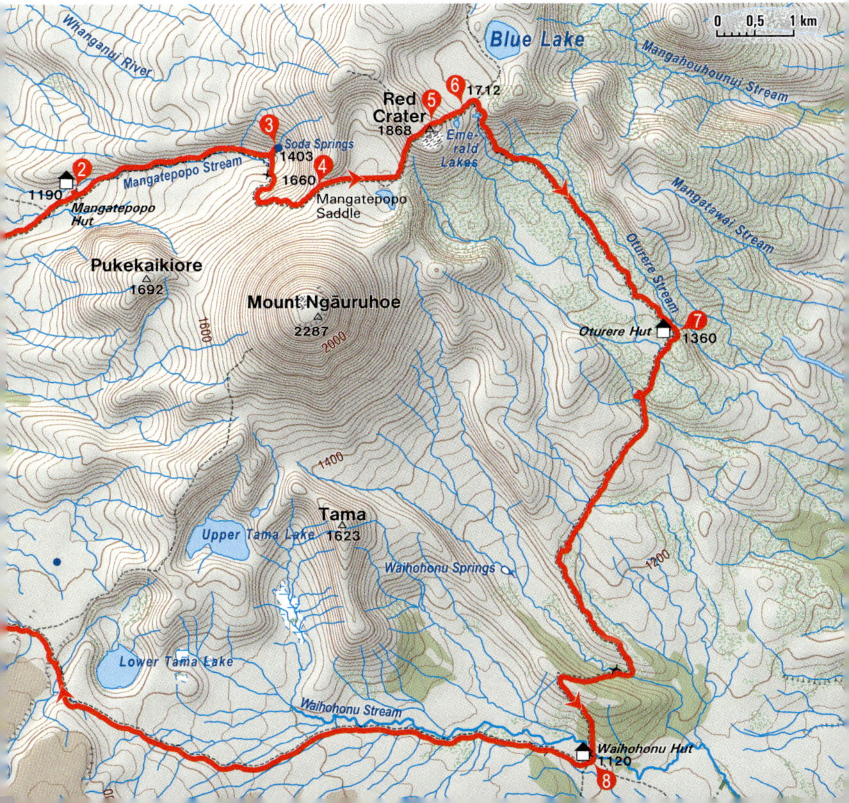

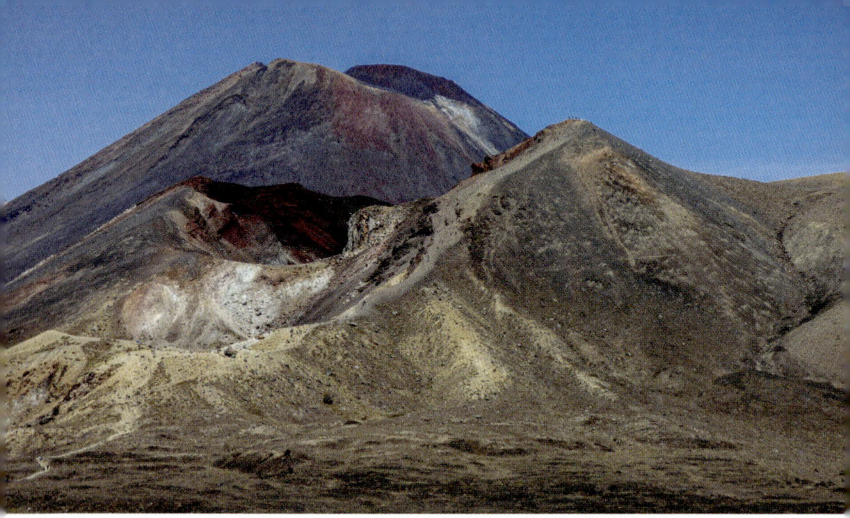

Blick auf den Red Crater des Tongariro.

uns erhebt sich Mount Tongariro (1967 m), ein eher unscheinbarer Vulkan, der jedoch namensgebend für den Nationalpark ist.
Geradewegs vor und unter uns liegen die drei leuchtend grünen **Emerald Lakes** ❻. Der Abstieg zu diesen erfolgt auf einem sehr rutschigen Pfad auf Schotter und Aschestaub. Um die Seen gibt es zahlreiche vulkanische Erscheinungen wie kleine dampfende Krater und Fumarolen; Schwefelgeruch liegt allerorts in der Luft. Nach dem dritten See erreichen wir eine Weggabelung. Eine Abzweigung nach rechts leitet uns Richtung Oturere Hut (Wegpfeil: »Oturere Hut 1,5 Std., Waihohonu Hut 4,5 Std.«). Nun beginnen wir mit dem Abstieg ins Tal des Oturere Stream. Während wir in den nächsten 1.30 Std. die Ebene auf den mit Holzpfählen markierten Pfaden zur **Oturere Hut** ❼, 1360 m, durchwandern, passieren wir eine aufregende Vulkanlandschaft mit bizarren Felsformationen und einem grandiosen Farbenspiel.
3. Tag: Am dritten Tag wenden wir uns von der Oturere Hut nach links, steigen leicht bergab und überqueren einen Bach auf Trittsteinen. Die von Wind und Wasser geformten kleinen Sträucher und Bäume bilden eine willkommene Abwechslung zur Vulkanlandschaft des Vortages. Nach etwa 1.45 Std., in denen wir ständig auf und ab wandern und dabei einen erstklassigen Blick auf die Ostflanken des Mount Ngauruhoe genießen, beschreibt der Weg eine weite Linksbiegung. Wir folgen dem lang gezogenen, flachen Kamm bergab, steigen kurz vor dessen Ende rechts zum Fluss ab, den wir auf einer Holzbrücke queren. Danach geht es in einem Wald mäßig bergan. Nach etwa 30 Min. gelangen wir zu einem kleinen Sattel, treten

aus dem Wald heraus und bewundern das atemberaubende Panorama des majestätischen Mount Ruapehu. In einer Linkskurve erreichen wir knapp 45 Min. später die im Wald liegende **Waihohonu Hut** 8, 1120 m. Zeltplätze sind in romantischer Lage am Fluss zu finden.

4. Tag: Von der Waihohonu Hut starten wir am nächsten Tag und wandern immer zwischen den beiden die Landschaft dominierenden Vulkanen Mount Ngauruhoe und Mount Ruapehu hindurch. Von der Hütte wenden wir uns nach links und überqueren kurz darauf eine Holzbrücke. Nach 20 Min. passieren wir den Linksabzweig zur historischen Old Waihohonu Hut (10 Min. hin und zurück). Ab hier verläuft der Weg parallel zum Waihohonu Stream und steigt zum Tama Saddle leicht bergan. In dem offenen Gelände weht meist ein starker Wind: Krumm gewachsene Bäume und Sträucher sind Hinweis darauf. So erreichen wir nach gut 3 Std. den Abzweig zu den Tama Lakes (1310 m), an dem wir geradeaus weitergehen. Nach weiteren 40 Min. und vier Bachüberquerungen steigen wir auf ein kleines Plateau, von dem wir in der Ferne schon das markante Chateau Tongariro Hotel in Whakapapa Village sehen können. Der zum Teil auf Holzstegen verlaufende Weg wird nun breiter und trifft 20 Min. später auf den Rechtsabzweig in Richtung der Taranaki Falls auf der Höhe der Wasserkante. Wir halten uns geradeaus (halb links) und erreichen auf breiten Schotterwegen gut 50 Min. später unseren Ausgangspunkt, das Visitor Centre in **Whakapapa Village** 1.

Wanderpfad durch den Tongariro National Park mit Blick auf den Ruapehu, den höchsten Berg der Nordinsel.

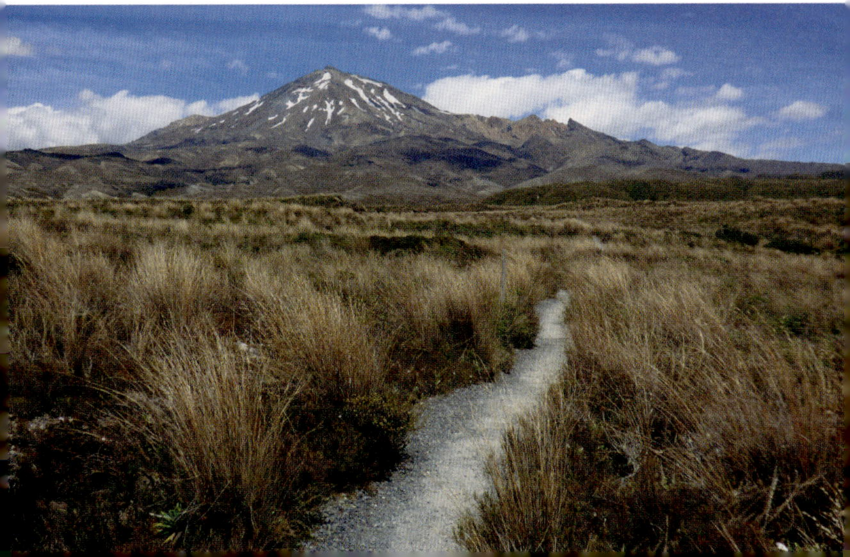

↗ 450 m | ↘ 450 m | 18.2 km

16 Taranaki Falls und Tama Lakes

5.00 h

Ein spektakulärer Wasserfall und zwei Kraterseen in ungewöhnlicher »Mondlandschaft«

Die Vulkanlandschaft des Tongariro National Park erwartet uns auf dieser Tour mit immer wieder wechselnden Bildern. Wir stapfen staunend über die ausgedehnte, trockene Tussockgras-Landschaft, umgeben von Vulkankratern und einer unglaublichen Stille, die uns von allen Seiten einfängt. Die hinter einer Anhöhe plötzlich auftauchenden Tama Lakes bilden faszinierende, türkisblaue Farbflecke in der bizarren Landschaft. Als Kontrast erleben wir die üppigen Naturgewalten des Wassers bei den Taranaki Falls.

Talort: Whakapapa Village, 1140 m.
Ausgangspunkt: Visitor Centre in Whakapapa Village, 1140 m.
Anforderungen: Bis zu den Taranaki Falls meist einfacher Wanderweg auf geschotterten Pfaden und Waldwegen; kräftiger Anstieg über Stufen vom Fuß des Wasserfalls zur Wasserkante. Bis Lower Tama Lake gemütlicher Spaziergang auf meist breitem Schotterweg oder auf Boardwalk mit wenigen brückenlosen Bachdurchquerungen; vom Lower Tama Lake bis Upper Tama Lake schwieriger Anstieg, zum Teil auf Geröllfeldern.
Markierung/Infrastruktur: Der Weg ist mit den üblichen Symbolen markiert: orange Dreiecke, Informationstafeln und Wegpfeile an den wichtigsten Kreuzungen.
Einkehr: Whakapapa Village.
Tipps: 1. In Whakapapa Village liegt das Visitor Centre des Tongariro National Park. Neben den umfassenden Beratungsangeboten zu Wanderungen und anderen Aktivitäten im Nationalparkgebiet gibt es auch einen Ausstellungsbereich, der Geschichte, Geologie, Flora und Fauna der Region dokumentiert. Information und Öffnungszeiten: doc.govt.nz/tongarirovisitorcentre. – 2. Auf der Strecke zwischen National Park Village und Ohakune liegt in der westlichen Peripherie des Tongariro National Parks der Makatote Viaduct, ein eindrucksvolles Zeugnis neuseeländischer Ingenieursleistung vom Beginn des 20. Jh., das einen Besuch lohnt (Fotostopp). Der Viadukt überspannt den Makatote River und war ein Glied auf der Eisenbahnstrecke zwischen Auckland und Wellington. Er wurde zwischen 1905 und 1908 gebaut und war damals der höchste Viadukt Neuseelands (heute der dritthöchste). Einige statistische Daten: Länge 262 m, Höhe: 79 m, sechs Beton- und fünf Stahlpfeiler sichern die Brücke.

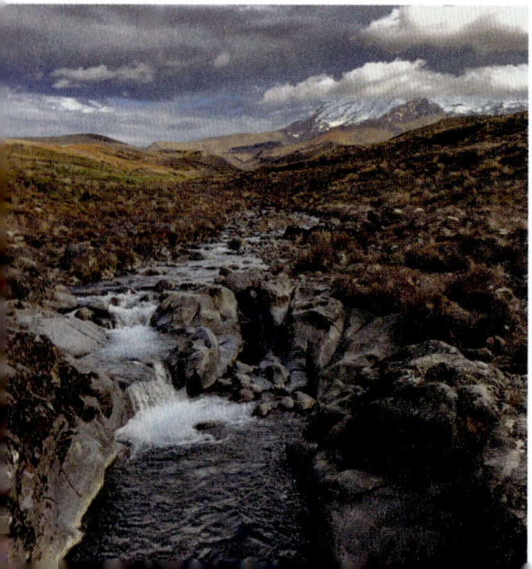

Links: Der Wairere Stream vor dem Sturz in die Taranki Falls.
Rechts: Taranaki Falls.

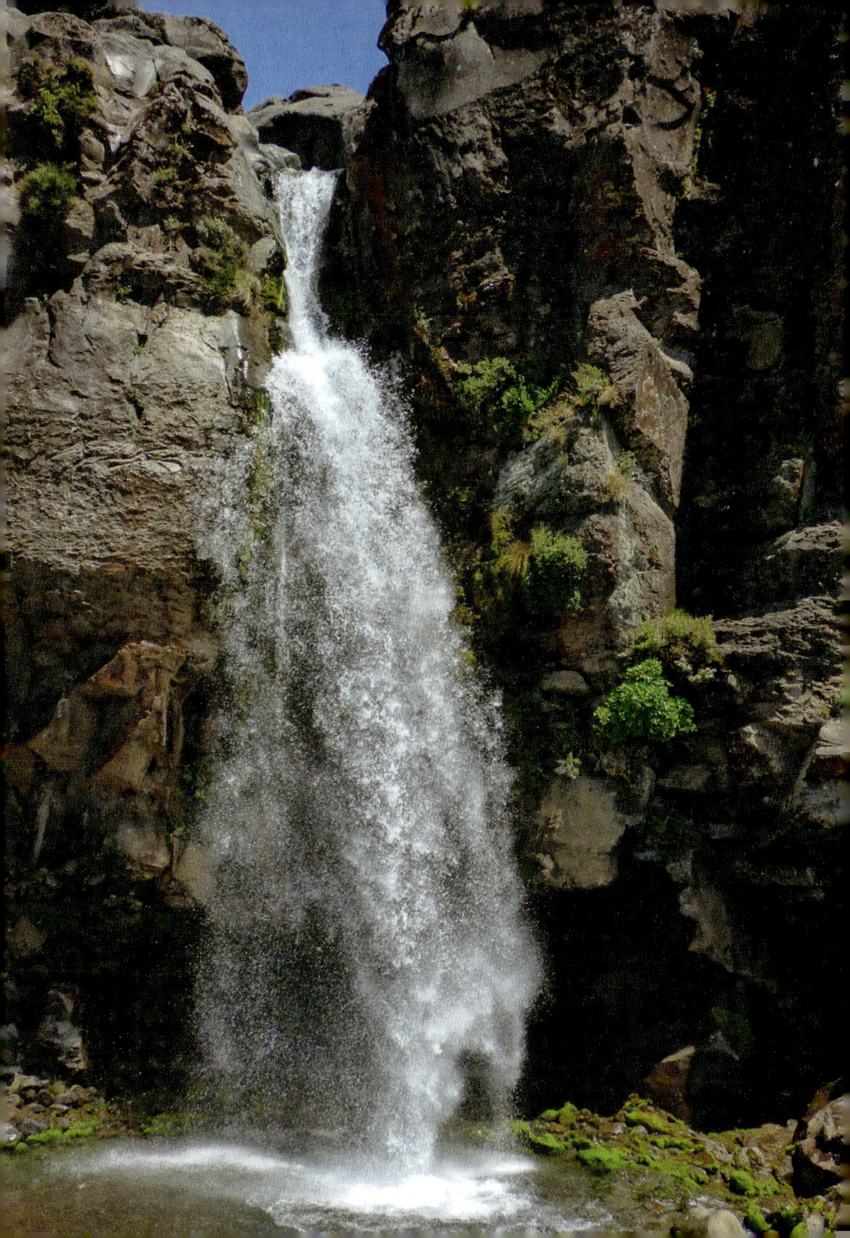

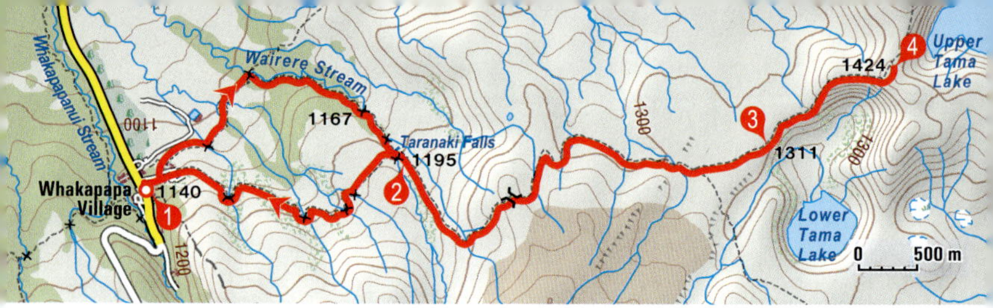

Die Wanderung startet beim Visitor Centre in **Whakapapa Village** ❶, 1140 m, und folgt der Hauptstraße (SH 48) etwa 100 m in nordwestliche Richtung zum markantesten Bauwerk des Nationalparks, dem »Chateau Tongariro Hotel«. Davor zweigen wir nach rechts in die Straße Ngauruhoe Place ab und wandern auf dieser 250 m. Bei einer Infotafel zum Great Walk und einem Wegpfeil (Richtung »Taranaki Falls Walk, Mangatepopo Track«) geht es nach links auf einen schmaleren Wanderweg. Auf diesem Weg bleiben wir für 15 Min. und queren auf Brücken einige Bachläufe, die zum Teil von kleinen Wäldern gesäumt werden. Nach etwa 1 km erreichen wir den Wairere Stream, der das größte Flusstal des Nationalparks bildet. Wir steigen in das dicht bewaldete Tal ab, zweigen unmittelbar vor der Brücke nach rechts ab und wandern nun entlang des Flusses durch einen dichten Südbuchenwald. In diesem bleiben wir für ca. 1 km und 100 Höhenmeter Anstieg. Nachdem wir den Wald verlassen haben, geht es in einer Linkskurve auf einer Brücke über den Fluss. Nach rechts blicken wir auf einen ersten, kleineren Wasserfall, links sehen wir die Schlucht des Wairere Stream. Nun wandern wir links des Flusses weiter bergan, queren einen Zufluss auf einer Brücke und sehen schon bald die eindrucksvollen Taranaki Falls links vor uns. Hier hat sich der Wairere-Fluss seinen Weg durch ein mächtiges Lavafeld gebahnt und stürzt an der Kante des Lavastromes 20 m tief in einen glasklaren, von Felsblöcken umringten Pool ab. Nun geht es über zahlreiche Stufen kräftig bergan (ca. 100 Hm). Bei einer **Weggabelung** ❷ folgen wir der Markierung Richtung Tama Lakes nach links. Am Rückweg werden wir diese Weggabelung wieder passieren und von hier aus Richtung Whakapapa Village die Tour abschließen.
Nun wandern wir leicht bergan über erodiertes Lavagelände. Die Vegetation wird mit zunehmender Höhe niedriger. Flechten in den erstaunlichsten Farben bestimmen das Landschaftsbild. In ständigem Auf und Ab windet

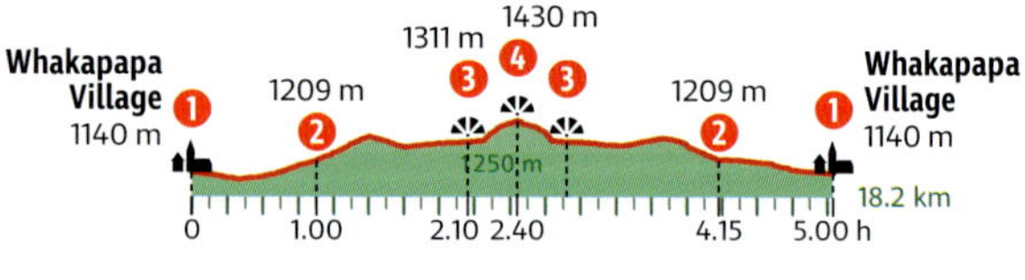

sich der durch orangefarbene Stangen gekennzeichnete Weg über die rotgelben Hügel der bizarren Mondlandschaft. Dabei überqueren wir mehrere Bäche und nach einer guten Stunde ab Taranaki Falls einen etwas breiteren Fluss. Kurze Zeit später erreichen wir eine Weggabelung. Wir halten uns links (Wegpfeil »Lower Tama Lake« und »Upper Tama Lake«), während nach rechts der Weg Richtung Waihohonu Hut (Tongariro Northern Circuit) markiert ist. 10 Min. später gelangen wir auf einen **Sattel** ❸ mit Blick über den Lower Tama Lake, einen Kratersee, dessen türkisblaues Wasser einen eindrucksvollen Kontrast zur umgebenden Landschaft darstellt. Wir folgen dem Pfad (Markierungsstangen), der steil bergan und zum Teil über Geröll führt und erreichen 30 Min. später einen **Aussichtspunkt** ❹ auf einer Anhöhe (1430 m). Das Panorama, das sich hier bietet, ist großartig: Tief unter uns liegt der Upper Tama Lake, dahinter erhebt sich der markante Vulkankegel des Mount Ngauruhoe (2287 m), ein erstklassiges Bilderbuch-Motiv. Wir kehren auf derselben Route zurück bis zur **Weggabelung** ❷ bei den Taranaki Falls. Hier wenden wir uns nach links (Wegpfeil Richtung »Whakapapa Village«), wenig später hilft uns eine Brücke über den Wairere Stream. Ab hier geht es nun kontinuierlich bergab und wir queren in der Folge vier Flusstäler, die den Lavastrom des Ruapehu im Laufe der letzten 15.000 Jahre durchschnitten haben. Schon tauchen die ersten Häuser von Whakapapa Village auf. Wir passieren wieder die anfangs genannte Weggabelung mit Informationstafel und Wegpfeil und kehren auf bekannter Route zurück zum Visitor Centre in **Whakapapa Village** ❶.

Blick auf den Upper Tama Lake vor der Kulisse des Mount Ngauruhoe.

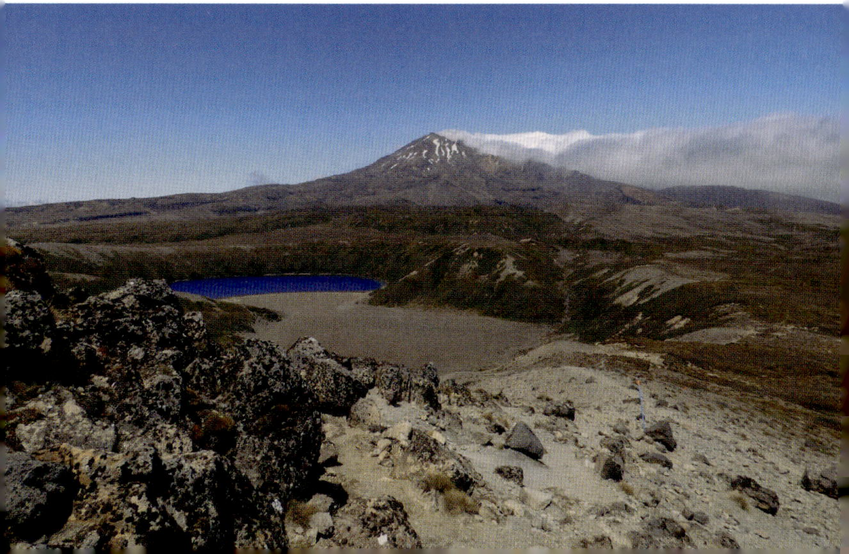

↗ 190 m | ↘ 190 m | 19.9 km

17 Cape Kidnappers

5.00 h

Spektakuläre Küstenwanderung zur größten Basstölpel-Kolonie des Landes

Die weite Hawke's Bay wird im Süden durch das Cape Kidnappers begrenzt. Die Bezeichnung des Kaps geht auf die Zeit von James Cook zurück: 1769 sollen ortsansässige Māori versucht haben, einen tahitischen Schiffsjungen aus der Besatzung der Engländer zu entführen. Das misslang zwar, bescherte jedoch der Küste einen zweifelhaften, aber einprägsamen Namen. Seit 1870 brütet am Kap die größte Kolonie Australischer Basstölpel (Takapu). Bis zu 8000 Paare ziehen ihren Nachwuchs hier auf. Nach 16 Wochen verlassen die Jungvögel den sicheren Brutplatz und kehren erst nach 2–4 Jahren hierher zurück, um ihrerseits Nachwuchs zu bekommen. Auf diese Weise sind Erhalt und Erweiterung der Kolonie wohl dauerhaft gesichert.

Talort: Napier, 57 m.
Ausgangspunkt: Te Awanga, Scotmans Point am Ende der Clifton Road, 8 m.
Anforderungen: Küstenpfad, der auf Schotter und stellenweise nassem Untergrund verläuft; unterwegs müssen einige felsige Passagen überstiegen werden. Zuletzt etwas steilerer Anstieg zur Basstölpel-Kolonie auf den Hochebenen der Kaplandschaft.
Markierung/Infrastruktur: Der Weg ist mit den üblichen Symbolen markiert: orange Dreiecke, Holzstangen; Informationstafeln und Wegpfeile an den wichtigsten Kreuzungen. Am Einstieg des Weges (bei Scotmans Point) gibt es Informationstafeln zum Wegverlauf, am Ende des Küstenpfades liegt ein Unterstand (Shelter) mit Toilette und Picknickplatz.
Hinweis: Die Wanderung ist nur bei Ebbe durchführbar. Man sollte die Tour idealerweise zwischen frühestens 3 Std. nach Höchststand der Flut und spätestens 1.30 Std. nach Tiefststand der Ebbe starten. Es empfiehlt sich, zuvor die Touristeninformation in Napier aufzusuchen und sich genau über Ebbe und Flut zu informieren.
Einkehr: Café Hygge bei Scotmans Point.
Tipp: Die Stadt Napier zählt aufgrund ihrer Lage an der Hawke's Bay und ihrer Art-déco-Architektur zu den interessantesten Städten Neuseelands. Am 3. Feb. 1931 wurde Napier durch ein starkes Erdbeben (7,8 auf der Richterskala) völlig zerstört. Trotz der Nachwirkungen der Weltwirtschaftskrise der 1920er- und frühen 1930er-Jahre wurde die Stadt rasch wieder neu aufgebaut. Architekturstudenten und Arbeitslose wurden nach Napier gesandt und mit dem Wiederaufbau betraut. Art déco wurde als vorherrschender Baustil verwendet, weil dieser als billig und funktional galt und auch die Dekoration der Häuser in diesem Stil relativ einfach war. Die Pastellfarben, die bis heute das Stadtbild von Napier prägen, entstanden aus der Not, weil die Farben mit Wasser gestreckt wurden. Weitere Informationen: napier.govt.nz.

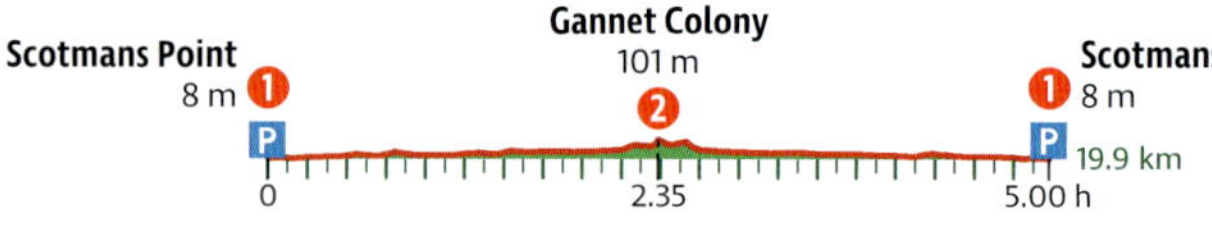

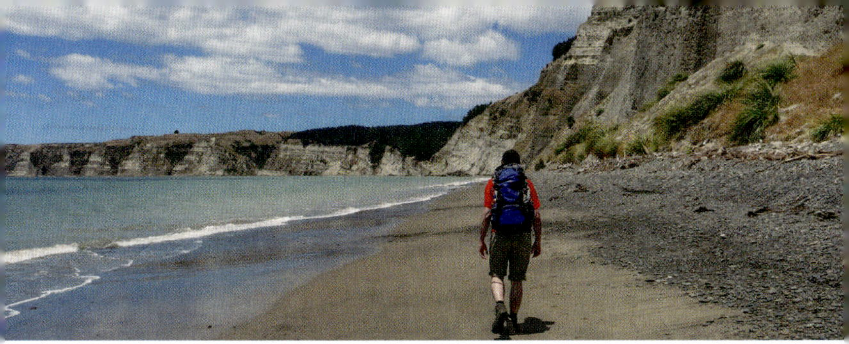

Entlang der Küste Richtung Cape Kidnappers.

Wir starten die Wanderung bei **Scotmans Point** ❶ an der Clifton Road und wandern auf dieser in Richtung eines Motor Camps (Clifton Motor Camp). Nach dem Campingplatz betreten wir einen Kieselstrand; links von uns liegt das Meer, rechts eine eindrucksvolle Steilküste (Sandstein, Konglomerat). Der Weg verläuft nun immer direkt an der Küste auf sandigem und steinigem Untergrund; mehrfach müssen auch kleine Bäche gequert werden. Nach 1.30 Std. (6 km) erreichen wir einen Abschnitt mit größeren Felsen, die überstiegen werden müssen. Am Horizont vor uns liegen zwei deutlich erkennbare Riffs, die Teil von Black Reef sind, einer Gruppe von mehreren Felsnadeln, die dem Cape Kidnappers im Norden vorgelagert sind. Ab hier wird der Küstenabbruch flacher und vereinzelt sieht man die ersten Basstölpel auf Felsvorsprüngen brüten.

Nach Black Reef wird der Weg schwieriger. Nun müssen wir einige Felskanten überklettern oder – im Wasser watend – umwandern. Vor uns liegt eine bizarre Küstensilhouette mit einem einzelnen vorgelagerten Felsen, die Südbegrenzung des Cape Kidnappers. Wir folgen dem Küstenpfad und erreichen etwa 1 km nach Black Reef einen Shelter mit Picknickplatz. Ab hier wandern wir auf einem Erd-Stein-Weg, später auf einem Wiesenweg auf eine Anhöhe hinauf. Links des Weges – über einer Sandbucht – liegt ein kleines weißes Haus (Stützpunkt des DOC). Nun geht es weitere 50 Hm zum Plateau des Cape Kidnappers hoch, auf dem sich die größte **Basstölpel-Kolonie (Gannet Colony)** ❷ auf der Kaplandschaft niedergelassen hat. Abgegrenzt, aber aus nächster Nähe kann man hier die Tiere beobachten. Der Rückweg verläuft auf dem Hinweg.

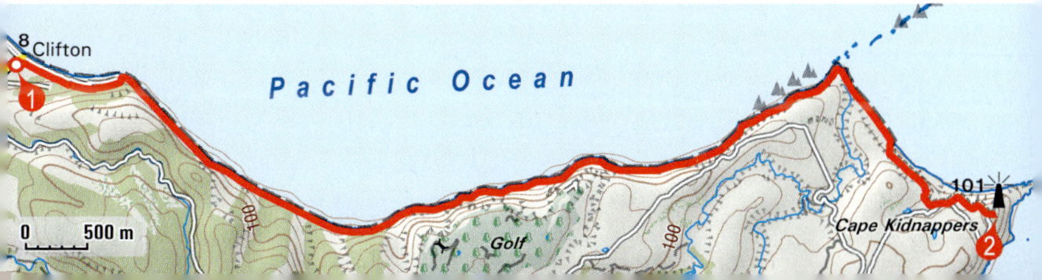

↗ 300 m | ↘ 300 m | 5.7 km

18 Te Mata Peak, 399 m

2.00 h

Ein legendärer Aussichtsberg

Der Gipfel des Te Mata (Te Mata Peak) erhebt sich fast 400 m über dem Meeresspiegel und bietet eine Panoramasicht auf die Hügelketten Ruahine, Kaweka und Maungaharuru sowie auf das Cape Kidnappers. An klaren Tagen kann man von hier sogar den Vulkan Ruapehu im Tongariro National Park sehen. Eine Māori-Legende erzählt davon, dass Te Mata Peak der Körper eines niedergefallenen Riesen sei. Vor vielen Jahrhunderten wurden die Māori auf der Heretaunga-Ebene von jenen der Waimarama-Küste angegriffen. Um der Sache Abhilfe zu verschaffen, schlug eine weise, alte Frau vor, den Anführer der Waimarama-Māori, einen Riesen namens Te Mata, mit Hinerakau, der Tochter einer befreundeten Māori-Sippe, zusammenzubringen und damit seine Aufmerksamkeit von Krieg auf Frieden zu lenken. Doch die Leute von Heretaunga konnten die Vergangenheit nicht vergessen und wollten Rache. Sie forderten von Hinerakau, dass sie Te Mata seine Hingabe durch unmögliche Aufgaben beweisen lassen solle. Zuletzt sollte er sich durch die Hügel beißen, um einen Durchgang von der Ebene zur Küste zu schaffen. Te Mata starb dabei und sein Körper formte den Berg Te Mata.

Hügelkuppe knapp vor dem Gipfel des Te Mata Peak.

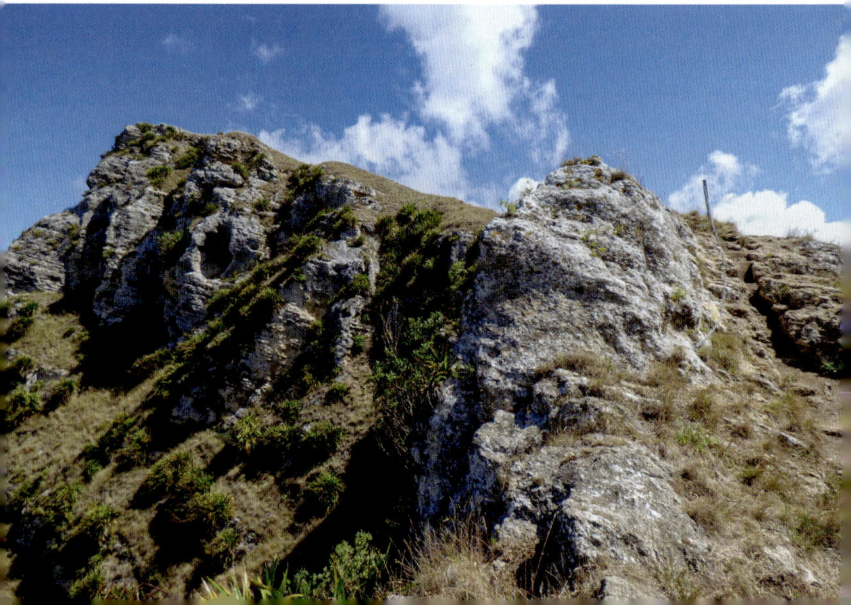

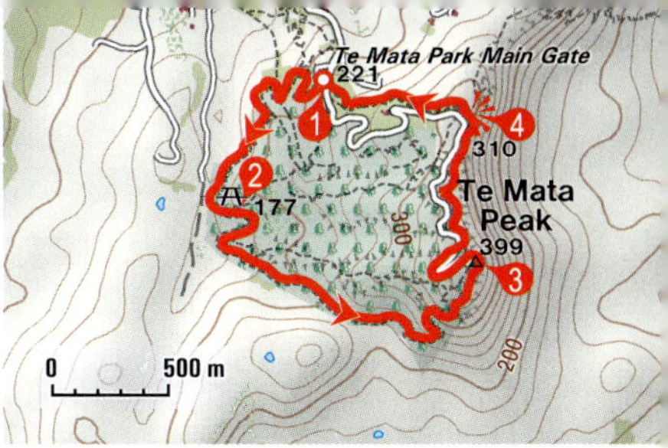

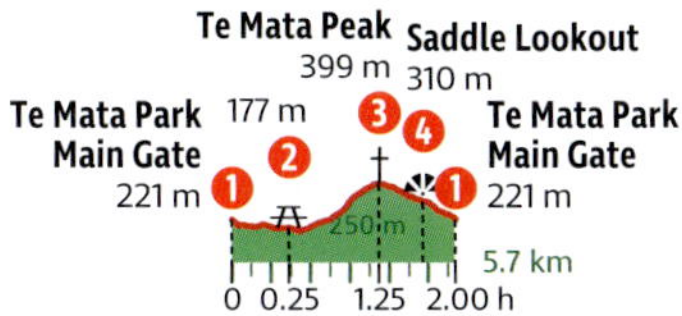

Talort: Havelock North, 7 m.
Ausgangspunkt: Te Mata Park Main Gate Car Park, nach dem großen Eingangstor in das Naherholungsgebiet, 221 m.
Anforderungen: Zu Beginn einfacher Waldpfad; der Aufstieg zum Te Mata Peak erfolgt auf einem schmalen Gebirgspfad, der abschnittsweise Trittsicherheit und Schwindelfreiheit erfordert.
Markierung/Infrastruktur: Das Naherholungsgebiet Te Mata verfügt über sieben Wanderwege, die farblich markiert sind; der hier beschriebene Wanderweg heißt »Giant Circuit« und ist rot (rote Dreiecke) markiert. Er verläuft zum Teil überschneidend mit anderen Wander- und Spazierwegen.
Einkehr: Peak House in der Nähe des Saddle Lookout (mit kleinem Umweg).
Tipp: Südlich der Stadt Napier befindet sich im Mündungsgebiet/Ästuar des Ngaruroro River der kleine Waitangi Regional Park. Teil des Parks ist der Ātea a Rangi Star Compass, der 2017 vom Ātea Trust (Bildungs-NGO) in Abstimmung mit verschiedenen Akteuren hier angelegt wurde und unmittelbar über der Flachküste liegt. Das Monument soll auf die große Tradition der Māori-Seefahrer hinweisen, die viele Jahrhunderte vor den Europäern die Inselgruppe mit Kanus erreichten und besiedelt haben. Der Ātea a Rangi Star Compass besteht aus einem Kreis von Baumstämmen (Pfosten), Steinen und einem Whaharoa (Tor). Lokale Māori-Schnitzer haben die Pou (Holzfiguren) geschaffen, die die Himmelsrichtungen symbolisieren. Informationsschilder geben Auskunft über die Navigationsfähigkeiten und Werkzeuge der frühen Māori-Seefahrer. Weitere Informationen über Touren und Veranstaltungen der NGO: atea.nz.

Wir starten die Wanderung am **Te Mata Park Main Gate** ❶. Informationstafeln zeigen dort verschiedene Wandermöglichkeiten auf. Wir wandern den »Giant Circuit« gegen den Uhrzeigersinn. Zunächst führen einige Kurven durch einen Eukalyptuswald leicht bergab. Auf einer Holzbrücke queren wir den Tekahika River nach rechts und wenig später eine Straße. Danach geht es in einigen Kurven bergan und bald auf einem schmalen Pfad entlang eines Zaunes am Waldrand. Hier bietet sich ein wunderschöner Blick auf die umgebende Landschaft mit typisch grünen Hügeln und bis zur Küste um das Cape Kidnappers.
Der Weg verläuft weiterhin am Weidezaun, nun etwas bergab, durch einen Seekiefernwald und im Anschluss durch California Redwood. Dieser Sequoia-Wald wurde 1927 hier gepflanzt. Die höchsten Bäume erreichen inzwischen 40 m. Nach einer Linkskurve und einer Holzbrücke passieren wir einen **Picknickplatz** ❷. Im Anschluss geht es nach rechts weiter. Wir überqueren auf Trittstufen einen Zaun und folgen nach links einem Hangpfad.

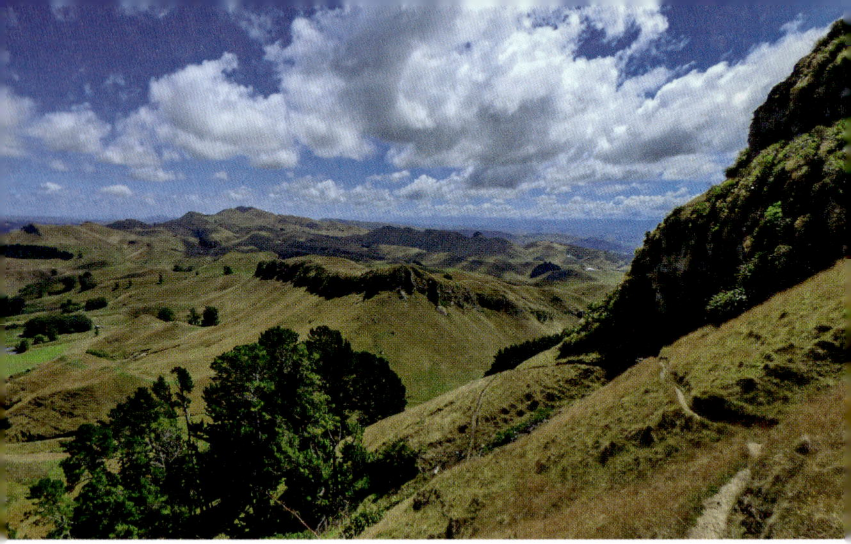

Hangpfad im Te-Mata-Peak-Massiv.

Dieser führt leicht bergan und in der Folge auf einen Pinienwald zu. Diesen durchqueren wir, danach geht es über eine Weidelandschaft in Richtung einer Baumgruppe. Von dort leitet der Pfad in schmalen Serpentinen einen Hang hinauf. Dabei eröffnet sich ein spektakulärer Ausblick in die umgebende Hügellandschaft und auf den sogenannten »Giant's Bite« oder Pari Karangaranga. Bei einer Weggabelung nach der neunten Serpentine, bereits knapp vor dem Gipfel, halten wir uns rechts, passieren wenig später eine Gedenktafel und steigen hoch bis zum Gipfelparkplatz. Rechts davon liegt der Gipfel des **Te Mata Peak** ❸, der durch ein zeltförmiges Gipfelmonument über einer Fliesenkarte markiert ist.

Vom Parkplatz folgen wir einem Weg, der in einigen Kurven bergab und auf die Zufahrtsstraße zuführt, die wir in einer Linkskurve erreichen. Von dieser zweigen wir nach rechts auf einen rot-blau markierten Pfad ab und nehmen nun den Wanderweg, der entlang eines Zaunes sowie parallel zur Straße verläuft bis zum **Saddle Lookout** ❹. Auf diesem Pass eröffnet sich neuerlich ein schöner Panoramablick auf die Hawke's Bay und das Tal des Tukituki River.

Danach geht es auf einem schmalen Pfad (Markierung) parallel zur Fahrstraße weiter. Wir passieren ein Tor und wandern nun durch einen Wald stetig bergab. Rechts des Wegs verläuft ein Zaun und dahinter sind in einiger Entfernung ein paar prächtige Villen zu erkennen. Vor uns sehen wir bereits den Parkplatz am **Te Mata Park Main Gate** ❶, wo wir die Wanderung abschließen.

↗ 200 m | ↘ 200 m | 6.9 km

2.30 h

White Cliffs Walkway **19**

Eine unvergessliche Küstenwanderung

Die bis zu 245 m hohen Klippen von Parininihi (die Weißen Klippen) liegen dort, wo das Hochland Taranakis die Küste erreicht, zwischen Urenui und Tongapōrutu. Diese 10 Millionen Jahre alten Schlammsteine (Sediment aus Ton und Silt) werden kontinuierlich vom Meer erodiert. Die riesigen Wellen, die von Weststürmen aufgepeitscht werden, graben Höhlen in die Felswände, und große Landstücke stürzen dann ins Meer. Teile der Höhlenwände bleiben manchmal viele Jahre lang als kleine Inseln (»Stacks«) stehen. Die kurze Rundwanderung verbindet Hinterland und Küste, führt zum Teil über privates Farmland, entlang einer Gaspipeline-Trasse, durch ein üppig bewachsenes Flusstal und schließlich am Strand entlang unterhalb der spektakulären White Cliffs im Parininihi Marine Reserve. Aufgrund dieser Umstände sollte die Wanderung sorgfältig geplant werden (s. Hinweis).

Talort: Urenui, 30 m.
Ausgangspunkt: Am Ende der Pukearuhe Road in der Bucht vor White Cliffs (Mündung des Totahiapuru-Stream), 24 m.
Anforderungen: Im Küstenhinterland Wanderweg auf Fahrwegen und Wiesenpfaden mit zum Teil steilen An- und Abstiegen; an der Steilküste einfacher Weg über Sand und Schotter. Man sollte etwas Distanz zur Küste wahren, um nicht allenfalls von herabfallenden Steinen und Felsen verletzt zu werden.
Markierung/Infrastruktur: Der erste Wegabschnitt (nur spärlich markiert) verläuft über Privatland (Bauernhof) und kann fallweise vom 1. Juli bis 30. Sept. (Lambing Season) geschlossen sein. Der restliche Weg ist Teil eines Naturschutzgebietes (Parininihi Marine Reserve) und mit den üblichen Symbolen markiert: orange Dreiecke, Holzstangen; Informationstafeln und Wegpfeile an den wichtigsten Kreuzungen.
Hinweis: Die Wanderung ist nur bei Ebbe durchführbar. Man sollte die Tour idealerweise zwischen frühestens 3 Std. nach Höchststand der Flut und spätestens 1.30 Std. nach Tiefststand der Ebbe starten.
Einkehr: Keine.
Tipp: Etwas nördlich der White Cliffs, im Mündungsgebiet des Tongapurutu River in das Tasmanische Meer liegt eine besonders schöne Felsenküste, die den Namen Three Sisters and Elephant Rock trägt. Der kleine Abstecher dorthin lohnt!

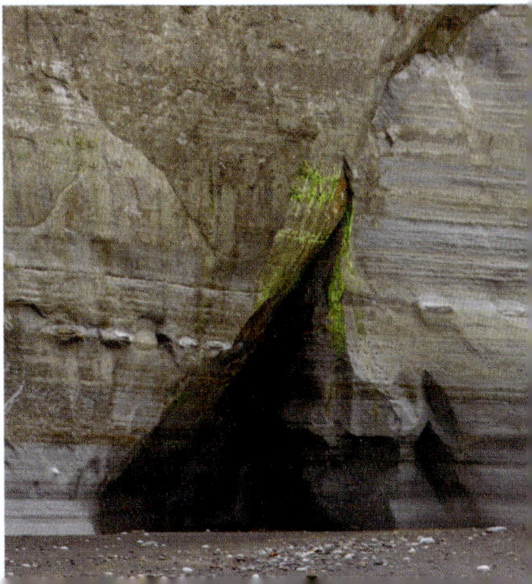

Eindrucksvolle Felslandschaft an der White Cliffs Coast.

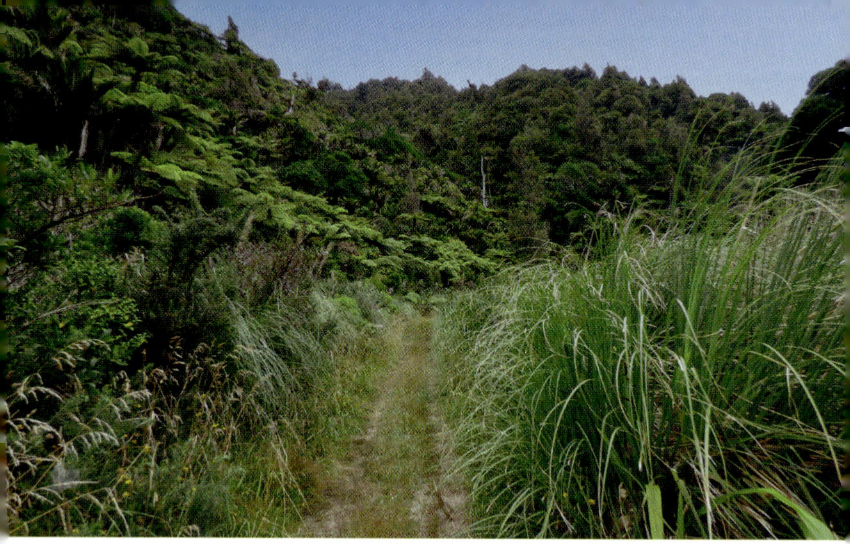

Wegverlauf im Wai Pingao Valley.

Wir starten die Wanderung am Ende der **Pukearuhe Road** ❶ in der Bucht vor White Cliffs. Nach links führt eine Rampe in die Bucht, wir bleiben auf der Fahrstraße, die in einer Rechtskurve Richtung Landesinneres biegt. Rechts der Straße liegen Häuser (Bauernhöfe). Hinweisschilder informieren, dass man die Fahrstraße nicht verlassen soll, weil man auf Privatland wandert. Nach 700 m erreichen wir bei einem Tor einen Zaun, der links überstiegen werden kann. Dieser Wegabschnitt ist in der Lambing Season (1. Juli bis 30. September) geschlossen.

Nach dem Tor wandern wir auf einem Schotterweg weiter, der in ein kleines Tal bergab und im Anschluss wieder steil bergan führt. Danach knickt der Weg in einer Kurve nach rechts (weg von der Küste) und wir wandern weiter bergan. Links und rechts liegen Weiden, die Hügel dahinter sind bewaldet. Mehrfach müssen wir Weidezäune queren, bevor der Weg leicht nach links dreht

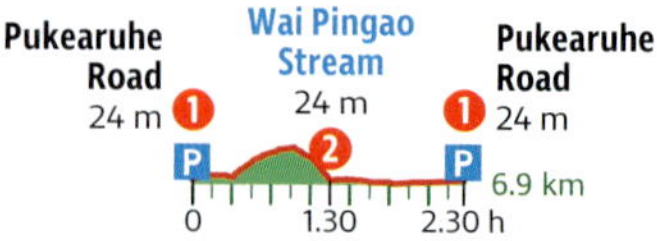

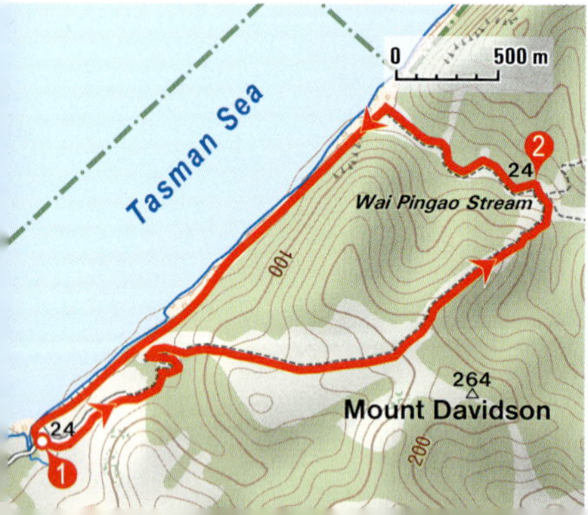

und auf einen Hügelkamm und einen Durchstieg zuführt. Bei einer Weggabelung halten wir uns nach links und wandern auf einem Graspfad einen Hügel hoch. Wir übersteigen neuerlich einen Weidezaun und erreichen nun ein weites Busch- und Waldland auf der Anhöhe. Hier beginnt das Ngati Tama Land, Māori-Land, das vom Department of Conservation (DOC) verwaltet wird.

In diesem Abschnitt sind wir nun auf einem breiten Wiesenweg unterwegs, der auf der Trasse einer Gaspipeline verläuft. Kontinuierlich wandern wir in das Flusstal des **Wai Pingao Stream** ❷ hinab, zuletzt über viele Erd- und Holzstufen. Am Talboden treffen wir auf eine Wegkreuzung, bei der wir nach links, Richtung Flussmündung und Küste, weitergehen. Dabei durchwandern wir einen üppigen Küstenwald mit vielen endemischen Arten (Karaka, Kohekohe, Mangeo, Tanekaha-Bäumen). Das Tal des Wai Pingao Stream ist einer der wenigen Zugänge bzw. Durchbrüche durch eine eindrucksvolle Wand von Schlammstein, die die White Cliffs bildet.

An der Küste angelangt, wandern wir nach links am Strand entlang mit »Respektabstand« zur Steilküste, weil es immer wieder Abbrüche des lockeren Gesteins geben kann. Tatsächlich sind die White Cliffs eher grau (durch Ton so gefärbt) und der Sand am Strand schimmert grau-schwarz. Eindrucksvolle Küstenformationen und Küstenhöhlen machen diese 2-km-Wanderung am Strand zu einem Erlebnis. In der Bucht von White Cliffs erreichen wir den zuvor schon gesehenen Rampenweg, der die Bucht mit der **Pukearuhe Road** ❶ verbindet, wo wir die Rundwanderung abschließen.

Entlang der White Cliffs Coast.

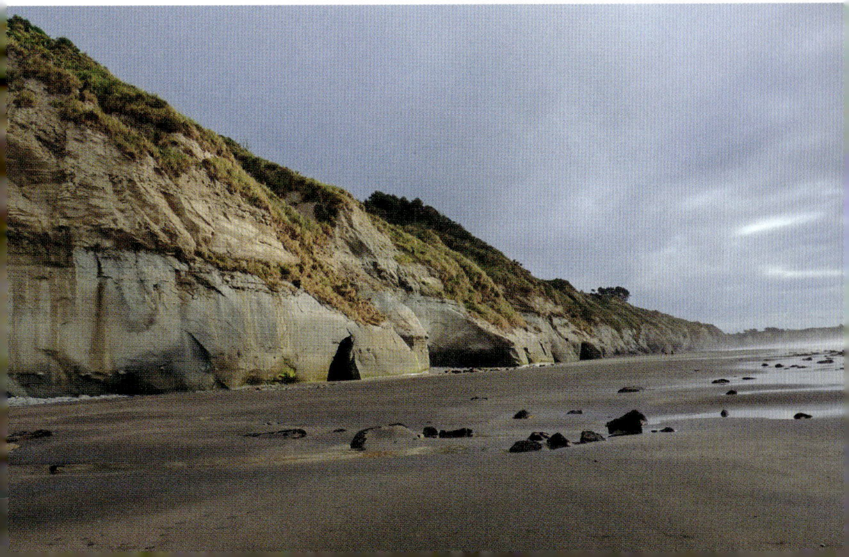

↗ 1580 m | ↘ 1580 m | 12.0 km

20 Mount Taranaki Summit Climb, 2518 m — 8.15 h

Der ikonischste Vulkan Neuseelands

Der Mount Taranaki/Mount Egmont (2518 m) ist eine imposante Erscheinung. Der Stratovulkan besitzt eine perfekte Spitzkegelform. Er gilt als geologisch jung, sein letzter Ausbruch wird auf das Jahr 1854 datiert. In der Māori-Tradition ruhte der Berggott Taranaki früher im Zentrum der Nordinsel. Dort geriet er mit Tongariro in Streit um Pihanga. Aus Trotz verließ Taranaki die anderen Vulkane und wanderte Richtung Küste und Meer, wo er bis heute verblieb. Der Aufstieg zum Gipfel ist ein besonderes Erlebnis, das jedoch gut überlegt und geplant werden sollte. Nicht nur der schwierige Weg, auch die schwer einschätzbaren Wetterbedingungen im Südwesten der Insel stellen eine Herausforderung dar. Ungeachtet dessen ist der Taranaki in den Sommermonaten (Dezember bis März) einer der meistbestiegenen Gipfel Neuseelands, auch deswegen, weil man ihn ohne Kletterausrüstung erreichen kann.

Ausgangspunkt: Egmont National Park Visitor Centre in North Egmont, 944 m.
Anforderungen: Vom Egmont National Park Visitor Center zur Tahurangi Lodge: einfacher Weg auf einer betonierten Zufahrtsstraße. Ab Tahurangi Lodge: hochalpiner Pfad auf Stufen, abschnittsweise Leitern und mit kurzen Kletterpassagen, zudem mehrere Querungen von Schutthalden. Trittsicherheit, sehr gute Kondition, Schwindelfreiheit und Orientierungssinn sind unbedingt gefordert.
Markierung/Infrastruktur: Der Weg ist mit den üblichen Symbolen markiert: orange Dreiecke, Informationstafeln, Holzstangen/Poller und Wegpfeile an einigen Kreuzungen.
Einkehr: Keine.
Hinweis: Die Tour sollte nur bei ausgezeichneten Wetterbedingungen gestartet werden; Informationen dazu sollten zuvor im Mount Egmont National Park Visitor Centre eingeholt werden.
Tipp: In der Kleinstadt Stratford am Ostrand des Mount Egmont National Park lohnt der Besuch des Taranaki Pioneer Village. Dieses liebevoll gestaltete Freiluftmuseum, das 1976 eröffnet wurde, erzählt die Geschichte der europäischen Siedler zwischen 1850 und 1950 in der Region. Ein Highlight ist die Fahrt mit dem Pioneer Express Train. Weitere Informationen und Öffnungszeiten: pioneervillage.co.nz.

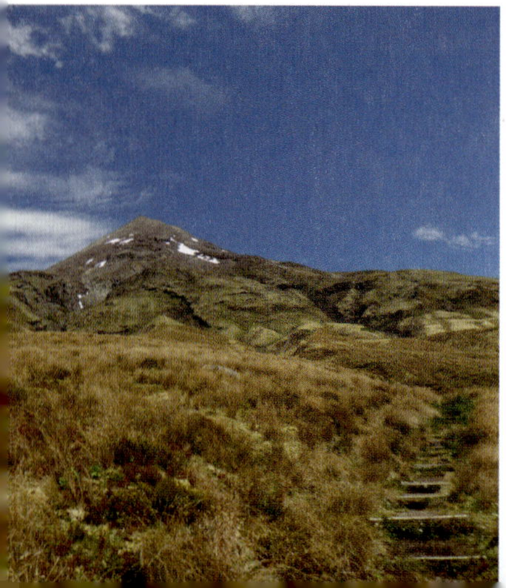

Aufstieg zum Taranaki Summit.

Vom **Egmont National Park Visitor Center** ❶ wandern wir etwa 1.30 Std. (3,5 km) mäßig bergan auf der Translator Road bis zu einem Sendemast, wo die Straße auch endet. Danach geht es in einem großen Rechtsbogen über zahlreiche Stufen in etwa 15 Min. bis zur **Tahurangi Lodge** ❷, 1499 m, hoch. Hier kreuzt unsere Route den 4-tägigen Weitwanderweg »Around the Mountain Circuit«.

Für den Verlauf des weiteren Aufstiegs orientiert man sich am besten an den Markierungen (Holzstangen mit orangen Dreiecken), an den erkennbaren Wegspuren, vor allem aber auch an den anderen Wanderern. Von der Lodge führt der Weg in einen Taleinschnitt (Little Maketawa Stream), quert diesen in felsigem Gelände und verläuft dann rechts des Tals recht direkt bergan. Schon bald erreichen wir die erste Geröllhalde, die man mehr oder weniger geradeaus bergan steigen muss. Es folgen ein felsiger Abschnitt und eine zweite Geröllhalde. Danach kommt ein schwieriger Aufstieg über »**The Lizard**« ❸ (ca. 200 m), eine felsige Passage in Richtung Kraterrand. Hier ist der Einsatz der Hände zum Klettern notwendig. Danach führt der Weg auf einem schmalen Grat (Kraterrand) bergab zu einem Schneefeld. Wir stehen in der Folge zwischen dem Gipfel rechts und The Shark Tooth links von uns. Wir gehen dann in einer Rechtskurve auf den Gipfel des **Mount Taranaki** ❹, 2518 m. Vorsicht, dieser Weg ist steil und rutschig. Oben angekommen genießen wir den 360°-Ausblick.

Der Rückweg erfolgt auf dem Hinweg.

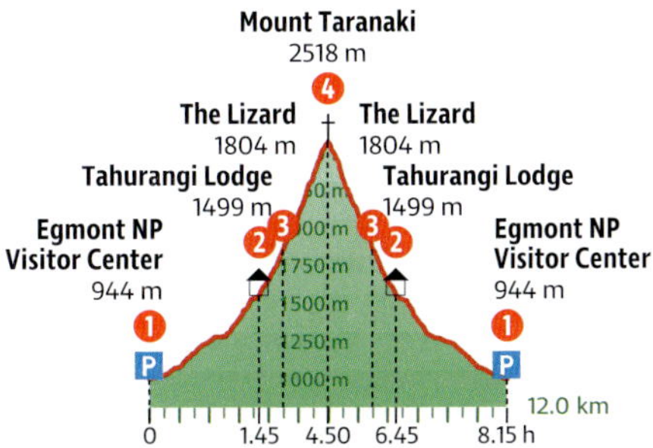

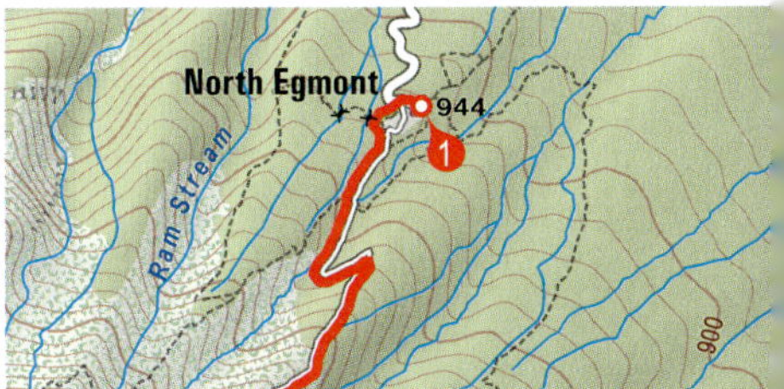
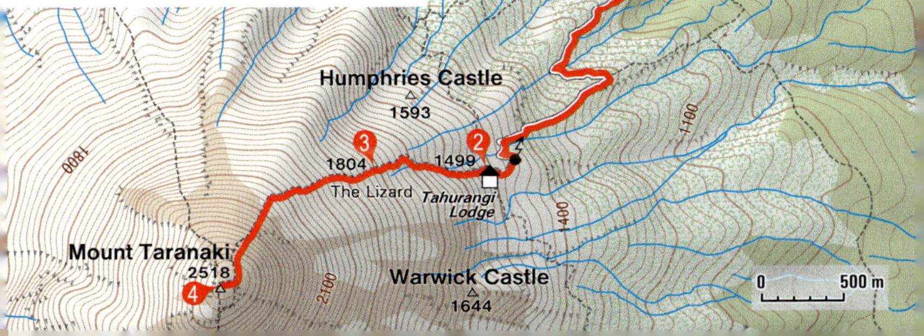

↗ 1380 m | ↘ 1380 m | 24.0 km

21 Pouakai Circuit

2 Tage

Ausblick auf den Mount Taranaki von seiner schönsten Seite

Als Pouakai Range wird eine Hügelkette nordwestlich des Mount Taranaki bezeichnet. Tatsächlich handelt es sich dabei um einen stark erodierten und in sich zusammengebrochenen Stratovulkan aus dem Pleistozän, umgeben von einer Ringebene von Lahar-Ablagerungen, die von einem massiven Einsturz herrühren. Der Pouakai Circuit führt in diese wenig begangene Ecke des Nationalparks und bringt den wohl schönsten Blick auf den ikonischsten Vulkan Neuseelands. Eine Besonderheit der Tour stellt auch der Ahukawakawa Swamp mit seiner außergewöhnlichen Pflanzen- und Tierwelt dar.

Ausgangspunkt: Kaiauai Car Park, 774 m, etwa 1 km unterhalb des Egmont National Park Visitor Centre in North Egmont.

Anforderungen: Vom Kaiauai Car Park bis zum Waiwhakaiho River weitgehend einfacher Waldweg mit einigen Nassstellen; der Aufstieg am Kokowai Track erfordert Kondition, Trittsicherheit und stellenweise Schwindelfreiheit; die Wanderetappen Richtung Holly Hut, Ahukawakawa und Pouakai Track sind einfach; der Kaiauai Track ist anspruchsvoller, hier sind Trittsicherheit und Schwindelfreiheit nötig.

Markierung/Infrastruktur: Der Weg ist mit den üblichen Symbolen markiert: orange Dreiecke, Informationstafeln, Holzstangen/Poller und Wegpfeile an einigen Kreuzungen. Es gibt einige Wegvarianten; die hier beschriebene Variante folgt dem Kaiauai Track, Kokowai Track, Holly Hut Track, Ahukawakawa Track, Pouakai Track und wieder Kaiauai Track.

Unterkunft: Hüttenübernachtung in der Holly Hut und Pouakai Hut; für Notfälle gibt es zudem das Kaiauai Shelter. Für die Hütten- und Zeltübernachtungen ist in jedem Fall in der Hochsaison (Dezember bis Februar) eine Vorbuchung notwendig, die über die Website des Department of Conservation (DOC) erfolgen soll (doc.govt.nz). In der Nebensaison können Hüttenpässe auch kurzfristiger in den Visitor Centres der Nationalparks erworben werden.

Einkehr: Keine.

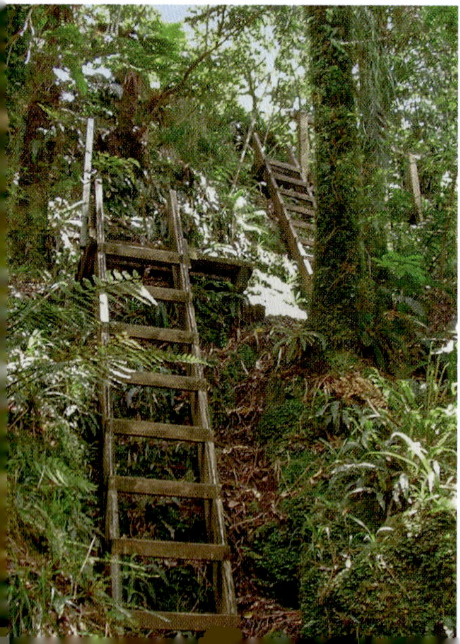

Leitern am Kaiauai Track.

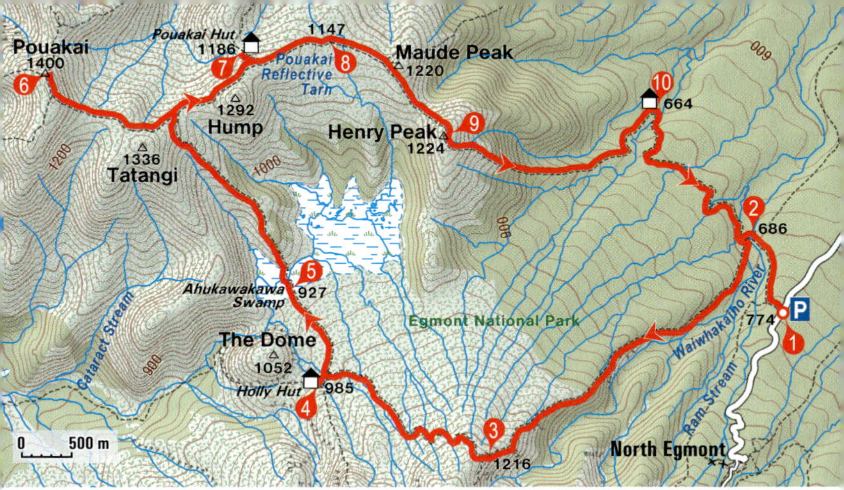

1. Tag: Vom **Kaiauai Car Park** ❶ folgen wir der Markierung »Kaiauai Track« in den dichten Wald. Bei einer Wegkreuzung nach wenigen Minuten halten wir uns nach rechts (Wegpfeil »Pouakai Hut«) und wandern weiter auf einem einfachen Waldweg mit vielen Feuchtstellen und Wurzeln immer bergab. Nach etwas mehr als 1 km und 200 Hm Abstieg haben wir den Talboden des **Waiwhakaiho River** ❷ erreicht. Bei einer Weggabelung kurz vor dem Flussufer gehen wir nach links und in Richtung einer Swingbridge, auf der wir den Waiwhakaiho River queren. Bei der Weggabelung gleich danach halten wir uns ebenfalls links und wandern am Ufer flussaufwärts. Die nun folgende Wegetappe heißt Kokowai Track, benannt nach einem Zufluss zum Waiwhakaiho River, auf den wir etwas später treffen werden. Zunächst geht es das tief eingeschnittene Flusstal entlang und der Weg verläuft zum Teil steil am Abbruch. Zwischendurch treffen wir immer wieder auf exponierte Stellen, die durch Seile und Ketten gesichert sind. Nach etwa 1 Stunde (4 km und 200 Hm im Anstieg) verlassen wir den dichten Wald und genießen vorerst den großartigen Ausblick auf den Mount Taranaki.
Es geht weiter zügig bergan, zum Teil auf Leitern und auf einem Grat. Etwa eine halbe Stunde später mündet unser Weg bei einer **Gabelung** ❸ in den Weitwanderweg »Around the Mountain Circuit« ein, dem wir nun ein kurzes Stück folgen. Hier gehen wir nach rechts weiter und folgen der Markierung Richtung Holly Hut. Ab hier ist der Wegverlauf einfacher. Wir wandern auf einem Hangweg mit wenig An- und Abstiegen, zum Teil auch auf einem Boardwalk. Nach rechts öffnet sich der Blick Richtung Pouakai Range und die umlagerte Ringebene. Unterwegs sind am Hangweg einige kleine Bachläufe mit wenig Wasser zu queren, die von der Vulkanflanke abfließen. Knapp oberhalb der Holly Hut queren wir einen Flusslauf und treffen

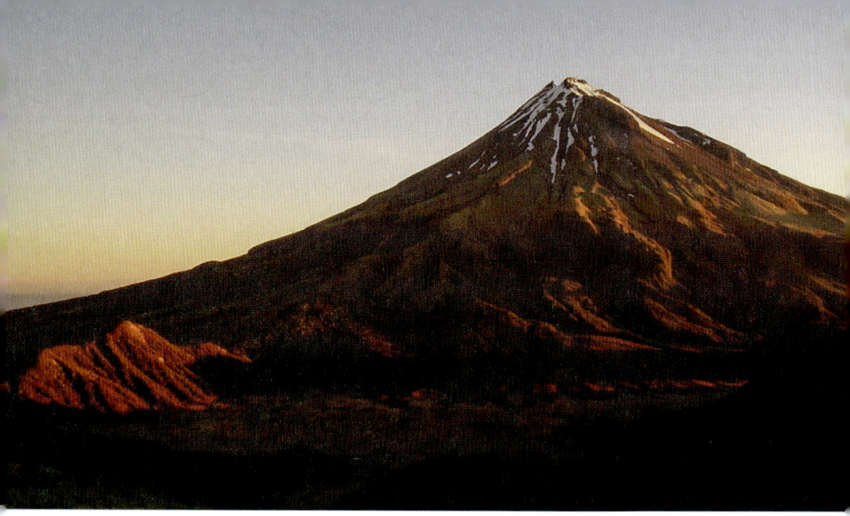

Eindrucksvolle Abendstimmung am Mount Taranaki.

auf eine Weggabelung. Nach links führt der »Around the Mountain Circuit« weiter, halb links kann man in ca. 5 Min. zur **Holly Hut** ❹ absteigen. Wir halten uns an dieser Stelle rechts, Richtung Pouakai Hut, die in etwa 3 Std. von hier ab zu erreichen ist. Nun wandern wir auf dem Ahukawakawa Track, der zunächst weitgehend eben auf einem Erdpfad verläuft. Etwa 1 km später erreichen wir den namensgebenden **Ahukawakawa Swamp** ❺, eine sensible Moorlandschaft, über die ein Boardwalk verlegt wurde. Nachdem wir den Stony River/Hangatahua, die Hauptwasserquelle des Moors, passiert haben, schlängelt der Weg zügig bergan und passiert abschnittsweise einen schönen Bergzedernwald. Auf einer Distanz von etwa 3 km steigen wir 250 Hm auf, auch auf zahllosen Stufen und über Leitern. Der Wanderweg mündet auf einem Grat bei einer Weggabelung in den Pouakai Track ein. Wir halten uns hier zunächst nach links und wandern in 45 Min. auf den

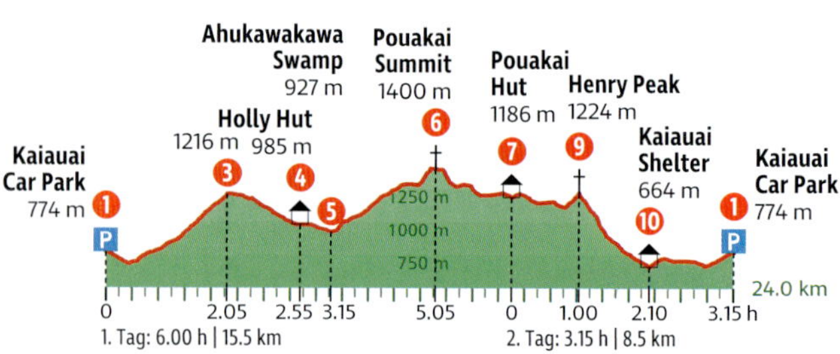

Pouakai Summit ⑥, 1400 m. Der Weg dorthin ist einfach und verläuft auf einem Erd-Stein-Pfad und auf Boardwalk durch eine Buschlandschaft, die durch Abschnitte von Tussockgras unterbrochen ist. Der Pouakai Summit ist der höchste Punkt der Wanderung, der – bei gutem Wetter – einen großartigen Panoramablick bereithält: das Nationalparkgebiet mit dem eindrucksvollen Vulkan und zudem den Blick auf die Küste vor dem Tasmanischen Meer. Wir wandern zurück bis zur Weggabelung und gehen den Pouakai Track nach links für ca. 1 km (15 Min.) weiter, auch hier zumeist auf einem Boardwalk über Tussockgras. Bei der nächsten Weggabelung halten wir uns nach links und folgen für ca. 5 Min. dem Mangorei Track leicht bergab Richtung **Pouakai Hut** ⑦, dem Ziel unserer heutigen Tagesetappe.

2. Tag: Von der Pouakai Hut brechen wir am nächsten Morgen auf und wandern zunächst den Mangorei Track zurück bis zur Weggabelung mit dem Pouakai Track. Dort halten wir uns nach links und schon nach ca. 15 Min. erreichen wir ein Highlight der Tour, den **Pouakai Reflective Tarn** ⑧, zwei kleine Seen. Der größere der beiden liegt unmittelbar links des Weges und kann umrundet werden. Bei idealen Lichtverhältnissen kann man hier eines der berühmtesten Bilder Neuseelands aufnehmen: der Taranaki gespiegelt im Wasser des Sees.

Zurück am Weg queren wir gleich darauf einen kleinen Bach und wandern rechts des Maude Peak (1220 m) zügig bergab. Schon bald geht es aber wieder etwas bergan und wir überschreiten den Gipfel des **Henry Peak** ⑨, 1224 m. Danach führen viele Stufen und Leitern zügig bergab. Die nächste Wegetappe heißt Kaiauai Track und leitet durch dichten Wald kontinuierlich bergab. Wir steigen etwa 500 Hm bis zum **Kaiauai Shelter** ⑩ ab, das am Kai-Auhi Stream liegt. Diesen queren wir auf einer Swingbridge. In der Folge schlängelt sich der Weg weiter durch dichten Wald, der von mehreren Tälern durchzogen wird. Mehrfach geht es auf Stufen und Leitern steil bergab und in der Folge wieder bergan. Dieser Wegabschnitt von etwa 2 km gehört zu den schwierigsten der Tour. Danach erreichen wir die schon bekannte Weggabelung am **Waiwhakaiho River** ②. Auf der Swingbridge queren wir den Fluss und wandern die letzte Etappe (1 km und 200 Hm) bis zum **Kaiauai Car Park** ① hoch, wo wir die Tour abschließen.

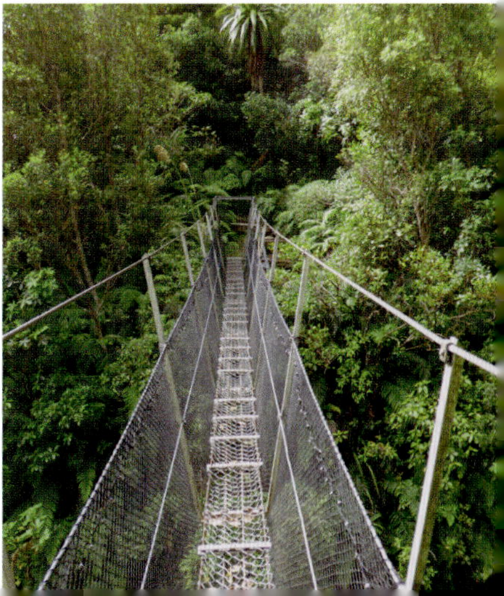

Swingbridge über den Waiwhakaiho River.

↗ 800 m | ↘ 800 m | 14.8 km

22 Aufstieg zur Tahurangi Lodge, 1500 m

6.00 h

Auf zwei Etagen am Ostabhang des Mount Taranaki

Die Tour kombiniert die besonderen Charakteristika des Mount Taranaki National Park: In der »oberen Etage« führt sie auf dem Hangweg um den Vulkan, ein besonders schöner Teil des Weitwanderweges »Around the Mountain Circuit«. Prächtige und vielschichtige Ausblicke auf den Gipfel und die vom Vulkan geprägte Umgebung sind hier omnipräsent. In der »unteren Etage« wandern wir durch dichtes Buschland und Wald. Die Lavaströme und Flussläufe haben im Abfluss eine komplexe Landschaft geschaffen. Zahlreiche Hügel und Flusstäler müssen hier gequert werden, für Wanderer eine ungleich größere Herausforderung als der Hangweg in der »oberen Etage«.

Ausgangspunkt: Stratford Mountain Lodge in East Egmont, 852 m.
Anforderungen: Von East Egmont zum Stratford Plateau: einfacher Waldweg mit mäßigen Anstiegen; von der Manganui Lodge zur Tahurangi Lodge: alpiner Hangweg mit Querung von Schuttkegeln in den Taleinschnitten; von der Maketawa Hut bis Curtis Falls: schwieriger Weg durch Wald und Buschland mit mehreren Flussquerungen auf Trittsteinen. Insgesamt sind Kondition, Trittsicherheit und Orientierungssinn auf dem Wanderweg gefordert.
Markierung/Infrastruktur: Der Weg ist mit den üblichen Symbolen markiert: orange Dreiecke, Informationstafeln, Holzstangen/Poller und Wegpfeile an einigen Kreuzungen. Die Tour setzt sich aus mehreren markierten Wanderwegen zusammen: Der erste Abschnitt verläuft auf dem Enchanted Track, der letzte auf dem Curtis Falls Track. Toiletten sind in den Huts entlang des Weges zu finden.
Einkehr: Entlang des Weges liegen mehrere Huts, die Schutz vor Unwetter bieten, aber keinen Gasthausbetrieb.
Tipp: Zwischen New Plymouth und dem Mount-Egmont-Nationalpark liegt Hurworth Cottage. Besucher, die an der frühen europäischen Geschichte Neuseelands interessiert sind, sollten dieses originelle Haus besuchen. Es war der Wohnsitz des Taranaki-Pioniers und Politikers Harry Atkinson (1831 bis 1892), der viermal das Amt des Premierministers Neuseelands innehatte. Das Cottage stammt aus den 1860er-Jahren und wurden 1967 dem neuseeländischen Kulturerbe gestiftet und in seiner ursprünglichen Größe und Aussehen restauriert. Hurworth ist in seiner Schlichtheit typisch für die frühen Siedlerhäuser: rechteckig, mit vertikalen Brettern und Latten verkleidet, mit einem Schrägdach und Flügeltüren, die auf eine vierseitige Veranda führen, dazu ein hübscher Garten und mit Möbeln und Familienandenken aus der Zeit ausgestattet. Öffnungszeiten und Führung nach Vereinbarung: hurworth@heritage.org.nz; Tel. +64 6 759 2006.

Vor der **Stratford Mountain Lodge** ❶ in East Egmont folgen wir zunächst der Wegmarkierung des Enchanted Track (Blickrichtung Lodge nach links) und wandern auf einem Waldweg, der nach 10 Min. auf einer Holzbrücke den Patea River quert. Wenig später kommt die erste Weggabelung, wo wir weiter halb links auf der Route des Enchanted Track bleiben. Nun geht es auf einem schmalen Pfad durch den Wald, über Wurzel, Steine und Bachläufe (zumeist auf Brücken, aber nicht immer). Etwa 15 Min. nach der ersten Weggabelung kreuzen wir einen größeren Bachlauf ohne Brücke. Holztreppen führen in das Bachbett, das wir auf Trittsteinen queren. Gleich danach treffen wir auf eine Weggabelung. Wir wenden uns nach rechts (weiterhin auf dem Enchanted Track) Richtung Stratford Plateau. Zunächst geht es ein Stück entlang des Baches und danach steil bergan (zum Teil über Stufen) bis zu einer Antenne bzw. einem trigonometrischen Vermessungspunkt hoch, der schon außerhalb des dichten Waldes liegt. Wir stehen nun auf einem Lavastrom und genießen den Blick über die prächtige Vulkanlandschaft. Halb rechts vor uns sieht man das nächste Wegziel, das Stratford Plateau. Dafür steigen wir vom Lavastrom etwas ab und halten uns bei der nächsten Weggabelung nach rechts etwas bergan zu einem großen Parkplatz, der am Ende der Pembroke Road liegt. Das **Stratford Plateau** ❷ ist Ausgangspunkt für Wandertouren im Osten des Mount-Egmont-Nationalparks, wird aber auch von Ausflüglern genutzt, die bis hierher mit dem Auto hochfahren und von einer Aussichtsplattform aus die Landschaft betrachten.

Am oberen Ende des Parkplatzes führt unser Wanderweg weiter, nun Richtung Manganui Lodge und Tahurangi Lodge (privat). Der folgende Wegabschnitt leitet zunächst auf einem breiten Schotter-Kies-Weg leicht bergan, immer mit Blick auf den Gipfel des Taranaki. Rechts des Weges liegt das tief eingeschnittene Flusstal des Te Popo Stream und etwas weiter bergan das des Manganui River. Etwa 10 Min. nach dem Stratford Plateau passieren wir ein Cable Car (Materiallift) über das Manganui-Tal Richtung Manganui Lodge. Wir steigen etwas weiter bergan und gehen nach weiteren 400 m durch einen Lawinenschutztunnel, der am Hang des Manganui-Tals entlang führt und vor Schnee und Steinlawinen am Ostabhang des Taranaki schützen soll. Nach dem Tunnel geht es weiter Richtung **Manganui Lodge** ❸, die vor allem im Winter bewirtschaftet

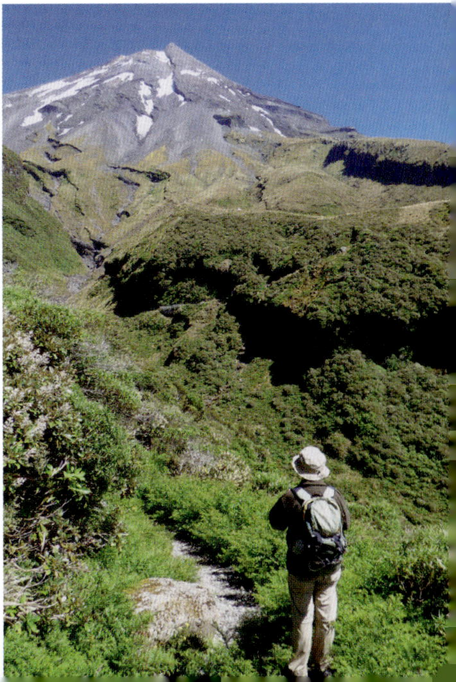

Hangweg zwischen Manganui und Tahurangi Lodge.

wird und die wir vorhin am Ende des Cable Car schon gesehen haben. Am Hang über der Lodge gibt es ein Skigebiet mit Liften. Nach den Gebäuden schlängelt sich der Wanderweg auf einem schmalen Pfad den Hang entlang und quert dabei immer wieder tiefe Geländeeinschnitte (Täler), die fallweise Wasser führen können, meist aber viel Schuttmaterial vom steilen Hang abtransportiert haben. Dieser Wegabschnitt zwischen Manganui Lodge und Tahurangi Lodge ist besonders eindrucksvoll, erfordert aber etwas Trittsicherheit, weil mehrfach Schutthalden gequert werden müssen. Die **Tahurangi Lodge** ④, 1500 m, erreichen wir etwa 1.15 Std. nach der Manganui Lodge. Von hier aus startet der Mount Taranaki Summit Track.
Nach der Lodge steigen wir auf einem Schotterweg in einem großen Linksbogen zu einer Sendeanlage ab, die etwas unterhalb von Tahurangi liegt. Bis zur Sendeanlage führt vom Mount Egmont National Park Visitor Centre eine betonierte Straße (Translator Road). Dieser folgen wir abwärts bis zu einer spitzen Linkskurve, ca. 1 km. Danach verlassen wir die Fahrstraße auf dem Maketawa Track, der auf Stufen und auf einem Wiesenpfad steil bergab Richtung Maketawa Hut führt. Knapp bevor wir die Hütte erreichen, gehen wir bei einer Weggabelung nach rechts, nun auf dem Curtis Falls Track. Hinweisschilder machen uns darauf aufmerksam, dass dieser Wegabschnitt einiges an Wandererfahrung erfordert: Der Track kann verwachsen, rutschig und zum Teil ausgespült sein. Wir steigen bis zu einem Flusstal ab, durchwandern das Flussbett und folgen dem Flusstal. Danach geht es steil bergan über einen Hügel (Lavastrom) und im Anschluss steil bergab in das nächste Flusstal. Dieses queren wir wieder auf dem markierten Weg. Der folgende Anstieg ist schwierig und aufgrund des felsigen Geländes mit etwas Kraxelei verbunden. Im Aufstieg verlassen wir das Buschland und erreichen ein Waldgebiet. Danach verflacht der Weg, führt jedoch bald wieder in einigen Kurven in ein Flusstal bergab. Über Trittsteine gelangen wir auf die andere Flussseite. Danach geht es wieder mäßig bergan. Es folgen zwei weitere Flussquerungen,

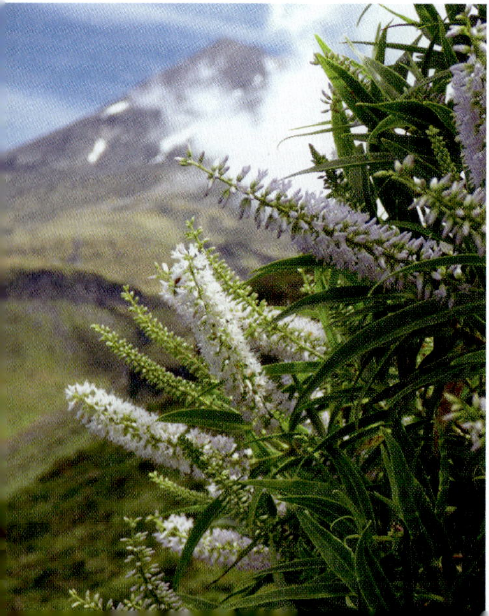

Seltener Kirschlorbeer am Wegrand im Mount Egmont National Park.

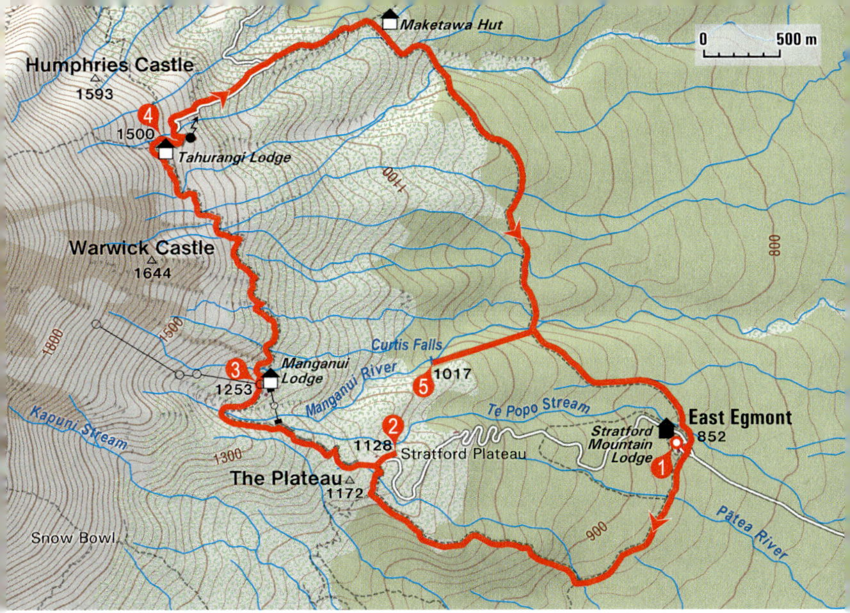

die mit An- und Abstiegen verbunden sind. Danach erreichen wir einen breiteren Fluss, den Manganui River, den wir vom Oberlauf schon kennen und durch den Lawinenschutztunnel schon gequert haben. Wieder nützen wir Trittsteine, um auf die andere Seite zu kommen. Bei einer folgenden Weggabelung besuchen wir auf einem Stichweg nach rechts Richtung Flussoberlauf die **Curtis Falls** ❺ (ca. 10 Min. in eine Richtung).
Zurück bei der Weggabelung nach der Flussquerung, geht es zunächst steil bergan (hohe Stufen) und dann gemächlich durch den Wald weiter. Nochmals queren wir einige Bachläufe auf Holzbrücken. Knapp vor dem Ziel geht es auf Leitern noch ein letztes Mal steil bergab, durch einen Bachlauf und schließlich wieder steil bergan zur Fahrstraße bei der **Stratford Mountain Lodge** ❶, wo wir die Rundwanderung abschließen.

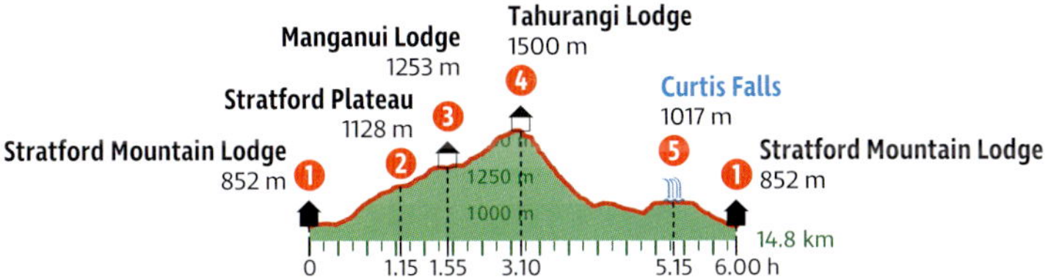

↗ 510 m | ↘ 510 m | 9.7 km

23 Von Dawson Falls zum Stratford Plateau

4.00 h

Eine »Einsteigertour« im Schatten des Mount Taranaki

Die Touren im Egmont National Park sind in der Regel anspruchsvoll: viele Höhenmeter, Querung von Flusstälern und exponierte Strecken im hochalpinen Bereich. Die Rundwanderung zwischen Dawsons Falls und Stratford Plateau präsentiert reichlich Höhepunkte, ist aber auch für weniger geübte Wanderer machbar.

Ausgangspunkt: Dawson Falls Visitor Centre, 905 m.
Anforderungen: Mäßiger Anstieg von Dawson Falls Richtung Stratford Plateau; etwas steiler Anstieg auf einem Lavastrom nach dem Stratford Plateau; mehrfach Bachquerungen auf Trittsteinen und Brücken; eine schmale Swingbridge.
Markierung/Infrastruktur: Der Weg ist mit den üblichen Symbolen markiert: orange Dreiecke, Informationstafeln, Holzstangen/Poller und Wegpfeile an einigen Kreuzungen; unterwegs gibt es eine Toilette am Stratford Plateau. Die Wanderung setzt sich aus mehreren Wanderstrecken zusammen: Wilkies Pools Loop Track, Enchanted Track, Waingongoro Track, Ridge Track bzw. Ridge Loop Track.
Einkehr: Keine.
Tipp: Nördlich der Kleinstadt Kaponga liegt Hollard Gardens, ein alter Blumen- und Gemüsegarten mit Spazierwegen, Besucherzentrum mit Café und Ausstellungsräumen. Ein Besuch ist eine entspannende Abwechslung zu den aufregenden und zum Teil anspruchsvollen Wanderungen im Mount Egmont National Park. Weitere Informationen und Öffnungszeiten: trc.govt.nz/gardens/hollard-gardens.

Vom **Dawson Falls Visitor Center** ❶ folgen wir der Markierung des Wilkies Pools Loop Track in Richtung Stratford Plateau. Zunächst wandern wir auf einem Kiesweg durch Buschland. Bei einer Weggabelung nach ca. 5 Min. bleiben wir am linken Wegverlauf und gehen weiter auf einem Boardwalk (mit Drahtnetz überspannt, um Rutschgefahr zu verringern) abwechselnd mit Kiesweg leicht bergan. Nach 15 Min. (1 km) kommen wir aus dem Wald/Buschland hinaus und blicken nach rechts auf den Kapuni Stream. Für etwa 300 m gehen wir entlang des Flusses, zum Teil auf einem Boardwalk direkt über dem Flussufer. Auf der **Wilkies Pool Bridge** ❷, einer breiten Holzbrücke, überqueren wir den Kapuni Stream nach rechts. Nach der Brücke links

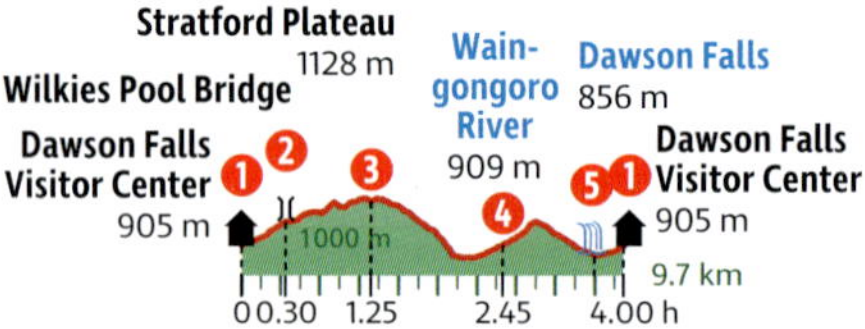

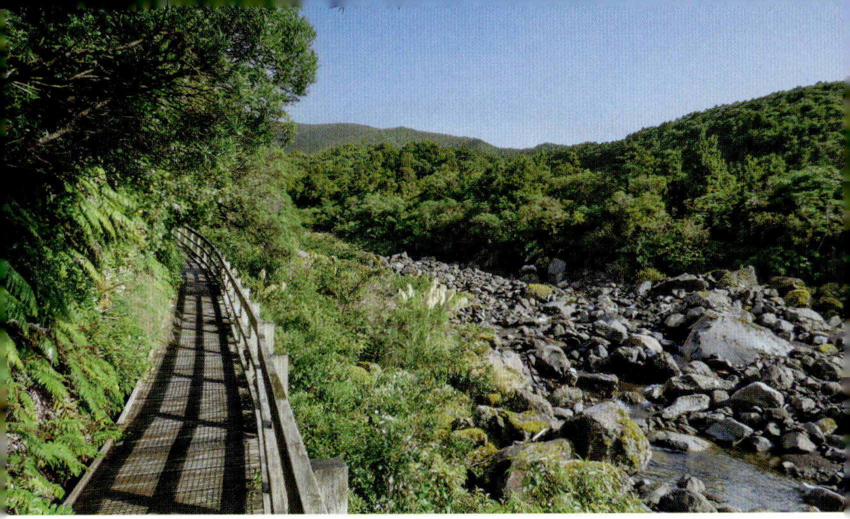

Boardwalk am Kapuni Stream.

geht es auf Stichwegen zu den Wilkies Pools bzw. zu einem Aussichtspunkt auf den Mount Taranaki. Die Wilkies Pools sind Wasserbecken im Fluss, die bei hohem Wasserstand gefüllt sind.
Zurück bei der Brücke wandern wir links weiter und bei der kurz darauf folgenden Weggabelung noch einmal links (Wegtafel »Stratford Plateau«). Ab hier verändert sich der Wegcharakter, es wird steiniger, etwas steiler und dazwischen müssen wir immer wieder Holzstufen steigen. Etwa 10 Min. nach der Brücke queren wir einen weiteren Fluss auf Trittsteinen, gleich danach gibt es neuerlich eine Weggabelung, bei der wir wieder nach links gehen, Richtung Stratford Plateau. Der Weg führt in einigen Kurven leicht bergan, quert neuerlich einen Bach auf einer Brücke und führt in einer großen Linkskehre unterhalb eines Plateaus nunmehr nur leicht bergan. Nach 30 Min. erreichen wir neuerlich eine Weggabelung. Von hier weg sind es noch 10 Min. bis zum **Stratford Plateau** ❸ (Wegverlauf nach links). Später werden wir zu dieser Weggabelung wieder absteigen, um unseren Wanderweg fortzusetzen. Am Stratford Plateau genießen wir bei einer Aussichtsplattform einen großartigen Blick auf den Mount Taranaki.

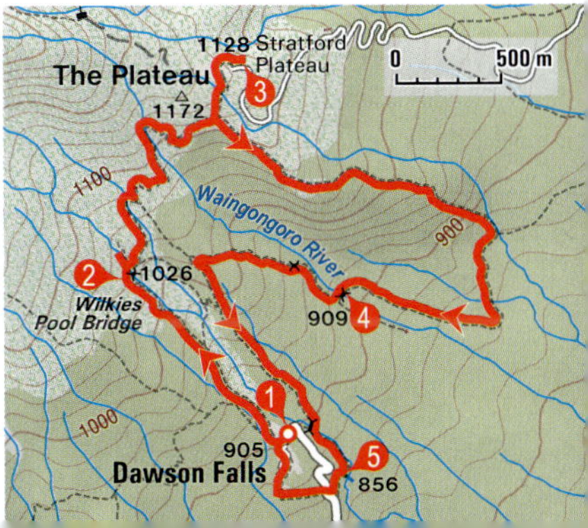

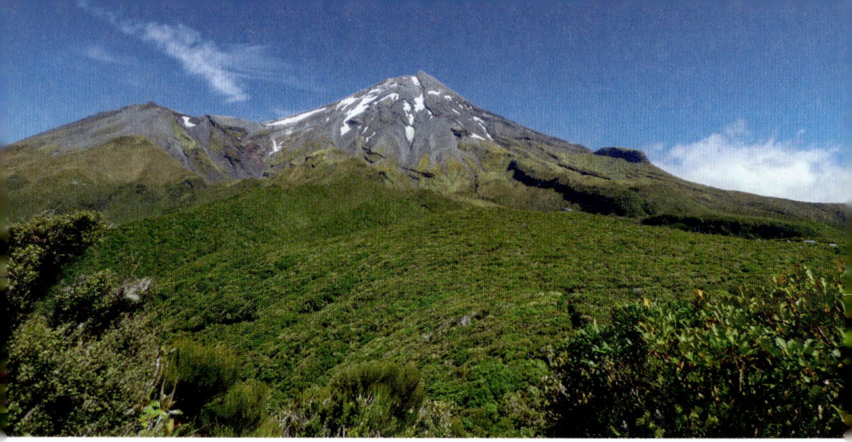

Prächtiger Ausblick auf den Mount Taranaki und seinen Nebengipfel (Fanthams Peak).

Zurück bei der Weggabelung halten wir uns nach links (Wegmarkierung »Enchanted Track«) und wandern auf einen Lavastrom (Riegel), der durch Antennen bzw. einen geodätischen Vermessungspunkt – zugleich der höchste Punkt der Wanderung –, leicht erkennbar ist. Danach geht es über zahlreiche Stufen steil bergab und wir erreichen wieder einen dichteren Wald. Bei einer Wegkreuzung nahe an einem Bach wandern wir Richtung Dawson Falls – damit verlassen wir den Enchanted Track und gehen ein Stück auf dem Waingongoro Track. Zahlreiche Trittsteine stehen zur Verfügung, um über die zwei folgenden Bäche zu gelangen; im Verlauf dieses Abschnittes überwinden wir auch eine Reihe von Wurzelstöcken, was bei Regen beschwerlich sein kann (Rutschgefahr). Der Weg führt im Anschluss ein Stück ein Flusstal entlang und quert dann den **Waingongoro River** 4 auf einer schmalen Swingbridge nach links. Bei der Weggabelung gleich danach gehen wir nach rechts (Richtung Dawson Falls) und steigen über einen eindrucksvollen Wurzelweg stetig bergan (ca. 120 Hm). Eine Holzbrücke hilft uns über ein weiteres Flusstal, bei der nächsten Weggabelung halten wir uns links (Richtung Dawson Falls, 1,2 km). Nun sind wir am Ridge Loop Track angelangt. Gleich darauf gibt es nochmals eine Weggabelung, bei der wir geradeaus weitergehen, wie schon gewohnt, über Wurzelstöcke und Steine steigend. Nochmals überqueren wir den Kapuni Stream auf einer Holzbrücke (mit schönem Blick auf Kaskaden). Nach der Brücke wandern wir links – dem Flussufer folgend – ca. 400 m bis **Dawson Falls** 5 bergab. Die von hier aus zu sehenden Wasserfälle bilden ein eindrucksvolles Schauspiel, das man von einem Aussichtspunkt ein Stück weiter noch besser erkennen kann. Danach steigen wir zur Manaia Road auf und kreuzen die Fahrstraße. Auf einem markierten Weg geht es die letzten 500 m bis zum **Dawson Falls Visitor Center** 1, wo wir die Rundwanderung abschließen.

↗ 850 m | ↘ 850 m | 12.4 km

TOP

6.30 h

Lake Dive Track 24

Eine abwechslungsreiche Wanderung am Südabhang des Taranaki-Nebengipfels

Der Mount Taranaki ist nicht völlig symmetrisch: An seiner südlichen Flanke ragt ein einzelner Vulkankegel empor, der Fanthams Peak (1966 m), ein Nebenkrater. An dessen Südabhang lässt sich eine äußerst lohnende Tagestour als Rundwanderung unternehmen, die mit dem Upper Lake Dive Track einen aussichtsreichen Hangweg in luftiger Höhe und dem Lower Lake Dive Track eine anspruchsvolle Wandertour mit zahlreichen Flussquerungen im unteren Teil des Lavastromes verbindet.

Ausgangspunkt: Dawson Falls Visitor Centre, 905 m.

Anforderungen: Beträchtlicher Anstieg im ersten Wegabschnitt; überwucherter Pfad ab Lake Dive Hut mit mehreren schwierigen Flussquerungen. Der Weg sollte nur bei guten Wetterbedingungen begangen werden und kann bei Regen und Wind unpassierbar sein.

Markierung/Infrastruktur: Der Weg ist mit den üblichen Symbolen markiert: orange Dreiecke, Informationstafeln, Holzstangen/Poller und Wegpfeile an einigen Kreuzungen. Unterwegs gibt es folgende Schutzhütten und Unterstände: Hooker Shelter, Kapuni Lodge (kleiner Umweg), Lake Dive Hut. Der Weg besteht aus zwei Teilwegen: Upper Lake Dive Track (zum Teil überschneidend mit Fanthams Peak Track) und Lower Lake Dive Track.

Einkehr: Entlang des Weges liegen mehrere Huts und Shelter, die Schutz vor Unwetter bieten, aber keinen Gasthausbetrieb.

Tipp: Das kleine Küstenstädtchen Opunake im Südwesten des Mount Egmont National Park lohnt einen Besuch. Es besitzt schön gelegene Badebuchten, einen Clifftop Garden und einige Kunstgalerien. Nördlich von Opunake soll in der Zukunft das Sandy Bay Beach Reserve angelegt werden, eine geschützte Dünenlandschaft. Weitere Informationen: opunake.co.nz.

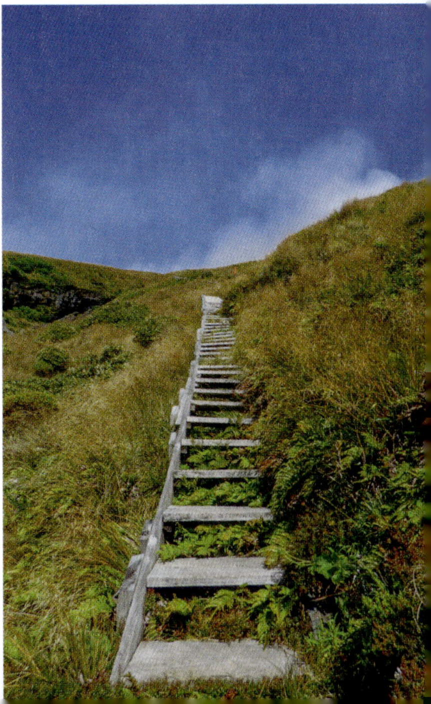

Holzleitern im Aufstieg Richtung Fanthams Peak.

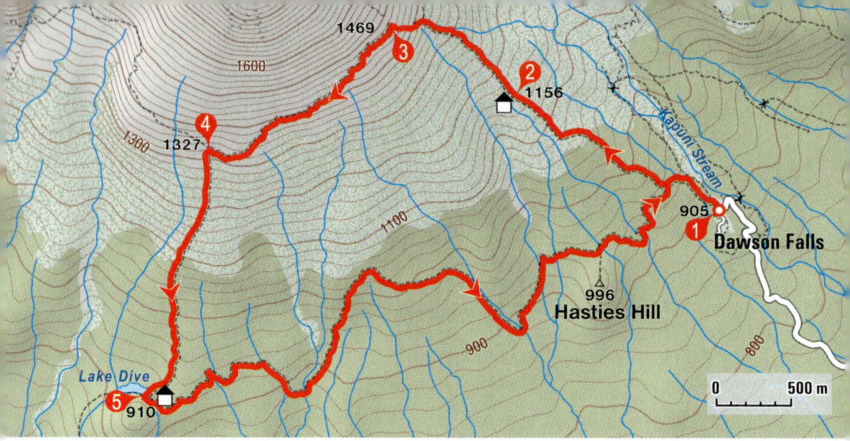

Vom **Dawson Falls Visitor Center** ❶ folgen wir den Markierungen Richtung Fanthams Peak, steigen einige Stufen hoch und queren einen Fluss auf einer Holzbrücke. Danach geht es zügig bergan bis zu einer Weggabelung. Dort halten wir uns nach rechts (auf dem Rückweg werden wir, von links kommend, Richtung Ziel zurückwandern) und steigen auf Holz-Erd-Stufen weiterhin auf einem schmalen Pfad – anfangs durch Wald und nach etwa 1,3 km durch Buschland – bergan. Dabei passieren wir einen Gedenkstein für Sir Edmund Hillary (Erstbesteigung Mount Everest) und erreichen nach fast 2 km das **Hooker Shelter** ❷. 20 Min. später treffen wir auf eine Weggabelung: Nach rechts führt ein Pfad zur privaten Kapuni Lodge, wir bleiben geradeaus auf unserem Weg und steigen auf Holztreppen steil bergan. Dieser Abschnitt kann bei ungünstigen Wetterbedingungen (z. B. Sturm und Regen) schwierig zu begehen sein.

Noch im Bereich der Holzleitern zweigen wir bei einer **Weggabelung** ❸ nach links in einen Hangweg ab (Wegpfeil: »Lake Dive Hut«). Nun wandern wir auf einem schmalen Pfad, der durch orange gefärbte Stangen markiert ist und durch eine Graslandschaft führt. Unterwegs queren wir immer wieder kleine Bachläufe, die den Hang entwässern. Wir wandern kontinuierlich bergab und halten auf einen kleinen See (Lake Dive) in der Ferne zu. Für etwa 2 km bleiben wir auf diesem Hangweg, bis wir neuerlich auf eine

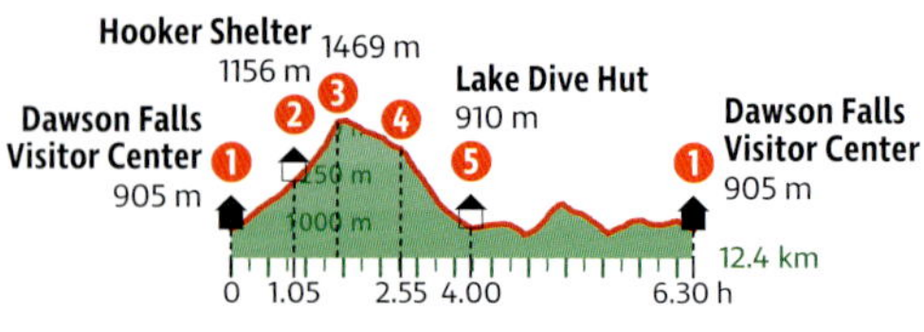

Weggabelung ❹ treffen. Hier gehen wir nach links und steigen kontinuierlich Richtung See auf vielen Erdstufen bergab. Dabei verlassen wir das Grasland und kommen wieder durch Buschland und Wald in der unteren »Etage« des Vulkanumlandes an. Nach etwa 30 Min. erreichen wir die **Lake Dive Hut** ❺. Ein Wegpfeil weist darauf hin, dass noch 7 km bis zum Visitor Center bei Dawson Falls zu gehen sind.

Bei der Lake Dive Hut halten wir uns nach links, passieren das isolierte Toilettenhäuschen und wandern nun auf einem von Gras und Büschen überwucherten Pfad. Eine Informationstafel weist darauf hin, dass in diesem Abschnitt der Wanderweg stellenweise zugewachsen sein kann. Zunächst geht es weiter durch den Wald, anfangs meist eben verlaufend, aber über viele Feuchtstellen und kleine Bachläufe hinweg. In den kommenden 5 km wird der Weg sehr schwierig. Es müssen acht Flusstäler gequert werden, wobei nur in wenigen Fällen Brücken vorhanden sind. Beim Abstieg in die Täler gibt es zum Teil Holzleitern, aber in einigen Fällen sind auch kurze Kletterpassagen über Fels zu überwinden. Die Querung der Bäche und Flüsse erfolgt zumeist auf Trittsteinen und nur manchmal auf Brücken. Für diesen Wegabschnitt zwischen Lake Dive Hut und Dawson Falls Visitor Center muss aufgrund des Schwierigkeitsgrades eine Zeit von 2.30–3.30 Std. eingeplant werden.

Wir erreichen schließlich die Weggabelung, die wir bereits am Hinweg passiert haben, halten uns hier rechts und steigen bis zum **Dawson Falls Visitor Center** ❶ ab, wo diese abwechslungsreiche, aber anspruchsvolle Rundwanderung endet.

Steiler Abstieg Richtung Lake Dive.

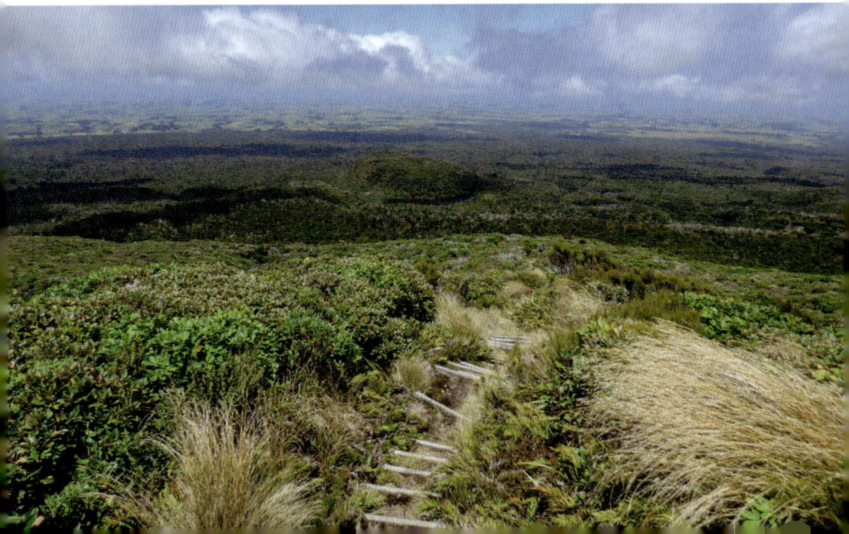

↗ 670 m | ↘ 670 m | 15.5 km

25 Ātene Skyline Track

6.00 h

Aussichtsreiches Wandererlebnis hoch über dem Whanganui River

Die Ātene Skyline Ridge liegt am Südrand des Whanganui National Park, der das Flusstal von Ātene bis Pipiriki umfasst und seit 1986 besteht. Der Whanganui ist einer der größten Flüsse des Landes. Während der Fluss selbst nicht Teil des Nationalparks ist, sind die vielfältigen Uferlandschaften geschützte Zone. Der Ātene Skyline Track liegt in einer Flussschleife des Whanganui und führt durch eine eindrucksvolle Hügellandschaft. Obwohl die Berge nicht hoch sind und Flusstallandschaften nicht auf anstrengende Wandertouren mit kräftigen Anstiegen schließen lassen, erfordert der Ātene Skyline Track doch einiges an Kondition und Ausdauer. Beides wird mit prächtigen Ausblicken belohnt. Bei guten Sichtbedingungen ist der Mount Ruapehu (2.797 m), höchster Berg der Nordinsel, zu sehen.

Ausgangspunkt: Parkplatz an der Whanganui River Road in der kleinen Streusiedlung Ātene (von Whanganui kommend, auf der rechten Straßenseite), 40 m.
Anforderungen: Anfangs leichte Wanderung auf einfachen Waldwegen und Pfaden; nach Tuhi Landing anspruchsvolle Tour, die über einige Gipfel mit kräftigen An- und Abstiegen verläuft.

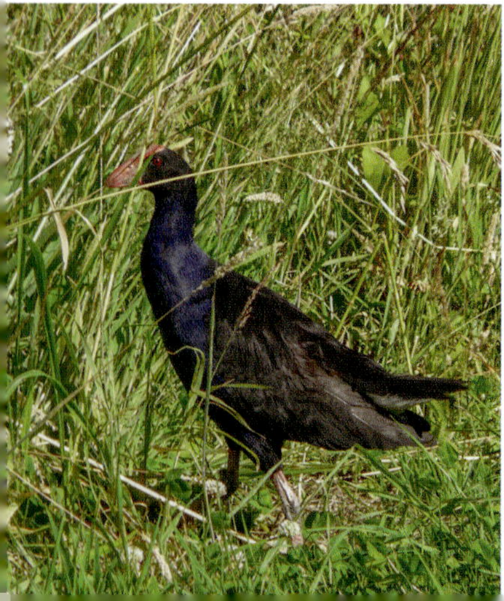

Markierung/Infrastruktur: Der Weg ist mit den üblichen Symbolen markiert: orange Dreiecke, Informationstafeln, Holzstangen/Poller und Wegpfeile an einigen Kreuzungen.
Einkehr: Campingplatz mit Picknickplatz, Shelter und Toilette nach etwa der Hälfte der Strecke; dort gibt es Schutz vor Unwetter, aber keinen Gasthausbetrieb.
Tipp: Im Mündungsgebiet des Whanganui River in das Tasmanische Meer liegt die Stadt Whanganui, die in der Victoria Avenue einige schöne alte Gebäude aus der Pionierzeit der europäischen Besiedlung besitzt. Tatsächlich ist Whanganui als Siedlungsplatz viel älter. Schon lange vor der Ankunft der Europäer lebten Māori hier. Zwar gab es 1840 Landverkäufe an die Pākehā (Europäer) und die folgende Stadtgründung. Allerdings waren die damals getroffenen Vereinbarungen widersprüchlich, weswegen Whanganui bis heute als Brennpunkt der nicht gänzlich geklärten Landbesitzfrage gilt. Ungeachtet dessen sollte man die Kleinstadt in schöner Lage aufgrund der pittoresken und belebten Innenstadt besuchen.

Ein Pukeko, häufiger Wegbegleiter in Neuseeland.

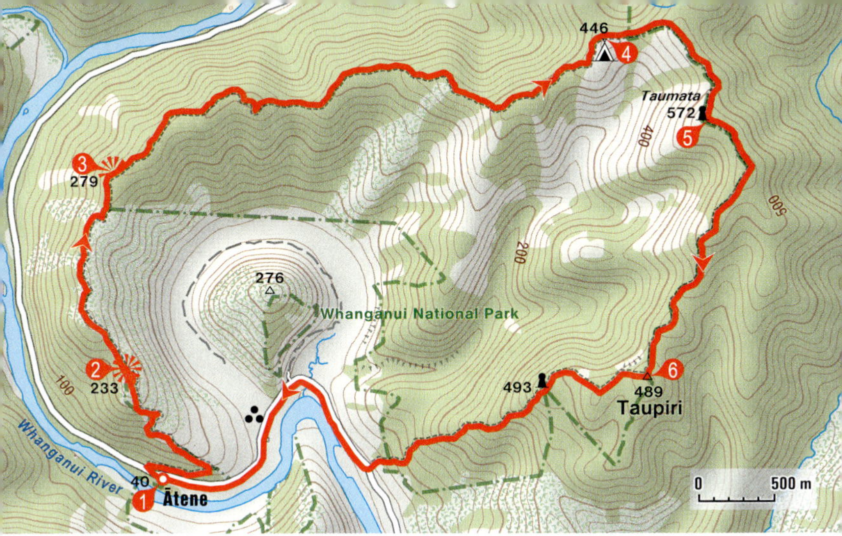

Beim Parkplatz an der Whanganui River Road in der Streusiedlung **Ātene** ❶ (ein Bauernhof) starten wir die Tour an der Informationstafel zum Ātene Skyline Track. Zunächst geht es auf einem Pfad durch den Uferwald leicht bergan. Nach etwa 10 Min. verlassen wir den Wald und steigen nach einer scharfen Linkskurve am Waldrand bzw. am Rand eines Weidezaunes über Stufen weiter bergan. Auf einer Hügelkuppe queren wir einen Zaun (Überstiegshilfe) und wandern auf einem schmalen Wiesenpfad, der zum Teil von Stechginster gesäumt ist. Ungewöhnlich ist ein winziges Toilettenhäuschen links des Weges, das wir nach ca. 1,5 km passieren. In einigen Kurven geht es kräftig bergan und stellenweise an einer Felswand entlang. Es folgt ein kurzer Abstieg bis zu einer Weggabelung. Nach links führt ein Stichweg (2 Min.) zu einem **Lookout** ❷ mit Sitzbank hoch. Hier bietet sich ein lohnender Blick in eine zauberhafte Hügellandschaft und in das ehemalige Flusstal des Whanganui River. Bei guter Sicht ist von hier aus auch die Silhouette des Ruapehu zu erkennen.

Wir kehren zum Hauptweg zurück und vor uns liegt nun ein einfacher Wegabschnitt: Wir wandern auf einem Wiesenweg, der – flankiert von Wald links und rechts – für etwa 3 km nur mit leichten An- und Abstiegen verläuft. Diese Waldschneise wurde 1959 angelegt und sollte als Zufahrtsstraße für ein Kraftwerk dienen. Das Projekt kam aber nie über ein Anfangsstadium hinaus.

Der **View of Ahuahu Valley** ❸ liegt auf halber Strecke dieses Wegabschnittes und bietet einen schönen Blick in ein nördliches Zuflusstal des Whanganui. Danach verengt sich der Weg etwas und führt auf einem Kamm

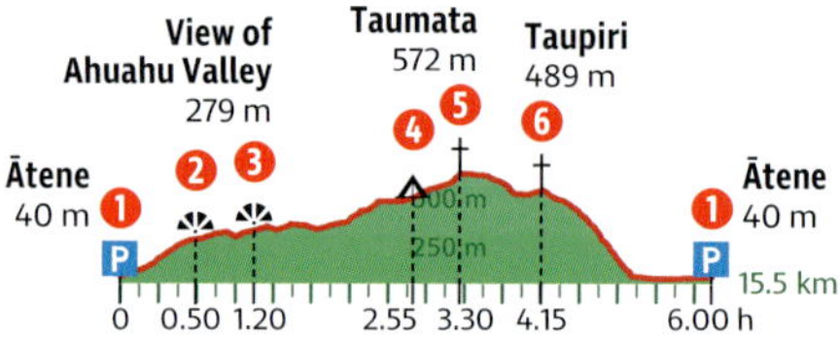

(»Skyline Track«) mit Ausblicken in die eine oder die andere Richtung. Über Stufen erklimmen wir eine erste Hügelkuppe, die im dichten Wald verborgen liegt. Bald geht es wieder bergab und auf den nächsten Hügel hoch, danach auf einen Kammweg, über eine Lichtung (Wiese), neuerlich im Wald steil bergan und wieder bergab. Nach einem Stück Kammweg folgt der nächste Gipfel. Danach geht es bergab und nach etwa 3 Std. erreichen wir einen **Campingplatz** 4 mit Shelter und Toilette auf einer Lichtung. Am Rand der Lichtung und danach wieder durch Wald gelangen wir steil bergan zum Gipfel des **Taumata** 5, 572 m, der höchsten Erhebung der Wanderung.

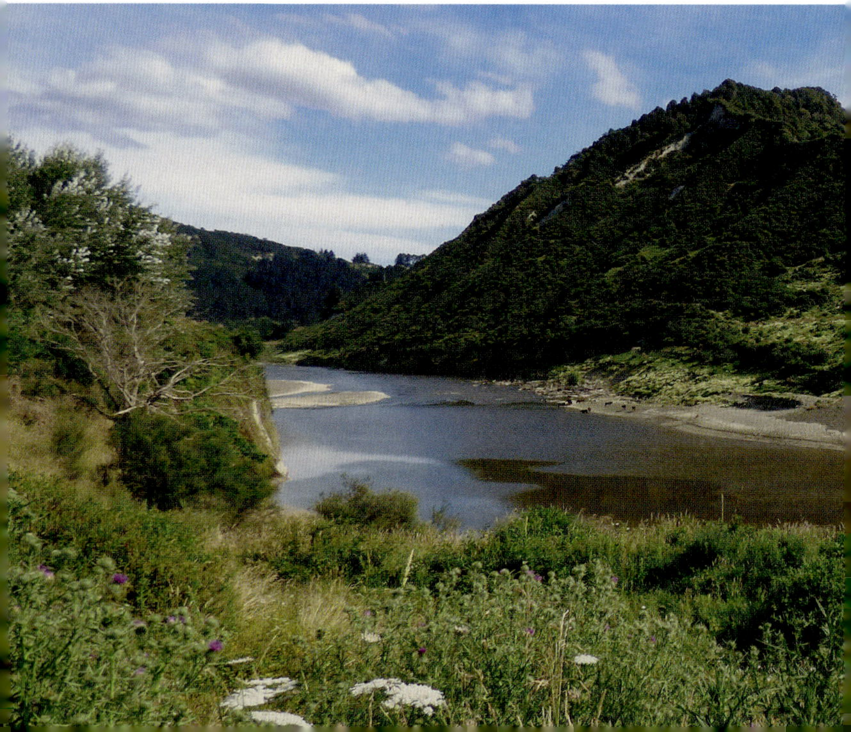

Im Anschluss geht es wieder bergab und über eine Lichtung mit sterbenden Bäumen. Von hier bietet sich wieder ein schöner Ausblick auf das Tongariro-Gebiet mit dem Mount Ruapehu.
Wir queren neuerlich einen Hügel und steigen durch einen Farnwald ab. In diesem Abschnitt ist der Weg schmal und stellenweise verwachsen. Ein letzter Aufstieg führt uns auf den Gipfel des **Taupiri** 6, 489 m, am Rand eines Sandsteinabbruches. Nun folgt ein markanter Abstieg über zahllose Stufen und Wurzeln, wobei an einigen Stellen Trittsicherheit und Schwindelfreiheit gefordert sind. Richtung Flusstal wird der Wald lichter, wir übersteigen einen Zaun und folgen einem Wiesenpfad, der Richtung Whanganui River Road steil bergab führt. Bevor wir diese erreichen, müssen wir noch einmal einen Weidezaun übersteigen (Überstiegshilfe). An der wenig befahrenen Whanganui River Road geht es für 2 km nach rechts. Die Straße führt parallel zum Flusslauf, der an dieser Stelle eine enge Schleife bildet. Beim Parkplatz an der Whanganui River Road bei der Streusiedlung **Ātene** 1 schließt sich die Rundwanderung.

Blick auf eine Flussschleife des Whanganui.

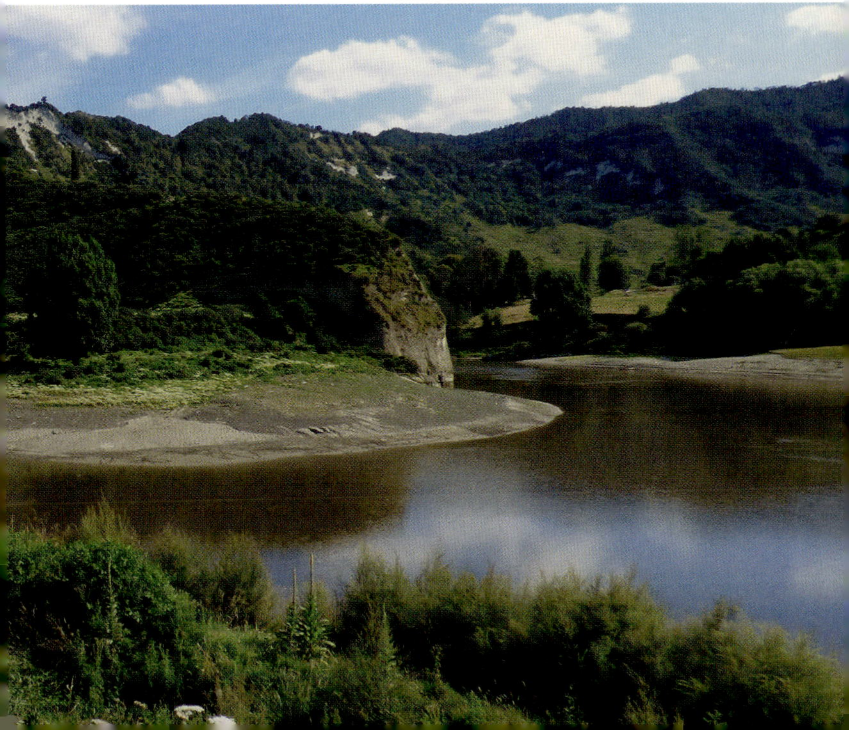

↗ 570 m | ↘ 570 m | 16.2 km

26 Queen Charlotte Track (Nordteil)

5.00 h

Malerische Waldwanderung entlang zerklüfteter Küstenabschnitte

Wer diese artenreiche Waldwanderung am nördlichen Ende des Queen Charlotte Track wählt, wird schon während der Bootsfahrt durch die weit verzweigten Marlborough Sounds von idyllischen Buchten, kleinen Inseln und einer zerklüfteten, bis an ihre Ufer bewaldeten Küstenlandschaft tief beeindruckt sein. Dunkelgrüne Höhenrücken und azurblaues Wasser prägen die malerische Kulisse, während in den satten Buchenwäldern neugierige Wekas für Unterhaltung sorgen.

Talort: Picton, 10 m.
Ausgangspunkt: Ship Cove, 4 m. Nur mit dem Boot zu erreichen, buchbar in Picton, Fahrzeit 1 Std. (z. B. »Cougar Line«, cougarline.co.nz).
Endpunkt: Furneaux Lodge, 24 m. Boottransfer buchbar in Picton (s. o.).
Anforderungen: Leichte Wanderung auf breiten Waldwegen, jedoch mit ständigem Auf und Ab über die Küstenhügel. Besonders auf dem ersten Teilstück können Steine rutschig sein.
Einkehr: In der Resolution Bay (auf Vorbestellung), am Endpunkt der Tour in der Furneaux Lodge oder im benachbarten No Road Inn.
Hinweis: Diese Tour ist der erste Abschnitt des Queen Charlotte Track, der von Ship Cove im Norden bis nach Anikawa im Süden führt (73,5 km, 3–5 Tage, Info unter qctrack.co.nz). Er ist auch für Mountainbiker geöffnet (außer im Zeitraum Dez.–Febr. auf dem hier beschriebenen Nordteil). Bitte stets die Gatter schließen (Privatgelände!) und an Zäunen die »Hühnerleiter« benutzen.

Die Wanderung beginnt in der historischen **Ship Cove** ❶, 4 m, in der James Cook während seiner Weltumsegelung mehr als 100 Tage verbrachte; rechts des Bootsstegs das Cook Monument. Links führt ein beschilderter Weg in den dichten, dschungelähnlichen Regenwald aus Farnbäumen und Nikaupalmen; Kiekie-Sträucher und Lianen hängen von den dicken Stämmen herab. Während wir stets bergauf wandern, ändert sich schon bald die Vegetation – mächtige, alte Rimu- und Ratabäume sind von üppigem Buchenwald umgeben – und wir gelangen in 45 Min. zu einem niedrigen **Sattel** ❷ mit herrlichem Ausblick auf grüne Hügel und ein Labyrinth von Wasserstraßen! Bei guter Sicht reicht der Blick bis zur Nordinsel.
Der Weg fällt nun steil ab, passiert einen Zeltplatz, durchquert Privatland und erreicht in knapp 1.30 Std. die nach einem Schiff von Käpt'n Cook be-

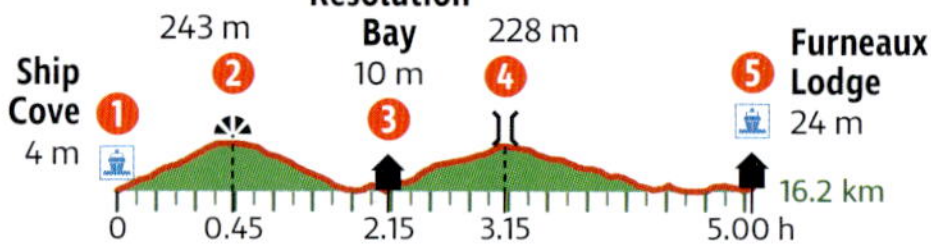

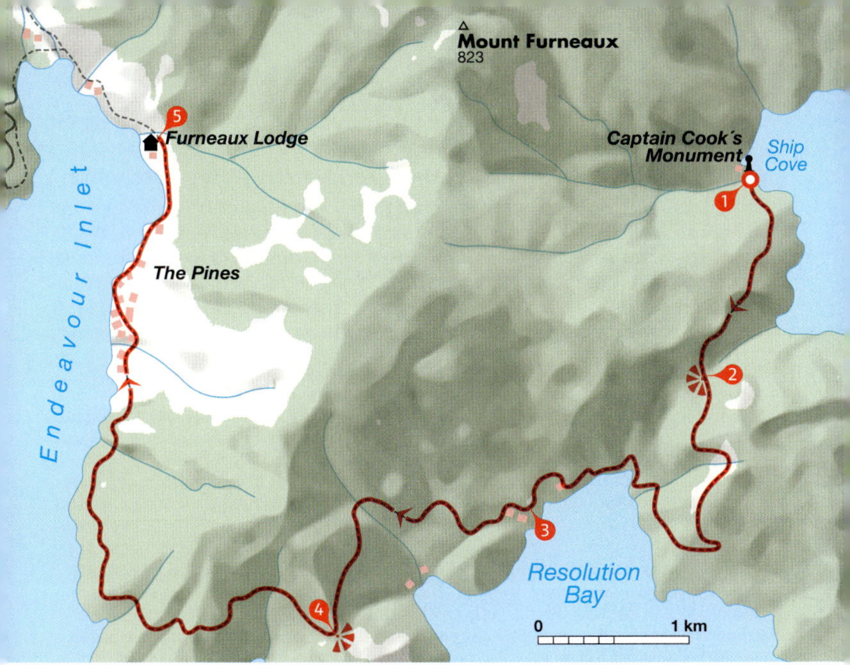

nannte **Resolution Bay** ❸, 10 m. Der Privatstrand ist nur für Übernachtungsgäste zugänglich. Weitere 10 Min. gehen wir durch Gärten und ein privates Waldstück, um dann erneut zu einer **Kammhöhe** ❹ anzusteigen, an der uns zwei gemütliche Holzbänke im sattgrünen Wald zu einer Rast einladen. Hoch oberhalb der Resolution Bay ergibt sich eine wundervolle Aussicht über den Queen Charlotte Sound, auf das Endeavour Inlet und auf Mount Stokes, den höchsten Berg der Marlborough Sounds (Tour 28). Unser Weg verläuft nun parallel der Küste und senkt sich allmählich zum Ufer des Endeavour Inlet ab. Seitlich abzweigende Pfade lassen wir unberücksichtigt. An einigen Bootsstegen und Privathäusern vorbei gelangen wir zur **Furneaux Lodge** ❺, dem Endpunkt unserer Wanderung.

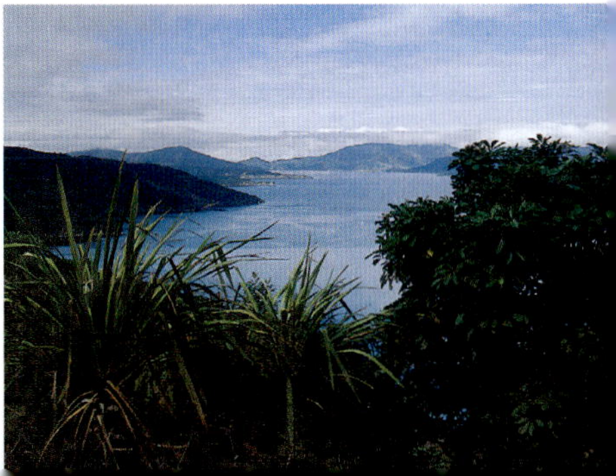

Üppiger Küstenregenwald säumt die Marlborough Sounds.

↗ 490 m | ↘ 490 m | 9.0 km

27 Queen Charlotte Track (Südteil)

3.00 h

Panoramawanderung hoch oberhalb zerklüfteter Küstenabschnitte

Diese aussichtsreiche Kammwanderung über die grünen Höhenrücken der Kenepuru-Halbinsel verwöhnt uns immer wieder mit unvergesslichen Ausblicken auf die unter uns liegende zerklüftete Küste, auf urwaldbedeckte Hügel, unzählige Meerarme und die vielen Irrgärten aus kleinen Inseln und Halbinseln. Stille, mit grünem Wasser gesäumte Buchten bieten herrliche Plätze zum Picknicken und Verweilen oder einfach nur, um auf das Boot zu warten.

Talort: Picton, 10 m.
Ausgangspunkt: Torea Bay im Queen Charlotte Sound, 2 m. Erreichbar von Picton mit dem Boot, Fahrzeit 30 Min. (z. B. »Beachcomber Cruise«, Tel. 03 573 6175, beachcombercruises.co.nz).
Endpunkt: Mistletoe Bay im Queen Charlotte Sound, 2 m. Von Picton mit dem Boot (s. o.) zu erreichen.
Anforderungen: Leichte Wanderung auf gemütlichen Wiesenwegen, anfangs jedoch steil. Der Abstieg über den James Vogel Walk in die Mistletoe Bay hat einige wurzelige Abschnitte.
Einkehr: Keine.
Varianten: 1. Abstecher zum Onahau Lookout, 417 m (zusätzlich 30 Min.). – 2. Im Spätsommer/Herbst begleiten uns auf dem James Vogel Walk unangenehm viele Wespen. Wer dies und den steilen, wurzeligen Abstieg vermeiden möchte, geht an der Abzweigung zum James Vogel Walk geradeaus zur Straße weiter, folgt dieser links zum Parkplatz und kurz darauf erneut links in die Mistletoe Bay.
Hinweis: Diese Tour ist Teil des letzten Abschnitts des Queen Charlotte Track, der auf der Nordseite des Queen Charlotte Sound von Ship Cove im Norden bis Anikawa im Süden führt (73,5 km, 3–5 Tage, Info unter qctrack.co.nz). Auch für Mountainbiker geöffnet.

Vom Bootssteg in der **Torea Bay** ❶, 2 m, einer kleinen, grünen Bucht, führt eine kehrenreiche Straße in 15 Min. hinauf zum Torea Saddle, an dem wir uns links halten und der **Beschilderung »Queen Charlotte Track«** ❷ in Richtung Mistletoe Bay folgen. Für die nächste Stunde steigt der Weg durch den Wald weiterhin steil an, bis wir auf einer Höhe von etwa 400 m den **Kamm** ❸ erreichen. Hier ist die Vegetation viel niedriger, sodass uns ein großartiger Blick auf den Kenepuru Sound zur Rechten und den Queen Charlotte Sound zur Linken erwartet. Kaum haben wir diese Höhe erlangt, wandern wir auch schon wieder abwärts – mit dem hervorragenden Panorama stets vor Augen – und durchqueren auf nördlicher Seite Privatland, das wir am **Abzweig »Lochmara Lodge«** ❹, 190 m, wieder verlassen. Wir bleiben hier auf unserem Weg und kehren geradeaus zur Kammhöhe zurück, über die wir nach 20 Min. erneut auf eine **Abzweigung** ❺ treffen (Schild »Hilltop Lookout«). Dieser halbstündige Abstecher zu

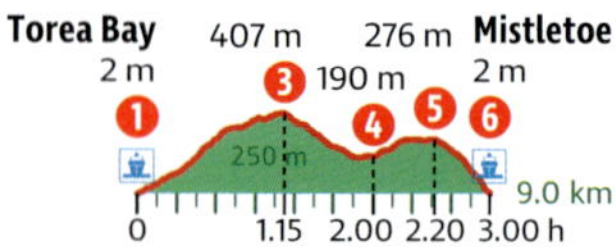

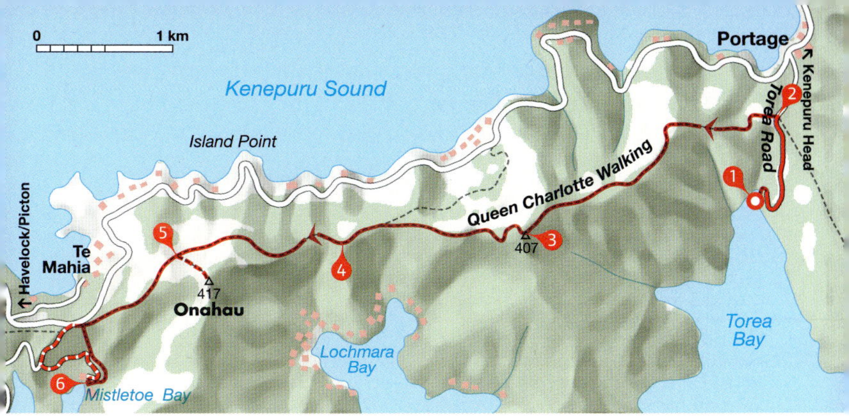

einem Aussichtspunkt am Onahau Lookout gehört zum Pflichtprogramm! Wir gehen weitere 20 Min. zu einer Gabelung hinab, an der wir uns nach links in Richtung Mistletoe Bay wenden (Schild »James Vogel Walk«). Ein schmaler und stark verwurzelter, durch Pfeile markierter Pfad windet sich den mit spärlichen Buchen bestandenen Kamm hinunter und bildet einen auffälligen Kontrast zum üppigen Küstenwald. 20 Min. später – an einem Abzweig rechts zur Straße halten wir uns links – gelangen wir durch ein Gatter zum DOC Campingplatz in der **Mistletoe Bay** 6, 2 m, einer kleinen, verschwiegenen und idyllischen, sehr grünen Bucht. Wenn nur diese aufdringlichen Enten hier nicht wären!

Blick vom Bergkamm auf Picton.

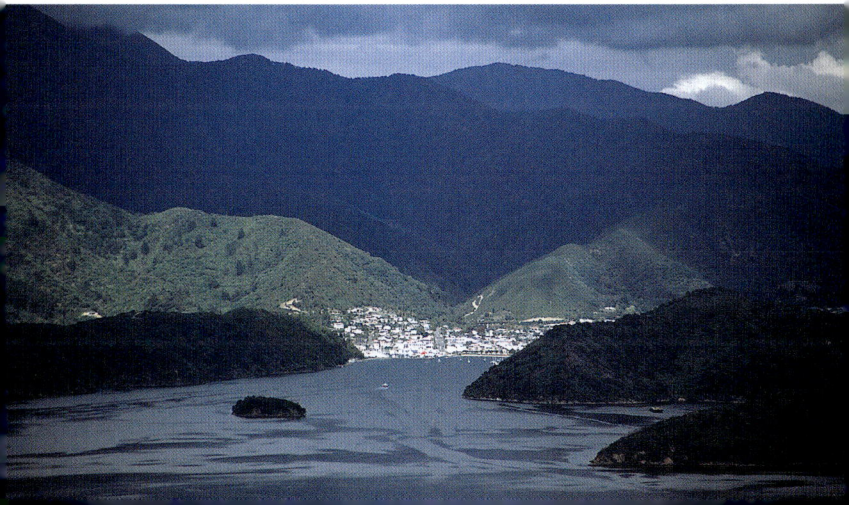

↗ 660 m | ↘ 660 m | 7.0 km

28 Mount Stokes, 1204 m

4.30 h

Aufregende Waldwanderung auf den höchsten Gipfel der Marlborough Sounds

Moosbehangene Baumriesen und eine wilde Regenwaldvegetation begleiten uns beim fast dreistündigen Aufstieg durch den reichhaltigen Farn- und Buchenwald zum höchsten Punkt der Marlborough Sounds. Immer wieder dringen Sonnenstrahlen durch das dichte Blätterdach und zaubern im Wald eine märchenhafte Stimmung. Der Gipfel belohnt uns für unsere Anstrengung mit atemberaubenden Blicken auf das unmittelbar unter uns liegende Endeavour Inlet und die wunderschönen Marlborough Sounds.

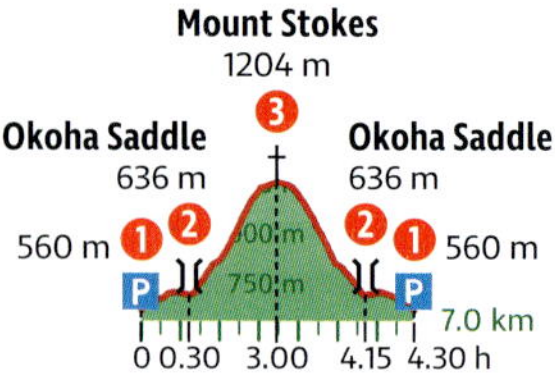

Talorte: Picton, 10 m, Havelock, 10 m.
Ausgangspunkt: Parkplatz an der Kreuzung Titirangi Road/Anakoha Road, 560 m. Erreichbar über den Queen Charlotte Drive bis Linkwater, dort rechts (Kenepuru Road) und am Kenepuru Saddle links (Titirangi Road).
Anforderungen: Aufstieg auf steilen, z. T. anspruchsvollen Waldwegen. Trotz ausreichender Markierungen im Wald ist ein guter Orientierungssinn gefragt.
Einkehr: Keine.
Hinweis: Bitte vor Antritt der Tour unbedingt erkundigen (in den Visitor Centres der Talorte oder auf der Website des DOC, doc.govt.nz), ob die Zufahrt zum Ausgangspunkt möglich ist. Zum Zeitpunkt der Drucklegung war die Kenepuru Road wegen Straßenschäden gesperrt.

Der Beginn der Wanderung befindet sich direkt am **Parkplatz ①**, 560 m. Ein Schild mit der Aufschrift »Mount Stokes Track 5 hr return« weist uns den Weg, und wir betreten den Wald durch ein Tor aus Bäumen und Blättern. Der schmale Pfad ist zunächst sehr eben, und so können wir uns gut an das Wandern über umgestürzte Bäume und das meist feuchte, bei Nässe

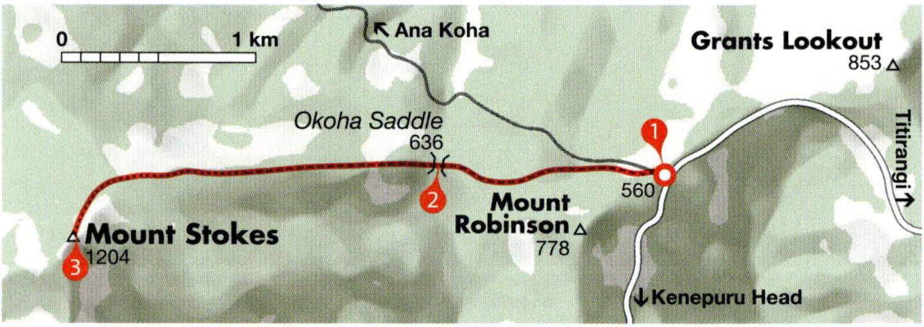

rutschige Wurzelwerk gewöhnen. Ohne es zu merken, gewinnen wir leicht an Höhe und erreichen nach etwa 30 Min. den **Okoha Saddle** 2, 636 m.
Entlang riesiger Rimu- und Kamahibäume, die bis obenhin mit Moos und Farnen überwuchert sind, wird der Weg nun zunehmend steiler. Orangefarbene Dreiecke erleichtern es uns, auf dem richtigen Pfad zu bleiben. Fasziniert von der einzigartigen Kulisse, erscheint uns der Aufstieg im feuchten Klima des Regenwaldes nicht sehr anstrengend, auch wenn wir so manche steile Passage meistern müssen.
Nach etwa 2 Std. Aufstieg (ab Okoha Saddle) erreichen wir an einer kleinen Lichtung links einige große Felsblöcke, die wir links umgehen. Plötzlich lichtet sich der Wald, wir übersteigen einen Drahtzaun und befinden uns auf einem flachen, windumtosten Wiesenplateau, dessen Vegetation nur noch aus Gräsern und Strauchwerk besteht. Als Orientierungshilfe dienen uns nun kleine Steinmännchen, die wegen des felsigen Untergrunds manchmal schwer auszumachen sind.

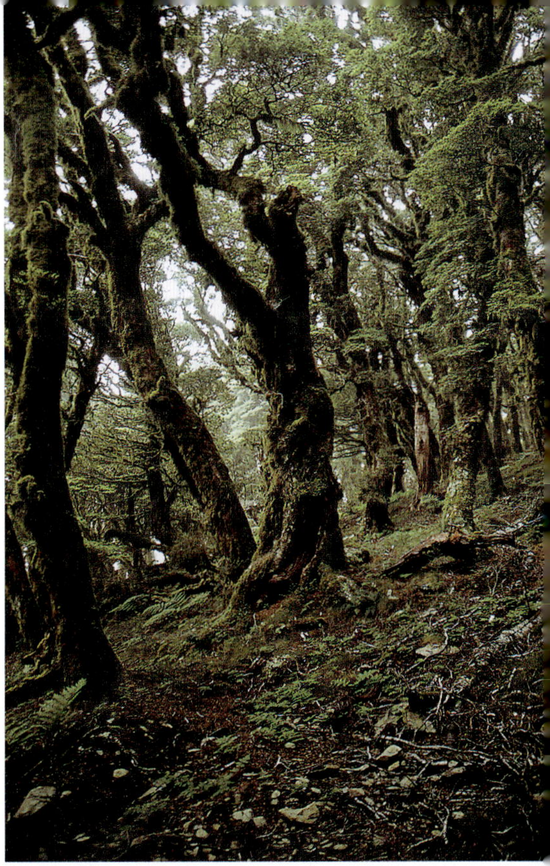

Moose und Flechten überziehen den Buchenwald.

Wir überqueren die flache Gipfelkuppe und erreichen nach etwa 30 Min. und einem weiteren Drahtzaun (Vorsicht, Strom!) unser Ziel, den Gipfel des **Mount Stokes** 3, 1204 m. Mit etwas Glück sind neben dem grandiosen Ausblick auf die Marlborough Sounds sogar Mount Taranaki und die drei Vulkane des Tongariro-Nationalparks auf der Nordinsel zu erkennen.
Der Abstieg erfolgt auf dem Anstiegsweg.

↗ 1180 m | ↘ 1180 m | 45.9 km

29 Abel Tasman Coast Track

4 Tage

Paradiesische Küstenwanderung entlang der schönsten Strände

Kein anderer Küstenwanderweg Neuseelands reiht solch herrliche, türkisgrüne Lagunen und goldfarbene Sandbuchten wie Perlen aneinander: An den südseeähnlichen, mit bizarren Granitfelsen geschmückten Sandstränden brechen sich kristallklare Wellen. Riesige, sattgrüne Farnbäume und Nikaupalmen beschatten die goldgelben Traumstrände und verleihen dem Track ein tropisches Flair. Letztlich sorgt auch das sonnige Klima dafür, dass der Abel Tasman Coast Track zu einem der populärsten Wanderwege Neuseelands geworden ist.

Ausgangspunkt: Totaranui, 5 m. Erreichbar von Takaka (32 km) per Auto (bei schlechtem Wetter nur mit Vierradantrieb) oder Wasser-Taxi von Marahau (z. B. »Aqua Taxi«, Tel. 0800 278 282, aquataxi.co.nz, Fahrzeit 1.30 Std.). Es gibt auch mehrere Anbieter für private Shuttlebusse.
Endpunkt: Marahau, 5 m. Es besteht Busverbindung nach Motueka.
Anforderungen: Leichte Küstenwanderung auf gemütlichen, meist breiten Wegen mit mäßigem Auf und Ab. Planung erforderlich für die Wattdurchquerungen: nur bei Niedrigwasser möglich!
Unterkunft: Übernachtung in 3 Hütten (Great Walk) oder Zeltübernachtung auf 18 vorhandenen Zeltplätzen. Zwischen Okt. und April vorherige Anmeldung und Buchung für Hüttenbenutzer bzw. Kauf eines Great Walks Passes für Zelter erforderlich (im DOC Visitor Centre in Motueka, Tel. 03 528 1810 oder online).
Einkehr: Keine.
Varianten: 1. Zahlreiche Abstecher zu Wasserfällen oder in geschützte Badebuchten sind möglich. – 2. Die Dauer der Wanderung kann beliebig variiert werden (aber: 2 Nächte maximaler Aufenthalt an einem Platz). Bei Inanspruchnahme eines Wassertaxis, das die gewünschten Plätze anfährt, sind verschiedene Kombinationen, auch Tagestouren, in alle Richtungen möglich. – 3. Kombinationsmöglichkeit mit dem Abel Tasman Inland Track. – 4. Erweiterung von Totaranui zur nördlichen Wainui Bay (kompletter Track): Abstecher zum Separation Point lohnenswert. Bei der Durchquerung des Wainui Inlet zum Parkplatz Gezeiten beachten. Alternativ Weg über Gibbs Hill zurück nach Totaranui. Übernachtung in der Whariwharangi Hut oder auf den 3 Zeltplätzen (zusätzlich etwa 4 Std. bis Parkplatz, gesamte Runde über Gibbs Hill etwa 7 Std.).
Hinweise: Die Durchquerung des Awaroa Inlet ist aufgrund fehlender Alternativen nur bei Ebbe möglich (bis zu 2 Std. vor und nach Niedrigwasser) und erfordert entsprechende Planung. An der Torrent Bay und Bark Bay existieren Alternativrouten durch das Hinterland, für die allerdings ein Umweg von mindestens 1 Std. eingeplant werden muss. Für die Durchquerung der Wattflächen (Muschelbänke) empfiehlt sich die Mitnahme von Sandalen.
Tipp: Im Sommer ist der Weg oft überlaufen. Dann ist es besser, die Hütten zu meiden und das Zelt mitzunehmen oder außerhalb der Hochsaison (März–Mai) zu gehen. Wer weniger Zeit hat, sollte das Teilstück von Totaranui bis Awaroa oder den nördlichen Teil des Abel Tasman Coast Track zur Wainui Bay wandern. Dies ist die schönste Strecke mit den besten Stränden und einer dramatischen Küste um den Separation Point (Variante 4).

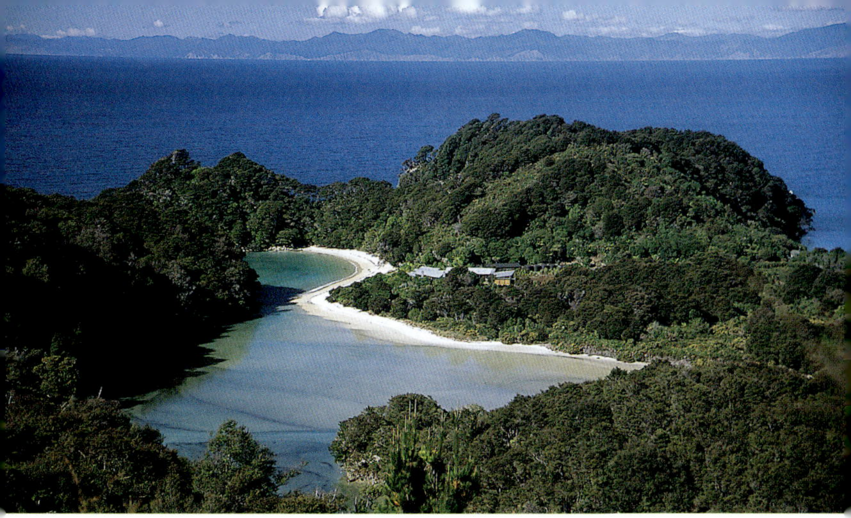

Der Weg verläuft entlang der schönsten Strände Neuseelands, hier die malerische Frenchman Bay.

1. Tag: Wir gehen am Visitor Centre in **Totaranui** ❶, 5 m, in südliche Richtung über den Campingplatz und folgen an dessen Ende einem Weg in den Manukawald. Entlang dem Totaranui Beach und über einen Aussichtspunkt oberhalb des **Skinner Point** ❷ gelangen wir in die Goat Bay. Am Ende des Sandstrandes, am **Ratakura Point** ❸, steigen wir über Stufen erneut in den Wald hinein und erreichen 15 Min. später die nächste verträumte Meeresbucht – hier an einer orangefarbenen Markierung rechts in den Wald. Nun erwartet uns das schönste Stück des Regenwaldes mit seinen riesigen Farnbäumen und üppigen Grasbäumen.
An einer Rechtsabzweigung zur Awaroa Road gehen wir geradeaus weiter (Tafel »Awaroa«) und treffen 20 Min. später – der Wald lichtet sich – auf die Ufer des Awaroa Inlet. Bei Niedrigwasser queren wir in etwa 25 Min. die breite Wattfläche mit ihren schönen Muschelbänken zur gegenüberliegenden **Awaroa Hut** ❹, 5 m.
2. Tag: Auf einem Sandweg geht es nun am Zeltplatz vorbei zum Sawpit Point und weiter entlang der Awaroa Bay bis zu einer orangefarbenen Markierung, an der wir uns rechts halten (Tafel »Bark Bay«). Der Weg führt bald wieder in den Wald hinein, steigt über die Küstenhügel – an einer Weggabelung geradeaus weiter – zum **Tonga Saddle** ❺ an und beschert uns dabei fantastische Ausblicke. Wir wandern an einem Sumpfgebiet entlang und mit dem Lauf des Richardson Stream zum Beginn des **Onetahuti Beach**, einem paradiesisch schönen Sandstrand mit Südseecharakter. Hier überqueren wir den Gezeitenfluss über eine Swingbridge und gelangen in

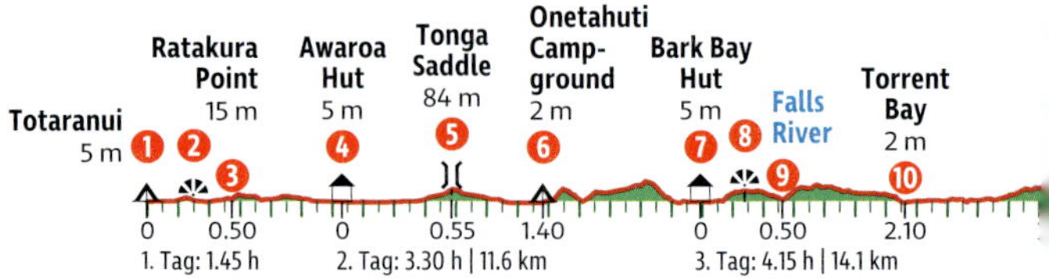

weiteren 15 Min. an das Ende der Bucht, an dem der **Onetahuti Campground** 6, 2 m, liegt. Mit einem Traumblick auf Tonga Island, auf deren Granitfelsen unzählige Pelzrobben und manchmal auch Pinguine zu sichten sind, lohnt es sich, ein wenig zu verweilen.
Wir verlassen die Bucht an einer orangefarbenen Markierung, an der uns unser Weg durch den satten Farnwald und mit einem herrlichen Blick auf die Marlborough Sounds in 15 Min. zu einem früheren Steinbruch, dem Tonga Quarry, führt. Zwischen den mächtigen Granitblöcken wandern wir wieder in den mit riesigen Bäumen ausgestatteten Manukawald hinein und erreichen nach weiteren 50 Min. eine Gabelung. Bei Niedrigwasser gehen wir geradewegs zur **Bark Bay Hut** 7, 5 m, bei Hochwasser wählen wir den rechten Weg, der an einem schönen Wasserfall vorbeiführt, und umrunden die Bark Bay bis zu einer Abzweigung, an der linker Hand ein Pfad zur Hütte abgeht.
3. Tag: An dieser Abzweigung gehen wir nun aber Richtung »Anchorage« entlang der bewaldeten Küste weiter. Der Weg führt zum südlichen Ende der Bark Bay – an einer Abbiegung zu einem Zeltplatz vorbei – und steigt zu einem Aussichtspunkt, dem **South Head** 8, an. Kurz darauf gehen wir an einer Linksabzweigung zum Falls River Mouth geradeaus weiter, queren den **Falls River** 9 über eine breite Swingbridge, steigen durch Rimuwald zu einem niedrigen Sattel an und gelangen schließlich über zwei verschwiegene Flüsse in die **Torrent Bay** 10, 2 m. Hier folgen wir den orangefarbenen Markierungen, die uns den Weg über die privaten Grundstücke weisen, bis wir linker Hand auf eine Wattfläche treffen.

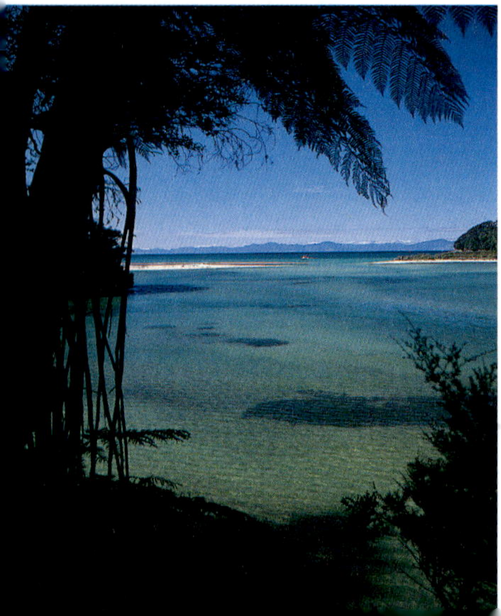

Meterhohe Farnbäumee und kristallklares Wasser machen den Abel Tasman Coast Track aus.

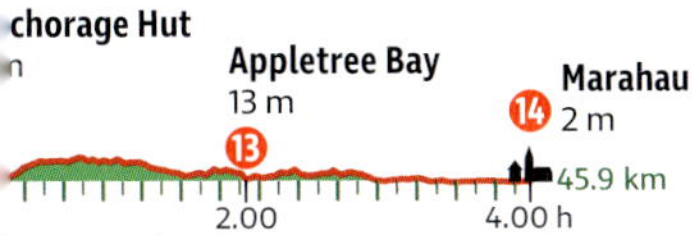

Tag: 4.00 h | 13.8 km

Bei Niedrigwasser können wir sie in 30 Min. zu ihrem südlichen Ende queren und von dort über einen kleinen Kamm zur Anchorage Hut gelangen. Bei Hochwasser verläuft der Weg knapp 1.15 Std. geradeaus bis zu einer **Weggabelung** ⑪. Dort geht es in 15 Min. links zur **Anchorage Hut** ⑫, 5 m, hinunter, die am Ende eines breiten Paradiesstrandes steht.

4. Tag: Für unseren Weiterweg wenden wir uns an der **Gabelung** ⑪ in Richtung »Marahau«. Der Hauptweg erstreckt sich nun hoch oberhalb der Küste durch den Buchenwald und führt an einer Abzweigung zum Inland Track vorbei. Wer mag, steigt an einem der zahlreichen Seitenpfade in eine stille Bucht hinab. Im weiteren Verlauf überquert unser Weg den Lesson Creek, führt an der Abzweigung in die **Appletree Bay** ⑬ und an weiteren kleinen Buchten und Zeltplätzen vorbei, passiert erneut eine Abzweigung zum Inland Track und fällt schließlich zu den Wattflächen von Marahau ab. Über Holzstege gelangen wir zum Parkplatz und einem Informationskiosk. Von dort sind es noch 5 Min. bis zur Geschäftsstelle des Wassertaxis in **Marahau** ⑭, 2 m.

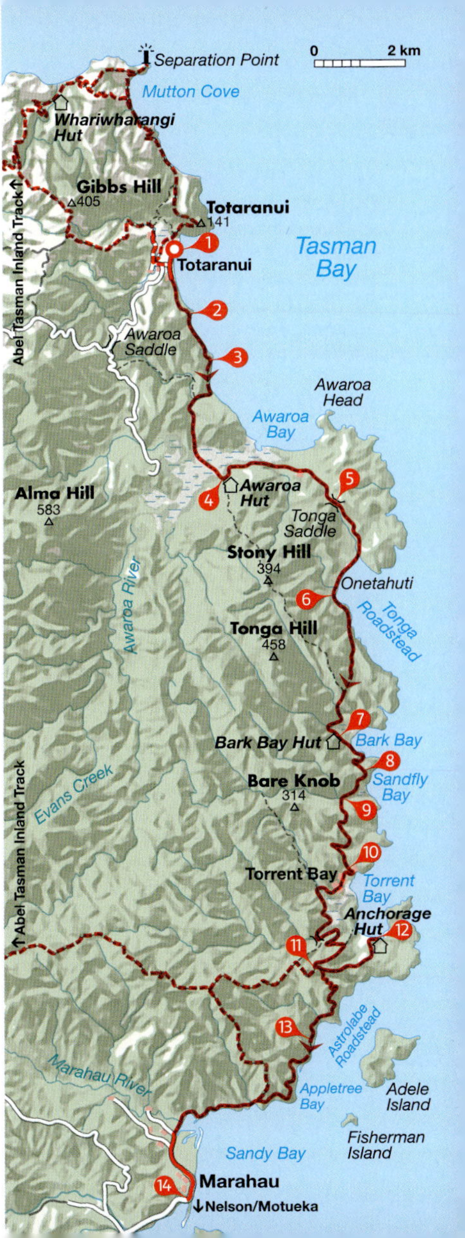

↗ 840 m | ↘ 840 m | 17.1 km

30 Mount Arthur, 1795 m

6.45 h

Wildromantischer Panoramagipfel mit sportlichen Einlagen

Die nicht alltägliche Wald- und Kammwanderung führt uns durch eine der spektakulärsten Marmor- und Karstlandschaften Neuseelands, in der die Gipfel aus kristallinem, aus Kalkstein ausgehärtetem Marmor entstanden sind. Am abenteuerlichen Aussichtsgipfel des Mount Arthur befindet sich das tiefste und komplexeste Höhlensystem Neuseelands mit unzähligen noch unerforschten Schächten und Höhlengängen. Dies und all die zahlreichen ausgefallenen Felsformationen entlang des aussichtsreichen Abschnittes oberhalb der Baumgrenze machen diesen Berg zu etwas ganz Besonderem!

Talorte: Motueka, 10 m, Nelson, 20 m.
Ausgangspunkt: Flora-Parkplatz am Ende der Graham Valley Road, 960 m. Erreichbar von Nelson über den SH 6 bis Wakefield, dort Richtung Pokororo. In Woodstock links über den Motueka River, hinter der Brücke rechts in die West Bank Road (beschildert: »Mt. Arthur Track«). Am Graham River links in die Graham Valley Road, nun gut 10 km steile Schotterpiste bis zum Parkplatz am Straßenende (auf den letzten 4 km eine Höhendifferenz von 820 m, Vorsicht bei entgegenkommenden Fahrzeugen). Erreichbar von Motueka auf dem SH 61 bis Ngatimoti, hier rechts über den Motueka River zur West Bank Road. Bustransfer von Motueka oder Nelson aus möglich, (z. B. »Trek Express«, Tel. 0800 128 735, trekexpress.co.nz).
Anforderungen: Bis Mt. Arthur Hut einfache Waldwanderung auf breitem Weg, danach zunehmend felsige Kammwanderung. Im Gipfelbereich gegenüber dem restlichen Weg steiler und anspruchsvoller, z. T. leichte Kraxelei, die Trittsicherheit voraussetzt. Aufgrund der Länge nur für konditionsstarke Wanderer geeignet. Der besonders in Gipfelnähe ausgesetzte Grat sollte nicht bei Nebel begangen werden!
Unterkunft: Hüttenübernachtung in der Mt. Arthur Hut (Serviced) möglich.
Einkehr: Keine.
Varianten: 1. Abstieg von Mt. Arthur Hut über Flora Hut zum Parkplatz. – 2. Vom Gipfel Erweiterungsmöglichkeit über den Ellis Track zur Ellis Basin Hut.
Hinweis: Es befinden sich zahlreiche Senkgruben und versteckte Schächte abseits des Weges, daher unbedingt auf dem Weg bleiben!

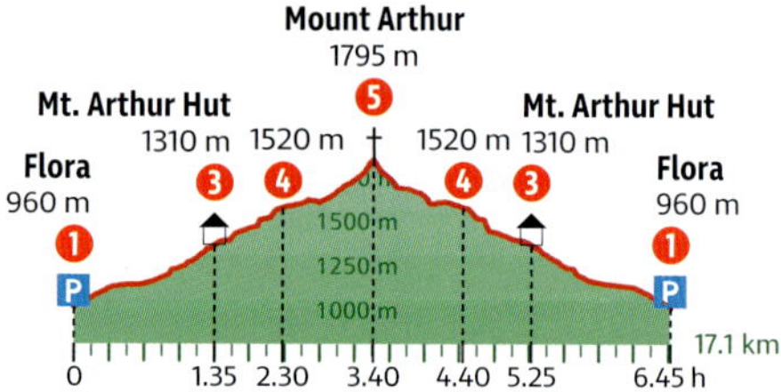

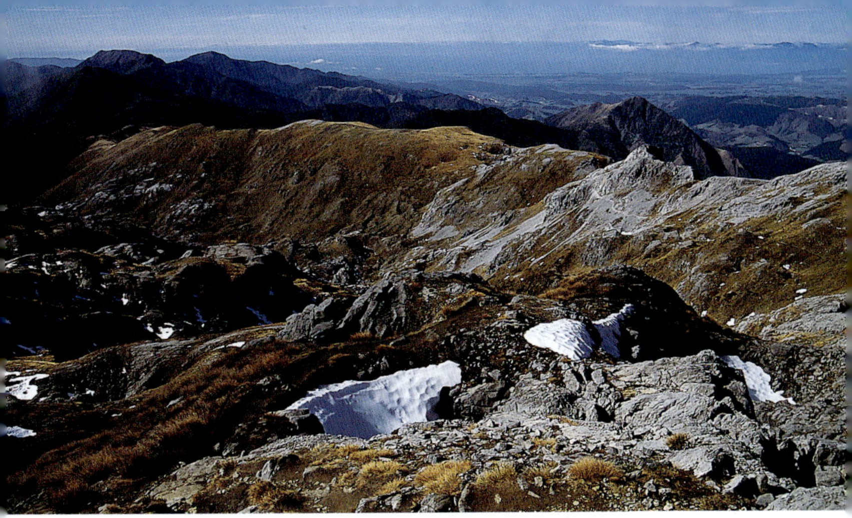

Der Pfad führt durch ein Labyrinth aus Karst und Marmor oberhalb des Horseshoe Basin.

Am **Flora-Parkplatz** ❶, 960 m, gehen wir durch das Holzgatter und folgen dem breiten Schotterweg. Nach 10 Min. biegen wir am **Flora Saddle** ❷ links ab (Tafel »Mt. Arthur«) und wandern gemütlich bergan. Herrlich hohe Grasbäume und Flachs mischen sich mit zauberhaftem Buchenwald, in dem die Äste voller Flechten hängen. Der Waldweg wird kurzzeitig ebener, um sich schließlich zur **Mt. Arthur Hut** ❸, 1310 m, unmittelbar unterhalb der Baumgrenze hinaufzuwinden. Nun folgen wir dem aufwärtsführenden Wiesenkamm, der zwischenzeitlich wieder etwas abflacht und dann zum **Abzweig Tablelands** ❹, 1520 m, ansteigt – hier geradeaus weiter. Für die nächsten 20 Min. verläuft der Pfad über den weitläufigen Wiesenhang und an einigen Felslöchern und steilen Klippen vorbei, wird dann zunehmend felsiger und steigt schließlich über losen Schotter und Schrofen steil an (Markierung durch Metallstangen). Rechts unter uns liegt das Horseshoe Basin, ein Marmorbecken mit zahlreichen Höhlengängen, tiefen Löchern und bizarren Felsformationen, von denen einige an Stapel von Pfannkuchen erinnern. Man staunt über die vielen Schichten und Faltungen im sonst so kargen Fels.

Unser Pfad windet sich durch diese skurrile, wundersame Geröll-, Fels- und Wiesenlandschaft und stößt, mal auf-, mal abwärtsführend, in knapp einer Stunde (ab Abzweig Tablelands) auf eine Weggabelung (links »Ellis Basin Hut«). Hier gehen wir geradeaus weiter und umrunden das vor uns liegende Becken über einen Wiesenhang. Nun beginnt der äußerst steile und teils ausgewaschene Fels- und Wiesenanstieg am eigentlichen Gipfelaufbau. Das letzte Stück ist das steilste: Über ausgesetzten Fels und Karstlöcher

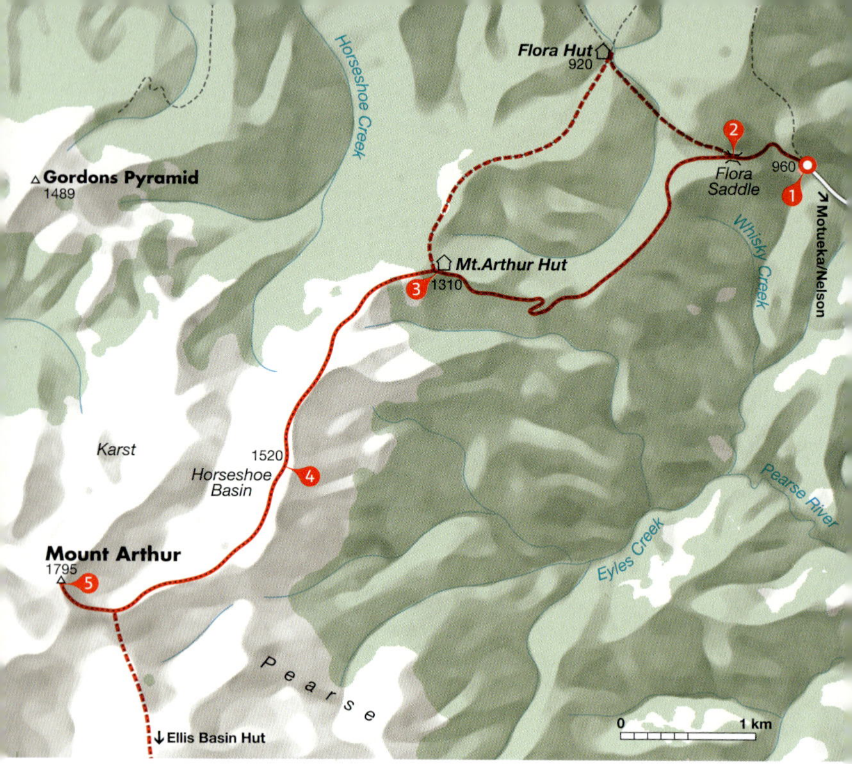

kraxeln wir zur Gipfelkuppe hinauf, auf der sich zwei Metallstangen befinden. Hier wenden wir uns nach rechts und erreichen 5 Min. später am höchsten Punkt des **Mount Arthur** ❺, 1795 m, eine windgeschützte Steinmauer. In alle Richtungen erwartet uns ein unvergesslicher Panoramablick über zahlreiche Täler, grüne Höhen-rücken und weit entfernte Bergspitzen. An klaren Tagen reicht die Sicht über Nelson Bay und Farewell Spit bis hin zum alles überragenden Mount Taranaki auf der Nordinsel! Auf demselben Weg gelangen wir zurück zu unserem **Ausgangspunkt** ❶.

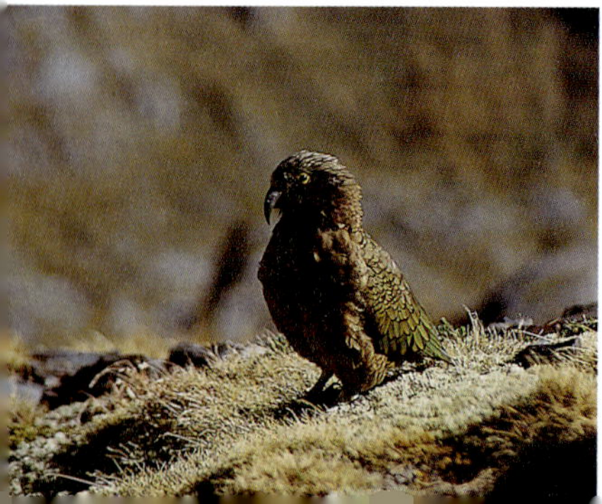

Neugieriger Kea auf dem Track.

2 Tage

Tablelands Circuit

Wildromantische Zweitagestour mit überraschenden Highlights

Schon allein die Anfahrt über die enge, steile Schotterpiste und die asphaltierten »Schienen« ist ein Abenteuer für sich! Herrlich abwechslungsreich und wildromantisch zieht uns dann eine magische Karst- und Marmorlandschaft in ihren Bann. Bei dieser geheimnisvollen Wanderung durch enge Felsschluchten, durch schaurig-verwunschene Nebelwälder, über aussichtsreiche Gipfel und Bergkämme, die wie mit grünem Samt überzogen scheinen, sorgen einige überraschende Highlights für außergewöhnliche Abwechslung. Wenn nun noch Nebel über Neuseelands tiefstem Höhlensystem aufzieht, ist der märchenhafte Zauber komplett!

Talorte: Motueka, 10 m, Nelson, 20 m.
Ausgangspunkt: Flora-Parkplatz am Ende der Graham Valley Road, 960 m. Erreichbar von Nelson über den SH 6 bis Wakefield, dort Richtung Pokororo. In Woodstock links über den Motueka River, hinter der Brücke rechts in die West Bank Road (beschildert: »Mt. Arthur Track«). Am Graham River links in die Graham Valley Road, nun gut 10 km steile Schotterpiste bis zum Parkplatz am Straßenende (auf den letzten 4 km eine Höhendifferenz von 820 m, Vorsicht bei entgegenkommenden Fahrzeugen). Erreichbar von Motueka auf dem SH 61 bis Ngatimoti, hier rechts über den Motueka River zur West Bank Road. Bustransfer von Motueka oder Nelson aus möglich, z. B. (»Trek Express«, Tel. 0800 128 735, trekexpress.co.nz).
Anforderungen: Vom Flora-Parkplatz bis Salisbury Lodge sowie von Mt. Arthur Hut bis Flora-Parkplatz einfache Waldwanderung auf gemütlichen Wegen. Sonst überwiegend Wiesen- und Waldpfade mit einigen steilen Kraxelstellen, die Trittsicherheit erfordern. Die Kammwanderung, v.a. wegen der Senkgruben, Schlaglöcher und versteckten Höhlen im Horseshoe Basin, nicht bei Nebel begehen!
Unterkunft: In der Salisbury Lodge (Serviced) oder in einem der natürlichen Shelter – herrliche Plätze für eine abenteuerliche Nacht im Freien (Basic, Biwak).
Einkehr: Keine.
Varianten: 1. Schlechtwetteralternative: Auf der Gordons Pyramid oberhalb der Baumgrenze links abbiegen, um über Cloustons Mine zurück zum Flora Stream zu kommen. – 2. Kombinationsmöglichkeit mit Tour 30. – 3. Ausdehnung auf 3 Tage mit Übernachtung in der Mt. Arthur Hut (Serviced). – 4. Erweiterung ins Cobb Valley oder ab Salisbury Lodge weiter auf dem Leslie Karamea Track (5-Tages-Tour).
Hinweis: Zahlreiche Senkgruben und versteckte Schächte abseits des Weges, daher unbedingt auf dem Weg bleiben!

1. Tag: Von einem Holzgatter am **Flora-Parkplatz** ❶, 960 m, ausgehend führt ein breiter Schotterweg in 10 Min. zum **Flora Saddle** ❷, an dem links ein Weg zum Mount Arthur ansteigt. Wir gehen aber geradeaus und gelangen 15 Min. später zur **Flora Hut** ❸, 920 m, die sich auf einer kleinen Wiesenfläche im Flora Valley befindet. An der Hütte rechts vorbei (»Flora Track to Takaka Valley«) wandern wir auf breitem Waldweg oberhalb des Flora

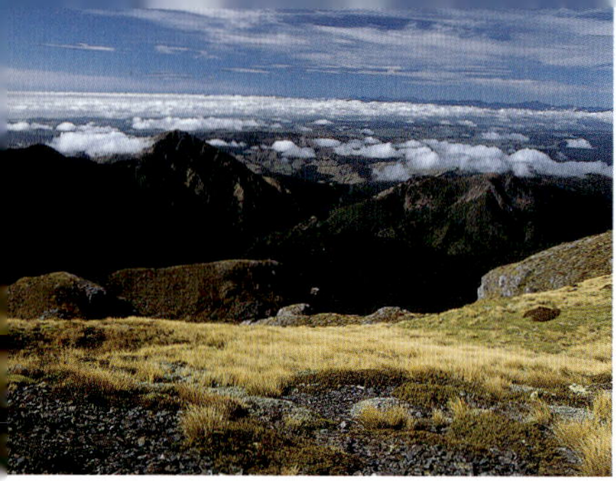

Beständiger Fernblick vom Bergkamm.

Stream, überqueren 50 Min. später den Horseshoe Creek auf einer schmalen, wackeligen Swingbridge und passieren einen Seitenpfad zur Gordons Pyramid (Variante 1). Nach weiteren 10 Min. erreichen wir an einem hölzernen Torbogen Gridiron Gulch, wo wir zwei abenteuerliche Felsüberhänge, die **Gridiron Shelter** **4**, 820 m, vorfinden. Ein Pfad steigt links zum ersten, dem Upper Dry Rock, empor. Auf unserem Weg weiter geradeaus gelangen wir zum Lower Dry Rock, einem Felsbiwak unter zwei riesigen, mit Moosen und kleinen Farnen bewachsenen Kalksteinfelsen. An einem kleinen Wasserfall unmittelbar dahinter kreuzt unser Weg den dahinplätschernden Gridiron Creek über eine wackelige Swingbridge und wird bald schmaler. Gut 15 Min. später gehen wir am Seitenweg ins Takaka Valley vorbei und passieren nach weiteren 30 Min. den Unterstand Growler Camp am Growler Creek. Wir steigen beständig, jedoch gemütlich an, bis sich 30 Min. später plötzlich der geheimnisvolle Rotbuchenwald lichtet. Über Tussockwiesen wandern wir zur nächsten Abzweigung, an der uns ein zehnminütiger, lohnenswerter Abstecher zum Rock Shelter oder **Dry Rock Camp** **5**, 1080 m, bringt – wer mag, verbringt eine abenteuerliche Nacht auf dem erhöhten Matratzenlager unter dem üppig bewachsenen Felsüberhang. Alle anderen folgen an der Abzweigung dem markierten Wiesenpfad Richtung »Salisbury Lodge« und halten sich an der nächsten Abzweigung links. Wir wandern an der kurz darauf folgenden Wegkreuzung (unsere Route für den nächsten Tag) geradeaus und erreichen die **Salisbury Lodge** **6**, 1130 m, eine urige Berghütte mit Luxus-Toilette und einem herrlichen Blick auf die Arthur Range!

2. Tag: Am nächsten Tag gehen wir zur Wegkreuzung (Schild »Gordons Pyramid«) zurück und biegen rechts ab. Der Pfad führt allmählich in den Silberbuchenwald hinein, der bei Nebel wie ein schaurig-verwunschener Märchenwald wirkt: Niedriger Flachs, moosbewachsene Stämme, blauviolette Pilze und seltsam verwachsene Felsformationen säumen den schlammigen Untergrund. Wir wandern an tiefen Felslöchern und Schächten vorbei und steigen sehr steil hinauf, bis wir den Wald schließlich wieder verlassen. Die nächsten 30 Min. bringen uns – an einem Linksabzweig geradeaus – weglos über ausgedehnte Tussockgrashänge zum Gipfel der **Gordons Pyramid** **7**, 1489 m, an dem uns ein ergreifender Blick auf dicht bewaldete Täler und zauberhafte grüne Höhenrücken, zwischen denen sogar die schmale Küstenlinie von Farewell Spit sichtbar wird, erwartet. Wir folgen dem breiten Wiesenkamm, der zunächst leicht abfällt, in südöstliche Richtung und wühlen uns nach etwa 35 Min. durch felsdurchsetztes Gestrüpp einen steilen,

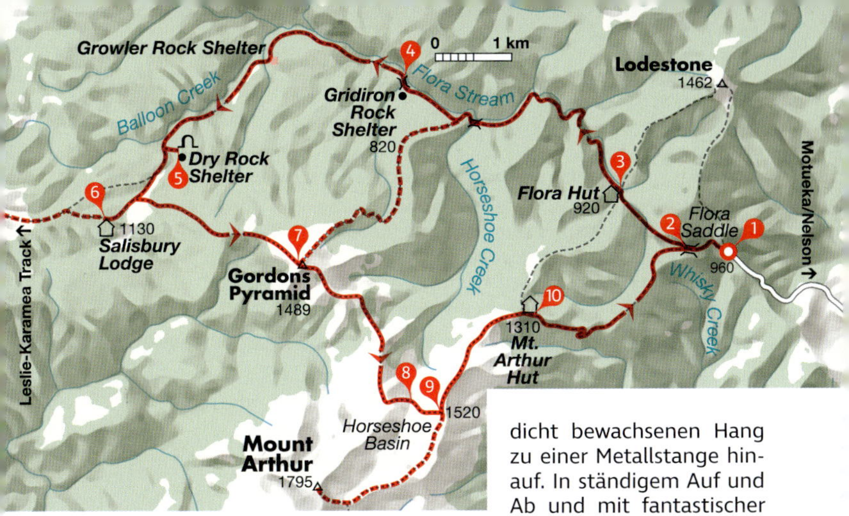

dicht bewachsenen Hang zu einer Metallstange hinauf. In ständigem Auf und Ab und mit fantastischer Sicht wandern wir weiter über den Bergkamm, bis sich das bezaubernde Landschaftsbild schließlich in eine dramatische Karst- und Marmorlandschaft wandelt: Überall stoßen wir auf tiefe Höhlen, steile Klippen, natürliche Felsbrücken, Schlucklöcher und kuriose Felsformationen – wir durchqueren ein Marmorbecken, das **Horseshoe Basin** 8. Neuseelands tiefstes Höhlensystem, die 889 m tiefe und 23 km lange Nettlebed Cave, liegt unter unseren Füßen!

Auf der anderen Seite des Beckens steigen wir zum Kamm hinauf und erreichen den **Abzweig Mount Arthur** 9, 1520 m. Hier wenden wir uns nach links (Schild »Mt. Arthur Hut«) und folgen dem Wiesenpfad in nördliche Richtung bis zur **Mt. Arthur Hut** 10, 1310 m, die sich knapp unterhalb der Baumgrenze befindet. Nun führt uns ein breiter, von Grasbäumen gesäumter Weg durch den Buchenwald bergab und nach weiteren 50 Min. – an einer großen Abzweigung rechts – zum **Flora-Parkplatz** 1 zurück.

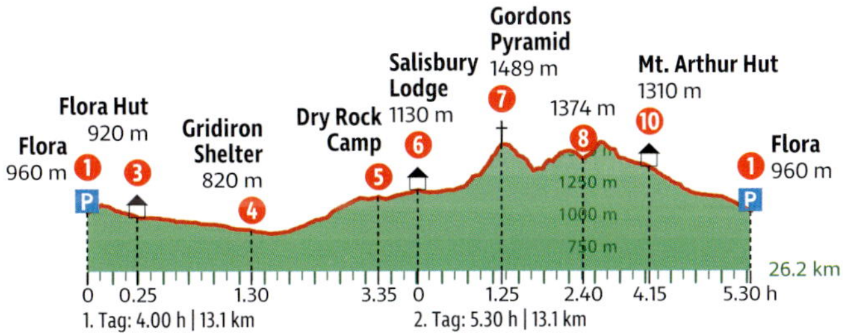

↗ 600 m | ↘ 600 m | 9.1 km

3.30 h

32 Mount Robert, 1421 m

Grandiose Aussichts- und Gipfelrundwanderung

Die abwechslungsreiche Rundwanderung über die aussichtsreiche Gipfelkuppe des Mount Robert eröffnet uns fantastische Blicke auf den unter uns in seinem bewaldeten Becken liegenden See Rotoiti. Dazu genießen wir in jeder Himmelsrichtung die Schau auf fast endlose Ketten von Gipfeln und grünen Bergkämmen.

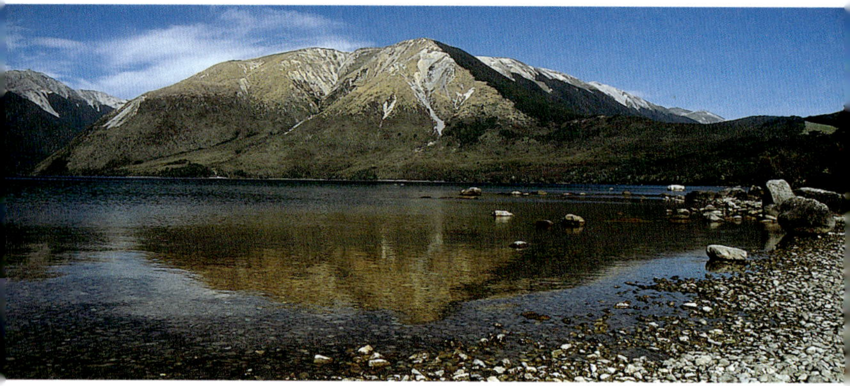

Mount Robert spiegelt sich im glasklaren Wasser des Lake Rotoiti.

Talort: St. Arnaud, 630 m.
Ausgangspunkt: Parkplatz am Ende der Mt. Robert Road, die etwa 2 km westlich von St. Arnaud von der Hauptstraße (SH 63) abzweigt, 880 m.
Anforderungen: Bis Mount Robert steiler Anstieg, dann gemütlich auf schmalen, jedoch meist gut ausgebauten Pfaden.
Einkehr: Keine.

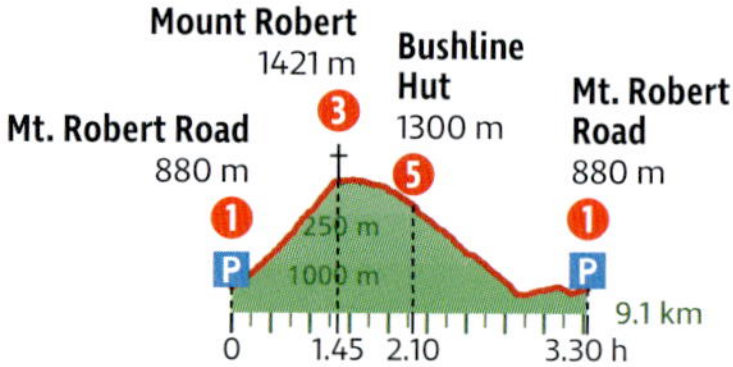

Wir folgen dem breiten Waldweg, der vom **Parkplatz** ❶, 880 m, am Ende der Mt. Robert Road in den Buchenwald aufsteigt (am Schild »Speargrass Track« links hoch). Für die nächsten 1.30 Std. geht es nun in steilen Serpentinen beständig bergauf. Immer mal wieder zweigt der Weg aus dem Wald heraus, und wir genießen hervorragende Blicke auf Lake Rotoiti und die dunkelgrünen Bergkämme der St. Arnaud Range. Mit Erreichen des **Bushedge Shelter** ❷ haben wir schließlich auch die Baumgrenze hinter uns

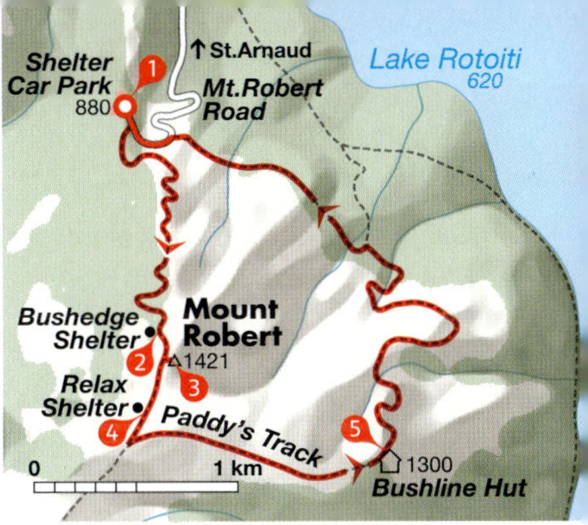

gelassen. Nun ist es nicht mehr weit bis zum höchsten Punkt, der sich direkt über uns befindet. Wir zweigen an den Holzplanken am Wegesrand links auf das Wiesenplateau ab, auf dem ein Steinhaufen den Gipfel des **Mount Robert** 3, 1421 m, markiert. Der Blick auf das gewaltige Massiv der St. Arnaud Range ist überwältigend und schweift unglaublich weit über die grünen, bewaldeten Hügel bis hin zu den entfernten Bergen des Kahurangi-Nationalparks!

Zurück auf unserem Weg gehen wir weiter bergan, gelangen 5 Min. später zum **Relax Shelter** 4 und stoßen kurz darauf auf den Abzweig zum Paddy's Track. Hier biegen wir links ab und wandern gemütlich, mit einem fantastischen Blick, über einen ausgedehnten Wiesenhang mäßig steil bergab. Gut 20 Min. später führt uns der Weg an einem Unterstand links vorbei, um dann in weiten Serpentinen – für kurze Zeit im Wald – zur **Bushline Hut** 5, 1300 m, abzusteigen.

Auch für die nächste halbe Stunde windet er sich über Tussockgrashänge mit beständiger Aussicht auf Lake Rotoiti leicht bergab. Dann wird die Vegetation allmählich buschiger, durch Manuka- und Bergbuchenwald gelangen wir in weiteren 25 Min. zu einem Abzweig. Wir wählen den linken Weg (»Mt. Robert car park«) und wandern auf schmalem Pfad weiter, der unterhalb von Mount Robert durch den Wald führt, um dann zwei kleinere Geröllrutschen zu queren. Gut 20 Min. nach dem Abzweig treffen wir auf die Mt. Robert Road, etwa 100 m unterhalb unseres Ausgangspunktes, und folgen der Schotterstraße für 5 Min. bergan bis zum **Parkplatz** 1.

Blick vom Mount Robert auf St. Arnaud.

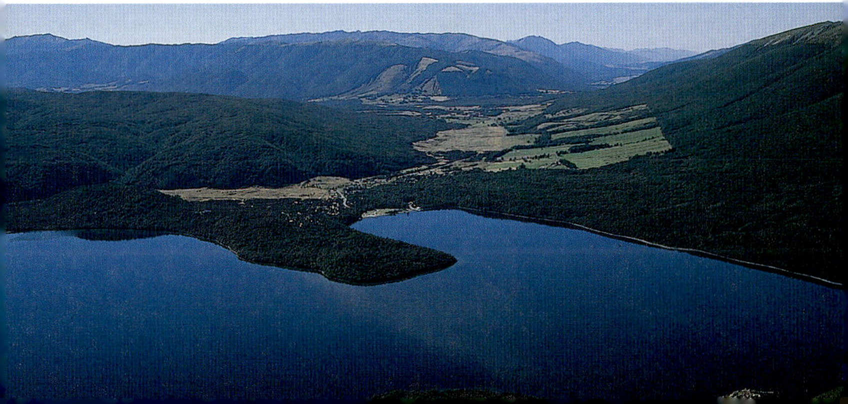

↗ 1370 m | ↘ 1370 m | 37.1 km

33 Angelus Circuit

3 Tage

Genusswanderung über einen zerklüfteten Gebirgsgrat

Abwechslungsreicher kann eine Wanderung kaum sein: Sie empfängt uns mit einem weiten Flusstal, rauschenden Wasserfällen und glänzenden Bergseen. Nach einem anstrengenden Aufstieg in herrlichstes alpines Gelände erwarten uns unvergessliche Ausblicke auf die zu Füßen steiler Geröllhalden liegenden, türkisfarbenen Seen. Der absolute Höhepunkt dieser genussreichen Tour ist jedoch die Gratwanderung auf der zerklüfteten Robert Range – Geröllkraxeln vom Feinsten!

Ausgangspunkt: Parkplatz am Visitor Centre in St. Arnaud, 630 m.
Anforderungen: Bis zum Fuß der Robert Range gemütliche Wald- und Wiesenwanderung mit zwei brückenlosen Flussdurchquerungen (Schwierigkeit abhängig vom Wasserstand. Nach starken Regenfällen lässt sich der Fluss evtl. nicht durchqueren, dann empfiehlt sich Variante 3), danach überwiegend steiler Geröllanstieg. Im Gratbereich weglose, mittelschwere bis anspruchsvolle Geröllwanderung mit leichter Blockkletterei, die absolute Trittsicherheit und etwas Schwindelfreiheit verlangt. Bei schlechtem Wetter (Sturm, Nebel) ist von einer Begehung des steilen Grates abzuraten.
Unterkunft: Hüttenübernachtung in der Lakehead Hut und der Angelus Hut (beide Serviced), Zeltübernachtung ebenfalls möglich. Anmeldung und Buchung für Angelus Hut und Angelus Campsite erforderlich (im DOC Visitor Centre in Nelson, Tel. 03 546 8210, oder online).
Einkehr: Keine.
Varianten: 1. Schlechtwetter-Alternative: Abstieg von der Angelus Hut über Speargrass Creek nach St. Arnaud. – 2. Kombinationsmöglichkeit mit Tour 32. – 3. Von St. Arnaud über die Westseite des Lake Rotoiti und an den 40 m hohen Whisky Falls vorbei zur Coldwater Hut (Standard, 3.30 Std.): von dort in 20 Min. zur Abzweigung (links »Lakehead Hut«, geradeaus »John Tait Hut«). – 4. Verkürzung auf 2 Tage durch eine Fahrt mit dem Wassertaxi von Kerr Bay zur Lakehead Hut oder Coldwater Hut (»Rotoiti Water Taxis«, Tel. 03 521 18 94). – 5. Erweiterung auf 4 Tage mit Abstieg von der Angelus Hut über Sabine Hut ins Sabine Valley, von dort nach St. Arnaud. – 6. Abstecher von der Angelus Hut auf den südlich der Hütte gelegenen Mount Angelus: Die unmarkierte Route führt um das Angelus-Becken zum Sunset Saddle (1 Std.) und dann über einen Felsabbruch zum Gipfel (20 Min.).
Hinweise: Die Route über den Robert-Grat ist extrem ausgesetzt. Bei schlechter Sicht sollte man wieder über den Cascade Track absteigen oder Variante 1 wählen. Falls der Travers River Hochwasser führt und nicht durchwatet werden kann, queren wir ihn über die südlich gelegene Swingbridge und gehen von dort zum Abzweig am Hukere Stream zurück (zusätzlich etwa 45 Min.).

1. Tag: Vom Eingang des Visitor Centre in **St. Arnaud** ❶ (Schild »Path to Kerr Bay and Peninsula Walk«) gehen wir zur **Kerr Bay** ❷, wenden uns auf der Straße in südöstliche Richtung und gelangen über die kleine Brücke zu einem Parkplatz, an dessen Ende ein Wanderweg entlang des bewaldeten Seeufers beginnt (Schild »Lakehead Track«). Während der ersten 30 Min.

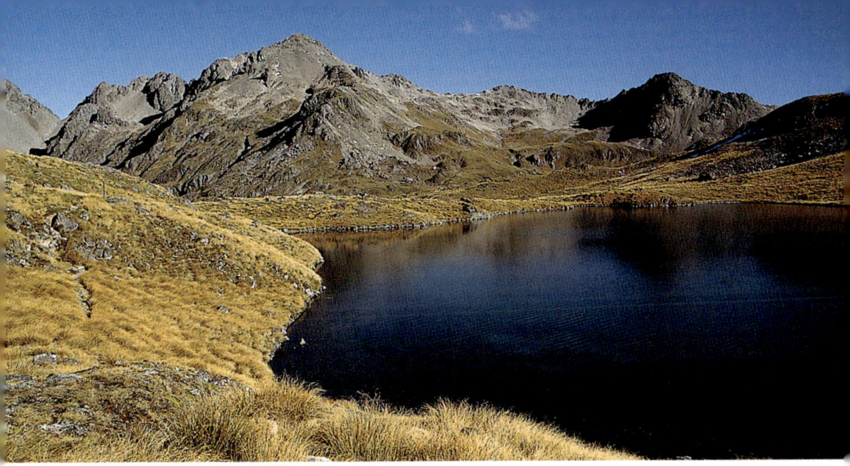

Herrlicher Farbkontrast am Lake Angelus.

passieren wir fünf Abzweigungen, an denen wir uns jeweils rechts halten. Nach etwa 35 Min. erreichen wir eine steinige Lichtung mit einer herrlichen Aussicht auf die nördliche Seehälfte und die vorgelagerte Halbinsel, und eine knappe Stunde später wird der Wald von einer zweiten, breiteren Lichtung unterbrochen, wo wir nun die südliche Hälfte des Sees überblicken. Hier queren wir einen kleineren Fluss, wandern nach weiteren 45 Min. am Landungssteg für Wassertaxis vorbei und gelangen auf einem Wiesenweg zur **Lakehead Hut** ❸, 640 m.

2. Tag: Am nächsten Tag setzt sich der markierte Pfad (Schild »Coldwater Hut«) über die weite Wiesenfläche zum Travers River fort, den wir durchwaten. 25 Min. später – nun auf der westlichen Flussseite – treffen wir auf eine Abzweigung (Variante 3), an der wir uns nach links wenden (Schild »John Tait Hut«). Der Wiesenpfad folgt dem weiten Flusstal des Travers River, bevor er in den Buchenwald eintaucht. Etwas später trifft er auf eine kleine, wackelige Swingbridge, kurz darauf auf eine weitere Swingbridge und damit auch auf den **Linksabzweig zur John Tait Hut** ❹ – hier rechts halten (Schild »Angelus Hut via Hukere Stream«). Nun beginnt der Anstieg durch den dichten Wald, zwischen bemoosten Felsblöcken und flechtenbehangenen Bergbuchen hindurch. Zeitweise sind Pfadspuren erkennbar (Markierung beachten), und wir überqueren ein paar Bäche. 1.45 Std. nach der Abzweigung lichtet sich der Wald, wir wandern – an einem Geröllrutsch vorbei – geradeaus in ein raues alpines Becken hinein, in dem uns nun ein gewaltiges Bergpanorama umgibt. 35 Min. später genießen wir einen letzten Rückblick ins Tal, bevor am Ende einer Wiesenfläche der anstrengende Aufstieg zur Robert Range beginnt. Über steile Felsblöcke kraxeln wir durch den Wald und wandern an herrlichen Wasserfällen vorbei, die an den mit Berggänseblümchen geschmückten Wiesenhängen wie lange Schleier hinabfallen oder in Kaskaden über zahlreiche Felsstufen stürzen. Wir steigen die steile Geröllrinne hoch und halten auf die Bergkuppe rechts zu. Weiter oben queren wir einen kleinen Bach und gelangen nach anderthalbstündigem, steilem Aufstieg über einen schrofendurchsetzten Wiesenhang hinauf zum Angelus-Becken. Ganz unerwartet und sanft eingebettet liegt der tiefblau schimmernde Bergsee Lake Angelus inmitten einer riesigen Geröll- und Felslandschaft. An der Abzweigung (Schild) wenden wir uns nach links und erreichen wenige Minuten später die rot getünchte **Angelus Hut** 5, 1650 m.

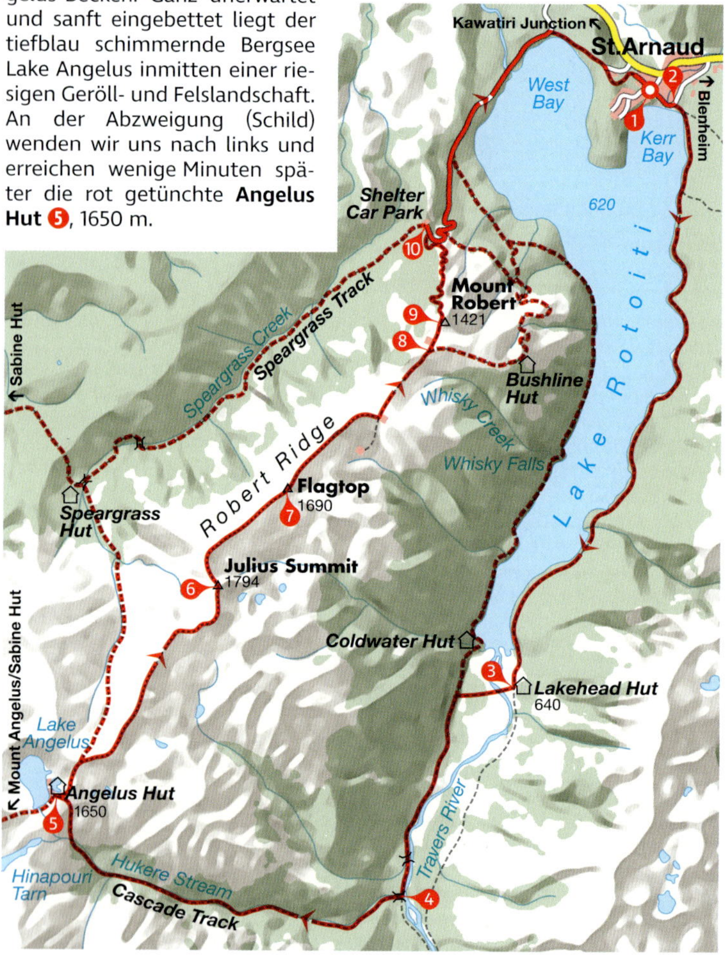

3. Tag: Wir gehen zurück zur Abzweigung (Schild »Mt. Robert«) und halten geradewegs auf den Grat zu. Ein kurzer Geröllanstieg bringt uns in 25 Min. zu einem breiten Sattel am Rand des Angelus-Beckens und passiert kurz darauf eine Wegbiegung, die ins Speargrass Valley führt (Variante 1). Wir folgen aber der durch Metallstangen markierten Route durch das Trümmermeer aus braunen und schwarzen Felsbrocken weiter nach rechts. Kurz darauf steigen wir über ein breites, steiles Geröllfeld über die westliche Seite des Grates zum nächsten Sattel auf. Wir folgen dem zerklüfteten Kamm in nordöstliche Richtung und queren nach insgesamt 55 Min. zur östlichen Seite. Die groben Felsblöcke sind von dicken Moospolstern bedeckt, und immer wieder müssen wir stehen bleiben, um den Ausblick auf einige wunderschöne, mit kleinen Bergseen gefüllte Becken und hellgrüne, von Geröllrutschen unterbrochene Wiesen zu genießen.
Nach insgesamt 2 Std. umgehen wir den felsigen Gipfelabschnitt des **Julius Summit** 6 über ein steiles Geröllfeld auf westlicher Seite und steigen zum nächsten Sattel hinauf. Die Route setzt sich für eine weitere Stunde mit einer fantastischen Aussicht am Grat fort, passiert dann das dritte Becken und steigt zum **Flagtop** 7 auf, von dessen Gipfel wir die ersten Gebäude des Mount Robert Ski Club erkennen können. Der nun gut sichtbare Pfad folgt dem Bergkamm um das Skigebiet und fällt etwas ab. Wir treffen 10 Min. später auf eine Abzweigung, an der wir uns links halten und auf gemütlichem, leicht über den Wiesenhang abfallendem Kammweg in weiteren 15 Min. zu einer nächsten Abzweigung gelangen. Hier halten wir uns geradeaus, passieren kurz darauf den **Relax Shelter** 8 und erreichen **Mount Robert** 9, 1421 m. Wir steigen zum Bushedge Shelter am Waldrand ab und weiter über Serpentinen durch den Buchenwald bis zum Parkplatz an der **Mt. Robert Road** 10, 880 m. Wir folgen der Schotterstraße für eine knappe Stunde bis zum Bootsanleger am Campingplatz und nehmen den ausgeschilderten Weg entlang des Ufers, der uns in weiteren 20 Min. zum Visitor Centre (630 m) in **St. Arnaud** 1 führt (an der Rotoiti Lodge über die Straße, dann rechts).

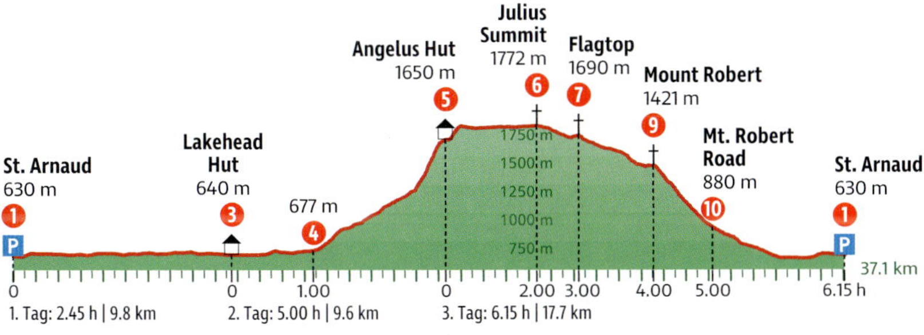

↗ 120 m | ↘ 120 m | 11.8 km

34 Ballroom Overhang

3.45 h

Abenteuerliche Flusswanderung zu außergewöhnlichem Kalksteinfelsen

Canyonartige Schluchten, in denen mächtige Kalksteinsäulen hoch in den Himmel ragen, und einige abenteuerliche Flussdurchquerungen charakterisieren diese Wildniswanderung durch eine der dramatischsten Karstlandschaften Neuseelands. Der spektakuläre Ballroom Overhang, ein gewaltiger Kalksteinfelsüberhang, ist mit 100 m Länge auf der Südinsel der Größte seiner Art. Sein Dach ist ein hängender Garten: Flechten, Gräser, Farne und sogar kleine Bäume wachsen hier – fantastisch!

Talort: Punakaiki, 10 m.
Ausgangspunkt: Parkplatz am Fox River, 12,5 km nördlich von Punakaiki am SH 6, 20 m.
Anforderungen: Das Schwierige bei dieser Wanderung sind – abhängig vom Wasserstand – die Flussdurchquerungen. Die tiefste Stelle an der Fox River/Dilemma Creek Junction ist selbst in der Trockenzeit mindestens knietief. Bereits nach kurzen, starken Regenfällen kann die Tour aufgrund der anschwellenden Flüsse sehr gefährlich werden und sollte nicht begangen werden!
Einkehr: Keine.
Variante: Abstecher zu den Fox River Caves: Am Abzweig kurz vor der ersten Fox River Furt biegen wir links ab. Der Weg wird zunehmend felsiger und steigt durch ein Bachbett steil zum Höhleneingang (ein Felsüberhang) an. Es empfiehlt sich die Mitnahme einer Taschenlampe. Nur die linke Höhle ist begehbar (zusätzlich 1 Std.).
Hinweise: Vorher im Visitor Centre in Punakaiki über die aktuelle Wetterlage informieren (Tel. 03 731 1895)! Trekkingsandalen und -stöcke zum Furten mitnehmen. Aufgrund von Hochwasser können Wegänderungen auftreten.

Wir beginnen unsere Wanderung am Parkplatz (20 m) an der **Fox-River-Brücke** ❶ (Schild »Inland Pack Track«) und folgen dem nördlichen Ufer des **Fox River** auf einem zunächst recht gemütlichen Weg in den Regenwald. In leichtem Auf und Ab führt er uns durch einige Flussbetten hindurch (orangefarbene Markierung) und trifft nach etwa 35 Min. auf die Abzweigung zu den Fox River Caves (Variante). Hier gehen wir geradeaus weiter und stehen kurz darauf vor unserer ersten Flussdurchquerung. Wir durchwaten das breite Flussbett zum südlichen Ufer des Fox River (Markierung, links gegenüber). Der leicht ansteigende Pfad windet sich nun in die steile

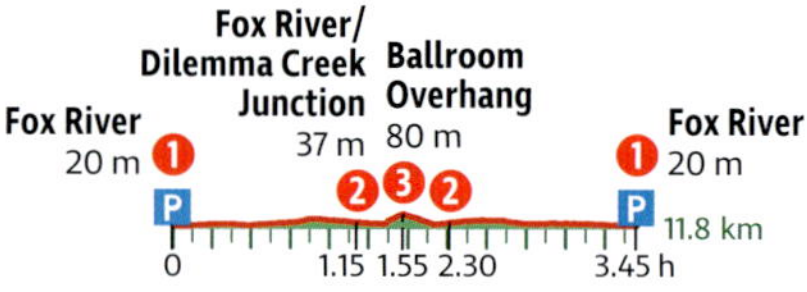

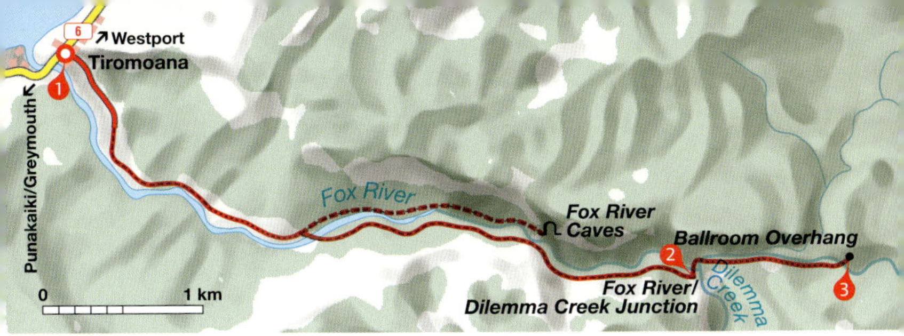

Felsschlucht des Fox River hinein und entlang zerklüfteter Kalksteinfelsen, die vom Wasser zu bizarren Skulpturen geformt wurden. Für die nächsten 35 Min. wandern wir an senkrechten, mit Nikaupalmen gesäumten Steilwänden vorbei, bis wir – schließlich wieder leicht abwärts – eine weitere Abzweigung erreichen (Tafel »Ballroom Overhang«), an der wir zum Fox River links hinuntersteigen.

An der **Dilemma Creek Junction** ❷ gibt es mehrere tiefe und aufregende Furtstellen, dies ist die leichteste. Wir durchwaten den Fox River zu seiner rechten, nördlichen Uferseite (Markierung) und gehen erneut flussaufwärts bis zur Mündung des Dilemma Creek in den Fox River (Fox River/Dilemma Creek Junction). Hier furten wir den Fox River und waten im Flussbett des Fox River, das uns an imposanten Kalksteinklippen entlangführt, stromaufwärts. Circa 40 Min. und etwa fünf Flussdurchquerungen später erreichen wir linker Hand unübersehbar den mächtigen **Ballroom Overhang** ❸ (80 m, Schild). Sein 20 m hoch auftürmendes, gewölbtes Dach bietet einen natürlichen Schutz für eine romantische Nacht am Lagerfeuer.

Der Rückweg erfolgt auf dem Hinweg.

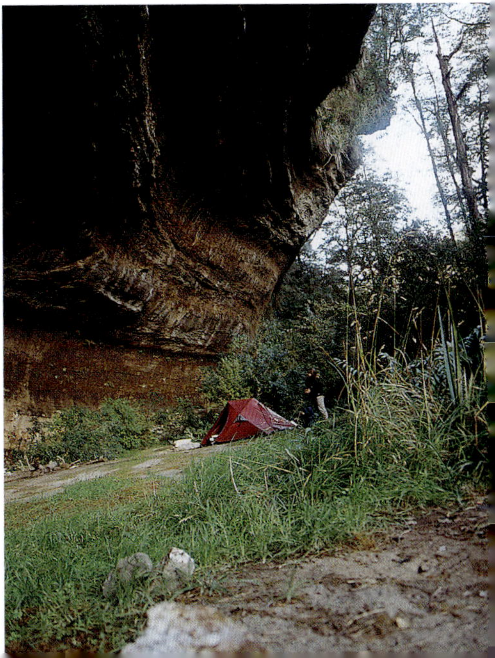

Unter dem gewaltigen Ballroom Overhang bleibt selbst das Zelt trocken.

↗ 220 m | ↘ 220 m | 10.5 km

35 Punakaiki – Pororari River Loop

3.15 h

Dschungeltrip durch eine spektakuläre Kalksteinschlucht

Riesige Ratabäume überragen das grüne Urwaldblätterdach des Pororari Canyon, der von glasklaren Flüssen, senkrechten Kalksteinwänden und bizarren Gesteinsformationen durchzogen ist. Dazu schaffen die meterhohen Nikaupalmen, die verschiedenen Arten von Farnbäumen, die Lianen, deren Ranken ein dichtes Gitterwerk bilden, die bemoosten Steine und die dicht mit Flechten behangenen Stämme eine fast subtropisch anmutende Dschungellandschaft.

Ausgangspunkt: Parkplatz am Paparoa National Park Visitor Centre in Punakaiki, 27 m.
Anforderungen: Leichte bis mittelschwere Wanderung auf z. T. befestigten Wegen.
Einkehr: Unterwegs keine, Café und Restaurants in Punakaiki.
Hinweis: Es befinden sich Senkgruben abseits des Weges, daher in unübersichtlichem Gelände auf dem Weg bleiben!
Tipp: Einen kurzen Besuch wert sind die Pancake Rocks am Visitor Centre, am besten bei Flut, die das Wasser durch die großen Gesteinslöcher nach oben drückt und dabei gewaltige Fontänen produziert.

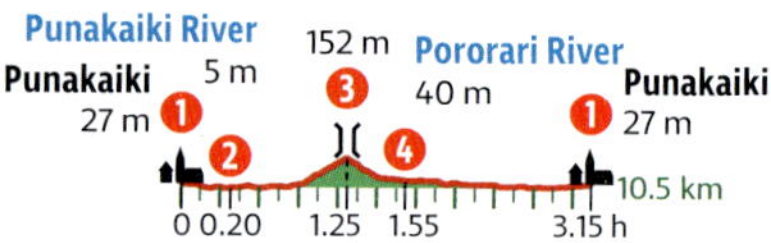

Vom Visitor Centre in **Punakaiki** 1, 27 m, folgen wir der Hauptstraße (SH 6) etwa 1 km in südliche Richtung. Kurz hinter der Brücke über den Punakaiki River biegen wir links in die Waikori Road (Schotterstraße) ab, gehen durch das Tor und gelangen in 20 Min. – die Straße endet hier – zum **Punakaiki River** 2, 5 m. Wir überqueren den Fluss über eine stattliche Swingbridge und folgen dem Weiterweg, der mit orangefarbenen Dreiecken markiert ist, nach rechts. Für kurze Zeit bleiben wir auf dem Schotterweg, passieren wenig später ein Schwenkgatter auf der linken Seite und wandern auf zunächst noch gemütlichem Wiesenweg in den Tieflandregenwald hinein. Auf einem nun etwas steinigeren Pfad steigen wir zwischen Baumfarnen und Grasbäumen zu einem niedrigen **Sattel** 3 an. Im weiteren Verlauf überqueren wir einige kleinere Bäche und erreichen – zuletzt wieder sanft absteigend – die Abzweigung am **Pororari River** 4 (40 m, Tafel »Pororari River Track«).
Hier wenden wir uns nach links und laufen am linken, südlichen Ufer des Pororari River entlang. Inmitten eines dichten Urwalds aus riesigen Ratabäumen, Farnbäumen, Grasbäumen und Nikaupalmen wandern wir durch das grüne Flusstal, das von mächtigen Kalksteinwänden umrahmt wird.

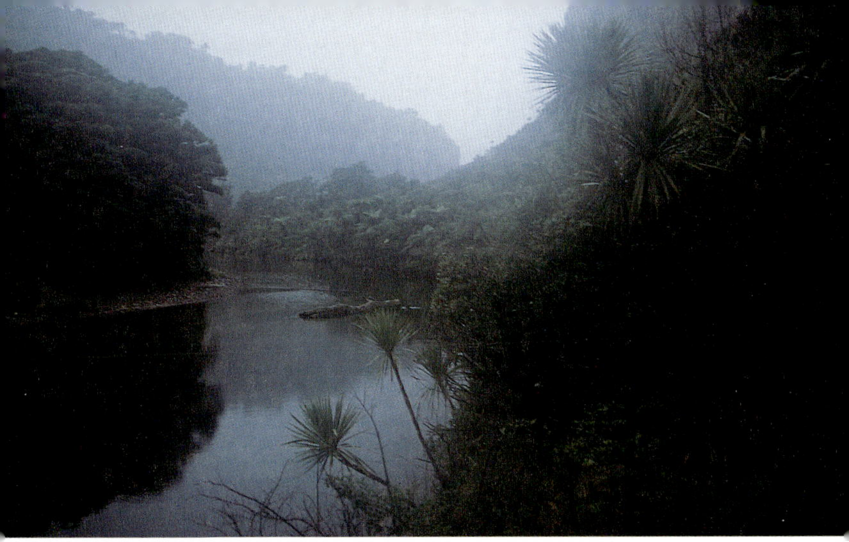

Nebelstimmung in der Schlucht des Pororari River.

Gegen Ende unserer Wanderung wird der Pfad noch schmaler und der Regenwald noch undurchdringlicher, bis uns ganz plötzlich ein Gatter aus der Welt des Dschungels reißt: Wir gehen unter der Pororari-River-Brücke hindurch und treffen wieder auf die Hauptstraße (SH 6). Dieser folgen wir nun in südlicher Richtung zurück bis zu unserem Ausgangspunkt in **Punakaiki ❶**.

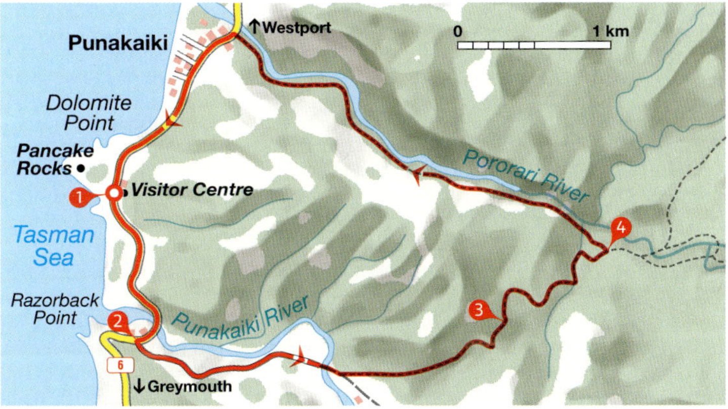

↗ 460 m | ↘ 460 m | 26.5 km

36 Inland Pack Track

2 Tage

Abenteuer im Tieflandregenwald

Diese überaus spannende und außergewöhnliche Flusswanderung führt durch eine einzigartige Karstlandschaft mit hoch aufragenden Felswänden, engen Schluchten und dunklen Höhlen und ist ohne Zweifel ein Abenteuer für sich! Denn der Weg durch den üppigen Tieflandregenwald empfängt uns schon zu Beginn mit knöcheltiefen Schlammlöchern und endet mit einem langen Abschnitt durch das Flussbett selbst. Der Ärger über die schlammigen Schuhe verfliegt schnell, denn der nächste Fluss kommt garantiert!

Ausgangspunkt: Parkplatz am Paparoa National Park Visitor Centre in Punakaiki, 27 m.
Endpunkt: Parkplatz am Fox River, 12,5 km nördlich von Punakaiki am SH 6, 20 m. Die Rückfahrt vom Parkplatz am Fox River privat organisieren oder trampen. Es verkehren auch unregelmäßig Busse (Zeiten im Visitor Centre erfragen, Tel. 03 731 1895).
Anforderungen: Äußerst schlammige Wege und steinige Flussbetten prägen diese Wanderung. Schwierig sind – abhängig vom Wasserstand – die zahlreichen Flussdurchquerungen, bei denen man selbst in der Trockenzeit mindestens bis zu den Knien im Wasser steht, sowie der weglose Flussbettabschnitt zwischen Fossil Creek und Fox River, in dem man die besten Furtstellen selbst suchen muss. Bereits nach kurzen, starken Regenfällen können Flüsse unpassierbar sein. Zudem ist die Wegfindung an der Dilemma Creek/Fox River Junction etwas knifflig (man benötigt etwas Zeit für die Wegsuche). Bei Regen sehr gefährlich!
Unterkunft: Zeltübernachtung in freiem Gelände (keine Hütten vorhanden, Zeltmitnahme erforderlich). Zelt nicht zu nah am Wasser aufstellen!
Einkehr: Unterwegs keine, Café und Restaurants in Punakaiki.
Varianten: 1. Kombinationsmöglichkeit mit Tour 34; mit einer zweiten Übernachtung am Ballroom Shelter kann die Tour auf 3 Tage ausgedehnt werden. – 2. Der Weg kann auch in die andere Richtung begangen werden. – 3. Beginn der Wanderung in Punakaiki über den Pororari River Track bis zum Abzweig (vgl. Tour 35). – 4. Abstecher zu den Fox River Caves: Nach der Furt des Fox River biegen wir rechts ab. Der Weg wird zunehmend felsiger und steigt durch ein Bachbett steil zum Höhleneingang an. Nur die linke Höhle ist begehbar, Taschenlampe mitnehmen (zusätzlich 1 Std.).
Hinweise: Vorher im Visitor Centre über die aktuelle Wetterlage informieren (Tel. s. o.), evtl. Extratag einplanen! Trekkingstöcke und -sandalen zum Furten mitnehmen. Wegen der Senkgruben abseits des Weges in unübersichtlichem Gelände auf dem Weg bleiben!

1. Tag: Vom Visitor Centre in **Punakaiki** ❶, 27 m, folgen wir der Hauptstraße (SH 6) etwa 1 km in südliche Richtung. Kurz hinter der Brücke über den Punakaiki River biegen wir links in die Waikori Road ab, gehen durch das Tor und gelangen in 20 Min. – die Straße endet hier – zum **Punakaiki River** ❷, 5 m. Wir überqueren den Fluss über eine stattliche Swingbridge und folgen dem Weiterweg, der mit orangefarbenen Dreiecken markiert ist, nach

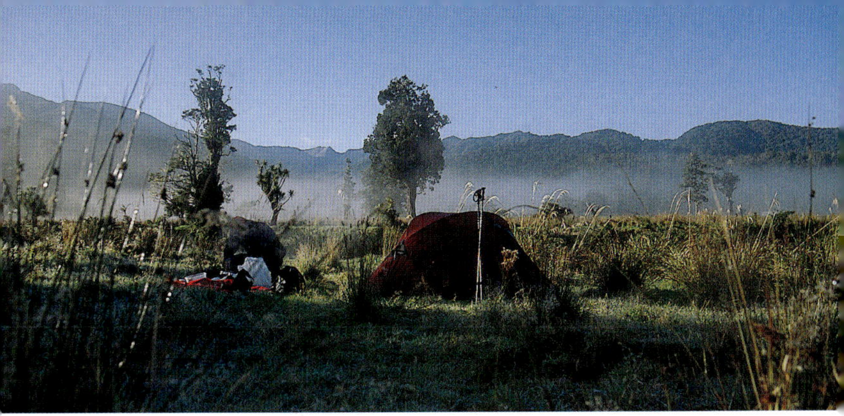

Lauschiger Zeltplatz am Bullock Creek.

rechts. Für kurze Zeit bleiben wir auf dem Schotterweg, passieren wenig später ein Schwenkgatter auf der linken Seite und wandern auf gemütlichem Wiesenweg in den Tieflandregenwald hinein. Auf einem etwas steinigeren Pfad steigen wir zu einem niedrigen **Sattel** 3 an. Im weiteren Verlauf überqueren wir einige kleinere Bäche und erreichen – zuletzt wieder sanft absteigend – die Abzweigung am **Pororari River** 4 (Tafel »Pororari River Track«). Hier gehen wir geradeaus weiter und treffen kurz darauf auf den Pororari River (20 m), den wir auf einer Swingbridge überqueren. Auf der anderen Flussseite halten wir uns links. Der Weg wird nun immer morastiger – fast knöcheltief versinken wir manchmal im Schlamm –, während der Regenwald mit seinen riesigen Farnbäumen und langen Bartflechten, die von den dicken Ästen herabhängen, dichter und undurchdringlicher erscheint. Nach gut 1.45 Std. gelangen wir auf eine Lichtung mit einem Gedenkstein – hier geradeaus weiter. Wir passieren ein Wiesengatter und erreichen kurz dahinter die Bullock Creek Road, die links nach Punakaiki führt. Wir aber gehen auf der Bullock Creek Road rechts weiter (Feldweg), passieren zwei weitere Gatter und halten uns parallel zum **Bullock Creek** 5, 90 m, den wir an einer Markierung schließlich durchwaten. Auf der Anhöhe nahe der Furt befindet sich eine schöne Zeltmöglichkeit.

2. Tag: Auch am nächsten Tag verwandelt sich der breite Farmweg schon bald in einen sumpfigen, mit tiefen Schlammlöchern durchsetzten Pfad, der zunächst durch einen sehr abwechslungsreichen Abschnitt des Regenwaldes zu einem niedrigen Sattel ansteigt, vereinzelt über kleine Brücken und Holzstege führt und sich anschließend zu einer kleinen Wiesenfläche am Ufer des **Fossil Creek** 6, 85 m, hinabwindet. Wer aber hier nach einem Weg Ausschau hält, der wird vergeblich suchen: Wir waten durch das steinige Flussbett flussabwärts. Unter dem dichten Blätterdach des Waldes wechseln sich kleine Stromschnellen mit ruhigen, smaragdgrünen Pools

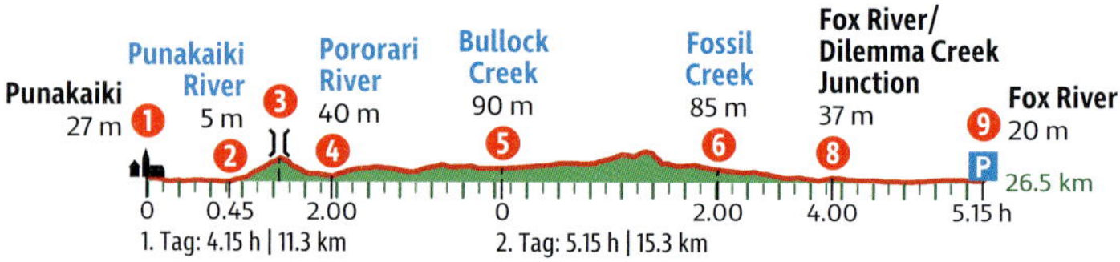

ab, kleine Sandbänke tauchen auf, und hin und wieder müssen auch umgestürzte Baumstämme überklettert werden. Nach 30 Min. lichtet sich der Regenwald, und von rechts strömt der Dilemma Creek ein (Markierung, links halten). Auf dem nun folgenden äußerst spektakulären, aber auch abenteuerlichen Abschnitt durch den **Dilemma Creek** 7, der seinem Namen alle Ehre macht, wird das Wasser noch um einiges tiefer. Wer sich schon bei der Durchquerung des Fossil Creek schwer getan hat, sollte hier lieber umkehren. Der glasklare Dilemma Creek schlängelt sich durch eine von senkrechten Kalksteinsäulen umrahmte, canyonartige Felsschlucht, die so eng und steil ist, dass sie keinen Platz für einen Pfad zulässt. Nach jeder Biegung eröffnet sich uns jedoch eine neue fantastische Perspektive. Meistens werden wir das Flussbett furten müssen, um von einer Kiesbank die nächste zu erreichen oder um tiefe Pools zu vermeiden. Während der 1.30 Std., die wir damit verbringen, dem Dilemma Creek stromabwärts zu folgen, durchwaten wir ihn etwa 40-mal! Kurz vor der Mündung des Dilemma Creek in den Fox River, der hinter einer am rechten Flussufer steil aufragenden Felswand einströmt **(Fox River/Dilemma Creek Junction** 8**)**, markiert ein Schild an der linken Uferseite die Fortführung unseres Wanderpfades. Man übersieht diese Stelle leicht, wird jedoch spätestens bei der Suche nach einer geeigneten Furt ins Nachdenken verfallen. Wenn man sich unmittelbar an der

Auch wenn der Wanderer es nicht glauben will: Der Weg führt duch das Flussbett!

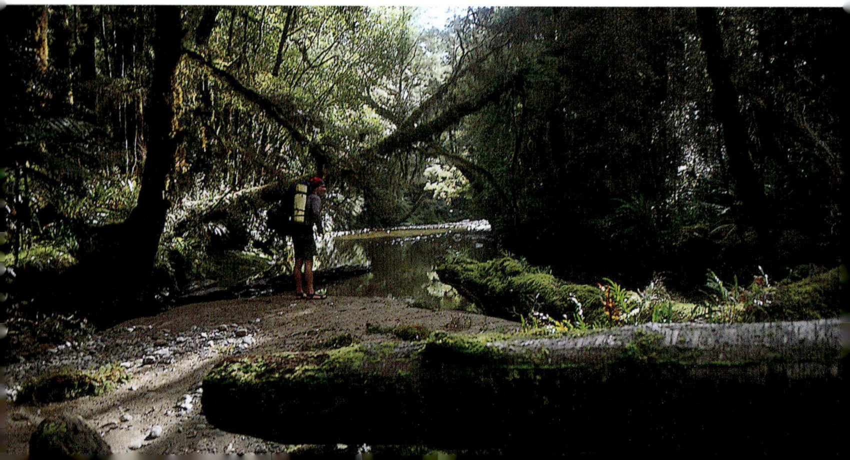

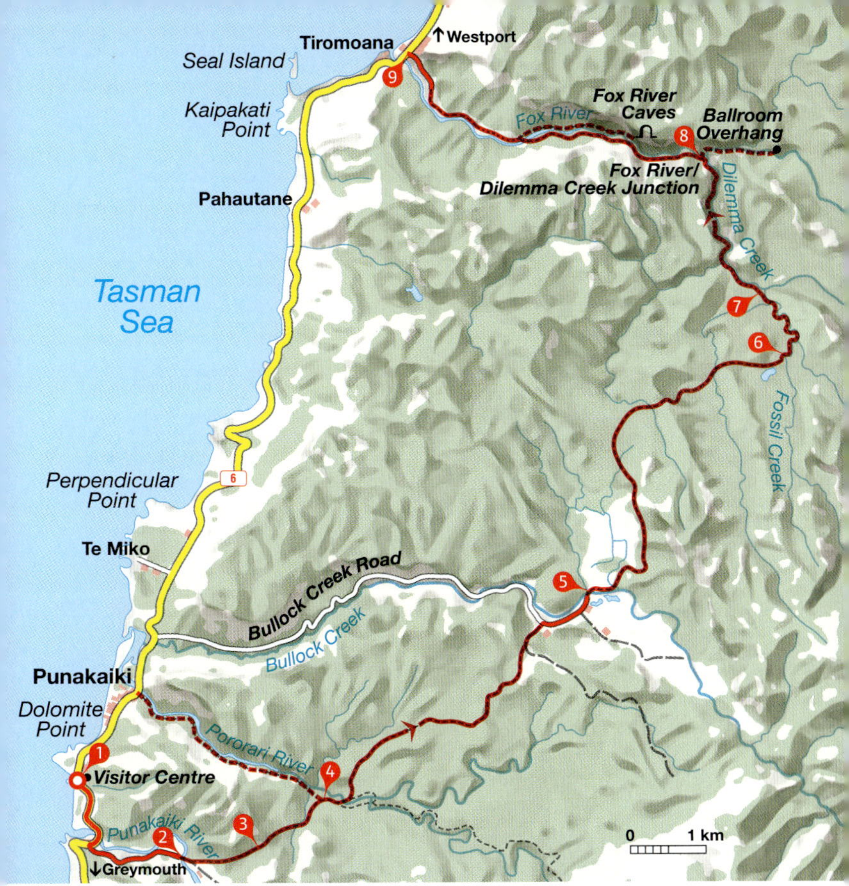

Felsklippe, an der scheinbar kein Weg mehr weiterführt, umdreht, erblickt man – etwa 10 m vor dieser Stelle – ein Schild und einen Pfad, der die Felsen umgeht. Wir folgen dem Pfad für etwa 400 m zu einer Abzweigung, die zum Ballroom Overhang führt (Tour 34). Wir aber gehen hier geradeaus durch die beeindruckende Kalksteinschlucht weiter und furten 35 Min. später den nun breiter und flacher gewordenen Fox River zu seiner nördlichen Uferseite (Markierung). Wir wandern am Abzweig zu den Fox River Caves (Variante 4) vorbei, folgen den gelbgrünen Wegmarkierungen durch das breite Flusstal und gelangen in weiteren 35 Min. in die Zivilisation am **Fox-River-Parkplatz** 9, 20 m, zurück.

37 Roberts Point, 605 m

Durch bizarres Felsgewirr zum aussichtsreichen Roberts Point

Diese abwechslungsreiche Wanderung auf rauem, zerklüftetem Pfad bietet uns aus nächster Nähe eine der schönsten Aussichten auf einen der ungewöhnlichsten Gletscher der Welt: Aus einer Höhe von über 3000 m stürzt der »Franz Josef« über rund 2500 m steil in einen dichten Urwald aus Buchen und Farnen hinab, und präsentiert sich dabei doch exakt so, wie ein Gletscher sein sollte – blendend weiß und immens beeindruckend.

Talort: Franz Josef Village, 165 m.
Ausgangspunkt: Kleiner Parkplatz südlich von Franz Josef Village an der Glacier Access Road, nach 2,3 km mit »Alex Knob, Lake Wombat« beschildert (rechts), 210 m , oder Parkplatz am Ende der Straße und ca. 1,5 km zum Startpunkt zurückgehen.
Anforderungen: Auf und Ab über Fels und rutschige Steine (Trittsicherheit!). Ca. 10 kleine Flüsse sind brückenlos zu überqueren (je nach Regen und Wasserstand mittels Steinehüpfen oder Furten).
Einkehr: Keine.
Variante: Beginn und Ende der Wanderung am Ende der Cowan Street in Franz Josef Village und von dort via Tatare Tunnels Walk und Callery Waiho Walk zur Douglas Bridge (zusätzlich 3–4 Std.).
Hinweis: Nicht bei/nach Regenfällen gehen, die Flüsse schwellen dann zu sehr an.

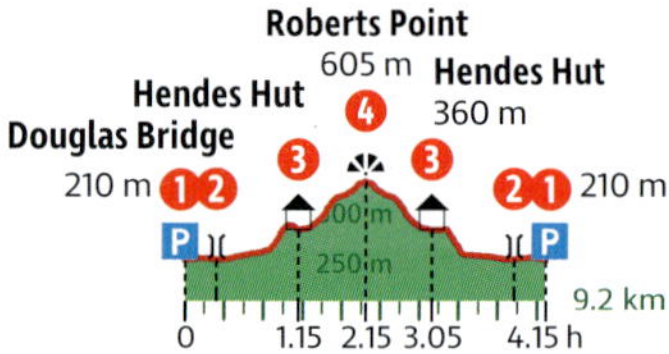

Auf der dem **Parkplatz** ❶, 210 m, gegenüberliegenden Straßenseite führt uns ein Schotterweg in den feucht-grünen Regenwald. Nach 15 Min. – unmittelbar nach einem Rechtsabzweig, an dem wir uns geradeaus hal-

Blick vom Roberts Point auf »Franz Josef«.

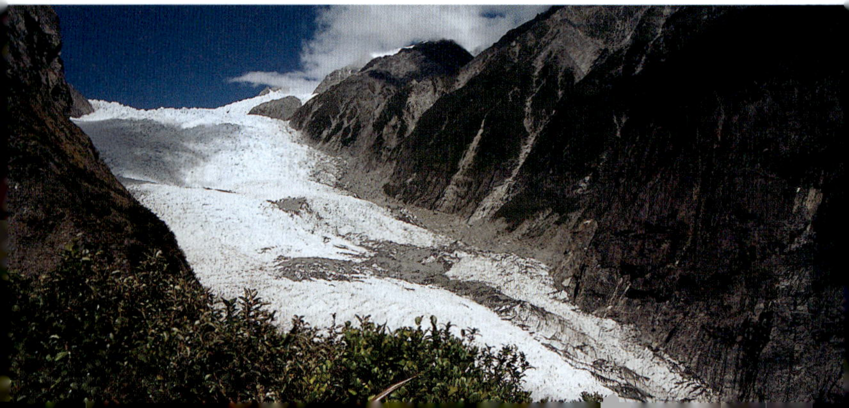

ten – gelangen wir zur **Douglas Bridge** ❷, einer langen Swingbridge, über die wir den Waiho River überqueren. Am kurz darauf folgenden Abzweig (Tafel »Callery Waiho Walk«) gehen wir geradeaus weiter, nun immer an der Nordseite des Gletschertals entlang, und durchwaten zwei kleinere Flussläufe. Der steinige und manchmal rutschige Pfad (Vorsicht bei moosbewachsenen Steinen!) erreicht schon bald die schwankende Swingbridge über den **Arche Creek**. In einem ständigen, manchmal auch steilen Auf und Ab wandern wir weiter, durch ein Flussbett, an einem kleinen Wasserfall vorbei und über zerklüftete Felsabschnitte bis zu einer Stelle, an der sich der Wald lichtet (etwa 1 Std. ab Douglas Bridge). An der Bank genießen wir einen kurzen Blick in das weite Gletschertal und treffen gleich danach auf **Hendes Hut** ❸, 360 m, einen kleinen, allerdings nur bei nassem Wetter einladenden Unterstand.

Die nun folgende senkrecht aufragende Felswand meistern wir über die Hendes Gallery, eine mit schweren Eisenstiften befestigte und durch Seilgeländer gesicherte schmale Holztreppe, über die wir dicht an der Wand entlang hinabgehen. Nach einer weiteren Überquerung eines Seitenbaches steigen wir ein rutschiges Felsstück empor und erreichen die Swingbridge über der gewaltigen Schlucht des Rope Creek.

Für die nächsten 30 Min. markieren orangefarbene Dreiecke und Steinmännchen unseren Weg, der über den blanken Fels steil ansteigt. Wir queren noch drei weitere Bäche, wandern an einem idyllischen Wasserfall vorbei, und dann ist es auch nicht mehr weit bis zum **Roberts Point** ❹, 605 m, einem Aussichts- und Picknickplatz mitten im Regenwald und gleichzeitig hoch über der eisigen Gletscherzunge des Franz-Josef-Gletschers. Zwischen senkrechten Felswänden und Wasserfällen, die wie Schleier von den grünen Wänden fallen, bewegen sich die hoch aufragenden Eisblöcke und Séracs bis zu 5 Meter am Tag durch den immergrünen Regenwald. Welch ein Kontrast!

Der Rückweg entspricht dem Hinweg.

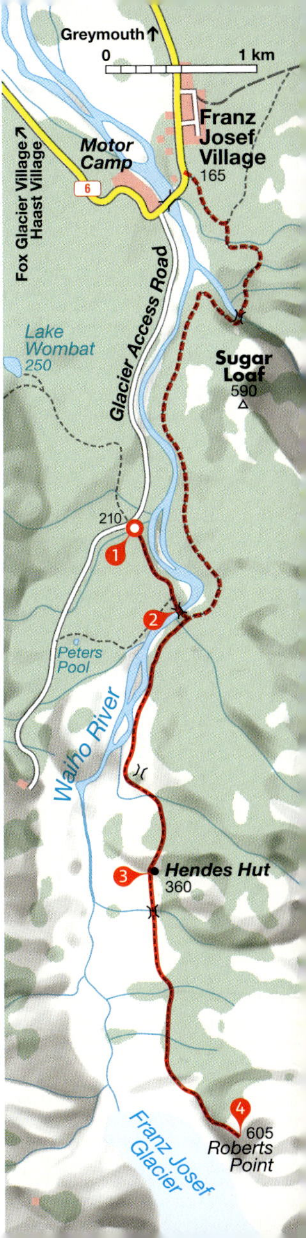

↗ 1120 m | ↘ 1120 m | 15.5 km

38 Alex Knob, 1295 m

6.15 h

Märchenhafter Aufstieg zum Kea-Gipfel mit Gletschersicht

Der zauberhafte Anstieg zum Wiesengipfel hoch oberhalb des Franz-Josef-Gletschers führt uns durch geheimnisumwitterten Regenwald mit meterhohen Farnbäumen, entlang zahlreicher, zur Weihnachtszeit leuchtend rot erblühter Ratabäume, hin zu üppigen, mit Margeriten gemusterten Alpenwiesen. Es handelt sich um eine gemütliche Wanderung mit mäßig steilem Anstieg und hervorragender Aussicht, nicht nur auf den Franz-Josef-Gletscher – auch wenn er bei dieser Tour ohne Zweifel im Vordergrund steht!

Talort: Franz Josef Village, 165 m.
Ausgangspunkt: Kleiner Parkplatz südlich von Franz Josef Village an der Glacier Access Road, nach 2,3 km beschildert (rechte Seite), 210 m, oder Parkplatz am Ende der Straße und ca. 1,5 km zum Startpunkt zurückgehen.
Anforderungen: Gut ausgebauter, bis auf ein paar Steilstufen fast gemütlich ansteigender Weg, aber sehr lange Tour! Trittsicherheit zum Teil erforderlich.
Einkehr: Keine.
Varianten: 1. Abstecher zum Lake Wombat: vom Abzweig (Tafel »Lake Wombat«) zum See absteigen (zusätzliche 30 Min.). – 2. Abstecher zum Louisa Peak: Nach insgesamt 3 Std. am Rechtsabzweig (»Louisa Peak«) wegloser Anstieg zum Gipfel (zusätzliche 10 Min.).
Hinweis: Warme Kleidung, Wind- und Regenschutz, Handschuhe und Mütze werden empfohlen, da das Wetter hier schnell umschlagen kann.
Tipp: Früh starten, denn oft ziehen gegen Mittag Wolken auf, die den Blick beeinträchtigen.

Vom **Parkplatz** ❶, 210 m, folgen wir dem zunächst ebenen, dann leicht ansteigend verlaufenden, von riesigen Farnbäumen eingefassten Weg in den feuchten Regenwald aus Rimu-, Rata- und Kamahibäumen. Nach 25 Min. erreichen wir den **Abzweig zum Lake Wombat** ❷ – hier geradeaus weiter. Der Weg verengt sich nun zu einem Pfad, der in Kehren gemütlich ansteigt. In diesem Bereich hängen Bäume mit gigantischem Stammumfang über dem Weg und bilden einen mächtigen Torbogen, durch den wir hindurchwandern. Nach insgesamt 1.30 Std. werden die uns umgebenden Farne

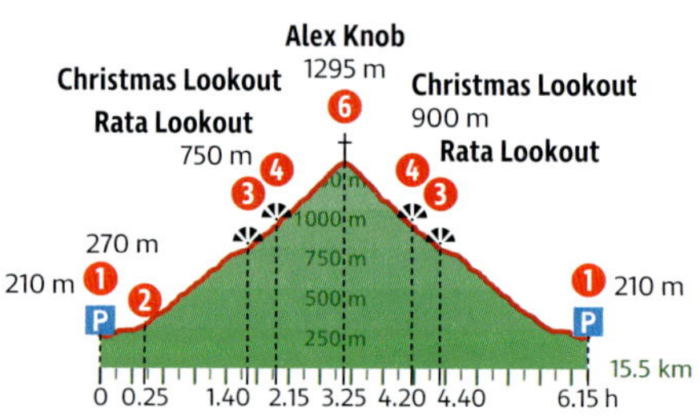

merklich niedriger, und auch unser Pfad wird nun stellenweise etwas steiler. Hin und wieder müssen wir über wuchtiges Wurzelwerk kraxeln, steile Felsstufen überwinden oder umgestürzte Baumstämme übersteigen. Kurze Zeit später erreichen wir den Aussichtspunkt **Rata Lookout** 3, 750 m, der uns einen ersten, prächtigen Blick auf den Franz-Josef-Gletscher und die Main Divide beschert.

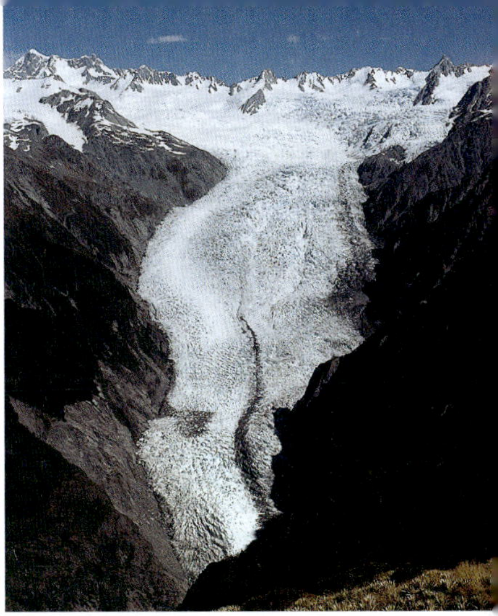

Aus den eisigen Höhen der Main Divide stürzt der Franz Josef Glacier ins Tal.

Der Weg wird nun etwas flacher und 35 Min. später – wir haben nun schon fast zwei Drittel der Höhenmeter überwunden – zeigt sich uns der Gletscher ein zweites Mal am **Christmas Lookout** 4, 900 m. Der weitere Anstieg führt uns durch subalpinen Wald mit Grasbäumen, neuseeländischen Zedern, Baummargeriten und Bergflachs. Nach insgesamt 3 Std. – kurz nachdem der Pfad einen weiten Bogen um den Berg geschlagen hat – treffen wir auf den **Rechtsabzweig zum Louisa Peak** 5 (Variante 2) und wenden uns nach links (Tafel »Alex Knob«). Der stark ausgewaschene Pfad windet sich in Serpentinen über die mit vielen hübschen Bergmargeriten bestückten Tussockgrashänge. Das letzte Stück wandern wir am Kamm entlang bis zum Gipfel des **Alex Knob** 6, 1295 m, an dem uns mit hoher Wahrscheinlichkeit schon ein paar neugierige Keas erwarten. Die Aussicht auf den Franz-Josef-Gletscher und die Main Divide ist überwältigend! Nach Westen blicken wir auf Franz Josef Village mit seinen bunten Dächern und über die weite, fast endlos lange Westküste bis zur Okarito Lagoon, sogar Galway Point und Gillespies Point (Tour 40) sind zu erkennen.

Auf bekanntem Weg gelangen wir zurück zum **Ausgangspunkt** 1.

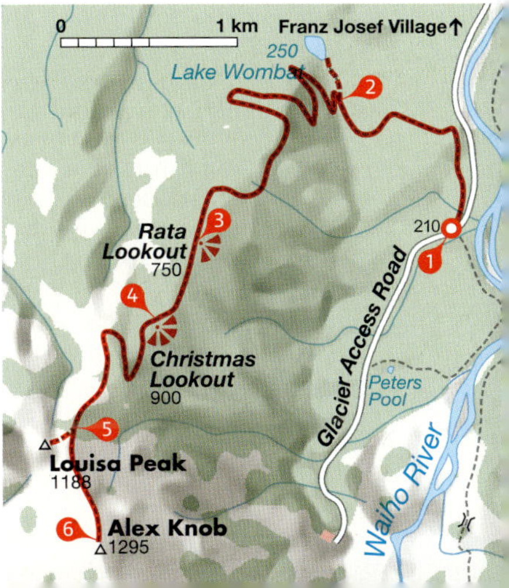

↗ 80 m | ↘ 80 m | 4.3 km

39 Lake Matheson

1.30 h

Spaziergang um den berühmtesten »Spiegelsee« an Neuseelands Westküste

Tatsächlich ist der Blick über den Lake Matheson in Richtung der Südalpen eines der meistfotografierten Kalender- und Postkartenbilder Neuseelands! Falls die Wetter- und Lichtbedingungen es erlauben, können wir unvergessliche Eindrücke gewinnen – im glasklaren Wasser des Sees spiegeln sich die höchsten Bergspitzen des Landes, Mount Cook und Mount Tasman, einmalig schön wider. Ein gut ausgebauter Weg führt uns entlang des bewaldeten Seeufers, und in verträumten Ecken finden wir einige Bänke, um dieses herrliche Panorama ausgiebig zu genießen.

Talort: Fox Glacier Village, 170 m.
Ausgangspunkt: Parkplatz am Clearwater River, 108 m.
Anforderungen: Gemütlicher Waldspaziergang auf breiten und zumeist ebenen Wegen und Boardwalks; dazu einige Stichwege zu Aussichtspunkten.
Markierung/Infrastruktur: Der Weg ist mit den üblichen Symbolen markiert: orange Dreiecke, Informationstafeln, Holzstangen/Poller und Wegpfeile an einigen Kreuzungen; Toilette am Wegeinstieg.
Einkehr: Café und Souvenirgeschäft am Wegeinstieg.

Tipp: In Fox Glacier und Franz Josef/Waiau gibt es ein großes Angebot an Helikopterflügen über den Westland National Park und die höchsten Berge Neuseelands. Das hat seinen guten Grund: Hier trifft die Küste des Tasmanischen Meers mit vergletschertem Hochgebirge zusammen, eine besondere Symbiose. Einziger Nachteil: Es herrscht eine sehr dynamische Wettersituation vor, ausgelöst durch die Nähe zur Küste und die hohe Niederschlagswahrscheinlichkeit. So braucht man für dieses besondere Erlebnis etwas Geduld. Anbieter u. a. heliservices.nz oder glacierhelicopters.co.nz.

Am nördlichen Ende des **Parkplatzes am Clearwater River** ❶, am Ende der Lake Matheson Road, wandern wir vor dem Café nach rechts und hinter diesem auf einem breiten Schotterweg in Richtung des Clearwater River, den wir nach wenigen Minuten erreichen. Den Fluss queren wir auf einer breiten Swingbridge. Der Fluss erhält sein Wasser aus dem Lake Matheson. Im Anschluss wandern wir durch einen Wald aus Südbuchen und Rimubäumen. Rechts des Weges fließt beschaulich ein kleiner Bach. 300 m nach der Brücke erreichen wir eine Weggabelung. Nachdem wir den Lake Matheson im Uhrzeigersinn umwandern, halten wir uns hier nach links. Der Weg steigt in der Folge etwas an und wir erreichen nach wenigen Minuten bereits das Seeufer. Die Pflanzenfülle am Wegesrand ist beeindruckend. Nach 15 Min. gelan-

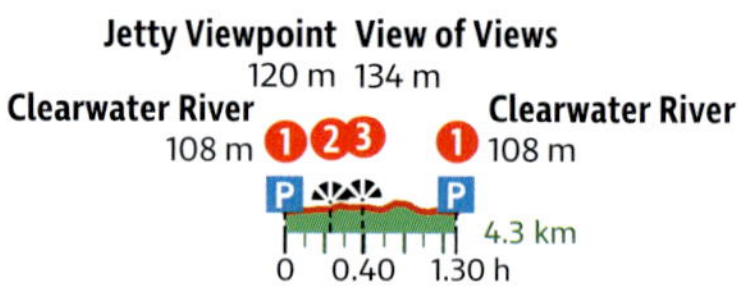

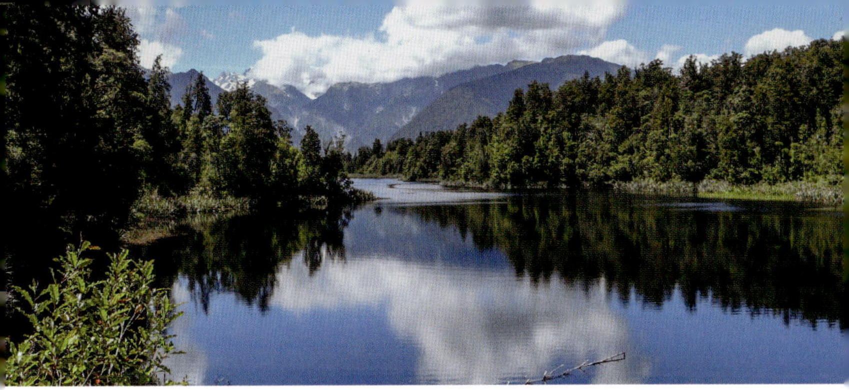

Lake Matheson und Neuseeländische Alpen vom View of the Views.

gen wir zu unserem ersten Aussichtspunkt am **Jetty Viewpoint** ❷, 120 m. Der See wurde vor mehr als 14.000 Jahren gebildet, als sich der mächtige Fox Glacier zurückzog. Kleine organische Humuspartikel sorgen für eine dunkelbraune Färbung des Sees und verleihen ihm seine fast spiegelähnlich reflektierenden Eigenschaften. Wir umrunden ein feuchtes, mit Flachs überwachsenes Gebiet auf Holzstegen und erreichen nach weiteren 10 Min. das westliche Ende des Sees. Dort verlassen wir den Hauptweg und steigen – der Wegmarkierung folgend – nach links auf Stufen hoch zum **View of the Views** ❸, einem höher gelegenen Aussichtspunkt über den See und im Hintergrund auf Mount Tasman und Mount Cook, die sich im glasklaren Wasser des Lake Matheson spiegeln.

Danach kehren wir wieder zurück zum Hauptweg und wandern in der Folge entlang des nördlichen Seeufers bis zu einer Abzweigung nach rechts (etwa 15 Min.), die auf Holzstegen zur **Reflection Island** ❹, 119 m, führt. Auf einer Holzterrasse über dem Wasser erwarten uns nun bei ruhigem, windstillem Wetter – wie der Name schon vermuten lässt – einzigartige Spiegelungen und neuerlich ein grandioser Blick über das Wasser in Richtung der Neuseeländischen Alpen.

Zurück am Hauptweg halten wir uns rechts, wandern die nächsten 25 Min. in leichtem Auf und Ab zunächst durch den Wald und schließlich über eine offene Wiesenfläche, bevor wir wieder zu der Weggabelung kommen, wo wir am Hinweg nach links abgebogen sind. Wir kehren nun den gleichen Weg zurück, queren neuerlich den Clearwater River auf der Swingbridge und gelangen so zurück zum **Parkplatz Clearwater River** ❶ an der Lake Matheson Road.

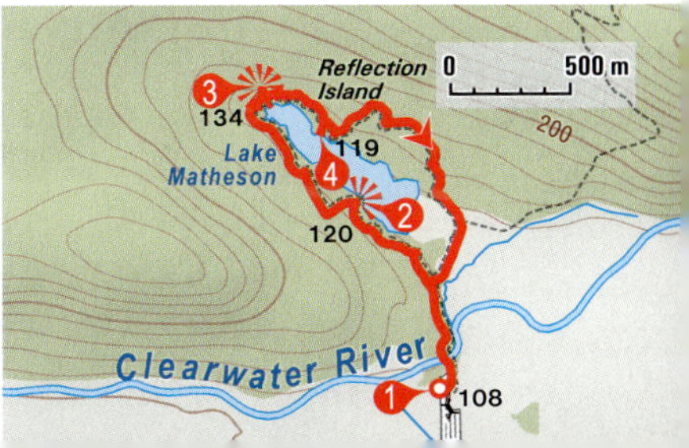

↗ 180 m | ↘ 180 m | 11.3 km

40 Galway Beach

3.30 h

Zu einer Pelzrobbenkolonie am Paradiesstrand

Wer ein wenig Erholung von den schweißtreibenden Gipfelanstiegen der steilen Bergwelt benötigt und zur Abwechslung einmal eine außergewöhnliche Wanderung entlang der herb-wilden Westküste genießen möchte, der ist mit dieser, manchmal etwas unangenehm schlammigen, aber absolut lohnenswerten Tour zum traumhaft schönen, meerdurchtosten, schwarzen Sandstrand der Galway-Bucht gut beraten!

Talort: Fox Glacier Village, 170 m.
Ausgangspunkt: Parkplatz am Ende der Gillespies Beach Road, 21 km westlich von Fox Glacier Village am Gillespies Beach, 5 m.
Anforderungen: Bis zu den Brücken ein leichter Spaziergang, danach ein äußerst schlammiger Weg (zum Teil knöcheltief) mit einer Furtstelle, zweimal müssen Baumstämme unterklettert werden. Steile Treppenstufen und ein steiniges Flussbett am Galway Beach.
Einkehr: Keine.
Variante: Abstecher zum Miners Tunnel: Am Abzweig »miners tunnel« steigt der Weg eine alte Moräne hoch, bevor er durch einen Tunnel hindurch zu einem Aussichtspunkt oberhalb eines Strandes führt (zusätzlich 10 Min.). Vorsicht, instabile Steilküste!
Hinweis: Abstand zu den Robben bewahren und ihnen den Fluchtweg zum Meer offen halten!
Tipp: 1. Die Wanderung sollte am besten ein paar Stunden vor Ebbe begonnen werden (Zeiten erfragen im Visitor Centre des Westland Tai Poutini National Park in Wairau/Franz Josef, Tel. 03 752 0796). – 2. In der ehemaligen Siedlung Gillespies Beach wurde früher nach Gold gesucht, das der Cook River anschwemmte. Hier können ein kleiner Friedhof, die Überreste eines Baggers und große Ansammlungen von Erzabfällen besichtigt werden.

Vom Parkplatz am Ende der **Gillespies Beach Road** ❶, 5 m, folgen wir der Beschilderung »Gold Dredge«. Der mit Ginsterbüschen gesäumte Wiesenweg verläuft parallel zur Küste und gibt herrliche Blicke auf die Südalpen und den Fox-Gletscher frei. Nach gut 10 Min. finden wir an einem Rechtsabzweig, an dem wir geradeaus (Tafel »Seal Colony«) weitergehen, die Überreste eines alten Schwimmbaggers zur Goldgewinnung. Der Pfad führt uns geradewegs zum weiten Natursandstrand des Gillespies Beach. Die hohe Brandung begleitet uns, während wir über den dunklen Sand nach Norden schlendern und kurz vor dem Gillespies Point die Gillespies Lagoon erreichen. An der Fließrichtung des Wassers lässt sich erkennen, ob gerade Ebbe oder Flut herrscht.

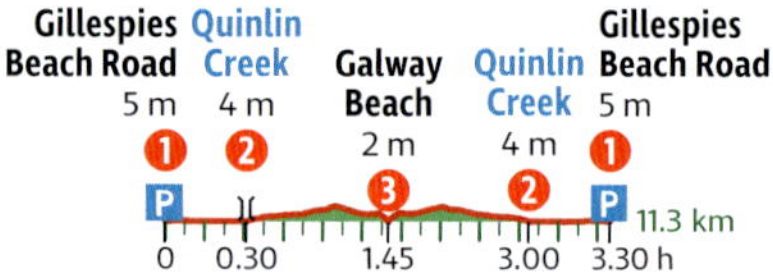

Wir wenden uns nun landeinwärts, bis 5 Min. später ein kleiner Pfad ins Gebüsch abzweigt (Tafel »Bridge 3 minutes«). Bei Flut biegen wir hier nach rechts ab, bei Ebbe ist es möglich, weiter am Ufer entlang bis zu den beiden Brücken zu gehen, die uns den Weg über den **Quinlin Creek** ❷, 4 m, weisen. Der Pfad setzt sich in einem idyllischen Regenwald aus Farn-, Gras- und Rimubäumen fort, in dem wir nach 10 Min. auf einen Abzweig zum Miners Tunnel treffen (Variante) – hier rechts halten (Tafel »Galway Track«). Es kann sein, dass umgestürzte Bäume auf dem Weg liegen, die umgangen oder überklettert werden müssen. Nach ca. 1 Std. (ab Quinlin Creek) auf einem sehr matschigen Pfad (manchmal knöcheltiefer Schlamm) ist ein kleiner Bach, der Galway Creek, zu überqueren. 15 Min. später nähert sich unser Pfad der Küste und fällt in die geschützt liegende Galway-Bucht ab. Über steile Treppenstufen und durch ein meist trockenes Flussbett absteigend, erreichen wir den schwarzen Sandstrand des **Galway Beach** ❸, 2 m.

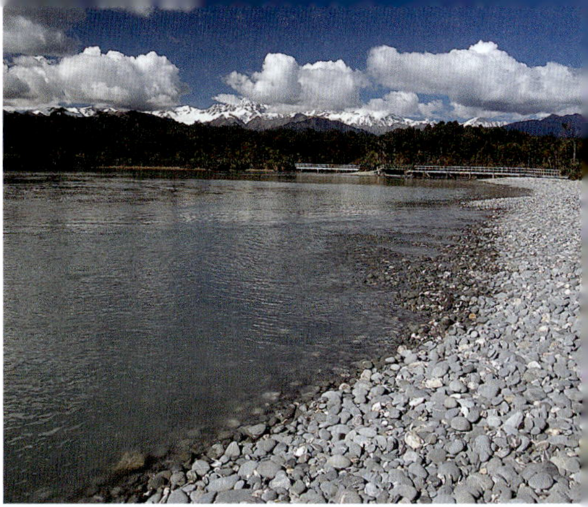

An der Gillespies-Lagune erwartet uns ein herrlicher Blick auf die Südalpen.

An diesem traumhaft schönen Ort finden wir Regenwald, der bis auf wenige Meter an das tiefblaue Wasser heranreicht, ein bisschen Südsee-Panorama und einen perfekten Platz, um Seerobben zu beobachten. Wer möchte, kann von hier entlang dem Strand zum Galway Point im Norden gehen oder zur Robbenkolonie im Süden. Die meisten Robben sind dort im August und September anzutreffen – und nicht vergessen: Abstand halten! Der Rückweg erfolgt auf dem Hinweg.

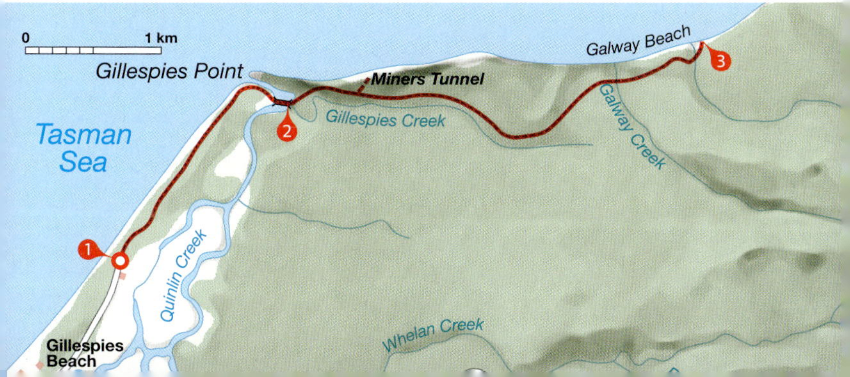

↗ 860 m | ↘ 860 m | 4.6 km

5.00 h

41 Mount Fox, 1021 m

Steiler Kletteranstieg durch Urwald auf ein Wiesenplateau

Auf einer der steilsten Touren dieses Führers schlagen wir uns für fast drei Stunden mühsam durch dichtesten Busch hinauf zu einer Vermessungsstation auf dem Mount Fox. Die schweißtreibende Route schleust uns durch sämtliche Vegetationsstufen vom Tieflandregenwald durch Bergrata- und Kamahiwald, subalpinen Zedernwald bis in die alpine Zone oberhalb der Baumgrenze, in der Alpenwiesen mit Tussockgras, Margeriten und Kräutern die Landschaft bestimmen. Erfahrene Wanderer, die die Bergstrapazen dieser äußerst unbequemen und beschwerlichen Wanderung auf sich nehmen, werden jedoch mit einem ordentlichen Schuss Abenteuer und einer fabelhaften Gletschersicht von einem exzellenten Aussichtspunkt aus belohnt.

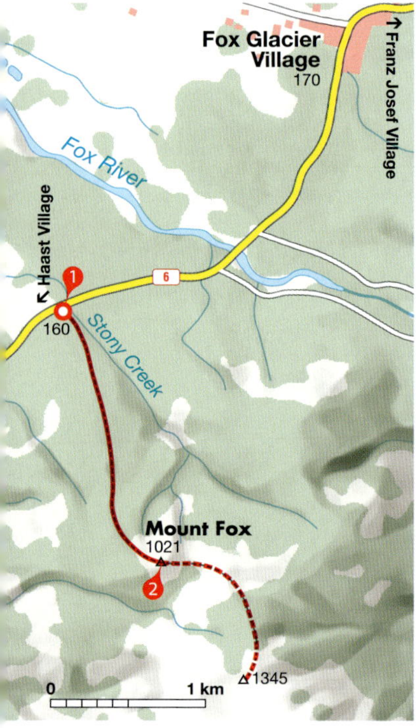

Talort: Fox Glacier Village, 170 m.
Ausgangspunkt: Parkplatz am Thirsty Culvert (Stony Creek), 3 km südlich von Fox Glacier Village am SH 6, 160 m.
Anforderungen: Äußerst steiler Anstieg auf nicht befestigtem, wurzeligem und rutschigem Pfad. Zuhilfenahme der Hände oft nötig, z. B. bei etwa 1,5 m hohen Steilstufen, Überqueren von quer liegenden Baumstämmen und leichten Kletterpassagen (I) über bis zu 2 m hohe Baumwurzeln. Orientierung bei Nebel evtl. schwierig. Hohes Maß an Trittsicherheit erforderlich, besonders beim Abstieg. Eine der steilsten Touren dieses Führers.
Einkehr: Keine.
Variante: Erweiterung zum Kammgipfel (1345 m), der uns einen vollständigen Blick auf den prachtvollen Fox-Gletscher und die höchsten Gipfel der Südalpen bietet: Von der Vermessungsstation über die Alpenwiesen weiter am Kamm entlang ansteigen (Markierung durch Stangen), z. T. sehr schlammig und nur sparsam markiert (zusätzlich 2–3 Std.).
Hinweis: Warme Kleidung, Wind- und Regenschutz, Handschuhe und Mütze werden empfohlen, da das Wetter hier sehr schnell umschlagen kann.
Tipp: Sehr früh starten, denn oft ziehen gegen Mittag Wolken auf, die den Blick beeinträchtigen.

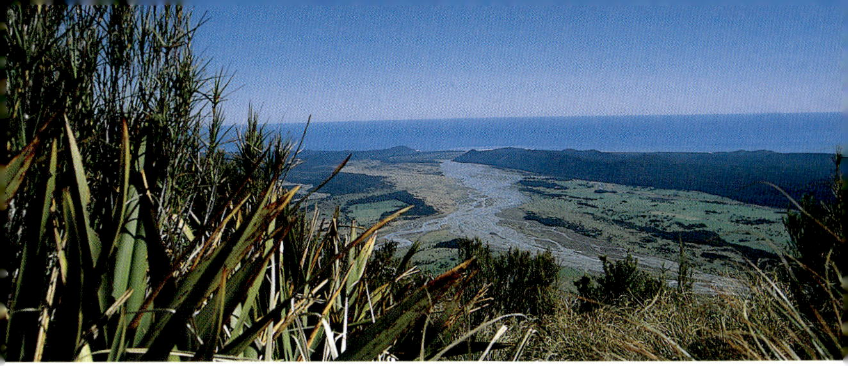

Ausblick vom Gipfel auf das Flussdelta des Fox River.

Gegenüber dem kleinen Parkplatz am **Stony Creek 1**, 160 m, beginnt der mit orangefarbenen Dreiecken markierte Pfad, der uns unmittelbar in den dichten, fast dunklen Regenwald aus meterhohen Farnbäumen und mächtigen Rimubäumen hineinführt. Der völlig mit Farnen, Moos und Flechten überwucherte, immer feuchte Lehmpfad kann rutschig sein. Schon bald beginnt ein äußerst steiler, manchmal auch schmieriger Anstieg durch ein Gewirr von riesigen, massig ineinander verschlungenen Baumwurzeln, über hüfthohe Felsstufen und unter, über oder um quer liegende, umgestürzte Bäume herum. Etliche Male müssen wir so über das wuchtige Wurzelwerk kraxeln und ab und zu auch über steilere Felspassagen. Dabei bieten die zahlreich vorhandenen, massiven Wurzeln und Äste jedoch genügend Halt, um sich daran hochzuziehen. Es empfiehlt sich, stets gut auf die Markierungen zu achten, denn sonst kann man sich im dichten Urwald aus Rimu-, Rata- und Kamahibäumen leicht verlaufen.

Mit zunehmender Höhe ändert sich nun auch die Vegetation. Der Farn verschwindet, stattdessen passieren wir eigenartige Büsche mit ineinandergedrehten Zweigen. Hin zur Baumgrenze – die morastige Route ist nun durch Stangen markiert – steigen wir zwischen Grasbäumen weiter auf und erreichen schließlich die von hohem Flachs eingerahmte Vermessungsstation des **Mount Fox 2**, 1021 m. Von hier erwartet uns ein grandioser Tiefblick auf Fox Glacier Village, das Flussdelta des Cook River, das weite Farmland und die raue Küstenebene im Westen. Die Sicht auf den steil abfallenden Fox-Gletscher und die zerklüfteten Südalpen ist durch den breiten Wiesenkamm etwas eingeschränkt. Es lohnt sich daher, ein Stück weiter entlang des Kamms anzusteigen (Variante)!

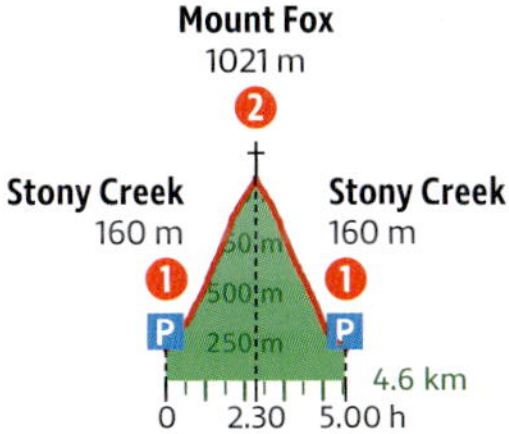

Der Abstieg erfolgt auf demselben Weg und ist mindestens so mühsam wie der Anstieg.

↗ 480 m | ↘ 480 m | 5.1 km

42 Temple Basin, 1380 m

2.15 h

Grandiose Aussichtswanderung in ein abgeschiedenes Hochtal

Das Schöne an dieser kurzweiligen Tour ist, dass sie die gesamte Zeit oberhalb der Baumgrenze verläuft und uns von Beginn an herrliche Aussichten und ein fantastisches Bergpanorama beschert. Das Ziel unserer Wanderung, das im Winter überfüllte Skigebiet, ist im Sommer menschenleer: Wir befinden uns in einem kesselförmigen Hochtal, zu drei Seiten von hohen, zerklüfteten Bergen umgeben, und über uns nur Geröll und Fels – welch eine dramatische Bergkulisse!

Talort: Arthur's Pass Village, 744 m.
Ausgangspunkt: Parkplatz »Temple Basin« am Twin Creek, gut 3 km nördlich von Arthur's Pass Village und 300 m unterhalb des Dobson Memorial am SH 73, beschildert mit »Temple Basin Ski Area«, 900 m.
Anforderungen: Anstieg zunächst auf breitem Schotterweg, der später in einen steinigen und gerölligen Pfad übergeht.
Einkehr: Keine.
Varianten: 1. Beginn und Ende der Wanderung in Arthur's Pass Village (zusätzlich 1.30 Std.). – 2. Auf unmarkierter Route zum Page Shelter am Mount Temple (zusätzlich 2.30–3 Std.) und von dort Erweiterungsmöglichkeit über den Temple Col – Aufstieg über die Geröllrinne – zur Goat Pass Hut (von der Skiclubhütte aus 6–7 Std.). Diese Routen sind nur erfahrenen Bergwanderern zu empfehlen, da sie weglos und nicht markiert sind.

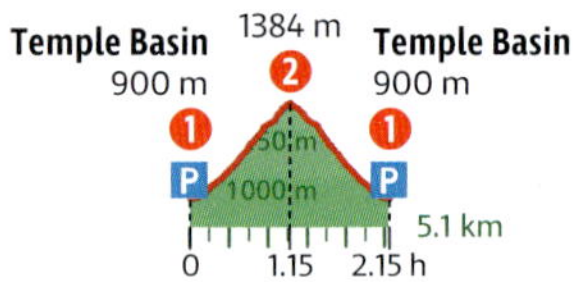

Unsere Wanderung beginnt am **Parkplatz »Temple Basin«** ❶, 900 m, unterhalb des Dobson Memorial am Arthur's Pass, und führt uns in nördlicher Richtung zu einer Brücke über den Twin Creek. Wir folgen dem breiten Schotterweg bergan, der sich in Serpentinen über die ausgedehnten Tussockgrashänge windet. Bald passieren wir an der rechten Hangseite einen schönen Wasserfall und stoßen etwas weiter oben – nach insgesamt 25 Min. – auf eine kleine Bank, von der wir schon eine großartige Aussicht auf die breiten, gletscherbedeckten Flanken von Mount Rolleston genießen können.
Auf einem felsigen, nun etwas steileren Pfad steigen wir weiterhin die Anhöhe hinauf. Zunächst bedecken

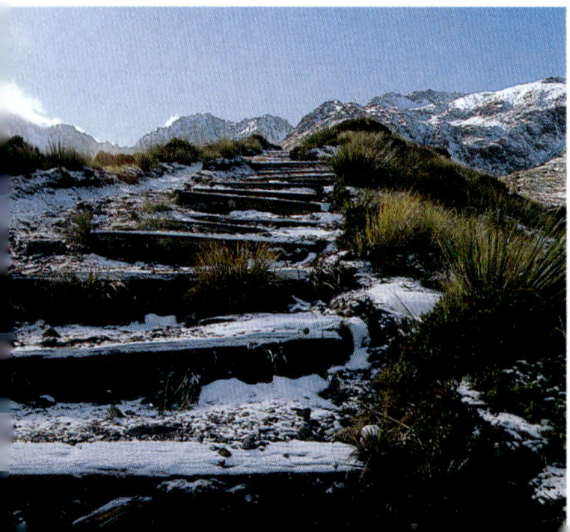

Über Holzstufen steigt man ins Hochtal auf.

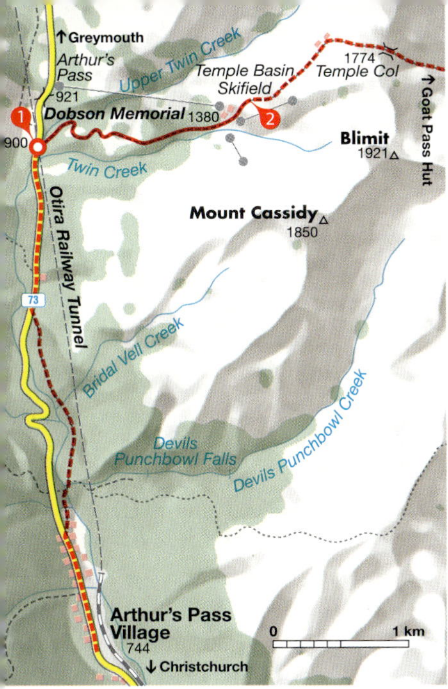

etliche Steine und loses Geröll den Weg, später erleichtern uns ausgebaute Stufen den Anstieg. Nach insgesamt knapp 1 Std. – rechts ein kleiner Wasserfall – erblicken wir schon die rote Hütte und gelangen kurz darauf über die Holzbrücke zum **Temple-Basin-Skigebiet** ❷.
Ein großartiges Bergpanorama erwartet uns, wenn wir wenig später die Skiclubhütte (1380 m), den Lift und die Ferrier Lodge erreichen. Das Skigebiet liegt in einem wunderschönen Talkessel, von dem aus die Passstraße unter uns winzig klein erscheint. Von hier erlangen wir auch einen ausgezeichneten Blick auf die umliegenden Berge, Mount Rolleston, Avalanche Peak und Mount Bealey.
Es lohnt sich, hinter der Ferrier Lodge in Richtung des Lifts noch etwas aufzusteigen (s. Variante 2), um das herrliche Bergpanorama des Hochtals noch ausgiebiger genießen zu können. Auf demselben Weg gehen wir in einer knappen Stunde von der Hütte zum **Parkplatz** ❶ zurück.

Die Skiclubhütte liegt inmitten der schroffen Bergwelt.

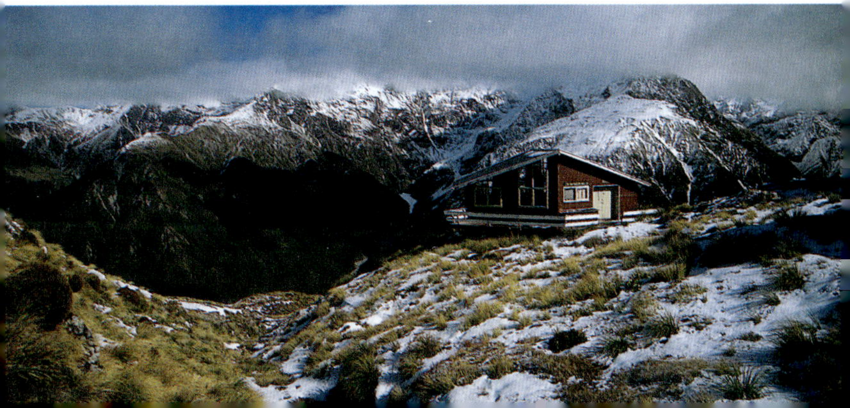

↗ 1090 m | ↘ 1090 m | 8.5 km

43 Avalanche Peak, 1833 m

6.30 h

Anstrengender Aufstieg auf den bekanntesten Gipfel im Arthur's-Pass-Nationalpark

Der wohl bekannteste und zugleich am meisten bestiegene Gipfel im Arthur's-Pass-Nationalpark beschert dem ausdauernden Wanderer einen herrlichen Blick auf den kleinen Ort Arthur's Pass Village und auf die umliegende faszinierende Berglandschaft des Arthur's Pass Valley.

Ausgangspunkt: Visitor Centre in Arthur's Pass Village, 744 m.
Anforderungen: Steiler Anstieg auf schmalen Pfaden und über Felsgrate, kurze Kraxelei über Felsblöcke zum Gipfel. Rückweg über den weniger steilen Scotts Track, jedoch mit ähnlichen Anforderungen. Eine lange Tour, die Kondition, Trittsicherheit und Schwindelfreiheit erfordert.
Einkehr: Unterwegs keine; Restaurants, und Cafés in Arthur's Pass Village.
Variante: Aufstieg und Abstieg über den Scotts Track.

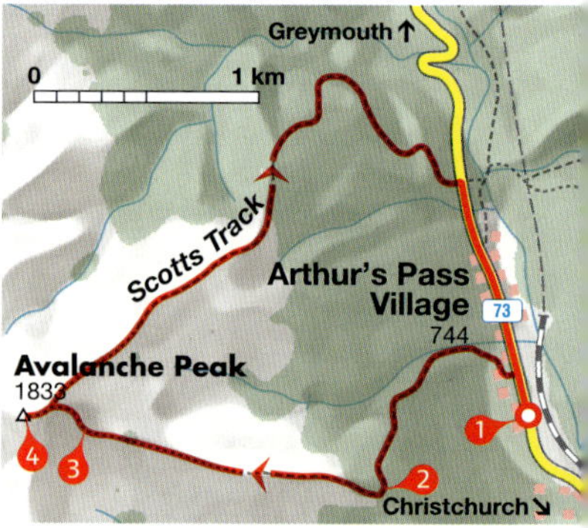

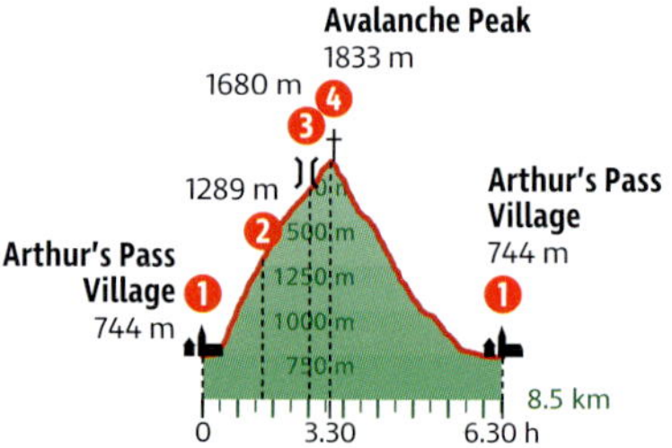

Der Track beginnt am Visitor Centre in **Arthur's Pass Village** ❶, 744 m, führt uns zunächst entlang der Hauptstraße über den Avalanche Creek und biegt hinter der Arthur's Pass Chapel nach links in den Wald ein. Über eine kleine Brücke erreichen wir den eigentlichen Wanderweg und können an einem kleinen Rechtsabzweig einen verwunschenen Wasserfall bewundern. Kurz hinter einer Steinbrücke weist uns ein Schild (»Avalanche Peak«) nach rechts. Während des steilen Aufstiegs durch die üppige Waldvegetation ist der steinige Weg mit orangefarbenen Dreiecken markiert. Nach etwa 30 Min. gelangen wir zu einer kleinen Lichtung mit einem wunderbaren Ausblick auf den 80 m hohen Wasserfall des Avalanche Creek.

Wir gewinnen schnell an Höhe, und nach einer weiteren guten Stunde erreichen wir die **Baumgrenze** ❷, 1289 m. Von der hervorragenden Aussicht, auch auf Mount Bealey im Süden (Tour 44), sollten wir uns aber

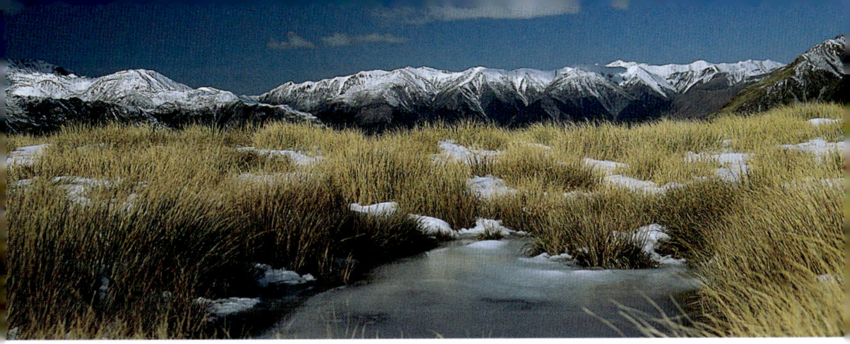

Abstieg auf dem Scotts Track.

nicht verwirren lassen, denn unmittelbar vor dem tiefen Abhang biegt der Weg scharf rechts ab. Gelbe Holzpfähle weisen uns nun den Weg durch das Tussockgras. Auf schmalen Pfaden geht es in weiten Serpentinen steil bergauf, und wir benötigen weitere gut 1.15 Std., um einen kleinen, mit Schneefeldern verzierten **Sattel** 3 zu erreichen. Der felsige Pfad führt uns steil zu einer kurzen Passage, bei der wir unsere Hände zu Hilfe nehmen müssen. Die nächsten 25 Min. verbringen wir damit, uns einen Weg über die großen Felsblöcke zu suchen. Hierbei halten wir uns möglichst links, damit wir direkt auf den Gipfelgrat treffen. Der anschließende Gipfelsturm auf den **Avalanche Peak** 4, 1833 m, über den schmalen Felsgrat ist nach der Kraxelei dann nur noch eine Formsache, und kurz darauf genießen wir einen genialen Ausblick auf die umliegende Bergwelt. Der wohl beeindruckendste Gipfel ist dabei der nördlich gelegene Mount Rolleston mit seinen massiven Gletscherflanken. Im Tal ist Arthur's Pass Village zu erkennen, und mit etwas Glück fährt genau in diesem Moment der »TranzAlpine Train« durch das Tal.

Der Abstieg erfolgt zunächst über den Felsgrat des Anstiegs. In der Kraxelpassage steigen wir jedoch nicht wieder zum Sattel hinab, sondern halten uns geradeaus. Über schmale und kurvenreiche Wege, die auf dem Scotts Track nun mit orangefarbenen Pfählen markiert sind, erreichen wir nach etwa 1.30 Std. die Baumgrenze. Auch wenn der Abstieg über den Scotts Track insgesamt weniger steil ist, beinhaltet er doch einige Passagen, in denen wir die Hände für einen sicheren Tritt benötigen. Kleine Holztreppen und -stege erleichtern dabei das Überqueren von schmalen Schluchten und Bächen. Zwischendurch erreichen wir immer Stellen, an denen sich der Wald lichtet, sodass wir die beeindruckenden Devil Punchbowl Falls auf der gegenüberliegenden Talseite erkennen können. Der kurvenreiche Waldweg endet nach 1.15 Std. am SH 73, etwa 100 m nördlich des Ortseingangs von **Arthur's Pass Village** 1. Hier halten wir uns rechts, überqueren den Wardens Creek und erreichen nach weiteren 15 Min. unseren Ausgangspunkt, das Visitor Centre.

↗ 1150 m | ↘ 1150 m | 9.0 km

44 Mount Bealey, 1836 m

6.45 h

Steiler Aufstieg auf einen anspruchsvollen Gipfel

Wer einen grandiosen Ausblick über das endlos weite Waimakariri River Valley, in dem der Waimakariri River und der Bealey River zusammenfließen, genießen möchte, der sollte diese anstrengende Gipfeltour nicht verpassen. Zudem bietet sich auf dem Gipfel ein faszinierendes Panorama über die umliegende Bergwelt des Arthur's-Pass-Nationalparks.

Ausgangspunkt: Visitor Centre in Arthur's Pass Village, 744 m.
Anforderungen: Bis zur Baumgrenze sehr steiler Anstieg auf felsigen Waldwegen, bis zum Vorgipfel schmale Pfade durch Tussockgras und über Geröllfelder. Der Gipfelaufstieg erfolgt über schmale Sattel- und Felsgrate. Bei Regen oder Sturm ist der Gang über die Grate äußerst gefährlich – unbedingt meiden!
Einkehr: Unterwegs keine; Restaurants und Cafés in Arthur's Pass Village.

Der Weg beginnt am Visitor Centre in **Arthur's Pass Village** ❶, 744 m, und führt uns zunächst entlang der Hauptstraße (SH 73) Richtung Süden. Nach 15 Min. überqueren wir den Rough Creek und biegen unmittelbar danach rechts in die Mt. Bealey Road ab. Die Schotterstraße führt uns entlang des Flusses an den letzten Häusern vorbei und geht in einen Waldweg über (Schild »Mt. Bealey 3.30 h«). Der zunächst breite, moderat ansteigende Waldweg wird schnell schmaler und steiler. Als Wegweiser dienen uns kleine, an die Bäume genagelte, orangefarbene Dreiecke. Nach etwa 40 Min. Anstieg blicken wir bereits fasziniert auf die Wasserfälle des Rough Creek, die sich in zwei Stufen über jeweils 100 m zu Tal stürzen. Der zum Teil ausgewaschene, felsige Pfad windet sich in steilen Serpentinen durch den dichten Wald. Immer wieder sind mit Moos bewachsene Wurzeln und dicke Felsblöcke zu übersteigen. Nach einer weiteren anstrengenden Stunde erreichen wir die **Baumgrenze** ❷, 1354 m, und verlassen den lichter werdenden Wald. Hier biegt der Weg scharf links ab und führt uns durch mäßig ansteigendes Tussockgrasland. Der weitere Aufstieg erfolgt über den vor uns liegenden, breiten Grat. Da

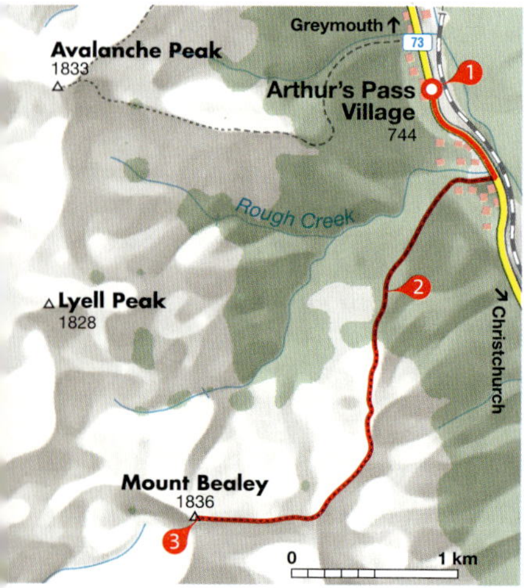

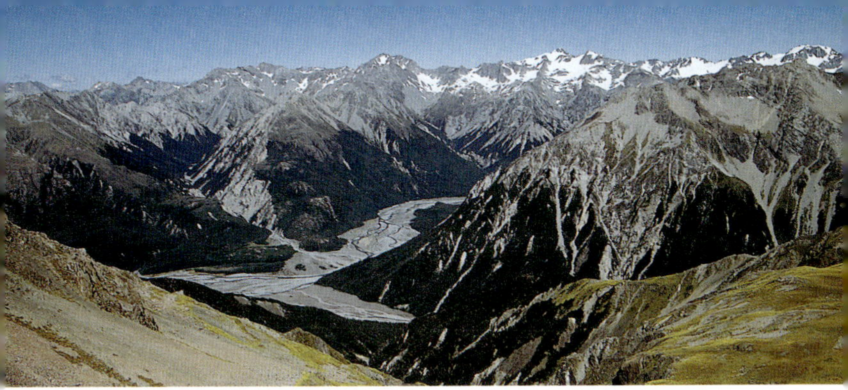

Aussichtsreicher Blick vom Gipfel in das Waimakariri River Valley.

die kleinen Steinmännchen vor dem felsigen Hintergrund nur schwer zu erkennen sind, orientieren wir uns an einer bizarren Felsformation, die rechts vor uns, in der Mitte des Geröllfeldes, liegt. Wir steigen über das Geröllfeld weiter an, überqueren die zum Teil lockeren Felsen und halten uns dabei leicht rechts, sodass wir nach etwa 45 Min. auf einen kurzen, schmalen Grat treffen. Die vor uns liegende Erhöhung erweckt den Eindruck, bereits kurz vor dem Gipfel zu sein, doch in den folgenden 30 Min. Aufstieg über Felspfade erreichen wir lediglich den Vorgipfel (1740 m, Steinmännchen). Wer es aber bereits bis hierher geschafft hat, wird jetzt schon mit einzigartigen Ausblicken belohnt.

Hier geht der Weg rechts weiter, und wir steigen zunächst wieder ein kleines Stück bergab. Dabei halten wir uns leicht rechts und genießen immer wieder einen Blick auf die Wasserfälle des Rough Creek. Am Ende des Abstiegs erreichen wir zwangsläufig einen sehr schmalen Sattelgrat, der zu beiden Seiten äußerst steil abfällt. Nun ist die Route eindeutig, und nach etwa 30 Min. felsigem Aufstieg, vorbei an kleinen Schneefeldern, die selbst der kräftigen Sommersonne trotzen, erreichen wir den Gipfel des **Mount Bealey** ❸, 1836 m, eine breite, felsige Kuppe, deren höchster Punkt deutlich mit einem großen Steinmännchen markiert ist. Wenn wir nun auf das Waimakariri River Valley blicken, können wir uns gut vorstellen, wie sich die Wassermassen während der Schneeschmelze donnernd ihren Weg durch das breite Tal suchen und ihm seinen typischen Anblick verleihen.

Der Abstieg erfolgt auf dem Anstiegsweg.

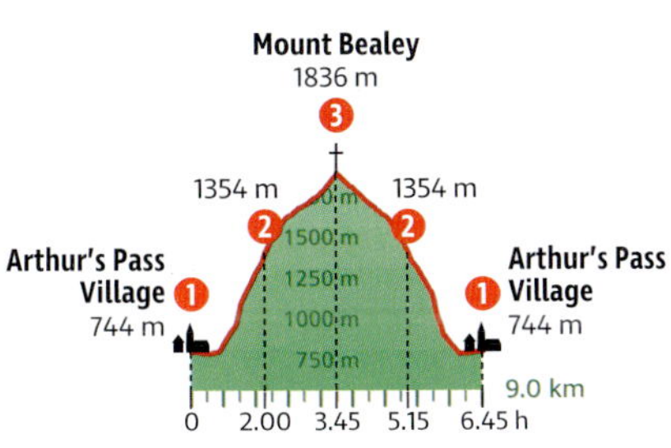

↗ 1190 m | ↘ 1190 m | 11.2 km

45 Mount Aicken, 1858 m

8.30 h

Abenteuerlicher Aufstieg auf einen der einsamsten Gipfel im Arthur's-Pass-Nationalpark

Der Höhepunkt dieser Tour ist zweifellos das anspruchsvolle, dafür auch um so aufregendere Wandern durch das alpine Gelände mit seinen zahlreichen kleinen Kraxeleien in den Felspassagen. Auf dem einsamen Gipfel des Mount Aicken genießen wir das unbeschreibliche Gefühl der Gipfelankunft mit Sicherheit ganz für uns allein!

Ausgangspunkt: Visitor Centre in Arthur's Pass Village, 744 m.
Anforderungen: Zunächst steiler Aufstieg durch Wald und auf schmalen Wiesenpfaden, danach in hochalpinem, exponiertem Gelände mit z. T. sehr anspruchsvollen, felsigen Passagen, die Trittsicherheit und Schwindelfreiheit erfordern. Aufgrund der Länge nur konditionsstarken Wanderern zu empfehlen. Wegen der fehlenden Markierung oberhalb der Baumgrenze ist guter Orientierungssinn gefragt. Bei Regen oder Sturm ist die Tour äußerst gefährlich, auf den Gipfel sollte dann verzichtet werden.
Einkehr: Unterwegs keine; Restaurants, und Cafés in Arthur's Pass Village.
Variante: Abstecher zu den 112 m hohen Devil's-Punchball-Wasserfällen (zusätzlich 20 Min.).

Die Wanderung beginnt am Visitor Centre in **Arthur's Pass Village** ❶, 744 m, und führt uns zunächst entlang der Hauptstraße (SH 73) Richtung Norden. Nach 10 Min. biegen wir rechts auf eine Schotterstraße ab (Schild »Devil's Punchbowl«) und überqueren kurz darauf eine Stahlbrücke über den Bealey River. Wir erreichen den Wald und kreuzen den **Devil's Punchbowl Creek** ❷ über eine Holzbrücke. Beim nun folgenden, anstrengenden Aufstieg erleichtern uns ausgebaute Stufen das Vorankommen, bevor der Weg felsiger und anspruchsvoller wird. Etwa 1.45 Std. später erreichen wir die **Baumgrenze** ❸, 1350 m, an der der Wald in weniger steiles Tussockgrasland übergeht. Auf dem unmarkierten Wiesenpfad halten wir uns halb links, sodass wir den Devil's Punchbowl Creek links im Tal erkennen können. Der Pfad wird bald felsiger, und wir befinden uns nach etwa 30 Min. inmitten einer pracht-

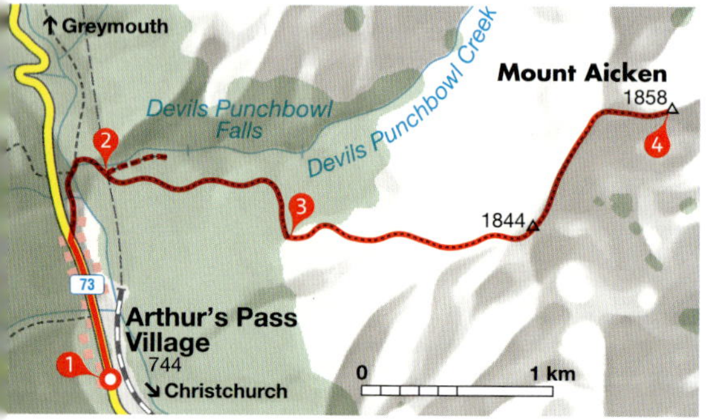

vollen, hochalpinen Landschaft. Jetzt beginnt der abenteuerliche Teil der Wanderung, da der Weg nur durch kleine, auf dem felsigen Untergrund schwer zu erkennende Steinmännchen markiert ist. So müssen wir uns unseren Aufstieg durch das Fels- und Geröllfeld (1520 m), bei dem uns der Devil's Punchbowl Creek im Tal weiterhin als Orientierungshilfe dient, selbst suchen. Während der anstrengenden und anspruchsvollen Kraxelei sollten wir nicht vergessen, uns umzuschauen, um die herrliche Gebirgslandschaft zu genießen. So erreichen wir nach einer guten Stunde die breite Kuppel des namenlosen Vorgipfels (1844 m, großes Steinmännchen), der uns einen grandiosen Blick in das Tal sowie auf Mount Bealey (Tour 44) und Avalanche Peak (Tour 43) auf der gegenüberliegenden Talseite beschert. Wir wenden uns leicht nach links und steigen zunächst wieder ein kurzes Stück bergab. Dabei halten wir direkt auf den vor uns liegenden Grat zu, den wir nach etwa 30 Min. überquert haben. Der Weg führt uns rechts an einem namenlosen Felsgipfel vorbei. In weiteren, abenteuerlichen 30 Min. erreichen wir unser Ziel, den Gipfel des **Mount Aicken** 4, 1858 m. Von hier genießen wir einen atemberaubenden Ausblick auf die umliegende Bergwelt und das wunderschöne Tal des Mingha River.

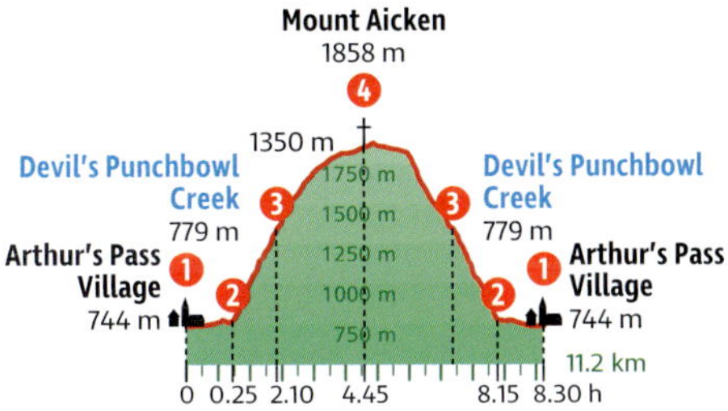

Der Abstieg erfolgt auf der Anstiegsroute. Auch wenn wir die Route nun anscheinend schon kennen, ist erneut volle Konzentration gefordert: Während der Teiletappe durchs Grasland halten wir uns möglichst rechts und lassen uns nicht vom vor uns liegenden, weniger steilen Hang zum Abstieg verführen, um die orangefarbene Stangenmarkierung am Einstieg in den Wald wieder zu finden.

Oberhalb der Baumgrenze erwartet den Wanderer steiles Tussockgrasland.

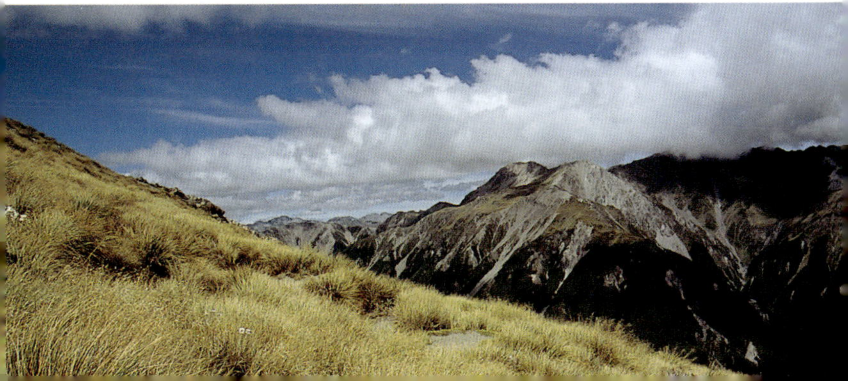

↗ 560 m | ↘ 560 m | 11.1 km

46 Bealey Spur Hut, 1230 m

4.00 h

Panorama-Höhenbummel zu einer lustigen Hütte

Diese herrliche Wanderung mit ihren prächtigen Panoramablicken auf das ausgedehnte Waimakariri River Valley und die hohen, zerklüfteten Bergzüge des Arthur's-Pass-Nationalparks überzeugt mit jedem einzelnen Meter! Auf einem sanft ansteigenden Pfad verwöhnt sie uns mit wunderschönem, schattigem Bergbuchenwald, weiten Tussockgrashügeln und malerischen Tümpeln und beschert uns zu guter Letzt eine außergewöhnliche Hütte, die in der Besiedlungsgeschichte der Region eine gewisse Rolle spielte!

Ausgangspunkt: Parkplatz, 680 m (geringe Parkmöglichkeit), am Ende der Cloudesley Road in Bealey, 13,5 km südlich von Arthur's Pass Village, am SH 73 mit »Bealey Spur Track« beschildert.
Anforderungen: Gemütliche Wald- und Wiesenwege, z. T. steinig und sumpfig.
Unterkunft: Abenteuerliche Übernachtung in der kleinen Bealy Spur Hut möglich (Basic).
Einkehr: Keine.

Variante: Kleinere Spaziergänge von der Hütte aus bieten sich an, z. B. weglos entlang des Grates auf den westlich der Hütte liegenden Hügel der Hut Spur (zusätzlich etwa 1.45 Std.).
Tipp: Sollte das Wetter für Wanderungen mit Ausgangspunkt Arthur's Pass Village zu schlecht sein: Hier auf der trockeneren Ostseite der Südalpen, nur ein paar Kilometer vom Arthur's Pass entfernt, ist das Wetter meist beständiger.

Am **Parkplatz** ❶, 680 m, am Ende der Cloudesley Road in Bealey führt an einem Schild ein schöner, mit einem Teppich aus braunen Buchenblättern bedeckter Weg nach links in den schattigen Wald hinein. Orangefarbene Dreiecke weisen uns die Richtung. Nach einem mäßig steilen Anstieg von etwa 35 Min. lichtet sich der Wald und uns erwartet ein faszinierender Tiefblick in die felsige Schlucht des Bruce Stream und auf die gegenüberliegenden Bergzüge.
Unser Weg wird schmaler und steiniger und trifft nach insgesamt einer guten Stunde auf ein Wiesenplateau. Während wir gemütlich durch das Gras schlendern (Markierung durch Stangen), genießen wir die herrlichste Sicht über das gesamte Waimakariri River Valley, das Bealey River Valley und auf die umliegenden Bergspitzen, ehe unser Pfad für etwa 5 Min. erneut in ei-

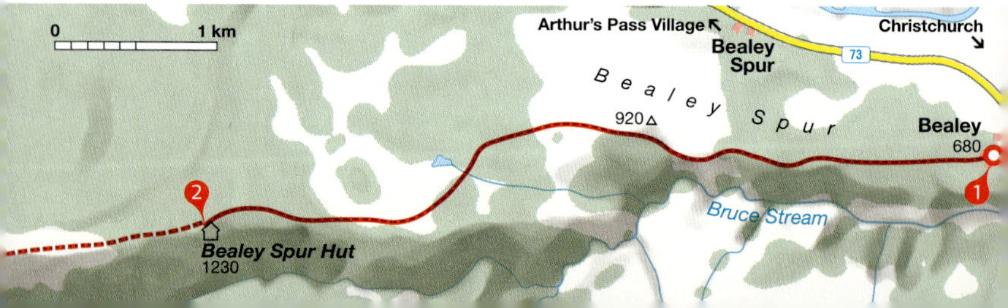

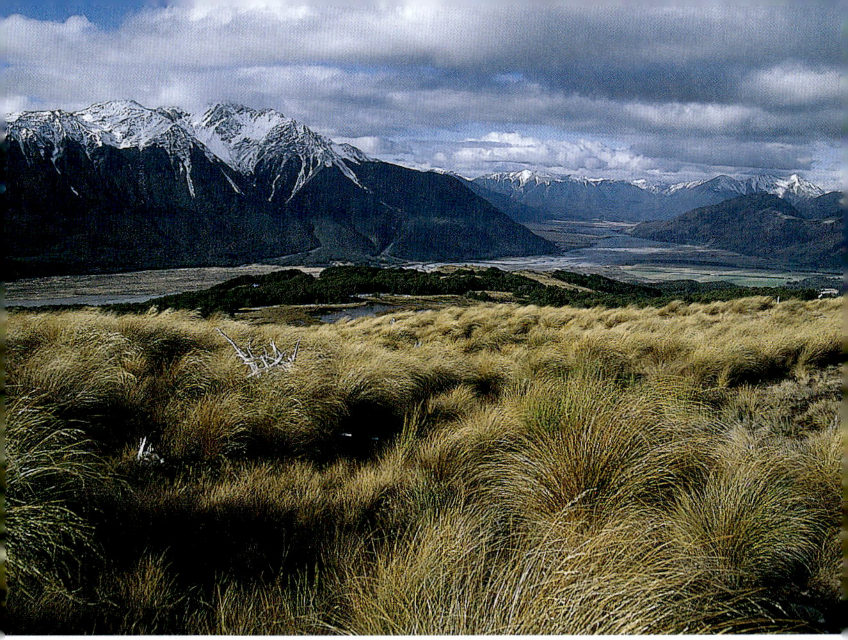

Fernblick ins Waimakariri River Valley und auf die Polar Range.

nem Buchenhain verschwindet. Anschließend gelangen wir zu den kleinen Tümpeln in einem Sumpfgebiet, das wir dank der angebrachten Holzstege sicher und trocken überqueren. Nun bummeln wir noch einmal über die goldgelb schimmernden Grashügel und bewundern die sich im Hintergrund hoch auftürmenden Berge, bevor wir ein letztes Mal in ein kleines Waldstück eintauchen und kurz darauf die zwischen hohen Bäumen geschützt liegende **Bealey Spur Hut** ❷, 1230 m, erreichen. Die ehemalige Hütte für Schafhirten wurde 1925 erbaut und als Stützpunkt für den Schaftrieb und die Musterung der 6000 Schafe, die in diesem Gebiet weideten, genutzt. Nach unserer wunderschönen Wanderung über die prachtvollen Höhenzüge der Bealey Spur lädt die ausgefallene Hütte zu einer Verschnaufpause ein und garantiert uns – mit einem Blick in den »rustikalen« Innenraum wird das jeder feststellen – eine unterhaltsame Rast.

Auf demselben Weg gelangen wir zurück zum **Parkplatz** ❶.

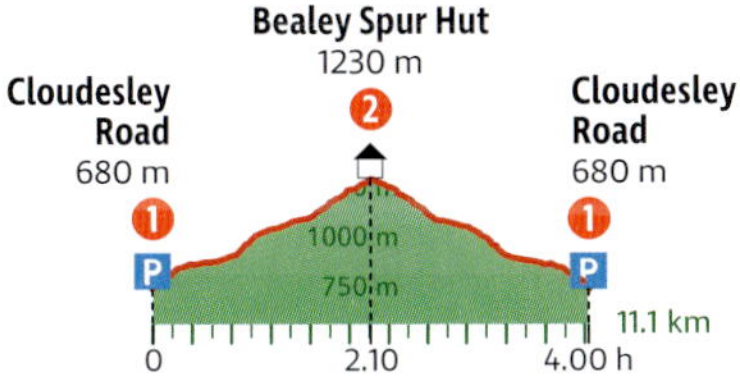

↗ 420 m | ↘ 540 m | 12.5 km

47 Crater Rim Walkway in Christchurch

4.00 h

Von The Sign of The Takahe über den Kraterrandweg zur Talstation der Christchurch Gondola

Der Crater Rim Walkway in Christchurch zählt zu den bekanntesten Touren Canterburys. Der Wanderweg führt zumeist am nördlichen Kraterrand eines erloschenen Vulkans entlang und bietet prächtige Ausblicke Richtung Christchurch im Norden und auf die Banks-Halbinsel im Süden. Zuletzt geht es auf der Bridle-Passstraße steil bergab zur Talstation der Christchurch-Gondola. Kaum vorstellbar, dass dies früher die Hauptverbindungsstraße zwischen dem Hafen Lyttelton und Christchurch war.

Talort: Christchurch, 12 m.
Ausgangspunkt: Christchurch, The Sign of the Takahe in Cashmere Hills, 194 m. Anfahrt: Mit der Buslinie 1 von Christchurch Bus Interchange (= zentraler Busbahnhof) Richtung Rangiora – Cashmere Hills bis zur Endstation bei »The Sign of the Takahe«); der Bus verkehrt alle 10 Min. und benötigt für die Strecke ca. 15 Min.
Endpunkt: Christchurch Gondola, Talstation, 68 m. Rückfahrt: Mit der Buslinie 28 von der Gondola-Talstation Richtung Casebrook; Ausstieg in Christchurch Bus Interchange (= zentraler Busbahnhof); der Bus verkehrt alle 20 Min. und benötigt für die Strecke ca. 15 Min.
Anforderungen: Zwischen »The Sign of the Takahe« und »The Sign of the Kiwi« einfacher Erdweg mit mäßigem Anstieg; im Sugarloaf Reserve schmaler Pfad mit schwierigen Wegpassagen; steiler An- und Abstieg bei Mount Vernon; steiler und rutschiger Abstieg über den Bridle Path.
Markierung/Infrastruktur: Der Weg ist mit den üblichen Symbolen markiert: orange Dreiecke, Informationstafeln, Holzstangen/Poller und Wegpfeile an einigen Kreuzungen. Der Wanderweg kombiniert sich aus mehreren kurzen Streckenwanderungen: Harry Ell Walkway, Mitchells Track, Rāpaki Track, Bridle Path Walk.
Einkehr: Café bei Sign of Kiwi.
Tipp: Unter den Sehenswürdigkeiten von Christchurch ist die Cardboard Cathedral besonders hervorzuheben. Das große Erdbeben vom 22. Feb. 2011 zerstörte große Teile der Innenstadt von Christchurch, inklusive der Kathedrale der Anglikanischen Kirche. Als Provisorium wurde 2013 eine Transitional Cathedral am Rand des Stadtzentrums errichtet, zum Teil aus Pappkarton. Entworfen wurde das Bauwerk vom japanischen Architekten Shigeru Ban. Inzwischen ist die Pappkirche zu einem viel besuchten Ort geworden, weil die besondere Form und die Farbgebung (Glasfenster) einen sehr stimmungsvollen Kirchenraum geschaffen haben. Weitere Informationen und Öffnungszeiten: cardboardcathedral.org.nz.

Wir starten die Wanderung bei **The Sign of Takahe** ❶, einem ehemaligen Roadhouse (heute ein Café) im neugotischen Stil (gelistet als Heritage Christchurch), gegenüber der Endstation der Buslinie 1 in Cashmere Hills, einem Vorort von Christchurch. Zuvor lohnt ein kurzer Abstecher auf eine Aussichtsplattform (Cashmere Hill Lookout) mit Blick auf die Stadt Christ-

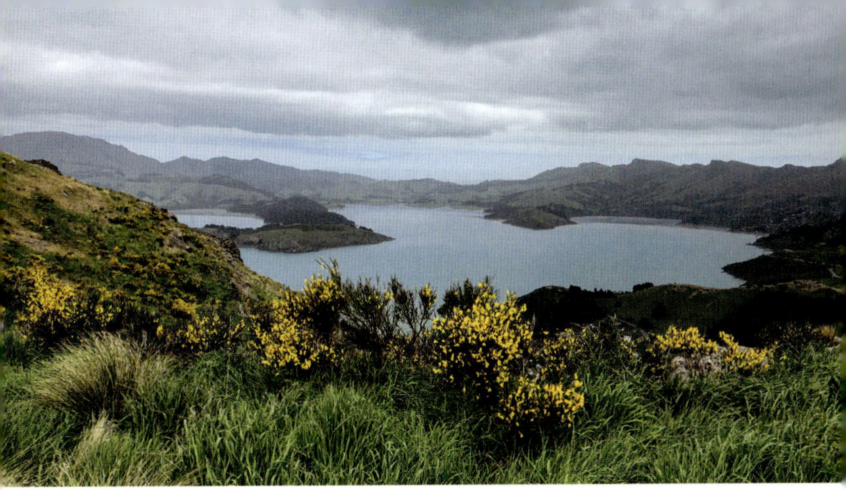

Blick in die Charteris Bay.

church. Danach kehren wir zur Bushaltestelle zurück und folgen der Dyers Pass Road nach links bergan. Nach einer Rechtskurve der Straße zweigt etwa 200 m nach dem Roadhouse in einer Linkskurve ein Wanderweg nach links ab und führt etwas abgesetzt und erhöht auf der linken Straßenseite weiter. Auf diesem Wanderweg geht es nun parallel zur Dyers Pass Road etwa 3,5 km bis zum Pass hoch – auf dieser Strecke steigt der Weg sanft an und überwindet etwa 100 Hm. Am **Dyers Pass** 2, 330 m, liegt an der Straßenkreuzung »The Sign of Kiwi«, wieder ein Roadhouse und Café. Hier kreuzt die Dyers Pass Road die Summit Road. Letztere werden wir im Laufe unserer Wanderung mehrfach berühren. Wir queren die Dyers Pass Road und folgen der Wegmarkierung »Crater Rim Walkway«. Unser weiterer Wanderweg verläuft zunächst durch das Sugarloaf Reserve, ein kleines Naturschutzgebiet am Sübabhang des Kraters. Hier gibt es – abgesehen

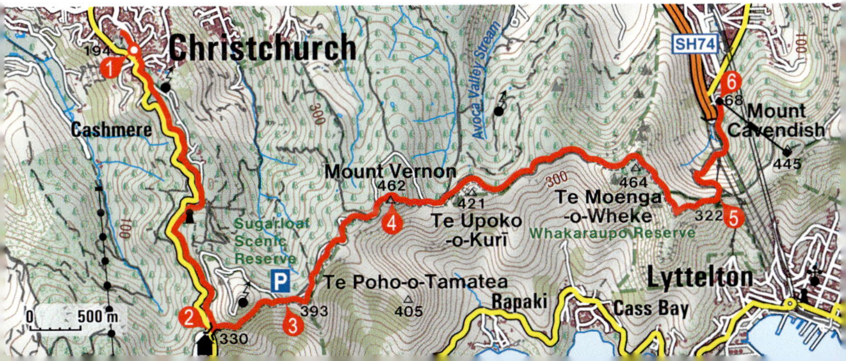

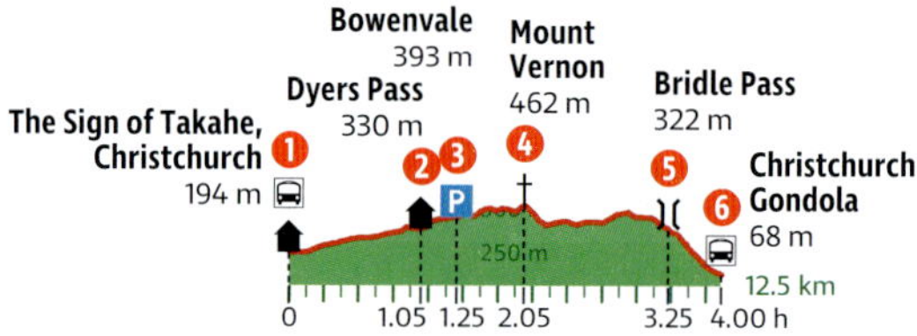

vom Crater Rim Walkway – einige weitere Wanderoptionen mit alternativem Markierungssystem. Der Crater Rim Walkway führt zunächst auf dem Cedrics Track, den wir schon nach 200 m wieder verlassen, um nach rechts auf den Mitchells Track abzuzweigen, der am bewaldeten Hang entlangleitet. Auf diesem schmalen Pfad bleiben wir für etwa 1,2 km (25 Min.). Nach rechts eröffnen sich unterwegs immer wieder schöne Ausblicke auf den Lyttelton Harbour, auf eine riesige Meeresbucht (eigentlich eine Caldera), die zwischen Christchurch und Banks-Halbinsel liegt. Beim **Bowenvale Car Park** 3 treffen wir wieder kurz auf die Summit Road, wandern aber den Crater Rim Walkway weiter, der parallel (in Wanderrichtung rechts) zur Straße verläuft. Am Beginn des Scott Scenic Reserve führt der Weg etwas von der Straße weg, überquert einen Hügel und trifft erneut auf die Summit Road. Danach geht es durch einen Wald und im Anschluss steigen wir den **Mount Vernon** 4, 462 m, hoch, die höchste Erhebung auf unserer Wanderung. Vom Gipfel bietet sich ein weiter Blick auf eine von Tussockgras überzogene Landschaft.

Der Abstieg erfolgt über einen Serpentinenweg. Wieder erreichen wir die Summit Road und einen Parkplatz (beim Abstieg des Rāpaki Tracks). Rechts von uns und rechts der Straße liegt der markante Witch Hill (422 m) mit ausgeprägten Basalt-Felsformationen. Der Wanderweg führt zwischen Berg und Straße links um den Berg herum. Danach treffen wir wieder auf die Summit Road. Für den nächsten Kilometer wandern wir auf der Straße oder auf einem kaum erkennbaren schmalen Pfad links der Straße am Weidezaun. Vor dem Hügel »The Tors« zweigt der Weg wieder nach rechts von der Straße weg und verläuft auf einem schmalen Pfad zwischen Straße und Hügel. Wir steigen zu einem Aussichtspunkt hoch (mit Blick auf die Hafenstadt Lyttelton) und danach bis zum **Bridle Pass** 5 an der Summit Road ab. Dort befinden sich einige Gedenksteine, u. a. ein Pioneers' Women's Memorial. An dieser Stelle queren wir die Straße und wandern den Bridle Path Walk steil bergab. Diese ehemalige Passstraße (heute eine Schotterstraße) hat früher den Hafen von Lyttelton mit der Stadt Christchurch verbunden. Entlang des ca. 1,5 km langen Abstieges finden sich mehrere Informationstafeln zur Geschichte dieser Straße. Am Ende des Abstieges biegen wir nach rechts zur **Talstation der Christchurch Gondola** 6 ab. Vor dem Gebäude befindet sich die Bushaltestelle.

6.30 h

Godley Head Walkway

Eine ausgedehnte Küstenwanderung um das schönste Kap bei Christchurch

Godley Head begrenzt den Lyttelton Harbour im Norden und besitzt einige der schönsten Steilküsten und Buchten von Canterbury. Daneben hat das Kap eine ungewöhnliche Vergangenheit: Aufgrund seiner besonderen Lage wurde Godley Head ab 1939 mit zahlreichen Küstenbatterien bestückt und zählte zu den am stärksten befestigten Gebieten Neuseelands mit bis zu 400 stationierten Soldaten. Erst 1963 wurden die Militäranlagen geräumt. Heute dominieren Weiden und Naturlandschaft die Küste. Entlang des Wanderweges sieht man an vielen Stellen noch die Reste der Bunker und Geschützstände. Daneben erlebt man hier eine abwechslungsreiche Küstenwanderung mit unvergesslichen Ausblicken.

Talort: Sumner, 20 m.
Ausgangspunkt: Sumner Clock Tower am Scarborough Beach, 5 m. Anfahrt: Von Christchurch Bus Interchange (= zentraler Busbahnhof) fährt alle 15 Min. ein Bus der Purple Line 3 Richtung Sumner und wieder zurück.
Anforderungen: Die Wanderung verläuft zumeist auf einem Schotterweg oder auf einem Küstenpfad; z. T. sind beträchtliche An- und Abstiege (oft über Stufen) zu überwinden, manchmal auf rutschigen Pfaden. Mehrfach müssen Zäune überstiegen werden. Zwischen Hobson Bay und Taylor's Mistake Beach ist bei Flut ein Überstieg nur auf Felsen möglich.
Markierung/Infrastruktur: Der Weg ist mit den üblichen Symbolen markiert: orange Dreiecke, Informationstafeln, Holzstangen/Poller und Wegpfeile an einigen Kreuzungen. Der Wanderweg kombiniert sich aus mehreren kurzen Streckenwanderungen: Flowers Track, Taylor's Mistake Track, Godley Head Walkway, Crater Rim Walkway, Captain Thomas Track.
Einkehr: Sumner; unterwegs keine.
Tipp: Der Shag Rock, auch als Rapanui bekannt, ist ein markanter Felsen, der den Eingang der Avon-Heathcote-Mündung in der Nähe von Christchurch markiert. Er ist sowohl für Seefahrer als auch für Reisende auf der Straße von Sumner ein markanter Orientierungspunkt. Beim Erdbeben von Christchurch (2011) wurde er zertrümmert, dennoch sind die noch vorhandenen Reste markant und gut zu erkennen. Manche Bewohner von Sumner nennen den Felsen etwas sarkastisch »Shag Pile« (= Zottelteppich).

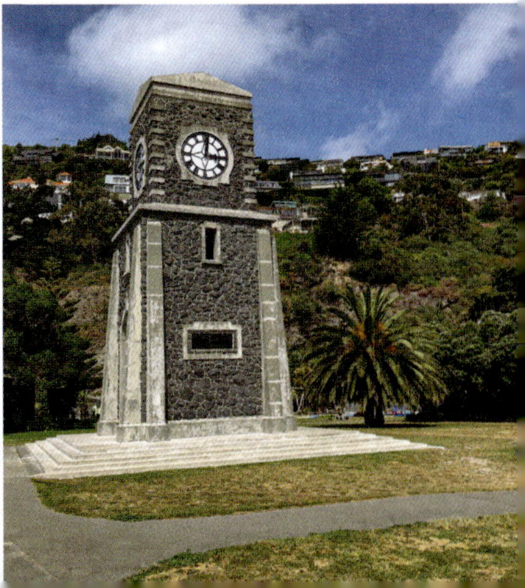

Sumner Clock Tower.

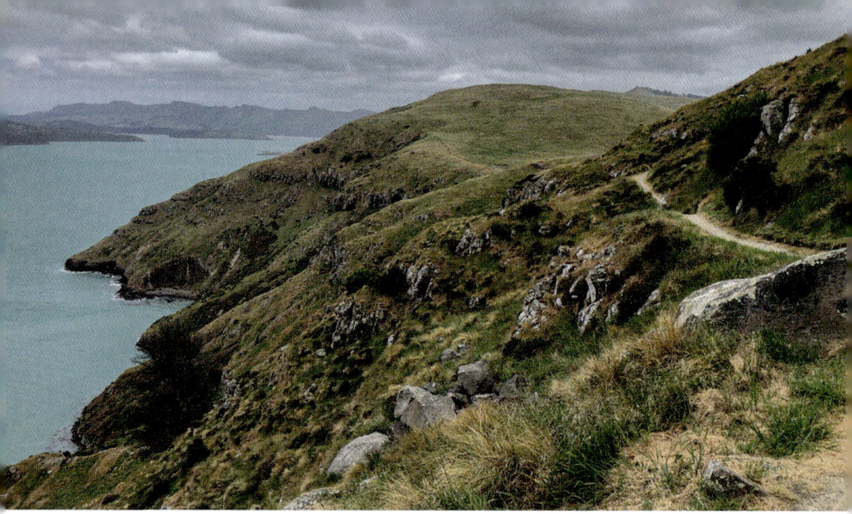

Küstenweg Richtung Godley Head.

Wir starten die Wanderung beim markanten **Clock Tower** ❶ am Scarborough Beach in Sumner. Mit Blick auf das Meer gehen wir nach rechts bis zum Ende der Bucht und dort weiter auf der Heberden Avenue, auf der wir links die Coastguard Sumner passieren. Gleich darauf leitet die Straße in einer Rechtskurve zurück nach Sumner. Nach der Kurve führt ein schmaler Pfad nach links weg (Flowers Track). Auf diesem steigen wir in mehreren Kurven und zwischen Häusern der Siedlung Scarborough bis zum Nicolson Park hoch. Im Park halten wir uns nach links in Richtung eines Picknick- und Kinderspielplatzes, wo es auch eine Toilette gibt. Nun folgen wir den Wegschildern des Taylors Mistake Track. Wir queren eine Straße (Taylors Mistake Road) und wandern Richtung Küste weiter. Dort knickt der Weg nach rechts und vor uns liegt eine eindrucksvolle Steilküstenlandschaft mit drei Kaps. Bis zum ersten Kap geht es in einigen Kurven etwas bergab. Danach überwinden wir einen kleinen Höhenrücken und steigen beim zweiten Kap in einigen Kurven wieder bergan. Das dritte Kap, Giant's Nose, ist besonders markant. Danach geht es über Treppen steil bergab Richtung Hobson's Bay. Die Bucht kann entweder im Hang oder am schmalen

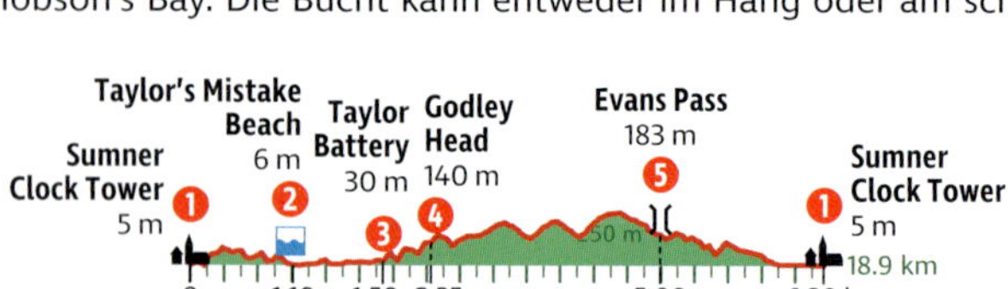

Sandstrand gequert werden, je nach Stand von Ebbe und Flut. Beim Übergang zwischen Hobson's Bay und Taylors Mistake Beach müssen wir einige Felsen übersteigen und den Weg über die Terrasse eines Hauses nehmen (Markierung). **Taylor's Mistake Beach** ❷ ist ein breiter Sandstrand. Dort gehen wir bis zum Ende der Bucht und folgen bei einem Picknickplatz Wegmarkierungen Richtung Godley Head Walkway. Zunächst steigen wir etwa 20 Hm auf und blicken zurück auf den Sandstrand, den wir eben erst überquert haben. Nun wandern wir auf einem breiten Küstenweg um den Black Rock Point herum. Es verlaufen auf dieser Route mehrere Wege parallel, darunter auch eine MTB-Strecke, die nach dem Kap (Black Rock Point) ins Landesinnere abbiegt. Wir wandern am Küstenweg weiter, der etwa 40 m über dem Meeresniveau verläuft. Markant ist der Blick in die Boulder Bay, die unterhalb eines kleinen Küstenwaldes liegt. Dort gibt es Ferienhäuser seit dem späten 19. Jh., völlig abgeschieden und ohne Zufahrtsstraßen. Der Großteil der kleinen Siedlung ist heute verlassen.
Wir bleiben danach auf dem Wanderweg entlang der Küste und treffen kurze Zeit später auf den ersten Küstenbunker, **Taylor Battery** ❸, bestehend aus zwei Betonbunkeranlagen, die hier bereits im September 1939 als Reaktion auf den Ausbruch des Zweiten Weltkrieges angelegt wurden. In einigen Kurven wandern wir hoch bis zu einer Baumgruppe hinter einem Zaun. Dahinter liegen **Godley Head** ❹ und davor weitere Küstenbunker. Der Zutritt ist fallweise geschlossen, eine Informationstafel erklärt das Konzept der Anlage.
Wir folgen nun dem Küstenverlauf Richtung Süden und wandern auf einem schmalen Pfad, der zu weiteren ehemaligen Militäranlagen führt, zugleich aber exzellente Ausblicke in die Meeresbucht (Lyttelton Harbour) und auf die Nordseite der Banks Peninsula ermöglicht. Nach einer klei-

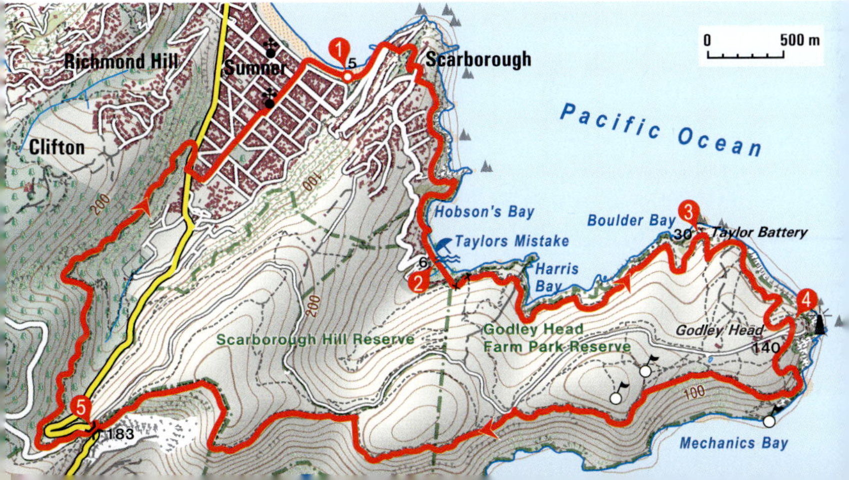

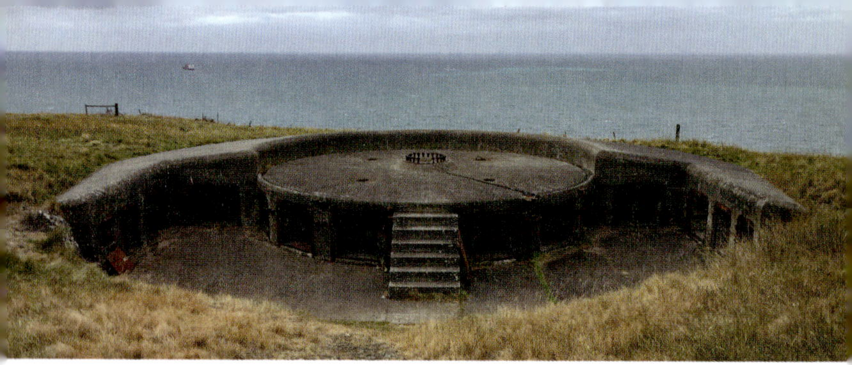

Taylor Battery.

nen Häusergruppe (Bunker und Wohnkaserne für Soldaten) führt der Weg auf einen Parkplatz zu. Bevor wir diesen erreichen, zweigen wir nach links auf einen Pfad ab (Wegmarkierung: »Crater Rim Walkway: Godley Head to Evans Pass«), der entlang eines Weidezaunes rechts von uns führt. Bei einem Zaunüberstieg (ein anderer Weg kreuzt den Zaun und trifft auf unseren Pfad) biegt unser Wanderweg etwas vom Zaun weg Richtung Steilküste. Der nächste halbe Kilometer verläuft etwas näher an der Küste und durch felsigeres Gelände, aber weiterhin auf einem einfachen Küstenpfad. Danach knickt der Weg wieder auf eine Straße (Summit Road) zu, schwenkt jedoch gleich wieder von dieser nach links weg, weiterhin entlang der Küste verlaufend. Nun geht es etwas bergan (ca. 80 Hm) und wir queren einen Kraterrandberg. Danach biegt der Weg wieder zurück zur Straße und wenig

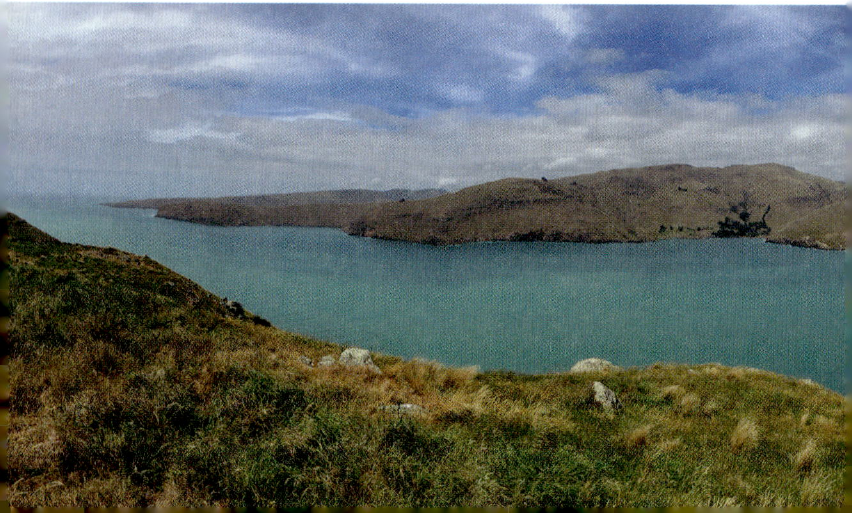

später neuerlich von dieser weg. Wieder geht es an der Steilküste entlang und merklich bergan (ca. 150 Hm). Über der Gollans Bay erreichen wir den höchsten Punkt der Wanderung. Unter uns liegt das Gollans Bay Quarry, wo man aus vulkanischen Gesteinen verschiedene Mineralien herausbricht. Nun folgt ein steiler Abstieg zum **Evans Pass** 5, 183 m. Hier kreuzen die Straßen Summit Road und Evans Pass Road (sie verbindet Sumner mit Lyttelton). Unser Wanderweg verläuft kurz parallel zur Summit Road, quert auf dieser die Evans Pass Road und führt von dieser weg auf den Captain Thomas Track (Markierung), der den Evans Pass mit Sumner verbindet. Auf diesem schmalen Pfad wandern wir nun bergab zwischen den beiden Straßen, jedoch in der Folge mehr oder weniger parallel zum Straßenverlauf der Evans Pass Road. Zunächst geht es auf einem schönen Hangweg Richtung Tal. Danach knickt der Weg nach links und wir folgen dem »Old Captain Thomas Track«. Wir passieren ein Weidetor, gleich darauf einen Taleinschnitt und wandern auf der linken Talseite durch einen schönen Wald stetig bergab, bis wir auf die Wakefield Avenue gegenüber der Paisley Street treffen. Im letzten Wegabschnitt queren wir die Stadt Sumner bis zum Scarborough Beach. Zunächst geht es auf der Paisley Street bis zur Van Asch Street. Auf diese biegen wir nach links ein, queren den St. Leonards Park, bleiben weiter auf der Van Asch Street, die in der Colenso Street bei der Marienkirche (Our Lady Star of the Sea) endet. Auf der Colenso Street gehen wir kurz nach rechts und biegen bei erster Gelegenheit in die Menzies Street ein. Dieser folgen wir nun bis zur Bucht. Auf der Sumner Promenade wandern wir nach rechts bis zum **Clock Tower** 1, wo wir die Rundwanderung abschließen.

Blick Richtung Lyttelton Harbour und Banks Peninsula.

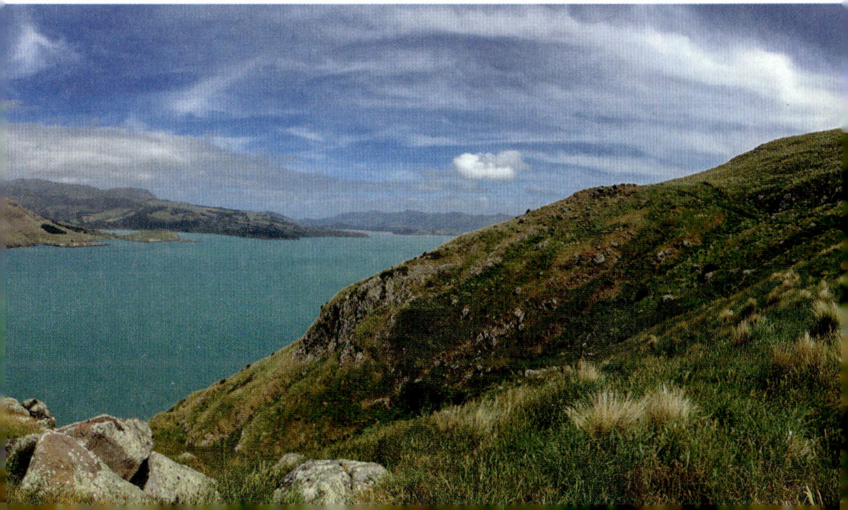

↗ 340 m | ↘ 340 m | 8.4 km

49 Mount John Walkway, 1031 m

3.00 h

Aussichtsgipfel über türkisblauem Gletschersee

Auf dem Gipfel des Mount John betreibt die University of Canterbury eine Sternwarte, denn die Region um Lake Tekapo hat den klarsten, dunkelsten und spektakulärsten Nachthimmel Neuseelands! Aber auch während des Tages genießen wir durch die klare Luft hindurch eine großartige Rundumsicht auf die unvergleichlich schönen, türkisblauen Seen Lake Tekapo und Lake Alexandrina bis hin zu den vergletscherten, hohen Berggipfeln der Südalpen.

Talort: Lake Tekapo, 724 m.
Ausgangspunkt: Parkplatz bei Tekapo Springs am Ende des Lake Side Drive am Seeufer.
Anforderungen: Zumeist breite Wald- und Schotterwege oder Wiesenpfade; etwas steilere An- und Abstiege zum und vom Gipfel des Mount John.
Markierung/Infrastruktur: Regionale Markierung: grün-weiß und rot-weiß gestrichene Holzstangen.
Einkehr: Astro-Café auf dem Gipfel des Mount John, hat nur zeitweise geöffnet.
Tipp: Die Church of the Good Shepherd, auf einem Felsen über Lake Tekapo gelegen, ist eines der bekanntesten Postkartenmotive Neuseelands. Die kleine Kirche, die heute von verschiedenen christlichen Konfessionen genutzt wird, ist noch keine 100 Jahre alt und wurde nur mit lokalen Baumaterialen und ohne große Veränderung der Landschaft errichtet. Hinter dem Altar im Westen wurde ein Glasfenster eingesetzt, das Messbesuchern einen einzigartigen Blick auf das türkisblaue Wasser des Lake Tekapo und das markante Gebirgspanorama dahinter ermöglicht. Weitere Informationen und Öffnungszeiten: churchofthegoodshepherd.org.nz.

Wir starten die Rundwanderung am Parkplatz bei **Tekapo Springs** ❶, am Ende des Lake Side Drive, etwa 1 km außerhalb (östlich) der Siedlung Lake Tekapo. Wir gehen zunächst Richtung Seeufer und wandern in der Folge auf einem breiten Waldweg am Ufer des Lake Tekapo entlang. Nach rechts blickt man über den See auf das Dorfzentrum und die etwas isoliert liegenden Church of the Good Shepherd, ein Wahrzeichen der Region. Nach etwa 10 Min. (700 m) verlassen wir den Wald, ab hier steigt der Weg etwas an und führt am Hang über dem Lake Tekapo. Der Blick auf den türkisblauen See mit seinen Inseln und die umgebende Gebirgslandschaft ist einmalig. Der Hang ist mit Heckenrosenbüschen überzogen. Nach etwa 45 Min. verläuft der Weg nun etwas bergab und führt näher an das Seeufer heran. Nach einem Weidetor geht es den Hang wieder hinauf und vom Seeufer weg. Bei einer Weggabelung – 300 m später – halten wir uns rechts und wandern zu einer kleinen Aussichtsplattform. Zurück am Hauptweg erreichen wir

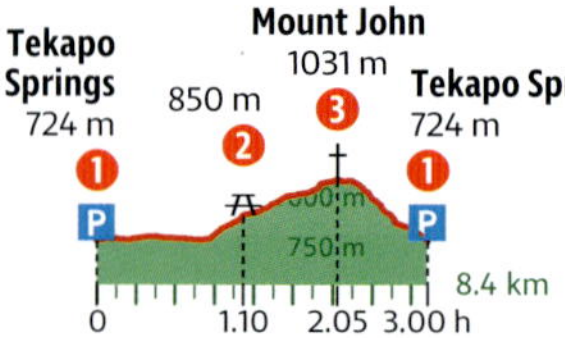

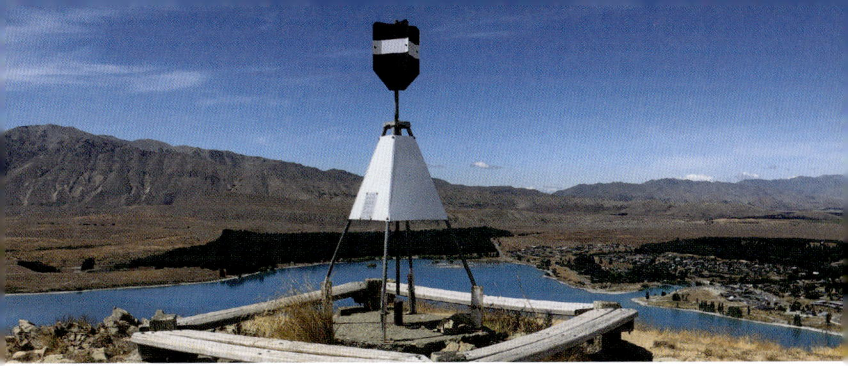

Gipfelmonument auf dem Mount John.

wenige Minuten später einen **Picknickplatz ❷**. Rechts von uns liegt die Zufahrtsstraße zum Mount John. Wir wandern weiter auf einem Wiesenweg, der zwischen Straße (rechts) und einem Weidezaun (links) verläuft. Bis zum Gipfel mit den Sternwarten sind es von hier noch 2 km und 180 Hm im Aufstieg. Wir queren einen ersten Hügel und übersteigen einen Weidezaun (Überstiegshilfe). Danach geht es links des Weidezaunes bis zu einem Abzweig unterhalb des Gipfels, hier rechts. Neuerlich übersteigen wir einen Zaun und wandern auf einem schmalen Wiesenpfad auf den **Mount John ❸**, 1031 m, hinauf. Dieser ist von verschiedenen Gebäuden übersät, hauptsächlich sind es Sternwarten, daneben auch das Astro-Café mit Glasdach.

Im Anschluss kehren wir wieder zum Abzweig zurück und wandern nach rechts auf die Felsgruppe **South Summit ❹**, 1023 m, zu, einem Nebengipfel des Mount John. Im Anschluss geht es nach links bergab und um den South Summit herum. Unser Wanderweg mündet in einen breiteren Wiesenweg ein und führt in der Folge über einige Stufen steil bergab Richtung Waldrand. Danach geht es in einigen Kurven durch einen Mischwald mit sehr vielen Lärchenbäumen steil bergab. Etwa 10 Min. nach dem Waldrand kreuzen wir einen anderen Weg und wandern wenig später durch ein Tor. Im Anschluss geht es neuerlich steil bergab bis zum Waldrand. Wir verlassen den Wald oberhalb von Tekapo Springs und kehren auf einer Schotterstraße zum Seeufer und zum **Parkplatz ❶** zurück.

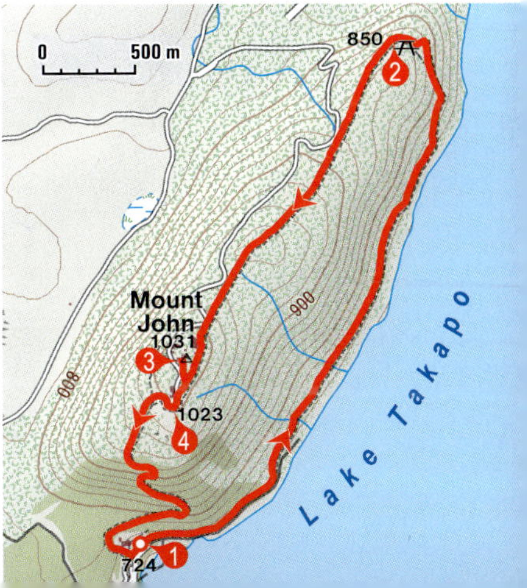

TOP

↗ 270 m | ↘ 270 m | 16.9 km

50 Kea Point und Hooker Valley Track

5.00 h

Funkelnde Gletscher und Mount-Cook-Blick im Hooker Valley

Der Hooker Valley Track, der uns durch das von weißen Berggiganten gesäumte Hooker Valley führt, ist der beliebteste Wanderweg im Aoraki-Mount-Cook-Nationalpark. Er beinhaltet die Überquerung dreier schwankender Swingbridges an der steilen Westflanke der Mount Cook Range, steigt dann an den unteren grünen Hängen sanft an und endet schließlich am gletschergespeisten Hooker Lake, hinter dem sich der prachtvolle Mount Cook mit seiner imposanten Größe majestätisch auftürmt – eines der berühmtesten Fotomotive Neuseelands.

Talort: Mount Cook Village, 756 m.
Ausgangspunkt: Parkplatz am Visitor Centre in Mount Cook Village, 756 m.
Anforderungen: Breiter und gut ausgebauter Wanderweg, drei längere Swingbridges sind jeweils zweimal zu überqueren; dabei ist Schwindelfreiheit nötig.
Markierung/Infrastruktur: Der Weg ist mit den üblichen Symbolen markiert: orange Dreiecke, Informationstafeln, Holzstangen/Poller und Wegpfeile an einigen Kreuzungen;
Einkehr: Mount Cook Village (Cafés und Restaurants) und am White Horse Hill Campground (Shelter mit Toilette).
Tipp: In Mount Cook Village befindet sich das Visitor Centre des Mount Cook National Parks. Neben den umfassenden Beratungsangeboten zu Wanderungen und anderen Aktivitäten im Nationalparkgebiet gibt es auch einen Ausstellungsbereich, der Geschichte, Geologie, Flora und Fauna der Region dokumentiert. Adresse: Larch Grove 1, Aoraki/Mount Cook. Öffnungszeiten im Sommer (Oktober bis April) täglich von 8.30 bis 17.00 Uhr, im Winter täglich von 8.30 bis 16.30 Uhr.

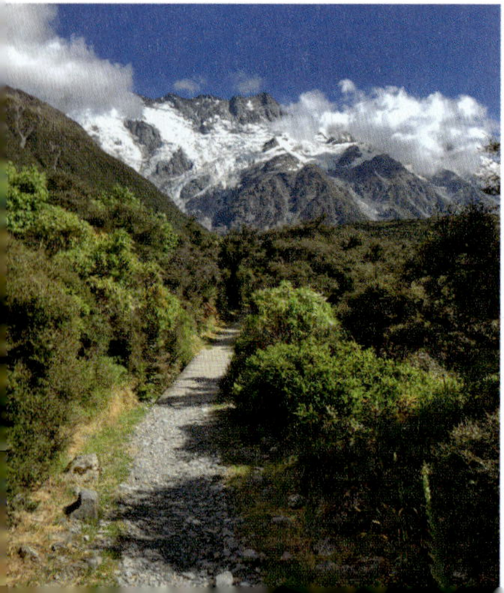

Vom Parkplatz beim Visitor Centre in **Mount Cook Village** ❶ folgen wir der Beschilderung »Kea Point/Hooker Valley« in nördliche Richtung. Links von uns liegt das Hotel The Hermitage, das einzige »Hochhaus« im Tal, und davor das Sir Edmund Hillary Alpine Centre. Wir queren die Zufahrtsstraße zum Hotel bzw. Alpine Centre und wandern auf einem breiten Schotterweg durch niederen Buschwald. Nach dem Wald geht es über offenes Grasland; Tussockgras ist vorherrschend, Lilien, Gänseblümchen und Enziane blü-

Aufstieg Richtung Kea Point.

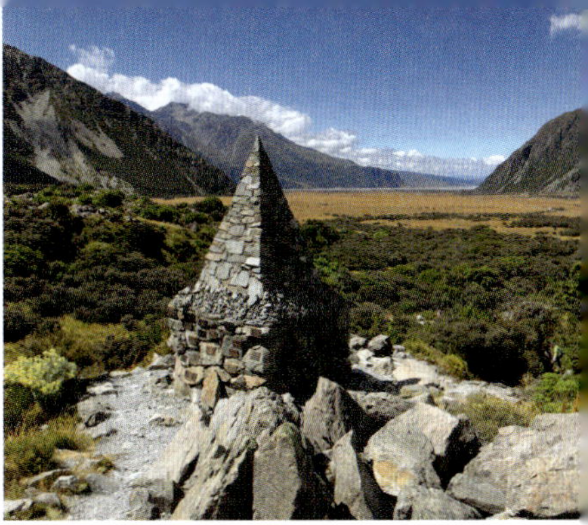

Alpine Memorial.

hen hier, dahinter entfaltet sich ein spektakuläres Hochgebirgspanorama. Bald queren wir den **Kitchener Creek** ❷, ein zumeist trockenes Flussbett. Nach etwas mehr als 1 km (ca. 20 Min.) erreichen wir eine Weggabelung. Nach rechts geht es Richtung »Hooker Valley Track/Camp Area«, geradeaus weiter zum Kea Point, unserem ersten Zwischenziel. Nun wandern wir stellenweise auf einem Boardwalk und leicht bergan. 15 Min. später kommen wir zur nächsten Weggabelung. Hier halten wir uns nach links, umwandern den White Horse Hill, einen Moränenberg, und steigen bis zum **Kea Point** ❸, 860 m, auf. Dort bietet sich ein prächtiger Blick auf Mueller Lake und die Reste des Huddleston Glacier.

Danach kehren wir bis zur vorherigen Weggabelung zurück und wandern nach links Richtung **White Horse Hill Campground** ❹. In der Mitte der Anlage (zwischen Campingplatz und Parkplatz) gibt es ein Shelter mit Toilette. Danach queren wir einen Bachlauf auf einer Brücke und halten uns nach links (Tafel »Hooker Lake«). Nun wandern wir auf einem viel begangenen breiten Schotterweg und passieren 15 Min. später links das Alpine Memorial, ein Monument, das an die Gründung des Nationalparks erinnert. Bevor wir den Hooker River erstmals queren, steigen wir nach links hoch zum **Mueller Lake Lookout** ❺, einer Anhöhe, die einen Panoramablick auf den Mueller Lake und die dahinter liegenden Berggipfel des Mount

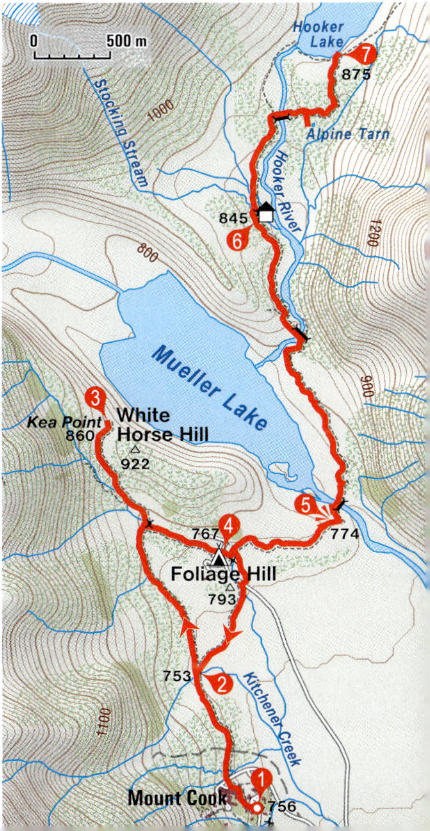

Sefton und The Footstool ermöglicht. Gleich darauf geht es etwas bergab und am Übergang vom Gletschersee (Mueller Lake) zum Fluss passieren wir auf der ersten Swingbridge (770 m) den Hooker River. Unser Weg verläuft in der Folge rechts am Mueller Lake entlang und windet sich dann oberhalb des Hooker River an der steilen Felsschlucht des Flusses entlang bis zur zweiten Swingbridge (830 m). Auf der anderen Seite des Hooker River angelangt, setzt sich unser Weg links des Flusses fort. Mount Cook rückt wieder in unser Blickfeld und beherrscht nun völlig das Tal.
Auf einem steinigen Pfad wandern wir zum **Stocking Stream Shelter** 6, 845 m, hoch. Hier gibt es eine Toilette und einen Picknickplatz. Nun liegt der Flusslauf rechter Hand von uns. 15 Min. später erreichen wir die dritte Swingbridge (875 m) über den Hooker River. Vor uns baut sich die Endmoräne auf, hinter der sich der Hooker Lake verbirgt. Ein Seitenweg (200 m rechts nach der Swingbridge) führt zu einem kleinen See, der jedoch im Sommer ausgetrocknet sein kann. Zurück am Hauptweg wandern wir am rechten Rand der Moräne hoch und erreichen nach 20 Min. den Moränenkamm (900 m) mit Blick auf **Hooker Lake** 7, 875 m, und auf ein Naturschauspiel der besonderen Art: Hinter dem vom Gletscher gespeisten See ragt der Mount Cook im gleißenden Sonnenlicht mit seiner weißen Pracht auf und bildet eine Kulisse, wie sie glanzvoller nicht sein könnte. In den

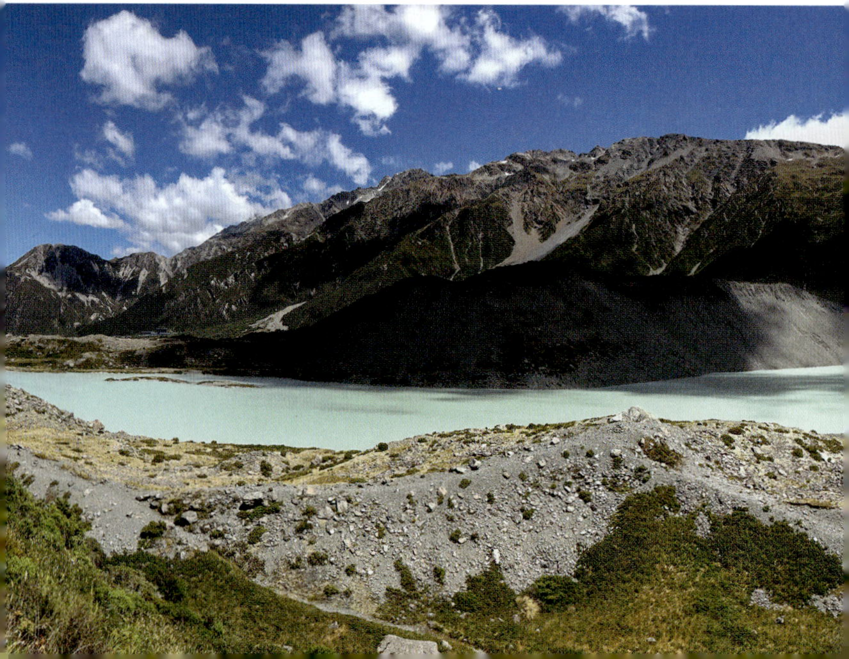

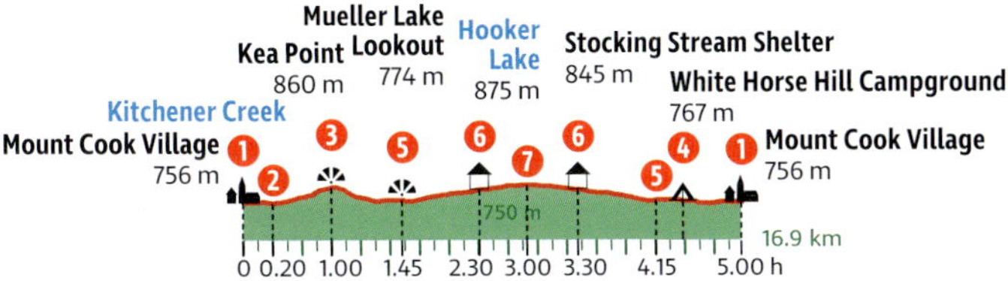

grau schimmernden See kalben Eisblöcke, die langsam abschmelzen und im Flusswasser des Hooker River enden.
Wir gelangen auf demselben Weg zurück bis zum **White Horse Hill Campground** 4. Dort gehen wir vor der Brücke (damit auch vor dem Shelter) nach links und queren wenig später die Zufahrtsstraße zum Campingplatz und gleich darauf einen Fluss auf einer Brücke. Danach wandern wir nach links und in Richtung Mount Cook Village. Von hier aus sind es noch 1,5 km zum Ziel. Unser breiter Wanderweg mündet knapp vor dem **Kitchener Creek** 2 wieder in den Hinweg ein. Auf diesem geht es zurück bis zum Visitor Centre in **Mount Cook Village** 1.

Panoramablick auf Mueller Lake vom Kea Point aus.

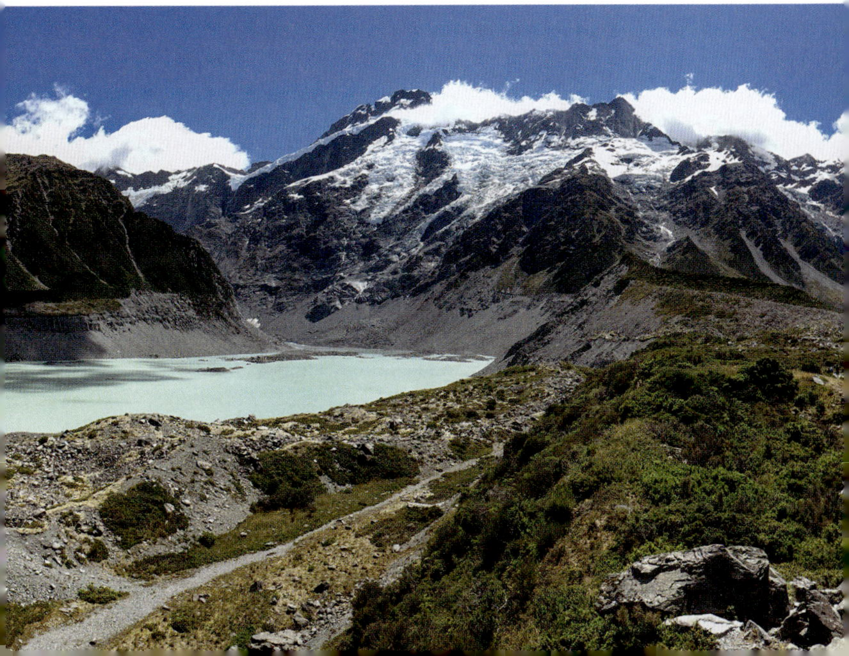

↗ 290 m | ↘ 290 m | 13.4 km

51 Tasman Glacier

4.00 h

Vielfältige Ausblicke auf den längsten Gletscher Neuseelands

Der Tasman Glacier ist mit noch 29 km der längste Gletscher Neuseelands. Seine Gletscherzunge ist völlig mit Schutt und Geröll der abstürzenden Hänge bedeckt, wodurch das Eis vor Sonneneinstrahlung geschützt und damit die Schmelzrate verlangsamt wird. Die Wanderung verläuft auf der West- und Südwestseite des Gletschers und führt zu unvergesslichen Aussichtspunkten auf ein besonderes Naturschauspiel: das Kalben von Eisbergen im Tasman Lake.

Talort: Mount Cook Village, 756 m.
Ausgangspunkt: Parkplatz im Tasman Valley, 723 m, 8 km nördlich von Mount Cook Village am Ende der Tasman Valley Road.
Anforderungen: Einfache Schotterwege im unteren Teil (River und Glacier View) der Wanderung; der Wegabschnitt um die Blue Lakes ist abschnittsweise verwachsen und auf felsigem Gelände; der Wegabschnitt bis Husky Flat verläuft auf einem breiten und steinigen 4WD-Weg.
Markierung/Infrastruktur: Der Weg ist mit den üblichen Symbolen markiert: orange Dreiecke, Informationstafeln, Holzstangen/Poller und Wegpfeile an einigen Kreuzungen; öffentliche Toilette und Shelter am Ausgangspunkt.
Einkehr: Keine.
Tipp: Wer den längsten Gletscher Neuseelands hautnah erleben möchte, der sollte eine Bootstour auf dem Tasman Lake buchen. Die Boote verkehren ab Jetty Point und fahren zwischen schwimmenden Eisbergen in einer einzigartigen Umgebung. Mit Glück erlebt man das Kalben des Gletschers hautnah, jedenfalls eindrucksvoll sind aber die enormen Dimensionen der Seitenmoränen, die fast 200 m über dem See aufragen. Weitere Informationen und Buchung: hermitage.co.nz/experience/glacier-explorers.

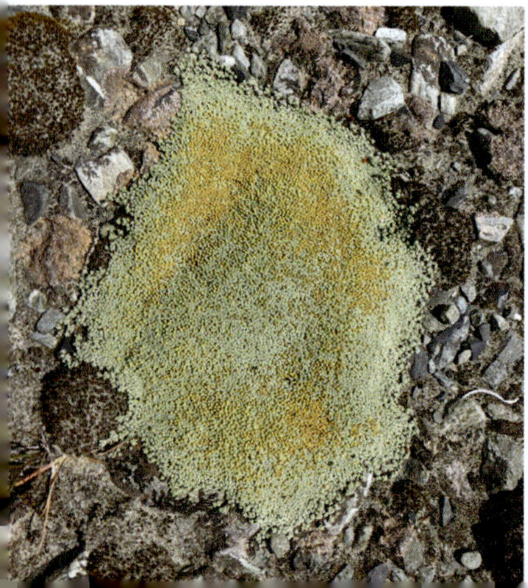

Flechte.

Vom Parkplatz im **Tasman Valley** ❶, am Ende der Tasman Valley Road, gehen wir Richtung Shelter und weiter auf dem markierten Weg Richtung Glacier View und Blue Lakes. Bei einer Weggabelung nach ca. 150 m halten wir uns nach rechts und wandern zunächst Richtung »Tasman Lake und River«. Nun geht es weitgehend eben für ca. 1 km auf einem Kiesweg Richtung Tasman River. Einen Zugang zum Tasman Lake (Abzweiger nach links nach 600 m) ignorieren wir. Dieser Weg führt in eine Bucht zum Jetty Point, wo Ausflugsboote liegen, die Touren zum kalbenden Gletscher auf dem Tasman Lake anbieten (siehe Tipp). Wir bleiben weiter auf dem Weg zum Tasman River und queren ein Feld von riesigen »Kieselsteinen«, die der Fluss hier abgelagert hat. Für den Abstieg zum Flussufer des **Tasman River** ❷ in der Nähe der Austrittstelle des Flusses aus dem See muss man über einige Felsblöcke steigen, wird dafür mit einem großartigen Blick auf den See, den Gletscher in der Ferne und ein herrliches Gebirgspanorama belohnt.

Im Anschluss kehren wir zur Weggabelung (ca. 150 m nach dem Wegstart) zurück und wandern von dort aus rechts hoch in Richtung Glacier View (ca. 10 Min.). Unterwegs passieren wir eine Weggabelung Richtung Blue Lakes (unsere nächste Wegrichtung), wir gehen zunächst aber geradeaus weiter. Vom **Glacier View** ❸ bekommt man einen einmaligen Blick über die längste Gletscherzunge Neuseelands. Die abgebrochenen Moränenberghänge, die riesigen Schuttmassen und die schneebedeckten Gipfel lassen die unglaubliche Naturkraft von Glazialerosion erahnen.

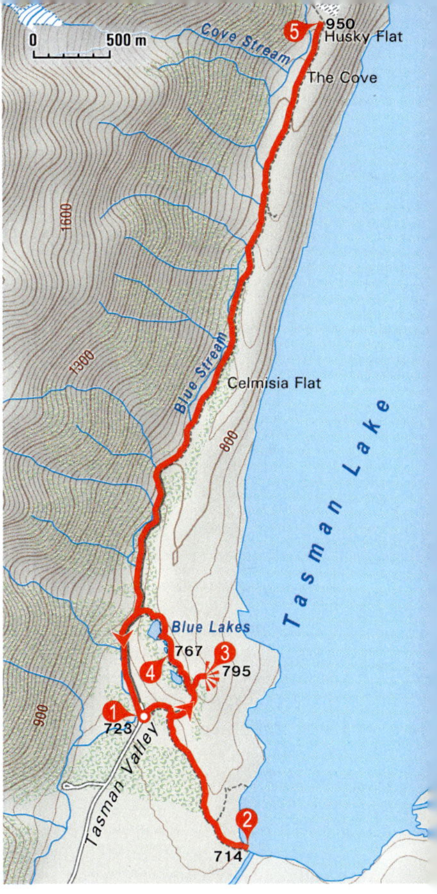

Zurück bei der Weggabelung gehen wir nach rechts und erreichen kurze Zeit später den ersten der **Blue Lakes** ❹, einer Kette von mehreren »Eislinsenseen«. Tatsächlich erscheinen die Seen eher grün als blau, was durch die Reflexion der umgebenden Vegetation zustande kommt. Auch kann es sein, dass im Sommer einige der Seen ausgetrocknet sind. Der Weg führt von der Weggabelung steil bergab und auf einem steinigen Pfad zwischen den Seen (bei Hochwasser fünf Seen) hindurch. Der letzte See ist der größte der Blue Lakes. Der Wanderweg führt an seinem rechten Ufer entlang. Danach gibt es einen schmalen Überstieg nach links, Richtung Ball Hut Road. Diese breite Schotterstraße (auch ein 4WD) wandern wir nun leicht bergan in Richtung Husky

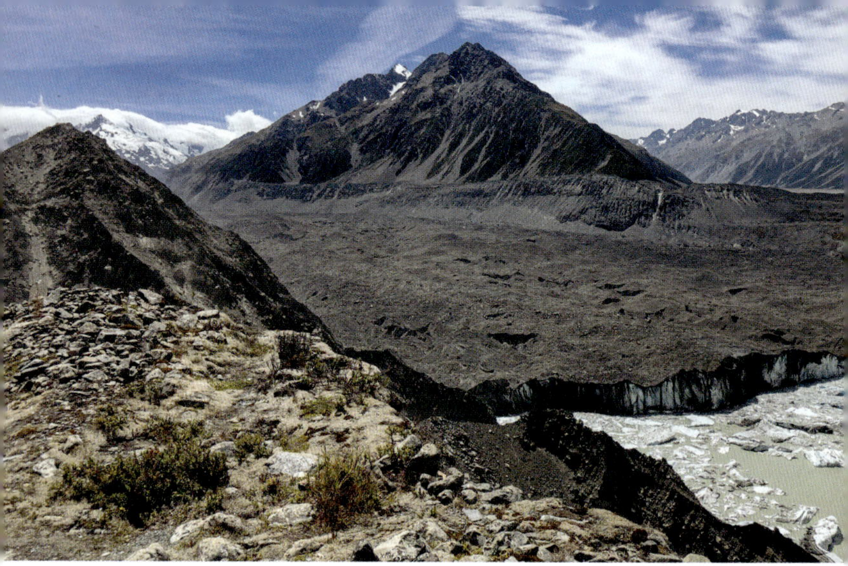

Ausblick auf den Abschluss des Tasman Glacier von Husky Flat.

Flat. Rechts von uns baut sich eine eindrucksvolle Moränenwand auf, links ist der übersteile Gebirgshang, der von Flusstälern durchschnitten wird. Sie münden ihrerseits in den Blue Stream, einen parallel zum Seeufer verlaufenden Fluss. Der Weg führt über ein karges Trümmerfeld aus Fels und Stein, stellenweise finden sich schon Büsche und Gräser auf einem instabilen Gelände. Nach etwa einer Stunde (4,5 km) erreichen wir **Husky Flat 5**, 950 m. Die Wassermassen des Husky Stream haben hier ein riesiges Geröllfeld oberhalb der Gletscherzunge bzw. des Gletschersees geschaffen. Bei starken Niederschlägen verlegen Hangrutschungen regelmäßig den Weg, der von hier aus weiter Richtung Ball Hut (1030 m) führt. Der Ausblick zum Abschluss des Tasman Glacier, der unter uns in den Tasman Lake kalbt, ist beeindruckend.
Im Anschluss kehren wir auf dem gleichen Weg zurück bis zu der Stelle, wo wir von den Blue Lakes auf die Ball Hut Road getroffen sind, und gehen ab hier geradeaus weiter zum Ausgangspunkt am Parkplatz von **Tasman Valley 1**.

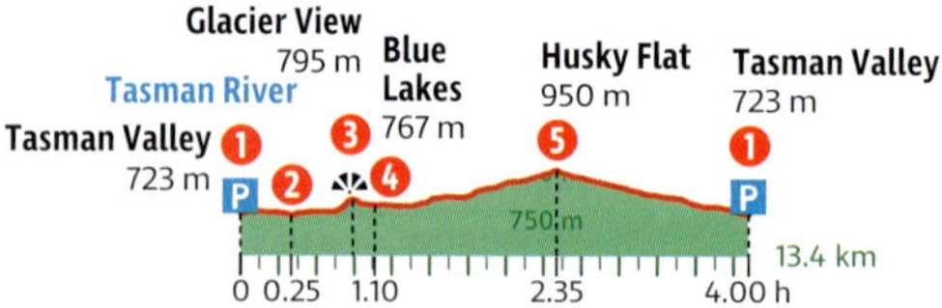

↗ 580 m | ↘ 580 m | 13.4 km

4.30 h

Parsons – Freehold Creek Track

Über die Baumgrenze des Freehold Creek

Die Region um Lake Ohau liegt etwas abseits von Besucherströmen. Nur wenige Straßen führen hierher und die einzige Siedlung (Lake Ohau Alpine Village) ist nur zeitweise bewohnt. Die Hauptsaison ist der Winter, wenn die Pisten und Hütten im Glenmary Skigebiet geöffnet sind. Doch auch für Wanderer bietet die Landschaft besondere Highlights. Der Parsons–Freehold Creek Track quert die Flusstäler, die vom Hauptkamm des Mount Sutton (2007 m) abfließen. In diesen Tälern hat sich die ursprüngliche Bewaldung (Südbuchen) erhalten, am ausgedehntesten im Freehold Creek.

Talort: Lake Ohau Alpine Village, 530 m.
Ausgangspunkt: Parkplatz Parsons Creek, 533 m, an der Lake Ohau Road, etwa 2 km nördlich von Lake Ohau Alpine Village.
Anforderungen: Einfacher Wiesen- und Waldweg vom Seeufer an der Lake Ohau Road über Parsons Creek bis zum Freehold Creek. Der Aufstieg entlang des Freehold Creek ist ein etwas schwieriger Erd-Stein-Pfad, der auch eine Endmoräne (Schutthalde) quert; stellenweise ist Trittsicherheit gefordert.
Markierung/Infrastruktur: Der Weg ist mit den üblichen Symbolen markiert: orange Dreiecke, Informationstafeln, Holzstangen/Poller und Wegpfeile an einigen Kreuzungen. Der Wanderweg ist abschnittsweise auch Mountainbike-Trail.
Einkehr: Keine.
Tipp: Am Südufer des Lake Pukaki liegt eine der größten Lachsfarmen des Landes. Mount Cook Alpine Salmon produziert im »Abflusskanal« des Lake Pukaki King Salmon und verwendet – laut Selbstdefinition – nachhaltige Bewirtschaftungsmethoden. Die Produkte können in einem Geschäft neben der Lachsfarm frisch gekauft werden. Weitere Informationen: alpinesalmon.co.nz.

Blick auf Lake Ohau und Ben Ohau.

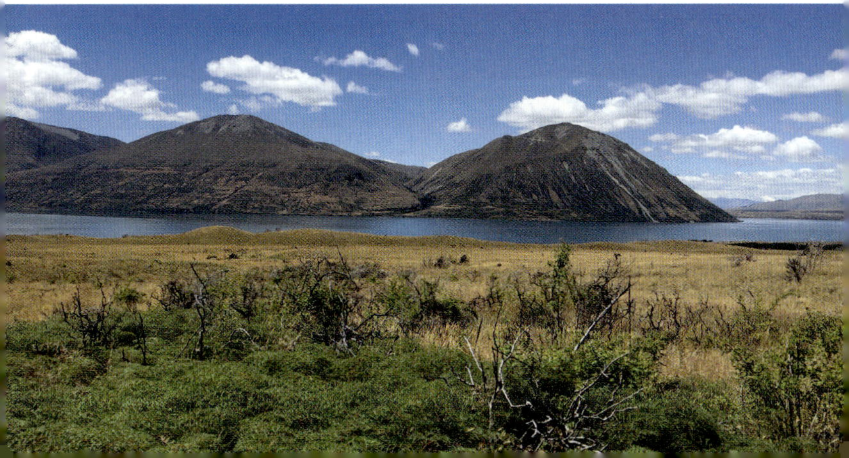

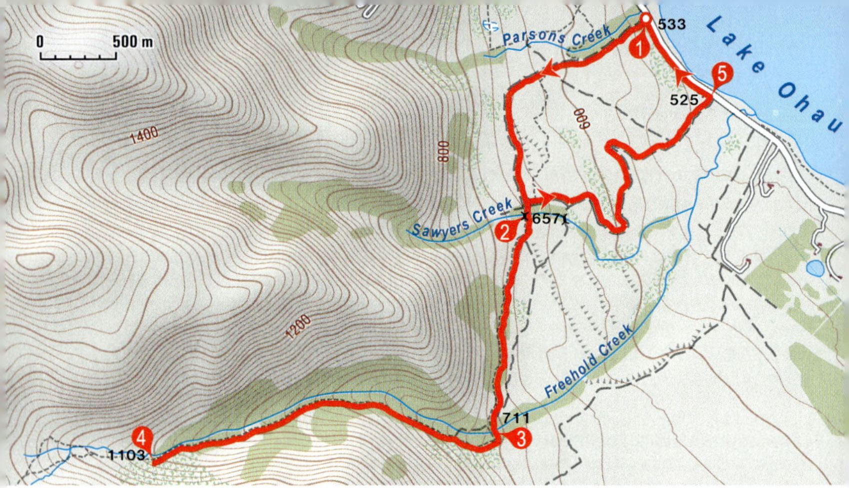

Wir starten die Wanderung am Parkplatz **Parsons Creek** ❶ an der Lake Ohau Road, unmittelbar vor der Mündung des Parsons Creek in den Lake Ohau. Wir folgen dem Wegpfeil und steigen auf Stufen zügig durch einen Wald im Flusstal bergan. Nach etwa 10 Min. (700 m) – und inzwischen schon am Waldrand – queren wir eine breitere Schotterstraße (Tarnbrea Track) und folgen einem Weg, der als schmaler Pfad über eine Wiese führt. Dieser dreht nach links und verläuft auf der Endmoräne, gut 100 m oberhalb des Seeufers. Nach etwa 30 Min. erreichen wir den **Sawyers Creek** ❷, ein zweites Flusstal, das von einem schmalen Baumgürtel gesäumt wird. Den Fluss überqueren wir auf einer Brücke. Am Rückweg werden wir hier nach rechts auf den Te Ararora Trail abbiegen und Richtung Seeufer talwärts wandern. Auf dem Hinweg lassen wir den Sawyers Creek hinter uns und gehen auf einem breiten Hangweg in Richtung des nächsten Creeks. Zunächst geht es über eine Wiese, danach für ca. 500 m durch einen Buchenwald. Es folgt wieder eine Wiese und schließlich das nächste bewaldete Flusstal. Auf einer Brücke queren wir den **Freehold Creek** ❸ und wenig später auch den Waldgürtel. Erst danach zweigen wir bei einer Wegmarkierung rechts ab und wandern nun auf einem schmalen Pfad zunächst

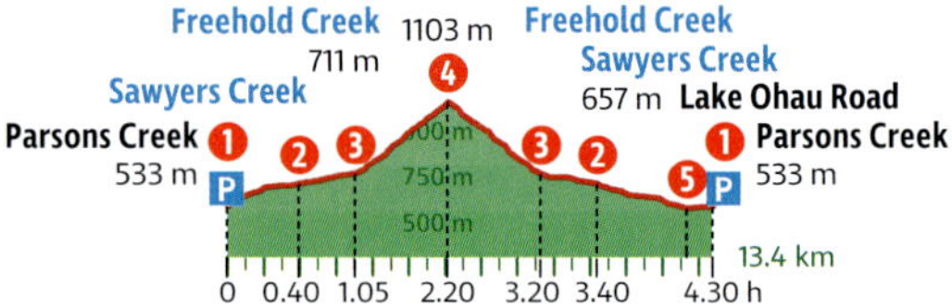

am Waldrand, bevor der Weg nach rechts in den Wald hinein abknickt. Es folgt ein sanfter Anstieg durch einen Südbuchenwald, wobei es über Stock und Stein, vor allem aber über viele Wurzelstöcke geht. Rechts des Weges liegt der tief eingeschnittene Freehold Creek, links befindet sich ein steiler Gebirgshang, der im Laufe der Zeit mehrfach abgerutscht ist und Schuttkegel bis an den Waldrand transportiert hat. Nach etwa 2 km im Flusstal (30 bis 45 Min.) führt der Wanderweg über die erste Schutthalde. Die großen Steinblöcke erfordern etwas Trittsicherheit. Wieder geht es in den Wald und nahe an den Fluss zurück. Danach folgt neuerlich eine Wegetappe über einen Schuttkegel, nun schon fast am westlichen Ende des Waldes. Diesen verlassen wir wenig später und steigen entlang des Flusses über die **Waldgrenze** ❹ hinaus. Vor uns blicken wir in einen Talschluss und zu den Gipfeln von Mount Stafford (2208 m) und Mount Saint Mary (2337 m) hinauf. In die andere Richtung eröffnet sich ein großartiger Blick über den Freehold Creek Richtung Lake Ohau und Ben Ohau (1522 m).
Im Anschluss kehren wir auf dem gleichen Weg bis zum **Sawyers Creek** ❷ zurück. Nach der Brücke folgen wir dem Schotterweg und zweigen von diesem nach rechts auf einen Wiesenpfad ab, der mit orangefarbenen Holzstangen markiert ist. Nun geht es zügig und in einigen Kurven über die Endmoräne Richtung Seeufer bergab. Knapp davor passieren wir zwei Häuser links des Weges und erreichen gleich darauf die **Lake Ohau Road** ❺. Auf dieser wandern wir für ca. 600 m nach links, um wieder den Parkplatz am **Parsons Creek** ❶ zu erreichen.

Blick über den Freehold Creek Richtung Lake Ohau.

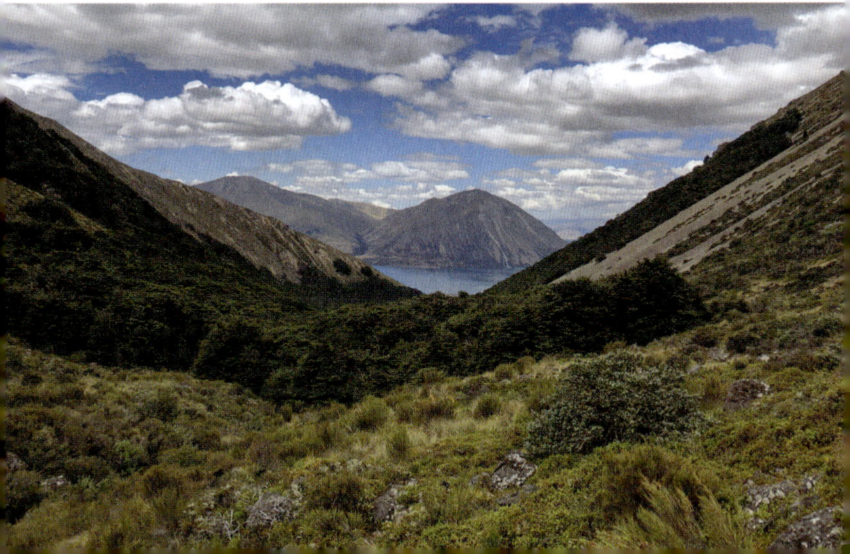

TOP

53 Greta Track und Ben Ohau, 1522 m

↗ 1100 m | ↘ 1100 m | 18.0 km

6.30 h

Einsame Bergtour vor imposanter Kulisse

Der Ben Ohau (1522 m) bildet den südlichen Abschluss der Ben Ohau Range, die zwischen Lake Pukaki und Lake Ohau liegt. Dieser letzte Berg in einer Kette wird durch ein tief eingeschnittenes Flusstal (Greta Valley) isoliert. Überzogen von einer Decke aus Tussockgras und Golden Tussock wirkt die Landschaft karg und bizarr angesichts der hellblau glänzenden Seen und Wasserkanäle in der Umgebung. Lediglich das Greta Valley weist Wälder und üppige Bepflanzung auf. Eine Wanderung, die viele Kontraste vorführt.

Talort: Twizel, 470 m.
Ausgangspunkt: Parkplatz bei der Black Hut an der Glen Lyon Road, 536 m.
Anforderungen: Der Aufstieg von Westen bis zum Gipfeleinstieg ist ein einfacher Serpentinenweg, der einiges an Kondition erfordert (ca. 800 Hm Anstieg). Der Aufstieg zum Gipfel des Ben Ohau ist felsig und verlangt Trittsicherheit; beim Abstieg durch das Greta Valley muss mehrfach der Fluss auf Trittsteinen gequert werden, was bei hohem Wasserstand schwierig sein kann.
Markierung/Infrastruktur: Der Weg ist mit den üblichen Symbolen markiert: orange Dreiecke, Informationstafeln, Holzstangen/Poller und Wegpfeile an einigen Kreuzungen. Die Glen Lyon Road (Zufahrtsstraße) ist eine Schotterstraße, die stark ausgespült und schmal ist; ein 4WD wird empfohlen, insbesondere bei Regen oder nach längeren Regenperioden.
Einkehr: Keine.
Tipp: Die Kleinstadt Twizel ist der Hauptort in der Seenregion südlich der Neuseeländischen Alpen. Tatsächlich war hier bis in die späten 1960er-Jahre Farmland. Twizel wurde 1968 als Wohnsiedlung für Arbeiter des großen Wasserkraftprojektes am Waitaki River angelegt und sollte nach Abschluss der Arbeiten wieder geräumt werden. Jedoch kam es anders: 1983 weigerten sich die Bewohner, den Ort zu verlassen. Heute lebt Twizel auch vom Tourismus und bietet neben zahlreichen Ferienhäusern und -apartments und Supermärkten auch eine kleine Auswahl an Restaurants.

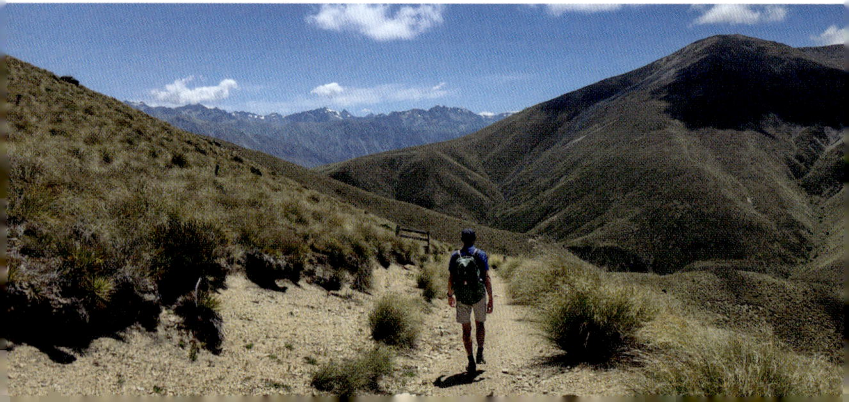

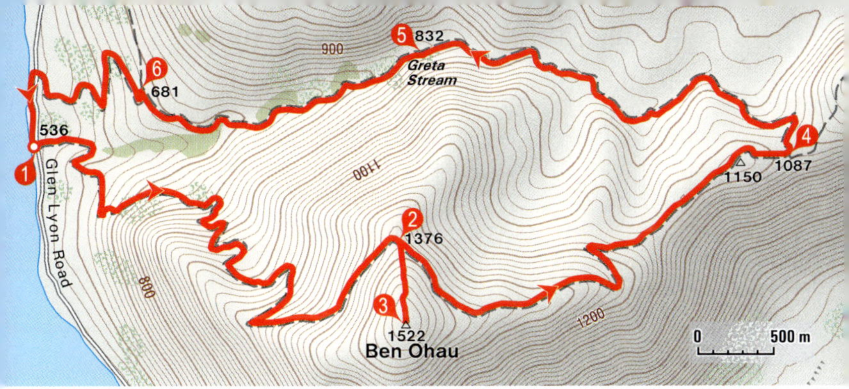

Vom Parkplatz in der Nähe der Black Hut an der **Glen Lyon Road** ❶ gehen wir durch ein Weidetor auf einem Wiesenpfad zunächst leicht bergan. Rechts des Weges sehen wir auf ein kleines Haus (Black Hut). Der Weg wird allmählich schmaler und führt über einige Feuchtstellen hinweg auf eine Hangschulter hinauf. In zahlreichen Kurven mit mäßigem Anstieg geht es den Südwesthang des Ben Ohau hoch. Die Flanken des Berges sind steil, weswegen nur spärliche Vegetation (Tussockgras) zu finden ist. Die zweite Hangschulter liegt bereits auf etwas über 1100 m Höhe. Von hier aus geht es in einer großen Linkskehre bis zur nächsten Hangschulter und weiter in Richtung eines **Weidetores** ❷. An dieser Stelle – entlang des Zaunes – steigen wir zum Gipfel auf. Der Weg dorthin ist felsig, erfordert Trittsicherheit und sollte auch nur bei gutem Wetter in Angriff genommen werden. Am Gipfel des **Ben Ohau** ❸, 1522 m, ist der Blick über die Seen- und Berglandschaft traumhaft schön und lohnt die Mühe des Anstiegs.

Wir gehen am gleichen Weg bis zum **Weidetor** ❷ zurück und wandern im Anschluss nach rechts auf einem breiten Hangweg (Nordosthang des Ben Ohau) weiter. Nun geht es bereits spürbar bergab und auf einem Gratweg

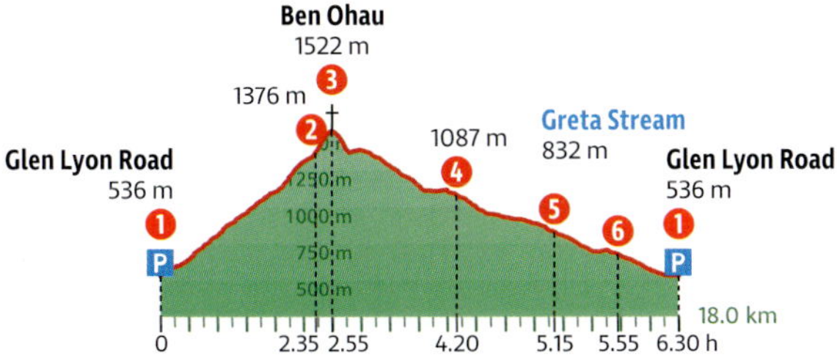

Links: Tussocksgraslandschaft auf den Hängen des Ben Ohau.

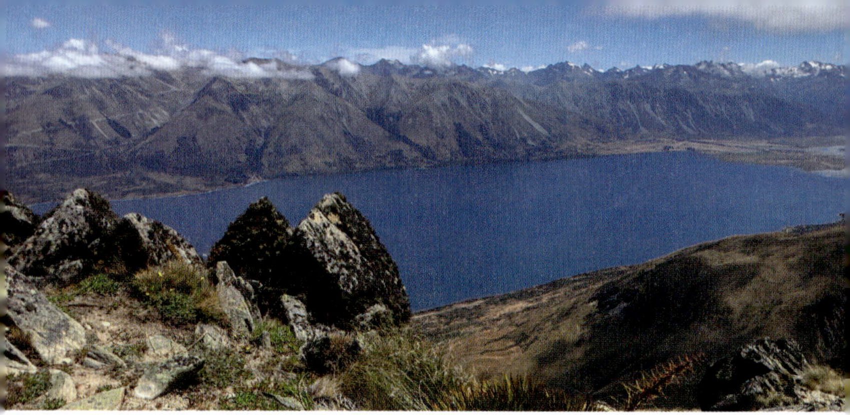

Ausblick vom Ben Ohau Richtung Lake Ohau und dahinterliegendes Gebirgspanorama.

über einige kleine Hügel. Der Wegverlauf ist eindeutig, die von Tussockgras überzogenen Hügel sind ein besonderer Blickfang. Links unter uns liegt Greta Valley. Bei einem Weidezaun treffen wir auf eine **Kreuzung** ❹: Ein Weitwanderweg führt geradewegs weiter, wir halten uns nach links und wandern auf einem Erd-Stein-Pfad weiterhin bergab. In einer großen Linkskehre dreht der Weg Richtung Flusstal. Die Landschaft wird in der Nähe des Flusstales bunter, weil zahlreiche Blütenpflanzen (zunächst vor allem Heckenrosen) in der Nähe des Wassers zu finden sind.
Der Greta Stream liegt zunächst rechts des Wanderweges, ist aber – aufgrund der üppigen Vegetation am Ufer – kaum zu erkennen. Schon bald sehen wir vor uns eine Talverengung und wir müssen zum ersten Mal den **Greta Stream** ❺ auf Trittsteinen queren. Nun geht es auf dem rechten Flussufer weiter talabwärts. Wir passieren eine schöne, schluchtähnliche Passage und queren wenig später einen Bachlauf (Zufluss zum Greta Stream). Etwa 15 Min. später müssen wir zum zweiten Mal den Greta Stream passieren, diesmal ist der Überstieg etwas schwieriger. Danach folgen wir einem einfacheren Pfad weiter flussabwärts. Die dritte Flussquerung des Greta Stream ist wieder einfacher und auf Trittsteinen möglich. Durch einen Südbuchenwald und gleich danach auf einem Wiesenweg geht es im Anschluss etwas bergan bis zu einem Sattel hoch. Danach queren wir einen Weidezaun und wandern geradewegs auf einem Wiesenweg auf eine **Kreuzung** ❻ zu. Nach rechts führt ein Wanderweg zum Flanagan Pass, wir halten uns nach links und gehen in großen Kurven bergab, immer der Wegmarkierung (orange Holzstangen) folgend. Der Wanderweg mündet an einem kleinen Haus bei einem Felsen in die Glen Lyon Road. Hier biegen wir links ab, queren eine Brücke und kommen einige Minuten später zum Parkplatz bei der Black Hut an der **Glen Lyon Road** ❶, dem Ausgangspunkt unserer Rundwanderung.

4.00 h

Minaret Burn Track

Das einsame Ostufer des Lake Wanaka

Das Ostufer des Lake Wanaka ist kaum erschlossen. In der Pionierzeit der europäischen Besiedelung lebten im Buschland verstreut einige Hirten und Farmer. Wenige Huts aus dieser Zeit sind noch vorhanden. Boote und Schiffe am See dienten ihrer Versorgung. Heute lebt kaum mehr jemand hier, Rinderweiden in den begünstigten Ebenen am See gibt es aber noch. Der Minaret Burn Track verläuft auf einem der alten Wege (heute auch 4WD und Mountainbike-Strecke) am Ostufer des Sees, vorbei an einsamen Buchten und stets mit großartigen Panoramablicken.

Talort: Wanaka, 277 m.
Ausgangspunkt: Homestead Bay in West Wanaka am Ende der West Wanaka Road, 286 m.
Anforderungen: Der erste Wegabschnitt (ca. 2 km) verläuft auf einem schmalen Küstenpfad mit einigen An- und Abstiegen, der Weg bis zur Colquhouns Flat auf einem breiten Schotterweg; in Colquhouns Flat sind Nassstellen und ein Bachlauf zu queren. Der Abstieg zum Colquhouns Beach erfolgt auf einem schmalen Waldpfad.
Markierung/Infrastruktur: Der Weg ist mit den üblichen Symbolen markiert: orange Dreiecke, Informationstafeln, Holzstangen/Poller und Wegpfeile an einigen Kreuzungen. Die West Wanaka Road ist vor der Homestead Bay eine zum Teil ausgespülte Schotterstraße, jedoch in der Regel auch ohne 4WD zu befahren.
Einkehr: Keine.
Tipp: Lake Wanaka ist mit 192 km² der viertgrößte Binnensee Neuseelands. Seine größte Ausdehnung erreicht er mit 42 km in Nord-Süd-Richtung, während er nur 10 km breit ist. Mehrere Inseln liegen in diesem Binnenmeer, das von einer großartigen Gebirgskulisse umspannt wird. Das sind einige Gründe, warum es sich lohnt, eine Bootstour auf den Lake Wanaka zu unternehmen. Eine große Auswahl an Ausflügen, aber auch maßgeschneiderte Touren bietet Lake Wanaka Cruises an. Weitere Informationen und Buchung: wanakacruises.co.nz.

Colquhouns Beach am Lake Wanaka.

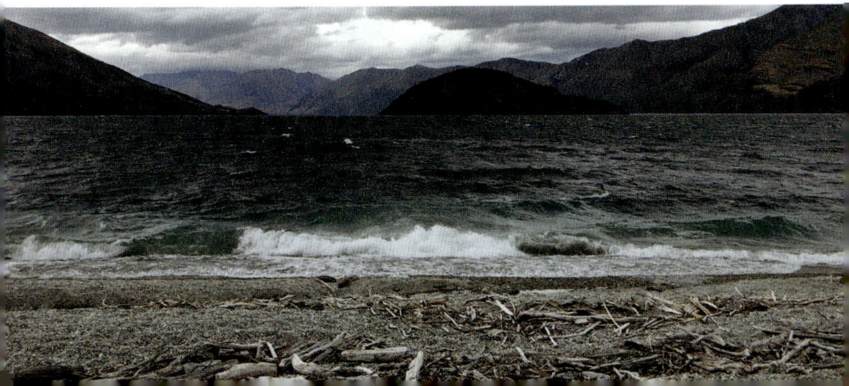

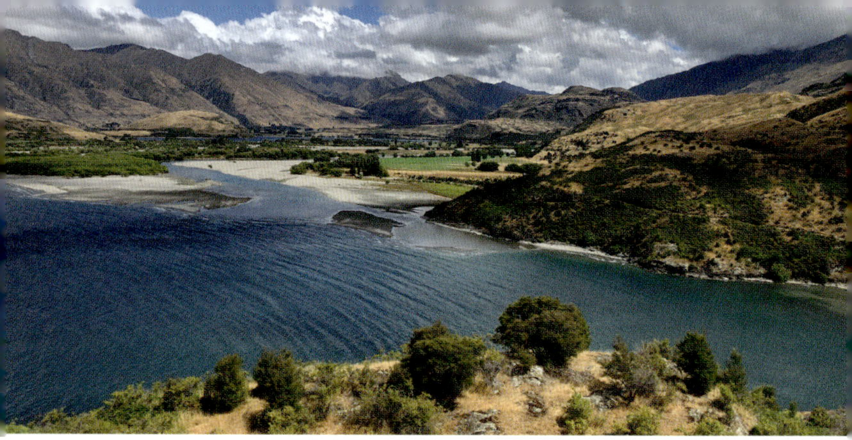

Blick auf die Mündung des Matukituki River.

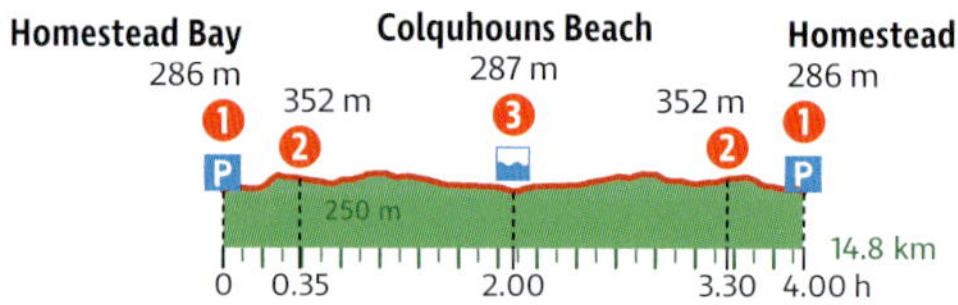

Blütenpracht (Strohblumen) am Wegrand über dem Lake Wanaka.

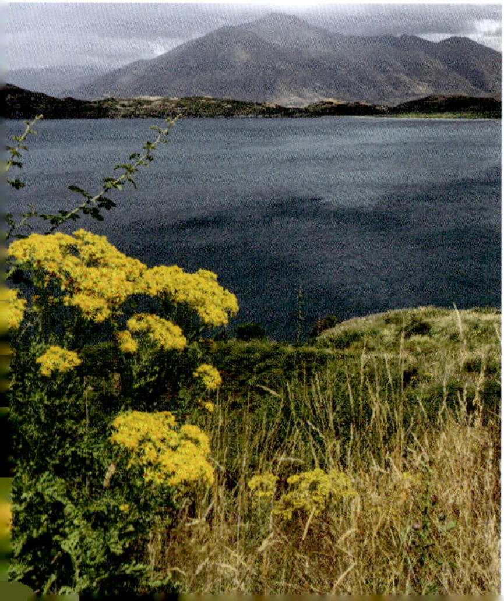

Wir starten die Wanderung am Parkplatz von **Homestead Bay** ❶ am Ende der West Wanaka Road. Von der Informationstafel führt der Weg zunächst auf einem schmalen Wiesenpfad bis zu einem Weidezaun. Diesen überqueren wir (mit Überstiegshilfen) und wandern in der Folge auf einem schmalen, von Farnbüschen gesäumten Küstenpfad leicht bergan. Wir umgehen eine kleine Bucht (Anlegestelle von West Wanaka) und blicken auf das Mündungsgebiet des Matukituki River in den Lake Wanaka mit einer eindrucksvollen Nehrung.

Nun geht es steil bergan, wir passieren neuerlich ein Weidetor und erreichen nach etwa 30 Min. (2 km) eine **Weggabelung** ❷. Der schmale

Uferpfad mündet in eine breitere Schotter-Erd-Straße (auch 4WD Road) ein, die die Weidegebiete von West Wanaka als Wirtschaftsweg durchzieht. Auf diesen Weg biegen wir nach rechts ein und folgen ihm für die nächsten 5 km (1.15 Std.), immer relativ ufernah mit schönen Ausblicken, aber zumeist unbeschattet. Mehrfach passieren wir einige Bachläufe (im Sommer zumeist trocken gefallen, aber nach längeren Regenphasen möglicherweise mit starkem Wasserfluss).

Der Weg schlängelt sich zwischen Hügeln links (z. B. Lookout Hill, 1029 m) und den Uferabbrüchen zum Lake Wanaka rechts dahin. Etwa 2,5 km nach der Weggabelung knickt der Weg etwas nach links und führt über eine niedrige Passlandschaft Richtung Colquhouns Flat und damit neuerlich Richtung Seeufer, wodurch wir gewissermaßen einen Uferhügel, der rechts vor uns liegt, umgehen. Colquhouns Flat ist eine große Schwemmebene, die als Weideland genutzt wird.

Wir passieren rechts einen Teich, der von einem Bachlauf gespeist wird und als Tiertränke dient. Eben diesen Bachlauf müssen wir auf Trittsteinen queren. Danach geht es etwa 1 km über die Ebene leicht bergab Richtung Seeufer. Das Ufer des Lake Wanaka treffen wir vor der Flussmündung des Station Creek in den See. Bevor wir den Fluss queren, biegen wir nach rechts in einen Uferwald ab und wandern auf einem schmalen Pfad bis **Colquhouns Beach** ❸, einem eindrucksvollen Kieselstrand mit großartiger Aussicht auf das umgebende Bergpanorama. Zurück am Hauptweg, gibt es einen weiteren Zugang zum Strand 200 m nach der Querung des Station River.

Der Rückweg verläuft am Hinweg.

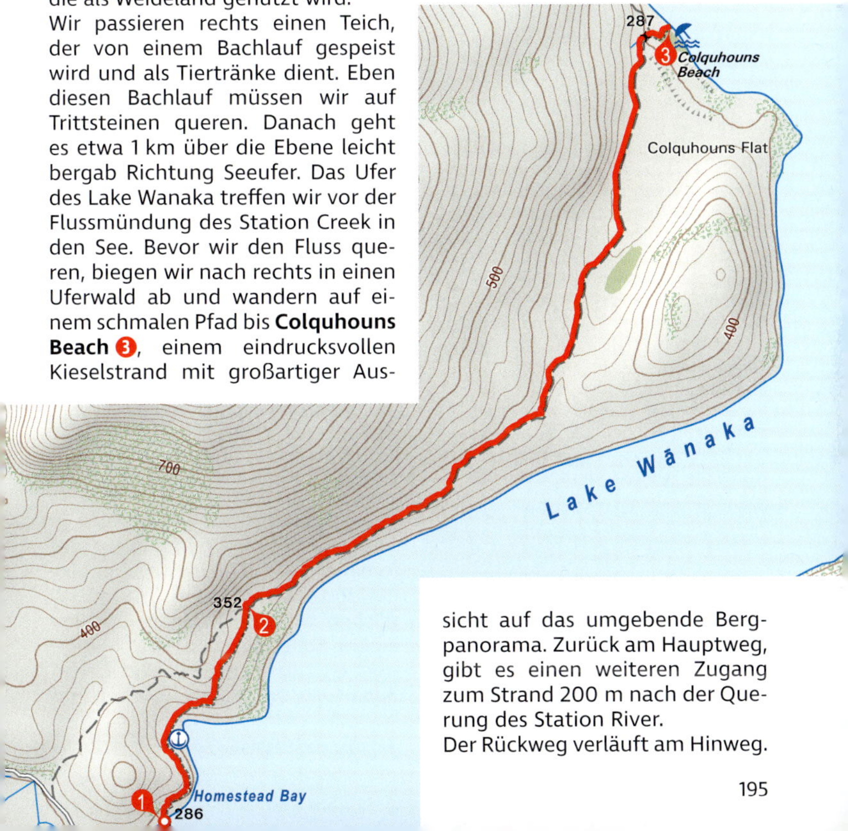

↗ 470 m | ↘ 470 m | 7.4 km

55 Diamond Lake Track und Rocky Peak, 775 m — 3.00 h

Eine abwechslungsreiche und etwas abenteuerliche Rundwanderung auf einen Aussichtsberg mit Panoramablick

Der Rocky Mountain ist ein spektakuläres Bergmassiv, das durch Glazialerosion geschaffen wurde. Die Schönheit dieser Gegend hat in den 1990er-Jahren den lokalen Geschäftsmann Stuart Landsborough dazu veranlasst, über diese Fels- und Hügellandschaft einen Wanderweg anzulegen. In dieses Projekt hat er sehr viel Geld investiert und angeblich eigenhändig an der Anlage des Wanderweges mitgewirkt. Dieses Engagement hat sich ausgezahlt: Heute wird das Gebiet vom Department of Conservation (DOC) verwaltet und der Wanderweg ist ein echtes Highlight in der Gegend von Wanaka.

Talort: Wanaka, 277 m.
Ausgangspunkt: Diamond Lake Car Park, 333 m, 18 km westlich von Wanaka an der Mount Aspiring Road (rechte Seite).
Anforderungen: Wanderung auf überwiegend schmalen Wald- und Wiesenpfaden, die sich z. T. am steilen Hang entlang winden, Trittsicherheit ist an mehreren Stellen erforderlich.
Markierung/Infrastruktur: Der Weg ist mit den üblichen Symbolen markiert: orange Dreiecke, Informationstafeln, Holzstangen/Poller und Wegpfeile an einigen Kreuzungen. Toilette am Wegeinstieg.
Einkehr: Keine.
Varianten: Der Wanderweg besteht aus drei kurzen Runden, die einzeln oder kombiniert gewandert werden können, wobei die Rundwanderung um den Diamond Lake sehr einfach ist.
Tipp: The Puzzling World ist eine spannende Touristenattraktion für Jung und Alt am Stadtrand von Wanaka. 1973 haben Stuart und Jan Landsborough ein einstöckiges Holzlabyrinth an der Stelle gebaut, wo heute ein regelrechter Rätselpark steht. Niemand hat der Idee damals große Aufmerksamkeit geschenkt und angeblich mussten die beiden sogar ihr Haus verkaufen, um das Projekt zu verwirklichen. Inzwischen ist Puzzling World nicht nur gewachsen, sondern hat auch internationale Auszeichnungen für Idee und Umsetzung bekommen. Und Besucher gibt es ausreichend: Rund 200.000 Menschen lassen sich pro Jahr von den gestellten Rätseln und optischen Täuschungen in ihren Bann ziehen. Weitere Informationen und Buchung: puzzlingworld.co.nz.

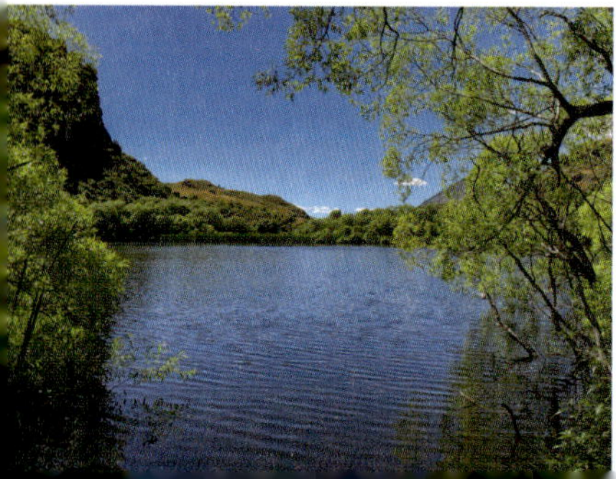

Vom **Diamond Lake Car Park** ❶ folgen wir dem breiten Weg, der in einigen Kurven einen Hügel hinaufführt. Nach 10 Min. (700 m) erreichen wir eine Weggabelung bei einem Toilettenschild (die Toilette existiert nicht mehr). Wir gehen nach links weiter und werden am

Am Ufer des Diamond Lake.

Rückweg, von rechts kommend, wieder diesen Weg zum Ausgangspunkt zurückgehen. Unser Pfad führt in der Folge am linken Ufer des **Diamond Lake** 2 entlang. Unverstellte Ausblicke auf das Wasser des Sees gibt es kaum, weil dichte Baumreihen das Ufer umsäumen. Am nordwestlichen Ufer des Sees steigen wir bei einer Weggabelung nach links über Holzstufen und Stege durch einen dichten Wald steil bergan (etwa 80 Hm auf einer Länge von 400 m). Bei einer Weggabelung erreichen wir eine Aussichtsplattform an einer Steilwand über dem Diamond Lake. An der Abzweigung halten wir uns nach links und beginnen den »Lower Circuit Track« im Uhrzeigersinn. Auf einem schmalen Pfad geht es hier in engen Kurven durch einen niederen Wald weiter bergan. Nachdem wir eine Wiese überquert haben, erreichen wir eine Felswand. Dort halten wir uns nach links und steigen durch einen felsigen Abschnitt weiter empor (Trittsicherheit und Einsatz der Hände an einigen Stellen erforderlich). Wegweiser an einer Gabelung zeigen an, dass der dritte Abschnitt des Weges (»Rocky Mountain Summit Track«) beginnt. Hier gehen wir neuerlich nach links, passieren wieder einen felsigen Abschnitt und steigen auf einem schmalen Höhenweg in einigen Kurven auf den Gipfel des **Rocky Peak** 3, 775 m, hinauf. Oben bietet sich ein exzellenter Rundblick, der vom Lake Wanaka zur Mündung des Matukituki-Flusses mit seinen markanten Schotterbänken und Richtung Roys Peak reicht.

Der Abstieg über die Ostflanke führt zunächst auf einem Wiesenpfad am Hang entlang, der bald steil bergab führt. An einigen Stellen ist wieder Trittsicherheit nötig. Wir passieren neuerlich eine Weggabelung (Ostseite des »Upper Circuit Track«) in der Nähe einiger großer Felsen und steigen im Anschluss in weiteren Kurven auf einem steilen und steinigen Pfad bis zu einer weiteren Weggabelung bergab. Nach links führt von hier aus ein Stichweg zum **Wanaka Viewpoint** 4, 550 m, mit Picknickplatz. Wieder zurück bei der Abzweigung halten wir uns links und steigen den »Lower Circuit Track« bergab bis zu der Weggabelung beim Aussichtspunkt auf den Diamond Lake. Von hier geht es weiter bis zur Weggabelung am nordwestlichen Seeufer. Dort halten wir uns nach links und wandern auf einem schönen Pfad am östlichen Ufer des Diamond Lake bis zur Weggabelung beim Toilettenschild zurück. Von dort sind es noch ca. 10 Min. Abstieg bis zum **Diamond Lake Car Park** 1, wo wir unsere Rundwanderung(en) abschließen.

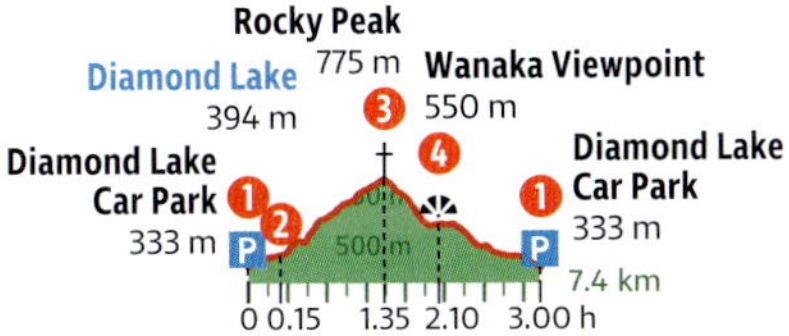

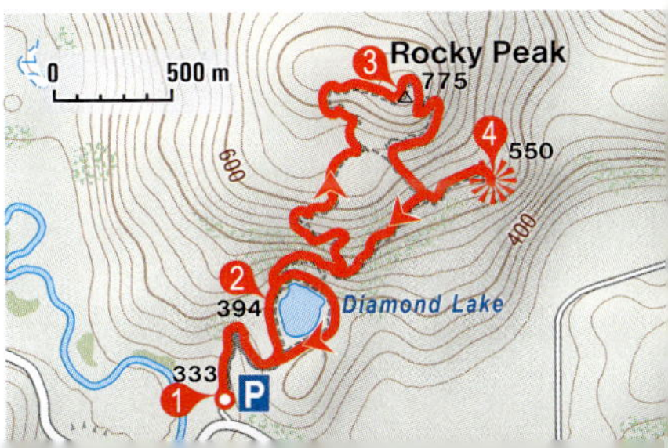

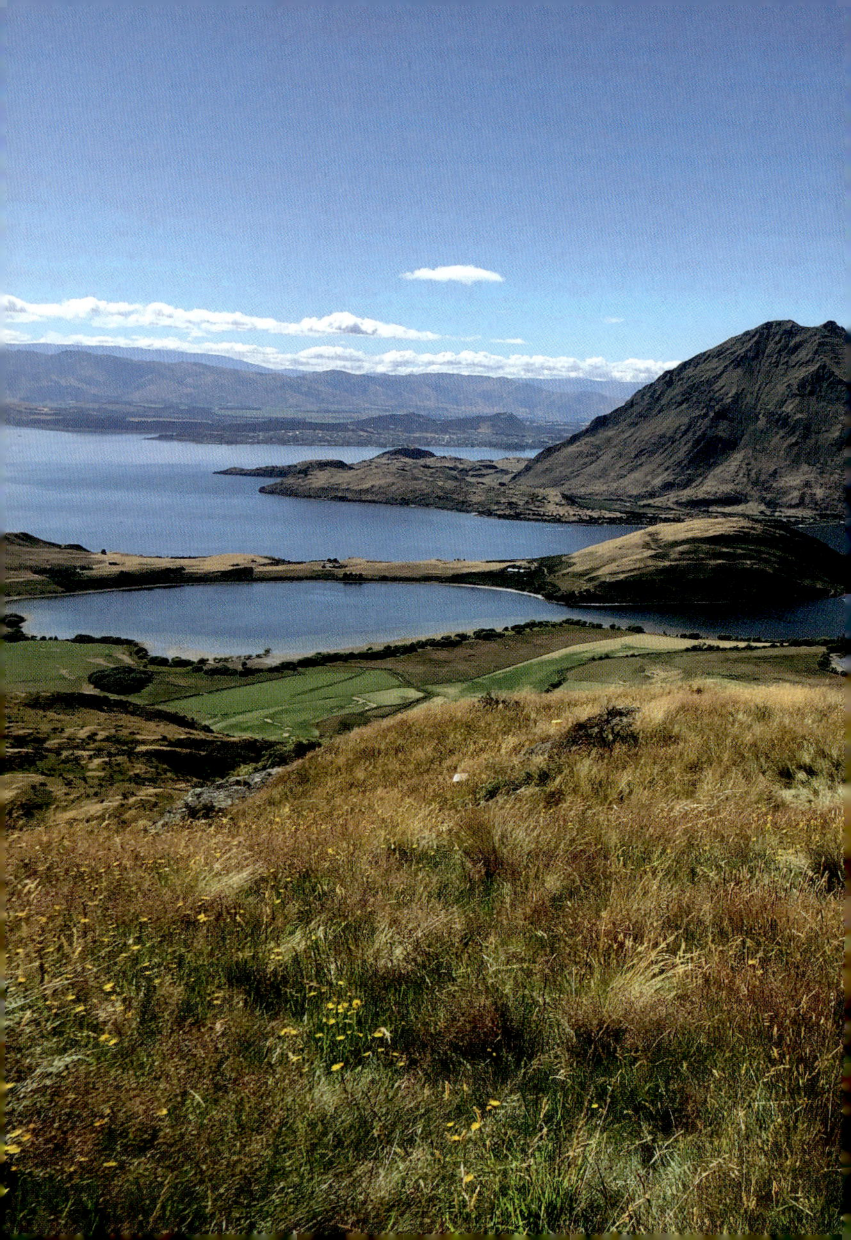

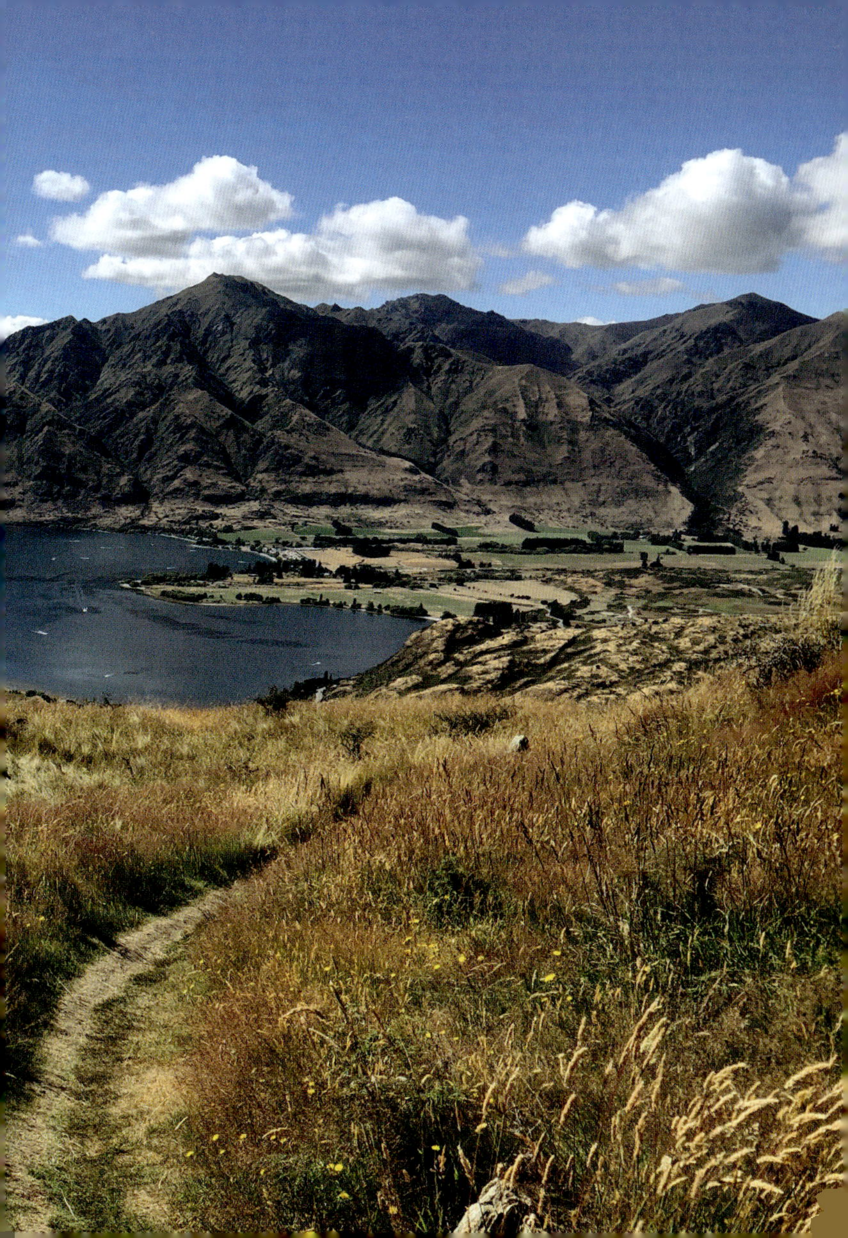

↗ 110 m | ↘ 110 m | 10.6 km

56 Motatapu River Track

3.00 h

Ein Flusstal mit Charakter

Der Motatapu River entspringt am Mount Cardrona und mündet schon nach kurzem Lauf in den Matukituki River ein. Auf seiner Flussstrecke durchquert der Motatapu River verschiedenartige Landschaften. Am eindrucksvollsten ist dabei die Schlucht etwas oberhalb der Motatapu Road (am Umkehrpunkt der Wanderung). Die Tour führt größtenteils durch Weiden und Auwälder, umgeben von einer prächtigen Gebirgskulisse.

Talort: Wanaka, 277 m.
Ausgangspunkt: Motatapu River Bridge, 323 m, auf der Wanaka-Mount Aspiring Road, ca. 19 km westlich von Wanaka.
Anforderungen: Einfache Wanderung auf Wiesenpfaden im Flusstal; etwas Orientierungsvermögen ist gefordert. Bei oder nach Regen kann der Weg rutschig und matschig sein.
Markierung/Infrastruktur: Der Weg ist mit den üblichen Symbolen markiert: orange Dreiecke, Informationstafeln, Holzstangen/Poller und Wegpfeile an einigen Kreuzungen. Toilette am Wegeinstieg. Der Wanderweg verläuft zum Teil auf Rinderweiden; sind Tiere auf der Weide, dann diesen im weiten Bogen ausweichen. Auf dem schmalen Wiesenpfad ist es empfehlenswert, eine lange Wanderhose zu tragen.
Einkehr: Keine.
Tipp: Etwas außerhalb von Wanaka liegt die Wanaka Lavender Farm. Die Besitzer haben sich auf die Produktion von Lavendel und Honig spezialisiert. Zudem gibt es einen Schaugarten mit Streichelzoo. Lavendelfarmen werden in Neuseeland zunehmend populär und vor allem von Familien besucht. In einem Café werden zudem Tee und Kaffee sowie Lavendeleis angeboten. Weitere Informationen und Buchung: wanakalavenderfarm.com.

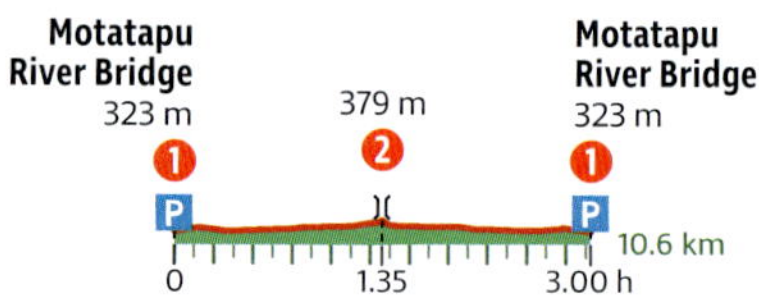

Wir starten die Wanderung am Parkplatz nach der **Motatapu River Bridge** ❶ an der Wanaka-Mount Aspiring Road. Von dort gehen wir auf der Brücke zurück (Richtung Wanaka) und zweigen nach der Brücke bei einer Informationstafel nach rechts ab. Nun führt ein schmaler Wiesenpfad steil bergan, wobei wir unterwegs zweimal einen Weidezaun übersteigen (Überstiegshilfen). Rechts, tief unter uns, verläuft das Flusstal des Motatapu River, an dieser Stelle zum Teil in eine enge Schlucht gezwängt. Eindrucksvolle Felswände sind vom Wanderweg aus zu sehen. Nach etwa 10 Min. (800 m) steigen wir über eine Holztreppe direkt zum Flussufer ab. Nun wandern wir auf einem schmalen, zum Teil verwachsenen Uferweg. Das enge Flusstal öffnet sich in der Folge, breite Schotterbänke begleiten nun den Lauf des Motatapu River. Der Weg verlässt in der Folge das Flussufer und verläuft auf einem Wiesenpfad in einiger Entfernung vom Flusslauf, wobei wir immer den Markierungspfeilern (orange Poller) folgen. Nach etwa 15 Min. erreichen wir wieder das Flussufer bei eindrucksvollen Weidebäumen. Dort müssen wir – ohne Überstiegshilfe – einen Weidezaun queren. Die Markierung zeigt uns einen Weg sehr knapp am Flussufer an. Neuerlich müssen wir einen Weidezaun übersteigen, dann wandern wir durch einen schattigen Auenwald, danach wieder durch Grasland und neuerlich durch Auenwald. Der Weg wird in der Folge sandig und verläuft nun sehr knapp am Flussufer durch dichtes Buschland. Schließlich passieren wir ein Tor und steigen über Stufen ca. 30 m auf. Unterwegs gibt es nach rechts den Zugang zu einem Flussbad und den Blick in eine eindrucksvolle schmale Schlucht. Wir gehen die Stufen bis zum Parkplatz an der **oberen Motatapu-Brücke** ❷ hinauf, dort nach rechts und blicken von der Brücke von oben in die Schlucht.

Für den Rückweg wandern wir den gleichen Weg bis zur **Motatapu River Bridge** ❶ an der Wanaka-Mount Aspiring Road.

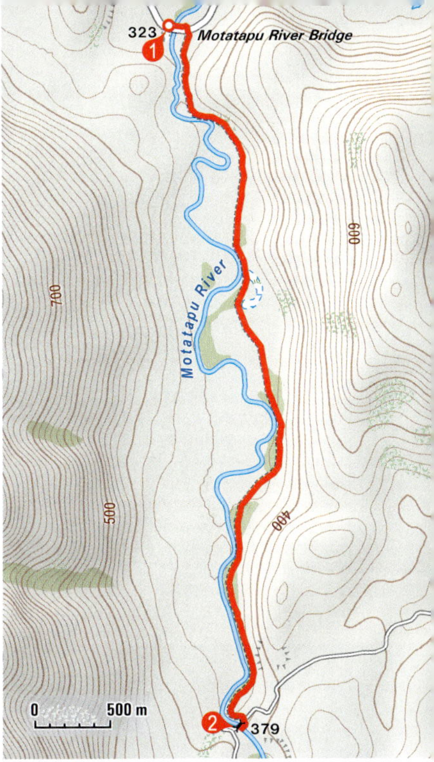

Im Motatapu Valley.

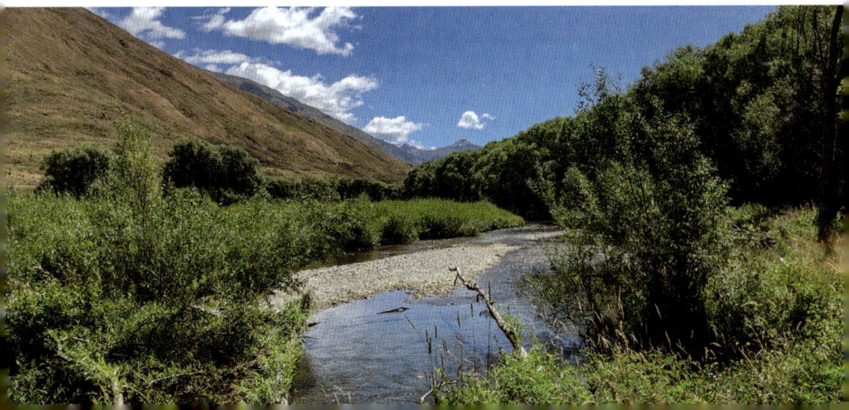

↗ 1250 m | ↘ 1250 m | 16.5 km

57 Roys Peak Track, 1578 m

6.30 h

Der Hausberg von Wanaka mit unvergesslichem Rundblick

Die Wanderung auf den Roys Peak zählt zu den beliebtesten Tagestouren Neuseelands. Der 1250 m hohe Aufstieg auf einem Serpentinenweg hält keine großen Überraschungen parat, ist jedoch eine konditionelle Herausforderung. Das langsame Entfalten der großartigen Landschaft um den Lake Wanaka ist spektakulär: die zahllosen Hügel, die von Tussockgras überzogen sind, die Flüsse und Seen und das schneebedeckte Hochgebirge des Mount Aspiring National Park.

Talort: Wanaka, 277 m.
Ausgangspunkt: Parkplatz »Roys Peak« an der Mount Aspiring Road, etwa 6,5 km nordwestlich von Wanaka, links der Straße, 335 m.
Anforderungen: Wanderung auf breiten Erd- und Schotterwegen, die sich z. T. am steilen Hang entlang winden. Aufgrund der Länge und der Höhendifferenz ist gute Kondition Voraussetzung.
Markierung/Infrastruktur: Der Weg ist mit den üblichen Symbolen markiert: orange Dreiecke, Informationstafeln, Holzstangen/Poller und Wegpfeile an einigen Kreuzungen. Der überwiegende Teil des Wanderweges führt über privates Farm- und Weideland; beim Wegeinstieg wird deswegen um eine Abgabe von 2 NZ-Dollar pro Person gebeten. Am Wegbeginn und vor dem letzten Drittel des Weges gibt es jeweils eine öffentliche Toilette.
Einkehr: Keine.
Tipp: Die meistfotografierte Sehenswürdigkeit von Wanaka ist der legendäre Wanaka Tree, ein Crack Willow Tree (= Bruchweide), der nahe am Südufer des Lake Wanaka, aber eben doch im See, etwas westlich der Kleinstadt Wanaka steht (s. Bild S. 26). Sein verwinkelter Stamm spiegelt sich auf der Wasseroberfläche vor der malerischen Kulisse schneebedeckter Berge, ein besonders bei Sonnenauf- oder -untergang spektakuläres Fotomotiv. Die Entstehungsgeschichte des Wanaka Tree ist durchaus ungewöhnlich: Lokalhistoriker vermuten, dass der Baum vor etwa 70 Jahren aus einem alten Zaunpfahl herausgewachsen ist. Ungeachtet seiner Berühmtheit kommt es leider immer wieder zu Übergriffen auf das Wahrzeichen der Region.

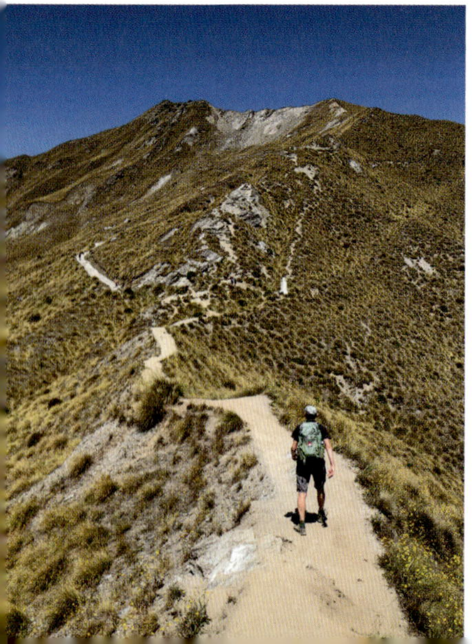

Links: Aufstieg zum Roys Peak.
Seite 204/205: Blick auf Lake Wanaka und umgebende Gebirgslandschaft.

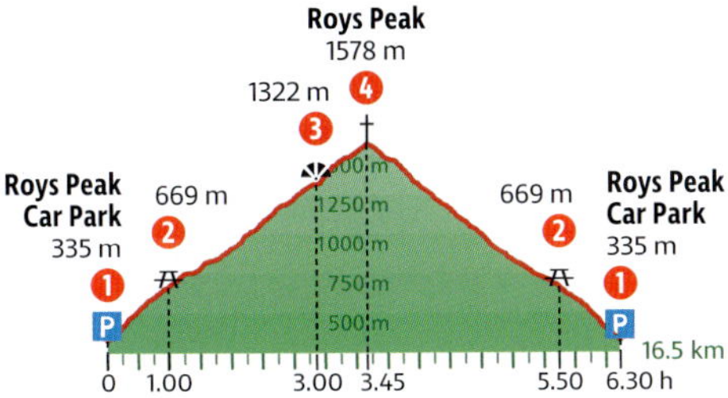

Vom **Roys Peak Car Park** 1 an der Mount Aspiring Road überqueren wir auf Stufen einen Weidezaun und folgen einem breiten Erd-Stein-Weg, der in weiten Kurven steil und stetig bergan führt. Am Wegrand sieht man – je nach Höhenstufe – unterschiedlich blühende Pflanzen und Büsche. Anfangs dominieren die gelb blühenden Königskerzen, nach einigen Kehren werden die großen Distelbüsche häufiger, später erkennt man viele zarte Blüten der Lichtnelke und größere Büsche von Heckenrosen. Je höher wir steigen, umso variantenärmer wird die Vegetation. Zuletzt sieht man nur noch Tussockgras und die markanten Blüten des Golden Speargras.

Nach etwa 2 km sind die ersten 300 Hm überwunden. Bei einem Baum (umgeben von einem Zaun) steht ein kleines Denkmal, dort ist ein **Picknickplatz** 2 im Schatten angelegt. Danach führt der Weg für eine längere und flachere Etappe (ca. 1 km) am Hang entlang. Im Anschluss geht es wieder in mehreren Kurven steil bergan, bis zu einer weiten Kehre auf ca. 1320 m Höhe (nach 6,5 km Wanderstrecke). An dieser Stelle liegt die zweite öffentliche Toilette. Lohnend ist der kurze Abstieg auf einem Kammweg (ca. 150 m Strecke) zu einem **Aussichtspunkt** 3, weil man hier über der Seenlandschaft zu schweben scheint – ein beliebtes Motiv für Selfies. Zurück am Hauptweg, ist der Gipfel schon greifbar nahe. Zuvor geht es noch einige Kurven am Hang hinauf und danach ein kurzes Stück am Kamm entlang. Ab hier wechselt der Weg auf die Westseite des Berges und verläuft als Hangweg Richtung **Roys Peak** 4, 1578 m. Der Gipfel selbst liegt auf einer Felsplattform und eine Antenne markiert die höchste Stelle. Der Rundblick über den Lake Wanaka und die umgebende Hügel- und Gebirgslandschaft lohnt den langen und mühsamen Aufstieg in jedem Fall. Der Abstieg erfolgt auf dem gleichen Weg.

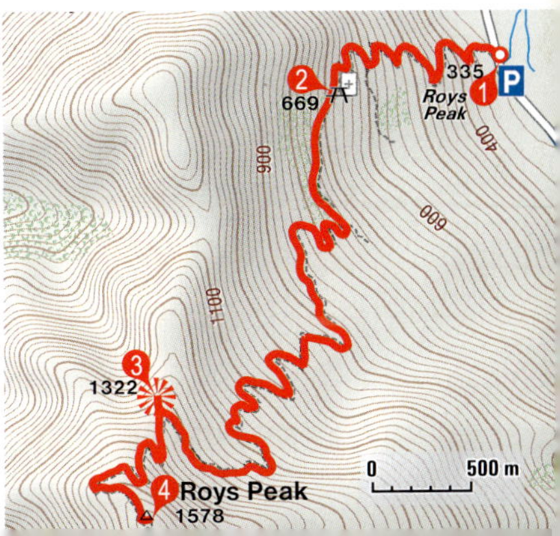

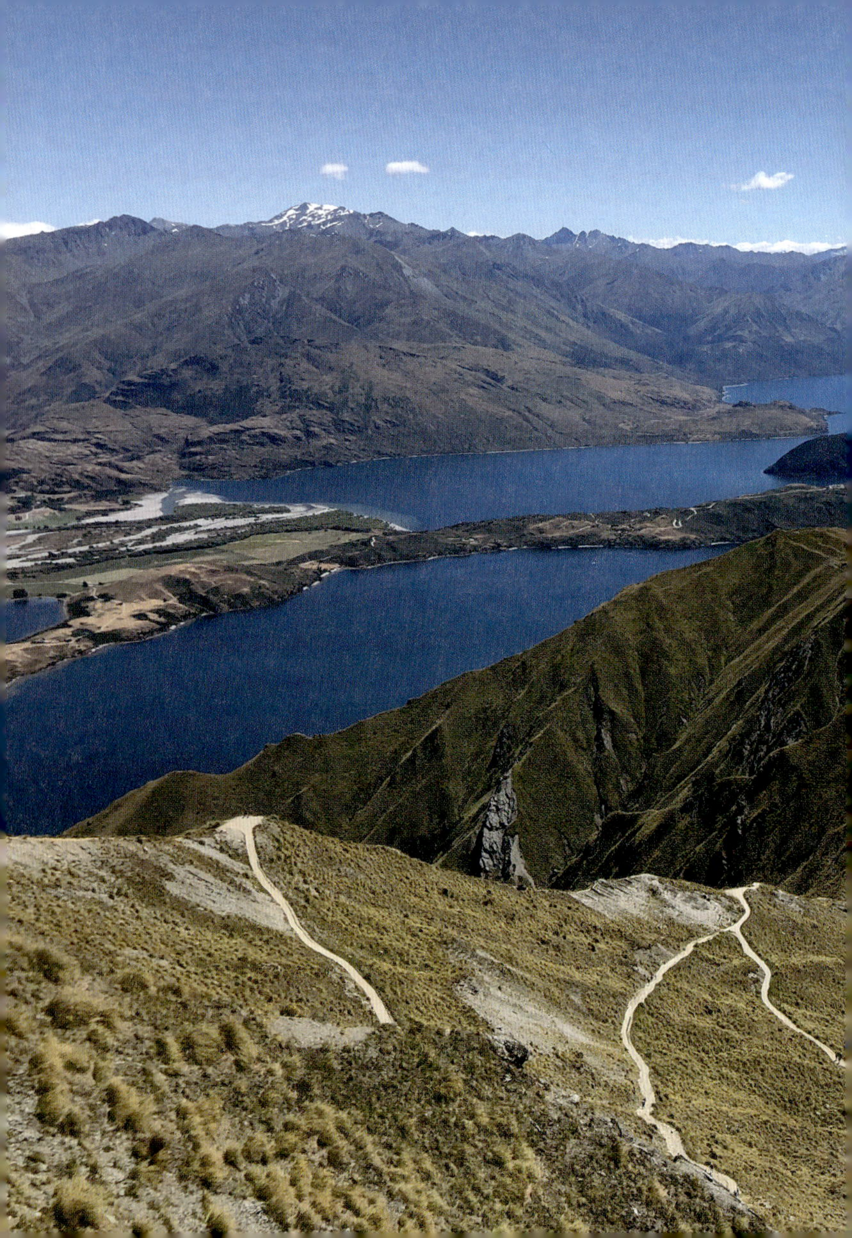

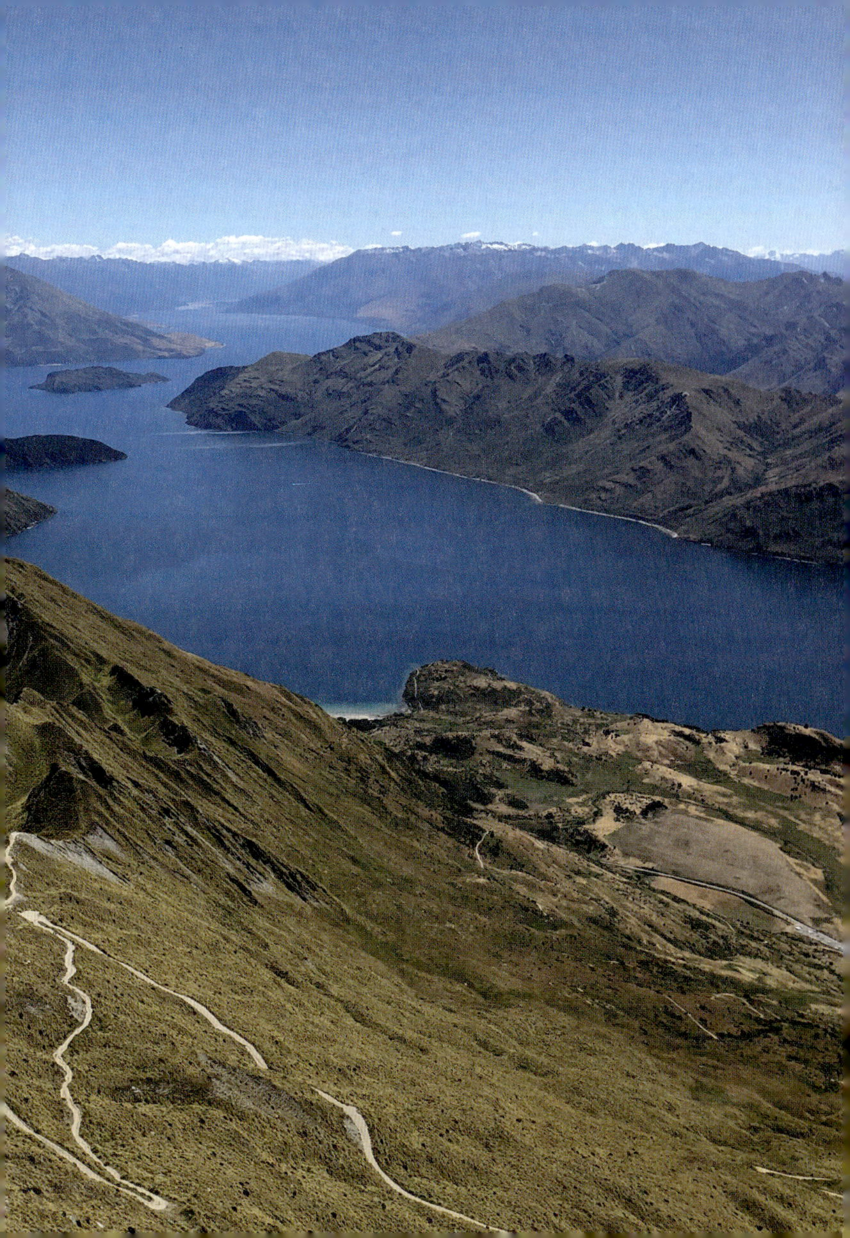

TOP

58

↗ 940 m | ↘ 940 m | 16.2 km

Mount Judah Track – Heather Jock Track

5.30 h

Ein großartiger Talschluss mit Geschichte

Der Mount Judah ist Geologen ein Begriff. Hier finden sich die größten Vorkommen von Scheelite (oder Tungstein, »schwerer Stein«, chemische Bezeichnung: Calciumwolframat) in Neuseeland. Das Gestein ähnelt vom Aussehen dem Diamant, ist aber weicher und wurde für die Wolframgewinnung, und damit in der Waffenindustrie, genutzt. Bis in die 1980er-Jahre wurde Scheelite an den Hängen des Mount Judah abgebaut. Kleinere Überreste aus der Pionierzeit des Bergbaus kann man entlang des Weges immer wieder sehen. Die historischen Huts im Talschluss haben mit dieser Bergbaugeschichte weniger zu tun. Sie stammen aus der Zeit der Goldgräber, denn in den Schieferbergen um Glenorchy wurde auch Gold gefunden. Abgesehen von dieser Bergbaugeschichte ist der Aufstieg Richtung Mount Judah eine lohnende Bergtour und der Blick Richtung Lake Wakatipu und umgebender Bergkulisse unvergesslich.

Talort: Glenorchy, 320 m.
Ausgangspunkt: Glenorchy Whakaari Conservation Area; Parkplatz an der Queenstown-Glenorchy Road, etwa 2 km vor Glenorchy auf der rechten Straßenseite, 390 m.
Anforderungen: Der Aufstieg auf der Mount Judah Road ist ein einfacher Erd-Stein-Weg, jedoch mit beträchtlichen Anstiegen (550 Hm auf 6 km). Der Loop Track zu den drei Huts (Goldgräberhütten) verläuft auf schmalen Wiesen- und Steinpfaden mit einigen Bachquerungen.
Markierung/Infrastruktur: Der Weg ist mit den üblichen Symbolen markiert: orange Dreiecke, Informationstafeln, Holzstangen/Poller und Wegpfeile an einigen Kreuzungen. Am Wegbeginn gibt es eine öffentliche Toilette. Die Mount Judah Road wird auch von Mountainbikern und Reitern benutzt.
Einkehr: Keine.
Tipp: Etwas nördlich von Glenorchy wurden zwischen 2001 und 2003 gleich mehrere Szenen der legendären Filmtrilogie »Herr der Ringe« von Peter Jackson nach dem gleichnamigen Werk von J. R. R. Tolkien gedreht. Diese Blockbuster machten die eindrucksvollen Landschaften Neuseelands in aller Welt bekannt und haben wohl auch viele Reisende nach Neuseeland gelockt. Wer die Filme und Bücher kennt und seiner Fantasie freien Lauf lässt, kann am Dart River nördlich von Glenorchy den Turm von Isengard erstehen lassen.

Vom Parkplatz am **Whakaari Conservation Area** ❶ in Glenorchy durchschreiten wir ein Gatter und wandern auf einem Schotter-Kies-Weg in einer großen Rechtskurve bis zu einer Lodge (ca. 400 m). Vor dieser zweigen wir nach links ab und steigen in der Folge auf einem schmaleren Weg steil bergan. Dieser Weg mündet nach weiteren 15 Min. hinter einem Rindergatter in die Mount Judah Road ein. Hier gehen wir nach links weiter und bleiben auf diesem breiten Erdweg für die nächsten 4,5 km. Schon nach wenigen Minuten erreichen wir die **Scheelite Battery** ❷ links des Weges, bestehend aus einigen Hütten und Geräten zum Bergbau. Zurück auf der Mount Judah Road wandern wir kontinuierlich bergan und blicken auf eine eindrucksvolle Landschaft: Links liegt tief eingeschnitten das Tal des Buckler Burn River, dem wir ein gutes Stück folgen, dahinter der Mount McIntosh (1663 m). Beim State Mine Viewpoint (links des Weges, etwa 10 Min. nach der Battery) bietet sich ein schöner Panoramablick. Weitere 20 Min. später treffen wir auf die Weggabelung »The Junction« mit Informationstafel und Bergbaugerät. Nach links führt der Mount McIntosh Loop Track in das Buckler Burn Valley bergab, wir bleiben geradewegs auf dem Judah Track und erreichen 20 Min. später neuerlich eine **Weggabelung 3**.

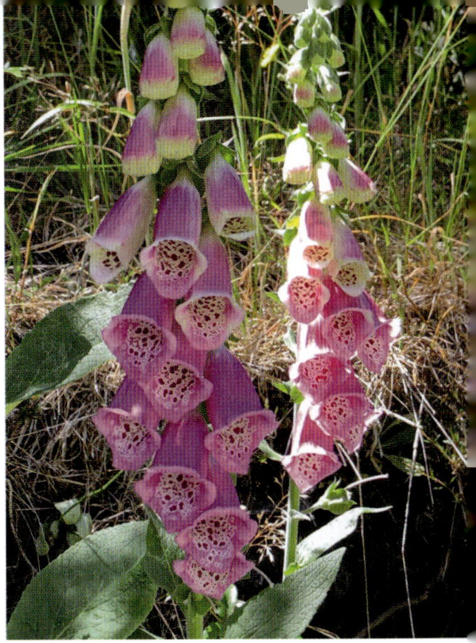

Roter Fingerhut.

Hier beginnt der Loop Track im Talschluss, den wir gegen den Uhrzeigersinn wandern werden (Markierungstafel Richtung Boozer Hut). Der Weg wird ab hier zum steinigen Pfad und führt am Hang unterhalb des Mount Judah entlang. Vor uns liegt eine winzige Hütte im Hang, zu der wir aufsteigen: **Boozer Hut 4** ist eine Art Freilichtmuseum und noch original eingerichtet.

Zurück am Pfad gehen wir links weiter. Zuvor queren wir den Bach auf Trittsteinen, was bei bzw. nach Regenfall schwierig sein kann, und steigen über Stufen bis zur Bonnie Jean Hut auf. Der Weg führt vor der Hütte (Markierung Richtung Heather Jock Hut) und in einer Rechts-Links-Kurve steil

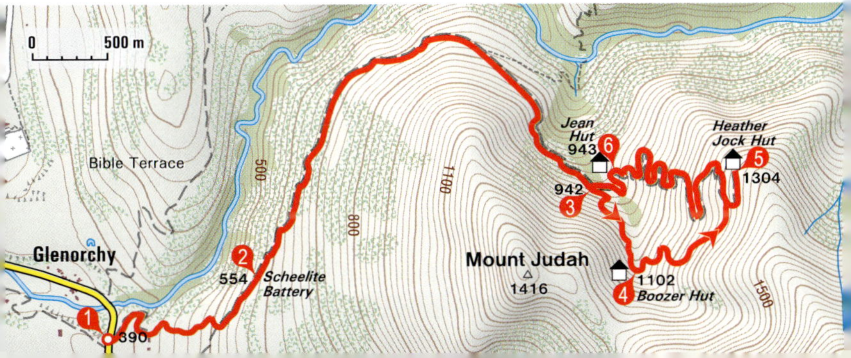

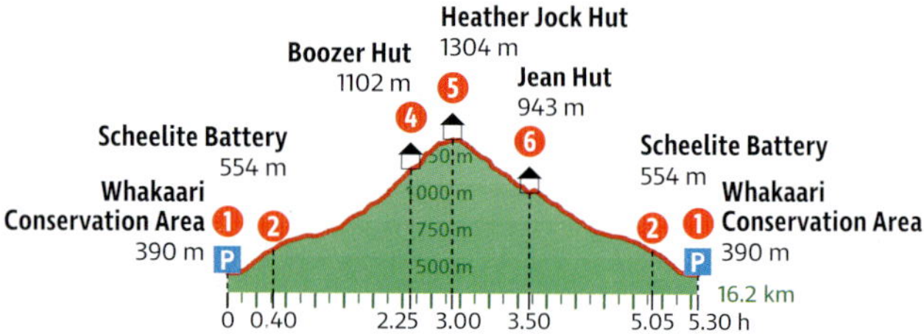

über einen Sattel hoch. Danach erreichen wir einen Hangweg, der nur noch mäßig ansteigt. Etwa 1 km nach der Bonnie Jean Hut zweigt nach rechts ein Stichweg zur **Heather Jock Hut** ⑤, 1304 m, ab, die wir etwa 10 Min. später erreichen. Dies ist zugleich der höchste Punkt der Wanderung.
Zurück am Hauptweg wandern wir in vielen Kurven steil bergab und vorbei an der **Jean Hut** ⑥ rechts des Weges. Danach steigen wir in das Tal des Bonnie Jean Creek ab und queren diesen auf Trittsteinen, was bei oder nach Regenfall schwierig sein kann. Im Anschluss gehen wir einen Hang hoch und erreichen die schon bekannte **Weggabelung** ③ beim Einstieg in den Loop Track. Zurück auf der Mount Judah Road wandern wir nach rechts auf dem gleichen Weg talwärts und schließen die Wanderung am Parkplatz am **Whakaari Conservation Area** ① von Glenorchy ab.

Heather Jock Hut.

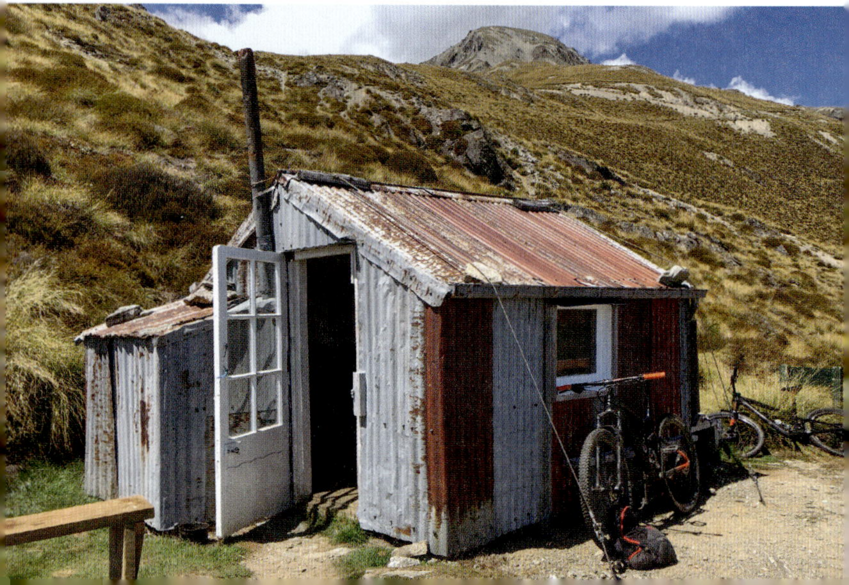

↗ 400 m | ↘ 400 m | 7.9 km

3.00 h

Sawpit Gully Trail

Eine lohnende Rundwanderung mit vielen Überraschungen

Arrowtown gilt als »Vorzeige-Goldgräberstadt« Neuseelands. Mit viel Liebe zum Detail hat man die Buckingham Street und das Chinese Settlement (Chinesisches Goldgräberviertel) rekonstruiert und eine Art Lebenswirklichkeit aus den »goldenen Jahren« (1860er-Jahre) der Stadt museal präsentiert. Die Goldsucher wuschen Gold aus dem Arrow River und seinen Zuflüssen, heute nur noch schwer vorstellbar. Die Rundwanderung führt zum Teil auf den Spuren der Glücksritter von damals. Der Blick vom German Hill über die Hügel- und Seenlandschaft bleibt unvergessen. Zu einem Star auf Social Media ist jedoch ein »Riesenherz« geworden, ein Landslip in Herzform, das inzwischen mehr neugierige Wanderer auf diese Tour lockt.

Talort: Arrowtown, 419 m.
Ausgangspunkt: Chinese Settlement in Arrowtown, 417 m.
Anforderungen: An Bush Creek und Arrow River entlang führt ein einfacher Schotterweg, oft von einer Pipeline begleitet. Der Aufstieg vom Bush Creek Richtung German Hill verläuft auf einem schmaleren Erdpfad mit einigen steilen Passagen. Der Abstieg von German Hill bis in die Schlucht des Arrow River ist der anspruchsvollste, aber auch der schönste Abschnitt des Weges: schmaler Erdpfad, einige leichte Flussquerungen.
Markierung/Infrastruktur: Der Weg ist mit den üblichen Symbolen markiert: orange Dreiecke, Informationstafeln, Holzstangen/Poller und Wegpfeile an einigen Kreuzungen. Am Wegbeginn gibt es eine öffentliche Toilette.
Einkehr: In Arrowtown.
Tipp: Das Lake District Museum von Arrowtown im ehemaligen Gebäude der Bank of New Zealand in der Buckingham Street zählt zu den besten »kleinen Museen« Neuseelands. Selbstverständlich steht die Geschichte der Goldgräberei in Otago im Mittelpunkt, aber auch die Geschichte der Māori in der Region wird präsentiert. Zudem sind im Museum eine kleine Kunstgalerie, eine Buchhandlung und das Stadtarchiv untergebracht. Weitere Informationen und Öffnungszeiten: museumqueenstown.com.

Wir starten die Wanderung im Chinese Settlement in **Arrowtown 1**, am Ende der Buckingham Street (Parkplatz). Zwischen dem historischen Chinatown links und einer Toilette rechts gehen wir auf einer Holzbrücke über den Bush Creek und folgen einem breiten Erdweg nach links. Rechts des Weges ist ein großes Wasserrohr (Pipeline) verlegt. Auf diesem Weg wandern wir ca. 600 m (10 Min.), dann zweigen

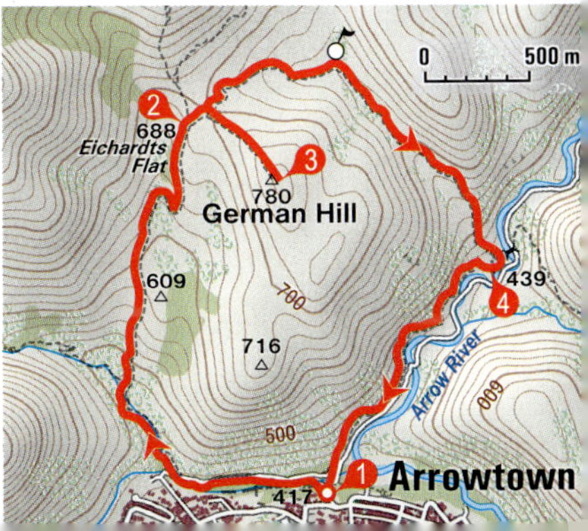

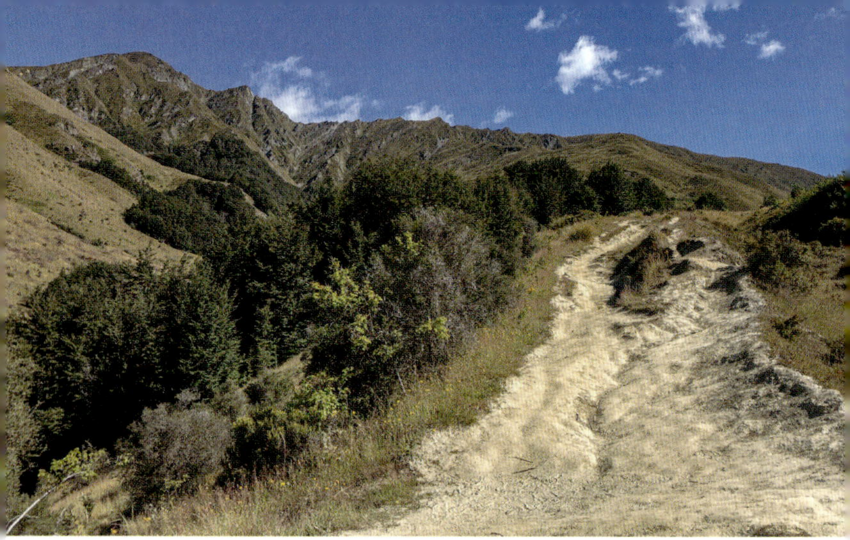

Rutschiger Pfad nach German Hill.

wir rechts auf einen schmaleren Pfad ab und wandern den Bush Creek (links von uns) flussaufwärts. 10 Min. später halten wir uns bei einer Weggabelung rechts (Markierung »Sawpit Gully«) und verlassen damit auch das Tal des Bush Creek. Auf einer Brücke queren wir einen kleinen Bachlauf und passieren eine Holzschranke. Nun beginnt ein etwas kräftigerer Anstieg (250 Hm in etwa 1,5 km) auf einem breiten Erd-Stein-Weg, der teilweise stark ausgespült ist. Auf einer Passlandschaft erreichen wir die Weggabelung bei **Eichardts Flat** 2. Nach links zweigt der Big Hill Walkway ab. Wir gehen nach rechts weiter (Markierung »Sawpit Gully«) und wandern gleich darauf auf einem Stichweg zum **German Hill** 3, 780 m, hoch. Der Blick von dort über die Hügel- und Seenlandschaft ist lohnend.

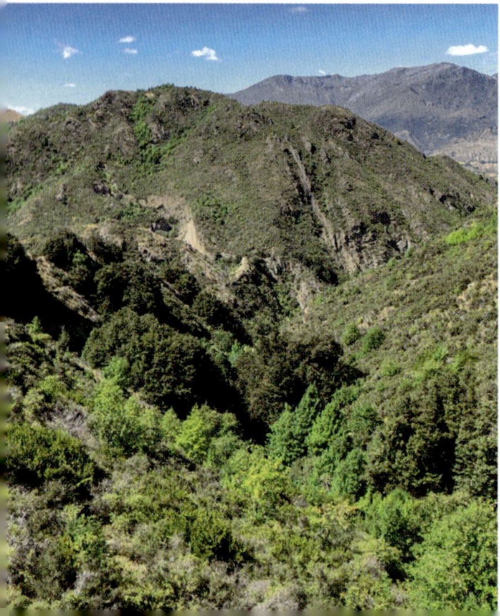

Beeindruckende Tallandschaft nördlich von Arrow Valley.

Zurück am Hauptweg setzen wir die Rundwanderung nach rechts weiter fort. Nun geht es auf einem schmalen Pfad kontinuierlich bergab. Von hier aus sieht man das berühmt gewordene »Herz« am gegenüberliegenden Hang. Der Wegverlauf mündet in ein schmales Flusstal, das Richtung Arrow River entwässert. Diesem Flusstal folgen wir nun auf einem steilen, zum Teil rutschigen Pfad bergab. Mehrfach müssen wir den schmalen Bachlauf queren, was bei großen Regenmengen schwierig sein kann. Bei einer Weggabelung, 40 Min. nach Eichardts Flat, erreichen wir das Tal des **Arrow River** ❹, tatsächlich eine tief eingeschnittene Schlucht. Nach links geht es zur Norman Smith Bridge, wir wandern jedoch nach rechts weiter, flussabwärts dem Arrow River folgend.

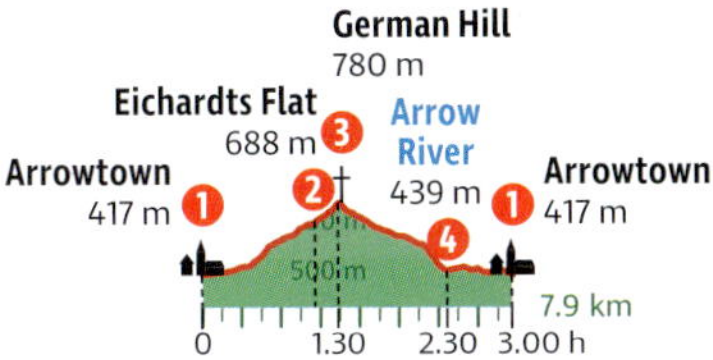

Ab hier führt die Tour wieder auf einem breiteren Erd-Schotter-Weg am Hang über dem Flusstal entlang. Rechts von uns verläuft teilweise eine Felswand, links sind abschnittsweise Geländer angebracht. Auf einer Steinbrücke queren wir den Flusszulauf des vorhin durchwanderten Tals. Danach wird das Arrow-River-Tal breiter und wenig später treffen wir auch wieder auf die Wasserrohre (links von uns), die wir schon am Beginn des Weges gesehen haben. Wir bleiben für ca. 1 km auf diesem breiten Weg neben der Pipeline und queren diese im Anschluss, wenig später auch den Bush Creek auf Trittsteinen (er mündet unweit von hier in den Arrow River). Einige Minuten später gelangen wir zum Ausgangspunkt unserer Rundwanderung beim Chinese Settlement in **Arrowtown** ❶.

Schmetterlingsflieder.

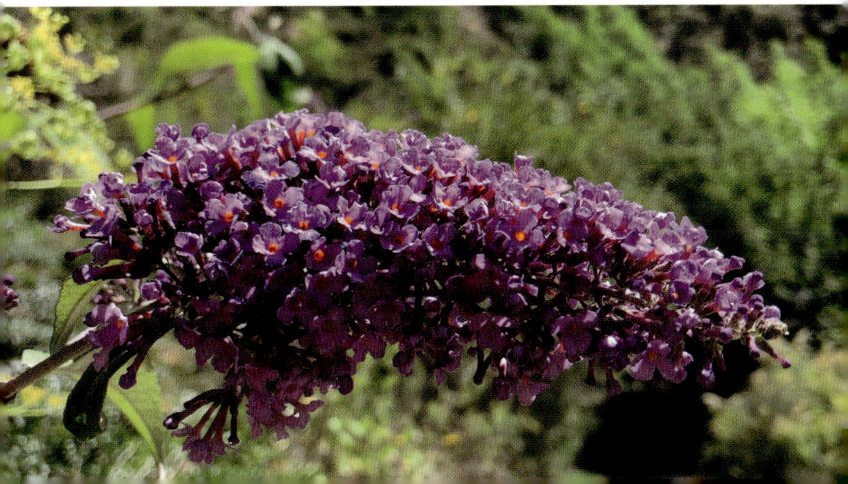

↗ 1050 m | ↘ 1050 m | 10.7 km

60 Ben Lomond Track, 1748 m

5.45 h

Ikonischer Aussichtsberg über dem fun-touristischen Treiben von Queenstown

Abenteuerspielplatz, Nervenkitzel und Bungy-Metropole, das sind einige Attribute des extravaganten Freizeitzentrums Queenstown. Doch während am Ufer des Lake Wakatipu das schrille Leben pulsiert, genießt man vom Gipfel des Ben Lomond die Ruhe und ein herrliches Panorama, das an klaren Tagen von der Bergkette der Remarkables bis zum Mount Aspiring reicht.

Talort: Queenstown, 320 m.
Ausgangspunkt: Queenstown, Talstation der Skyline Gondola, 354 m.
Anforderungen: Der Anstieg bis zum Ben Lomond Saddle führt über breite Wald- und Wiesenwege und Pfade; der Gipfelanstieg ist sehr steil und weist z. T. ausgesetzte und felsige Passagen auf.
Markierung/Infrastruktur: Der Weg ist mit den üblichen Symbolen markiert: orange Dreiecke, Informationstafeln, Holzstangen/Poller und Wegpfeile an einigen Kreuzungen. Toiletten bei der Skyline Gondola Bergstation und am Ben Lomond Saddle. Die Skyline Gondola verkehrt von 9.30 bis 21 Uhr im Minutentakt; Tickets können vor Ort oder online gekauft werden. Weitere Informationen und Buchung: skyline.co.nz.
Einkehr: Bergstation der Skyline Gondola.
Tipp: Unweit der Skyline-Gondola-Talstation liegt ein kleiner, aber sehr sehenswerter Vogelpark. Das Gelände war früher eine Müllhalde am Stadtrand von Queenstown. 1984 begannen Dick und Noeleen Wilson mit der Räumung und pflanzten einheimische Bäume, um das Gebiet zu renaturieren. Es folgten die Errichtung von Volieren und der Bau eines Kiwi-Hauses, der ganze Stolz der Anlage. Weitere Informationen und Öffnungszeiten: kiwibird.co.nz.

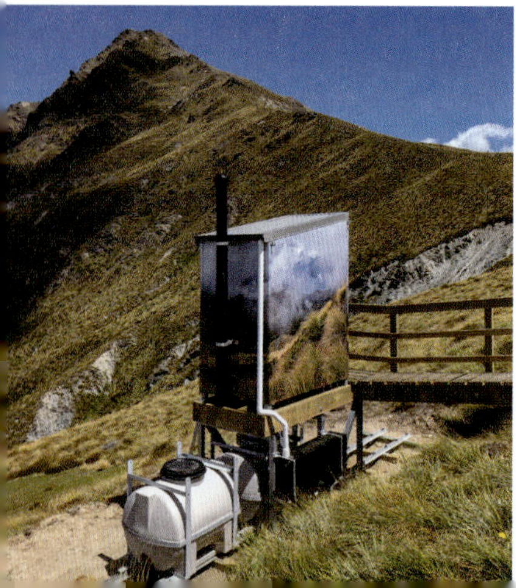

Mit der Skyline Gondola schweben wir von der **Talstation in Queenstown** ❶ zur **Bergstation** ❷ und folgen einem gepflasterten Weg, der über eine Sommerrodelbahn hinwegführt und uns bis zum Waldrand oberhalb der Bergstation führt. Ein Wegpfeil (»Ben Lomond Track«) gibt uns danach die Richtung vor. Wir betreten einen dunklen Wald und lassen alsbald das hektische Treiben hinter uns. Nach etwa 10 Min. (700 m seit Wegbeginn) zweigt

Originelle WC-Anlage am Wegrand beim Aufstieg auf den Ben Lomond.

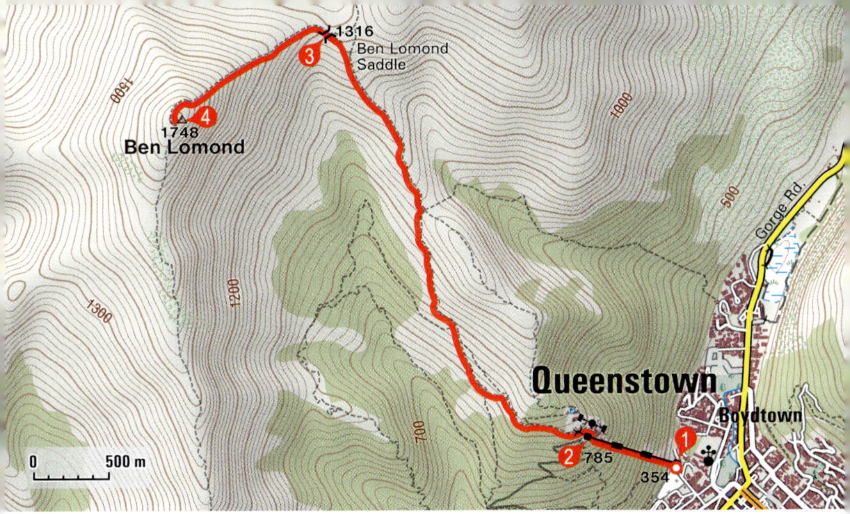

nach rechts der »Skyline Loop Track« ab, den wir ignorieren. Wenig später lichtet sich der Wald und schon ragt mächtig der Ben Lomond in unser Blickfeld. Der Pfad steigt in sanften Kehren entlang der grasbewachsenen Tussockhänge an, immer mit Blick auf die waldbestandenen Hänge unter uns und auf den Lake Wakatipu; links im Tal rauscht der One Mile Creek. Nach knapp 2 Std. insgesamt ist an einer Wegkreuzung der **Ben Lomond Saddle** ❸, 1316 m, erreicht. Markant ist ein buntes Toilettenhäuschen am Pass. Nach rechts geht es Richtung Arthurs Point bergab, nach links startet der »Ben Lomond Summit«. Der nun folgende anderthalbstündige Gipfelanstieg ist sehr steil und in kurzen Passagen ausgesetzt. Ein felsiger Pfad windet sich entlang des Kammrückens hinauf und in einem kleinen Bogen um den Gipfel, um die letzten Meter zum **Ben Lomond** ❹, 1748 m, schließlich von Norden aus zu erklimmen. Ein traumhafter Panoramablick belohnt uns: nach Süden über den gesamten Lake Wakatipu und die umliegenden Bergzüge der Remarkables, nach Osten auf die Tallandschaft und die Felder von Arthur's Point, Moke Lake im Westen und die erhabenen vergletscherten Berge des Mount-Aspiring-Nationalparks im Norden. Der Rückweg erfolgt auf dem Hinweg.

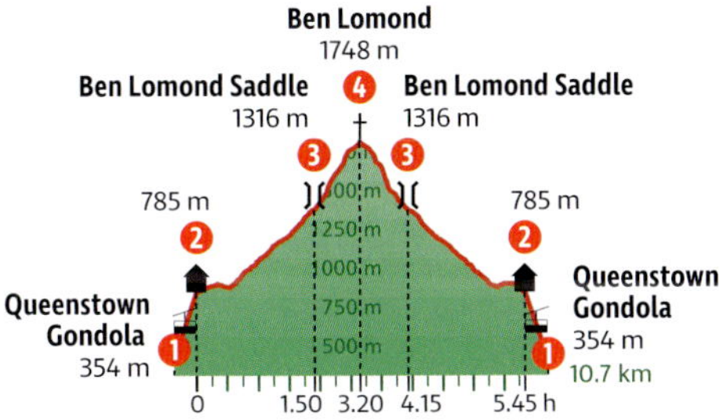

↗ 280 m | ↘ 280 m | 7.6 km

61 Mount Crichton Loop Track

2.30 h

Eine ungewöhnliche Felsspalte und ein originelles Goldgräbercamp

Die Schlucht des Twelve Mile Creek am Fuß des Mount Crichton war bis in die 1930er-Jahre übersät mit Goldgräber-Claims. Der Rundwanderweg passiert einige dieser Überreste, führt aber vor allem durch eine wunderschöne Tal- und Waldlandschaft und bietet zudem einen lohnenden Ausblick auf den Lake Wakatipu.

Talort: Queenstown, 320 m.
Ausgangspunkt: Mount Crichton Car Park an der Glenorchy Queenstown Road, 386 m.

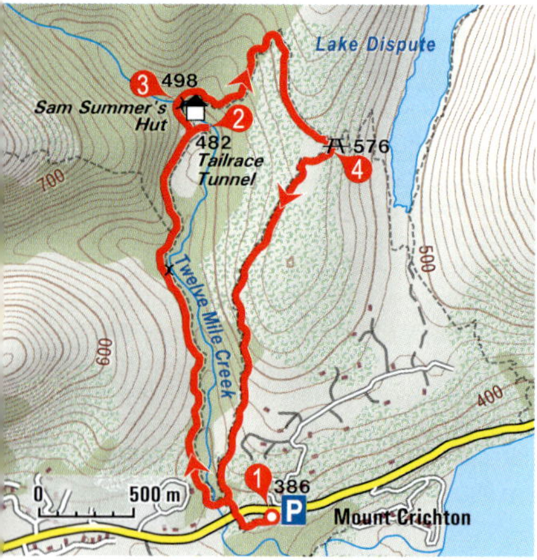

Anforderungen: Wanderung auf einfachen Waldwegen mit einigen kräftigen An- und Abstiegen.
Markierung/Infrastruktur: Der Weg ist mit den üblichen Symbolen markiert: orange Dreiecke, Informationstafeln, Holzstangen/Poller und Wegpfeile an einigen Kreuzungen; Toilette beim Wegeinstieg.
Einkehr: Keine.
Tipp: Eine der berühmtesten Sehenswürdigkeiten der Region Queenstown ist die Kawarau Gorge Suspension Bridge, die man auf dem State Highway 6 zwischen Queenstown und Cromwell erreicht (ca. 20 km östlich von Queenstown). Die historische Brücke von 1880 überspannt die Schlucht des Kawarau River, ist heute aber nur noch als Fußgängerbrücke in Funktion. Seit 1988 werden hier von A. J. Hackett kommerzielle Bungy-Sprünge angeboten, weswegen die Brücke heute als »Bungy Bridge« bekannt ist. Weitere Informationen und Buchung: bungy.co.nz.

Wir starten die Wanderung am **Mount Crichton Car Park** ❶ an der Glenorchy Queenstown Road. Bei der Informationstafel zum Wanderweg folgen wir der Markierung, die uns auf einem Schotterweg geradewegs bis zu einer Weggabelung lenkt. Hier gehen wir nach rechts (links ist ein Zugang zum Bob's Cove Walkway, Tour 62) und queren wenig später die Glenorchy Queenstown Road. Etwa 100 m später kommen wir zur nächsten Weggabelung, die den Einstieg in die Rundwanderung anzeigt. Wir wandern nach links und werden von rechts zurückkommen. Auf einer Brücke queren wir den Twelve Mile River und sind auf einem breiten Waldweg unterwegs, der leicht, später etwas steiler bergan, immer dem Flusslauf rechts von uns

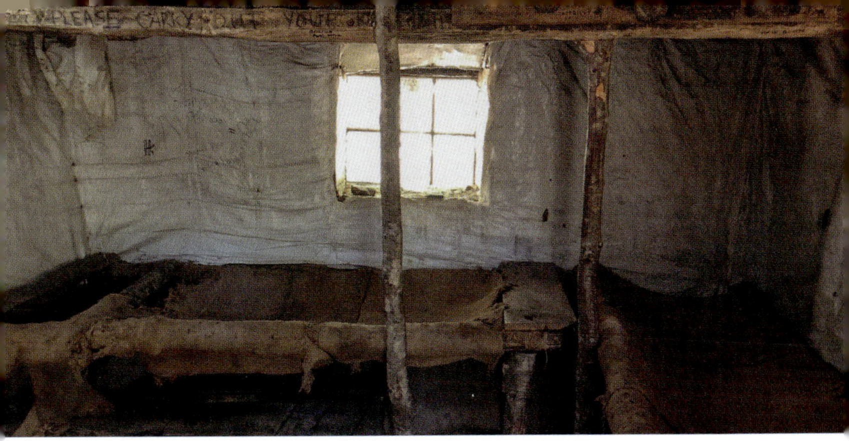

Sam Summer's Hut.

folgt. Nach etwa 30 Min. (2 km nach der Brücke) betreten wir eine Lichtung. Markante Sedimentabbrüche sind hier zu sehen. Glücksritter haben hier auf der Suche nach Gold 1,8 Mio. m³ Gestein und Boden abgetragen. Knapp vor dem Ende der Lichtung treffen wir auf eine Weggabelung. Nach rechts geht es zum und durch den **Tailrace Tunnel** ❷, eine schmale Felsspalte, die von Goldgräbern durchgebrochen wurde, um von der Lichtung einen Zugang zum Flusslauf zu schaffen.

Zurück bei der Weggabelung gehen wir nach rechts weiter und treffen 300 m später auf **Sam Summer's Hut** ❸, ein ehemaliges Goldgräber-Camp, das noch in originalem Zustand erhalten ist. Im Anschluss queren wir auf einer Brücke den Twelve Mile River und blicken nach links auf einen sehenswerten Wasserfall. In der Folge geht es zügig bergan. Nach einer großen Rechtskehre (zugleich Kehrtwende des Rundwanderweges) verlassen wir den Südbuchenwald und wandern nun durch einen Nadelwald bald schon bergab. 15 Min. später passieren wir eine Weggabelung, nach links beginnt ein Abstieg zum Lake Dispute Walkway. Wir bleiben geradeaus auf unserem Wanderweg und kommen gleich darauf zu einem **Picknickplatz** ❹ mit Aussicht auf die Seenlandschaft (Lake Dispute und Lake Wakatipu). Nach rechts steigen wir wieder ab und passieren auf einer Lichtung eine Moorwiese und danach einen Manuka-Wald. Der Waldweg wird steiler und steiniger und mündet etwa 45 Min. nach dem Picknickplatz wieder in die Weggabelung vor der ersten Brücke. Hier gehen wir nach links, queren die Glenorchy Queenstown Road und wandern zum Ausgangspunkt unserer Tour beim **Mount Crichton Car Park** ❶ zurück.

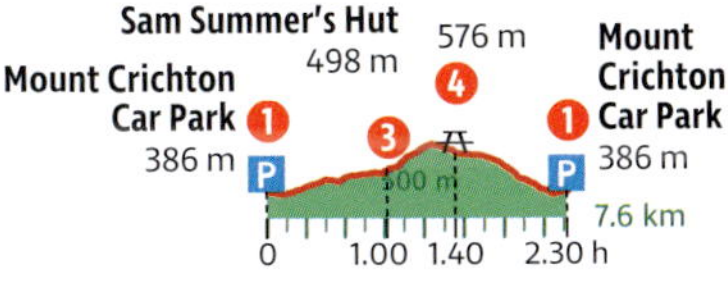

↗ 140 m | ↘ 140 m | 8.1 km

62 Bob's Cove Walkway

2.30 h

Wanderung zu einem originellen Aussichtspunkt

Der Wanderweg ist ein spärlicher Überrest des ehemaligen Verbindungsweges zwischen Queenstown und Glenorchy. An manchen Stellen sind auch noch die alten Schieferwände erhalten geblieben. Abgesehen davon: Bob's Cove Walkway ist eine der wenigen Wanderungen, die nahe am Ufer des Lake Wakatipu entlangführt und immer wieder schöne Ausblicke bietet.

Talort: Queenstown, 320 m.
Ausgangspunkt: Twelve Mile Delta Campsite an der Glenorchy Queenstown Road, 332 m.
Anforderungen: Einfache Wanderung am Ufer des Lake Wakatipu; lediglich der Picknick Point Loop enthält einen steilen und steinigen An- und Abstieg.
Markierung/Infrastruktur: Der Weg ist mit den üblichen Symbolen markiert: orange Dreiecke, Informationstafeln, Holzstangen/Poller und Wegpfeile an einigen Kreuzungen; Toilette beim Wegeinstieg am Campingplatz.
Einkehr: Keine.
Tipp: Fährt man von Bob's Cove auf der Glenorchy Queenstown Road weiter Richtung Glenorchy, so trifft man gegenüber von Pigeon Island (etwa 35 km von Queenstown entfernt) auf einen idyllischen Ort, wo der Lake Face Creek in den Lake Wakatipu einmündet. Wandert man von dort ein kleines Stück auf markiertem Weg flussaufwärts, so kann man nach etwa einem halben Kilometer die Lake Face Creek Falls bewundern, einen 35 Meter hohen Kaskadenwasserfall.

Wir starten die Wanderung am östlichen Ende der **Twelve Mile Delta Campsite** ❶ an der Glenorchy Queenstown Road. Zunächst geht es ein kurzes Stück am linken Ufer des Twelve Mile Creek entlang. Warnschilder weisen darauf hin, dass man nicht zu nahe ans Flussufer gehen soll, weil jederzeit Abbrüche (instabiles Sedimentgestein) vorkommen können. Nach etwa 300 m queren wir den Fluss auf einer Brücke. Nach rechts blickt man in eine schmale Schlucht, bei entsprechendem Wasserfluss auch auf eine Kaskade. Im Anschluss wandern wir, stets den Markierungen folgend, Richtung Seeufer etwas bergan und dann in einer Rechtskurve parallel, aber in einiger Distanz zum Lake Wakatipu. Der Wanderweg führt hier durch einen dichten Wald von Südbuchen und Manuka-Bäumen. Nach etwa 30 Min. geht es merklich bergab und in Richtung einer kleinen **Badebucht** ❷ mit

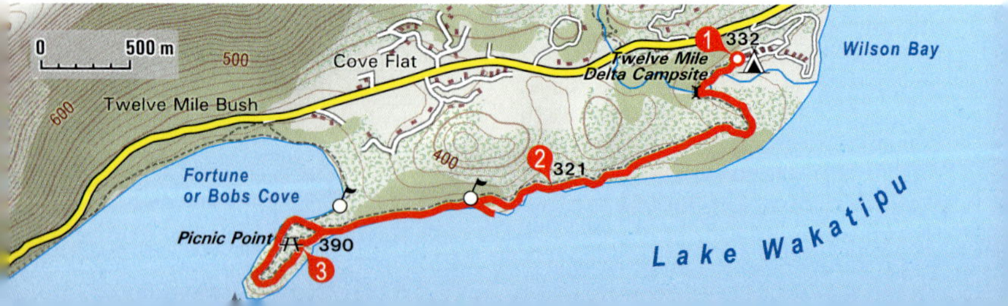

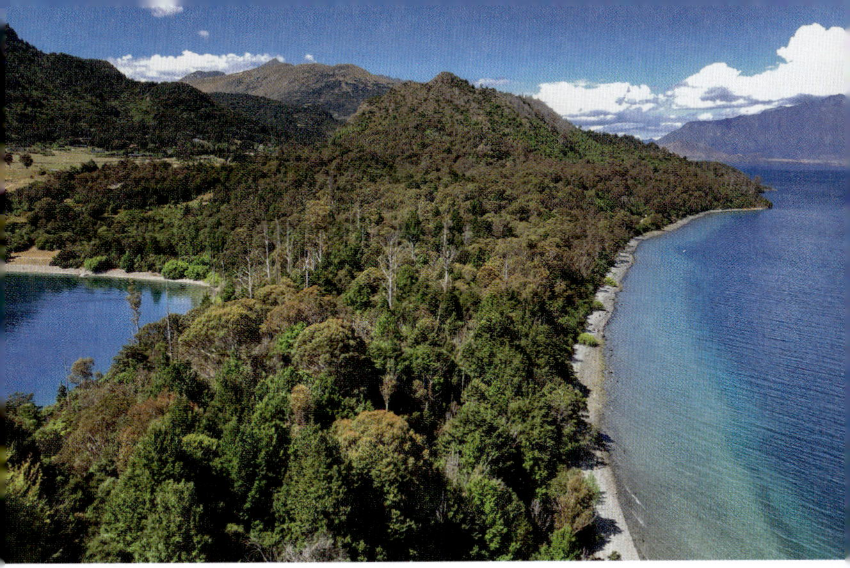

Blick vom Picknick Point auf Lake Wakatipu und seinen Uferwald.

prächtigem Panorama am See. Danach wendet sich der Weg wieder aus der Bucht hinaus, etwas bergan um einen Hügel herum und wieder steil in Richtung einer weiteren Bucht bergab. Noch bevor wir diese erreichen, leitet uns der Weg weiter am Seeufer entlang. Unterwegs passieren wir die Überreste eines Hauses und von Weitem sieht man schon einen kleinen Hügel die Uferlandschaft überragen. Auf diesen gehen wir nun zu. Bei einer Weggabelung beginnt der Picknick Point Loop, eine kleine Rundwanderung über diesen Hügel, der am Ende einer kleinen Halbinsel liegt. Wir gehen die Runde im Uhrzeigersinn, halten uns bei der Weggabelung links und steigen auf einem steinigen Weg bergan (ca. 50 Hm). Vom **Picnic Point** ❸, 390 m, mit Sitzbank bietet sich ein außergewöhnlicher Ausblick – von der Halbinsel auf die Bucht Bob's Cove und auf den Lake Wakatipu. Im Anschluss geht es durch Wald etwas bergab bis zum Ende der Halbinsel, danach nach rechts zurück auf der Seite von Bob's Cove. Bei einer folgenden Weggabelung halten wir uns rechts und kommen wieder zurück zur Weggabelung vor dem Picknick Point Loop, den wir damit abgeschlossen haben. Im Anschluss kehren wir auf dem gleichen Weg zurück bis zur **Twelve Mile Delta Campsite** ❶, dem Ausgangspunkt unserer Wanderung.

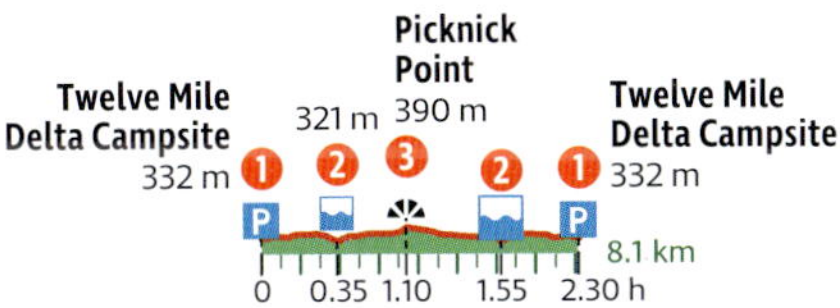

↗ 330 m | ↘ 330 m | 14.0 km

63 Jack's Point Walkway

4.30h

Viele unvergessliche Ausblicke auf den Lake Wakatipu und die malerische Umgebung

Die Bezeichnung des Wanderweges wie auch der Name der Siedlung Jack's Point erinnern an Jack Tewa, einen Mann, der in den 1860er-Jahren in der Gegend als Schafscherer arbeitete und auch unter dem Namen »Māori Jack« bekannt war. Bei einem Bootsunglück auf dem Lake Wakatipu im August 1862 rettete er zwei Kameraden das Leben und brachte diese am Ufer unter dem heutigen Jack's Point sicher an Land. Später verdingte sich Jack Tewa als Goldgräber. Seine ersten Funde sollen einen wahrhaften Goldrausch um Queenstown ausgelöst haben. Am Wanderweg gibt es eine Informationstafel, die die Geschichte des Jack Tewa erzählt.

Talort: Queenstown, 320 m.
Ausgangspunkt: Jardine Park in Kelvin Heights, 359 m.
Anforderungen: Einfache Wanderung auf breiten Schotter- und Erdwegen am Ufer des Lake Wakatipu; der Jack's Point Peninsula Loop verläuft auf einem schmalen, stellenweise auch rutschigen Pfad mit einigen An- und Abstiegen. Ein kurzes Stück führt der Weg auf der Lodge Road entlang, einem Fahrweg am Rand eines Golfplatzes.
Markierung/Infrastruktur: Der Weg ist mit den üblichen Symbolen markiert: orange Dreiecke, Informationstafeln, Holzstangen/Poller und Wegpfeile an einigen Kreuzungen; Toilette beim Wegeinstieg.
Einkehr: Keine.
Tipp: Nördlich von Queenstown verläuft der Shotover River, der abschnittsweise einen eindrucksvollen Canyon geschaffen hat. Seit 1965 werden Jetboat-Fahrten in dieser Schlucht angeboten, ein spektakuläres Erlebnis, das viele Gäste anzieht. Weitere Informationen und Buchung: shotoverjet.com.

Blick zurück auf den Lake Wakatipu und Ben Lomond im Hintergrund.

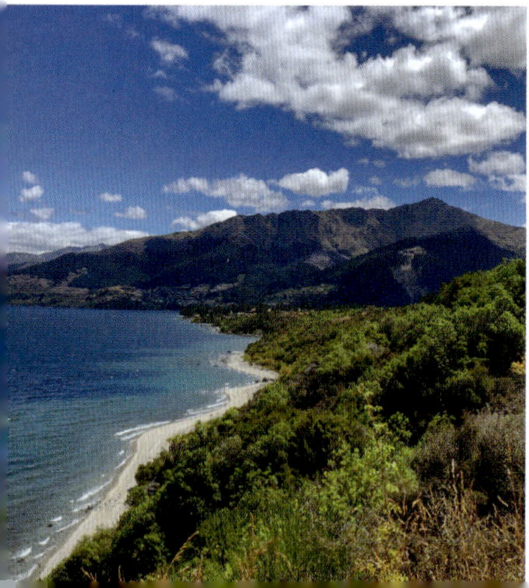

Wir starten die Wanderung im Jardine Park in **Kelvin Heights** ❶. Auf der Zufahrtsstraße gehen wir 200 m zurück und biegen danach links auf einen Schotterpfad ein, der Richtung Ufer des Lake Wakatipu führt. Nach weiteren 300 m mündet unser Weg in einen breiteren Uferweg ein, der von Wanderern wie Radfahrern gleichermaßen benutzt wird. Der Wegverlauf im ersten Abschnitt ist sehr einfach: Nach etwa 15 Min. ge-

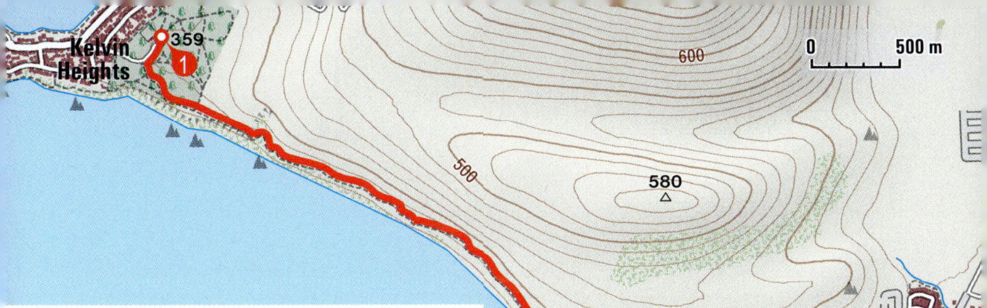

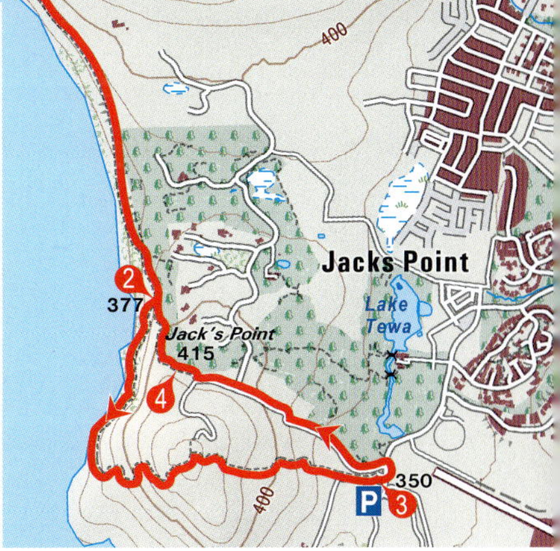

hen wir eine kleine Bucht aus, nach etwa 1 Std. führt der Weg bergab und sehr nahe am Seeufer entlang. Danach folgt ein steiler Anstieg (ca. 50 Hm) bis zu einer **Weggabelung** ❷ unterhalb von Jack's Point. Von hier aus wandern wir auf dem »Jack's Point Peninsula Loop« (Wegpfeil geradeaus) weiter, der nun auf einem Gras-Stein-Pfad sehr nahe am Ufer und in der Umgebung einer Felslandschaft verläuft. Wir orientieren uns an einer Halbinsel und gehen dabei zwei Buchten aus, kommen jedoch nicht bis ans Seeufer. Danach dreht der Weg nach links und es geht in einigen Kurven den Hügel hoch. Mit dem Anstieg werden die Ausblicke auf die imposante Gebirgsszenerie, den blau glänzenden See und die Graslandschaft immer prächtiger. Nach der Querung des höchsten Hügels steigen wir im Anschluss auf einem Graspfad in einigen Kurven bis zu einem **Parkplatz** ❸ bei einem Golfplatz links des Weges bergab. Von hier folgen wir zunächst der Zufahrtsstraße zum Golfplatz (Māori Jack Road), zweigen aber schon nach 100 m links ab und wandern die Lodge Road für ca. 1,3 km leicht bergan. Nach etwa 1 km mündet eine andere Fahrstraße (Preserve Drive) von rechts ein. Wir bleiben geradeaus auf der Lodge Road und verlassen diese 200 m später nach halb rechts. Ab nun verläuft die Route wieder auf einem schmaleren Schotterweg, der zuerst über die Anhöhe **Jack's Point** ❹ und im Anschluss steil bergab bis zur schon bekannten **Weggabelung** ❷ führt. Dort halten wir uns nach rechts und wandern den Uferweg zurück bis zum Ausgangspunkt unserer Wanderung im Jardine Park von **Kelvin Heights** ❶.

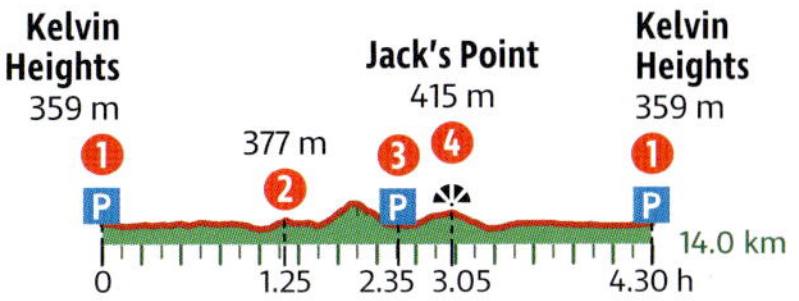

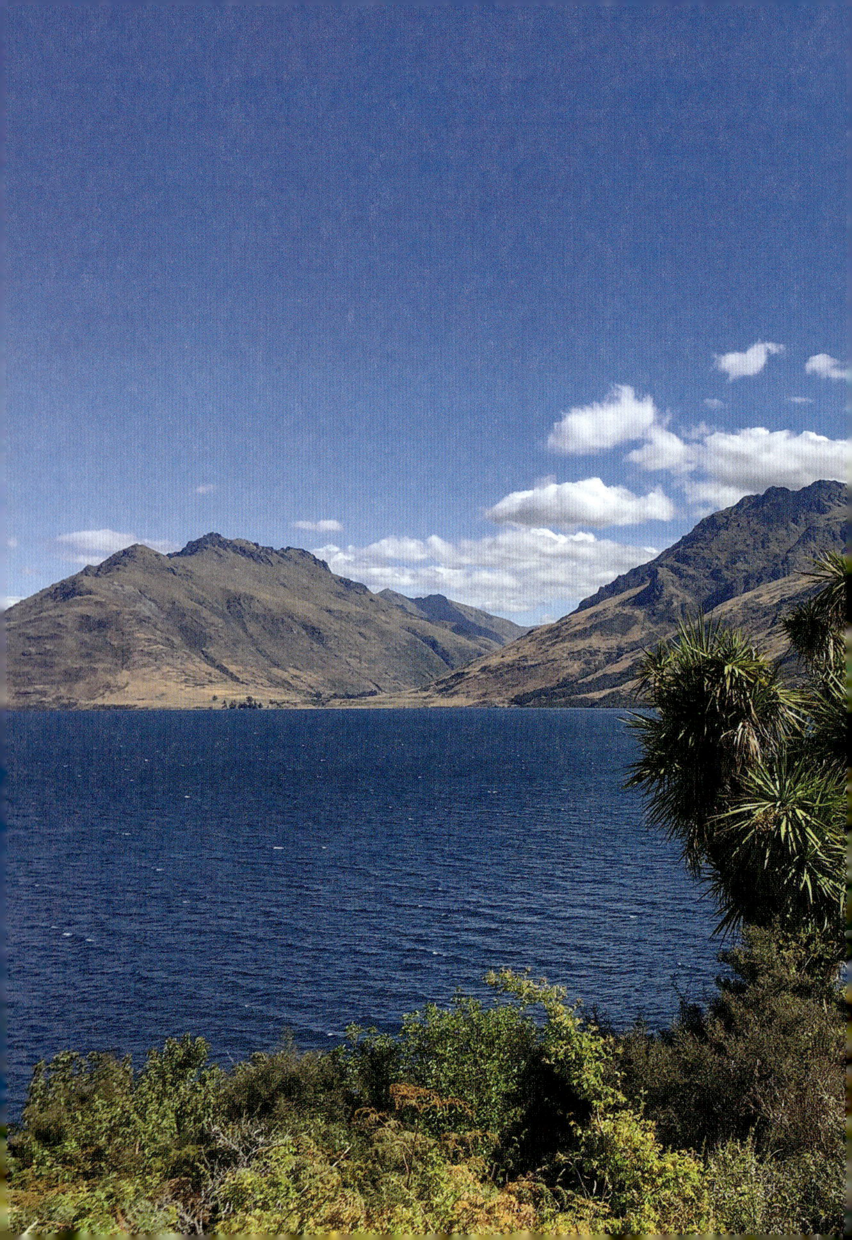

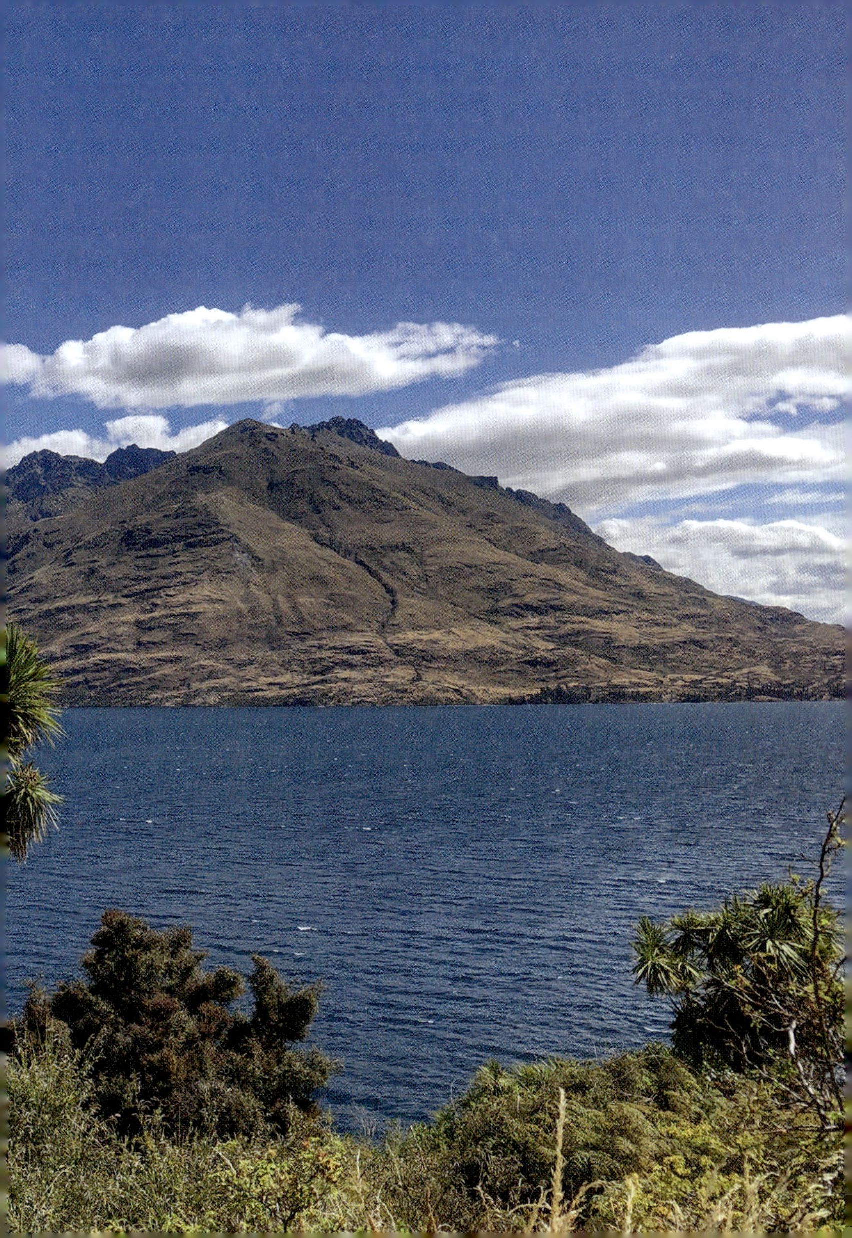

↗ 280 m | ↘ 280 m | 6.5 km

64 Heyward Point Track

2.30 h

Klippenwanderung mit großartigen Ausblicken und möglichen Tierbeobachtungen in einem kleinen Scenic Reserve

Heyward Point befindet sich an einer sehr abgelegenen Ecke Neuseelands, jedoch mit zahlreichen landschaftlichen Highlights in der Umgebung. Südöstlich liegt Otago Harbour, der verengte Ausgang aus einer großen Meeresbucht, eigentlich eine Caldera (Einsturzkrater). Jenseits der Bucht ist Taiaroa Head berühmt für seine Albatros-Kolonie und den ältesten Leuchtturm des Landes. Die Tierwelt der Umgebung hält viele Überraschungen bereit: Neben den Albatrossen ist Taiaroa Head zudem Brutstätte für mehrere Arten von Kormoranen und für Pinguine. Auf den Felsen tummeln sich Pelzrobben und im Mündungsgebiet von Otago Harbour sind die kleinen Hector-Delfine und gelegentlich auch Orkas anzutreffen. Mit einigem Glück kann man diese Naturschauspiele in luftiger Höhe am Klippenweg von Heyward Point beobachten.

Talort: Port Chalmers, 20 m.
Ausgangspunkt: Parkplatz am Ende der Heyward Point Road; erreichbar von Port Chalmers auf der Blueskin Road, von dieser nach ca. 5 km auf die Purakaunui Road, dort nach ca. 1,5 km auf die Heyward Point Road, insgesamt ca. 11 km, davon 6 km auf Schotterstraße (Zufahrtsstraße zu den umliegenden Bauernhöfen); ausreichend Parkplätze vorhanden, 199 m.
Anforderungen: Die Wanderung führt auf Wiesenwegen und Pfaden durch den Küstenwald (Scenic Reserve); zum Teil schwierige und anstrengende Auf- und Abstiege; an einigen Stellen ist Schwindelfreiheit gefordert.
Markierung/Infrastruktur: Der Weg ist mit den üblichen Symbolen markiert: orange Dreiecke, Informationstafeln, Holzstangen/Poller und Wegpfeile an einigen Kreuzungen.
Einkehr: Keine.
Tipp: Eine Besonderheit der Otago Peninsula südöstlich von Dunedin ist das Royal Albatros Centre am Taiaroa Head, wo eine Kolonie von Königsalbatrossen brütet. 1914 wurde dieses Phänomen erstmals dokumentiert, seit 1938 auch wissenschaftlich beobachtet. 1967 wurde eine Stiftung eingerichtet, um Taiaroa Head zu einem Naturschutzgebiet zu transformieren, denn zuvor war das Umland des Kaps ein Weidegebiet.

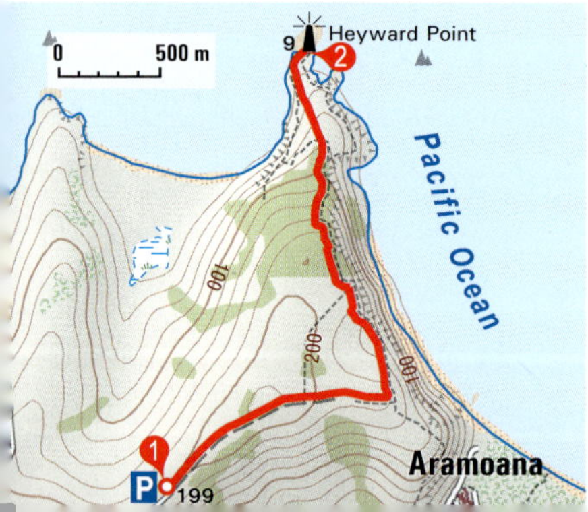

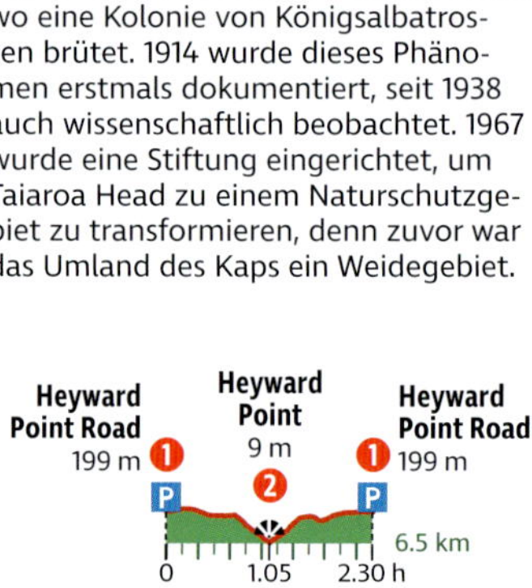

Beim Besuch des Royal Albatros Centre kann man die majestätischen Vögel aus nächster Nähe – aber ohne sie zu stören – beobachten und erfährt alles Wissenswerte über Leben und Verhalten der Tiere. Albatrosse verbringen den Großteil des Lebens fliegend und stellen mehrere Rekorde auf: Sie sind Rekordhalter im »Weitfliegen« und sie verfügen über die größte Flügelspannweite (3,5 m). Weitere Informationen und Öffnungszeiten: albatross.org.nz.

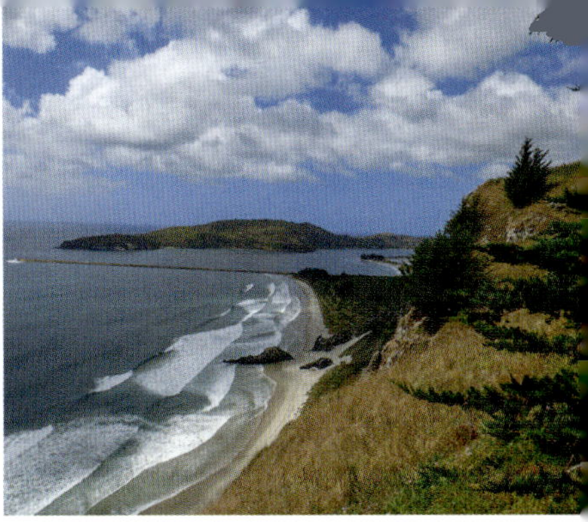

Blick über Otago Harbour Richtung Taiaroa Head.

Am Ende der **Heyward Point Road** ❶ liegt ein Parkplatz mit Picknickplatz bei einem Bauernhof. Der Blick über Otago Harbour und Taiaroa Head ist spektakulär. Wir passieren ein Weidetor und wandern auf einem Wiesenweg etwas bergan, in Richtung eines kleinen Wäldchens. An diesem geht es vorbei und danach leicht bergab. Wir treffen erneut auf einen Weidezaun, der allerdings kein Hindernis darstellt. Nun leitet ein schmaler Wiesenpfad weiter, der links entlang eines Zauns verläuft. Am Ende der Weide übersteigen wir den Zaun in der Nähe einer Weggabelung. Nach rechts führt ein Wanderweg in die Feriensiedlung Aramoana am Otago Harbour; wir wandern jedoch nach links weiter (Wegpfeil). Eine Informationstafel weist darauf hin, dass der Heyward Point Track ausgesetzte Passagen enthält.
Nun geht es auf einem schmalen Pfad parallel zur Küste weiter, links ist ein schmaler Streifen Küstenwald, rechts – allerdings in einiger Entfernung – liegt die Steilküste. Der Weg führt bald in einen Wald aus Thujen und Seekiefern und sehr steil bergab. Nachdem wir eine Feuchtstelle (kleiner Bachlauf) gequert haben, geht es nun – noch immer im Wald – steil bergan. Nachdem wir einen weiteren Zaun mithilfe einer Holztreppe überwunden haben, wandern wir auf einem Wiesenpfad über eine Weide. Zaun und Steilküste sind nun rechts von uns. Vor uns liegt ein Waldstück, das den Beginn des Scenic Reserve Heyward Point darstellt. Nach Querung des nächsten Weidezaunes wandern wir nun durch einen Küstenwald, anfangs eben verlaufend, nach wenigen Minuten aber bereits steil bergab. Am nördlichen Waldrand folgen wir einem deutlich sichtbaren und markierten Wiesenpfad weiterhin bergab. Diese Wiese ist saisonale Brutstätte für Möwen, die hier in großer Zahl kreisen und ihre Brut hegen. Die grau gefiederten Jungtiere sind fallweise in großer Zahl entlang des Weges zu sehen. Der Weg endet beim **Heyward Point** ❷, einem Aussichtspunkt über der Küste mit Bank. Der Blick auf die rechts vorgelagerte Bucht und auf den Küstenverlauf Richtung Nordwesten ist besonders eindrucksvoll.
Der Rückweg erfolgt auf dem Hinweg.

↗ 320 m | ↘ 320 m | 4.9 km

65 Organ Pipes und Mount Cargill Summit, 680 m

2.30 h

Ein Aussichtsberg über der Bucht von Otago

Mount Cargill ist die höchste Erhebung in der näheren Umgebung von Dunedin. Folglich ist ein Aufstieg auf diesen Kraterrandberg ein lohnendes Ziel für Wanderer, die einen prächtigen Ausblick über die eindrucksvolle Küsten- und Hügellandschaft der Otago-Halbinsel genießen wollen. Zudem bieten die Organ Pipes (»Orgelpfeifen«), sechseckige Basaltsäulen, die an der Ostseite des Mount Cargill emporragen, ein lohnendes Zwischenziel.

Talort: Dunedin, 20 m.
Ausgangspunkt: Mount Cargill Car Park beim Scenic Reserve Mount Cargill/Kapukataumahaka; erreichbar von Dunedin auf der Mount Cargill Road, 391 m.
Anforderungen: Die Wanderung führt auf zum Teil rutschigen Waldwegen (vom Wetter abhängig) und über Steinstufen bergan; der Abschnitt bei den Organ Pipes ist felsig und ein Aufstieg nur erfahrenen Kletterern zu empfehlen.
Markierung/Infrastruktur: Der Weg ist mit den üblichen Symbolen markiert: orange Dreiecke, Informationstafeln, Holzstangen/Poller und Wegpfeile an einigen Kreuzungen.
Einkehr: Keine.
Tipp: Dunedin ist die zweitgrößte Stadt der Südinsel und besitzt im Zentrum einige bemerkenswerte Gebäude aus der großen Boomzeit der Stadt (1880er- bis 1940er-Jahre). Der Octagon wird von Besuchern häufig als schönster Stadtplatz Neuseelands beschrieben. Um ihn herum gibt es einige Kirchen, Denkmäler und Stadtpalais (z. B. Olveston House) im Baustil der Jahrhundertwende zum 20. Jh. Das eindrucksvollste Bauwerk der Stadt ist jedoch der Bahnhof, der 1906 eröffnet wurde. Der Architekt George Alexander Troup hat das größte Bahnhofsgebäude Neuseelands im Stil der flämischen Renaissance konzipiert. Schwarzer Basalt und weißer Kalkstein aus Oamaru wechseln sich ab, Mosaike, Kacheln und Buntglasfenster geben dem Gebäude eine besondere Atmosphäre und machen es zu einem der schönsten Fotomotive der Stadt.

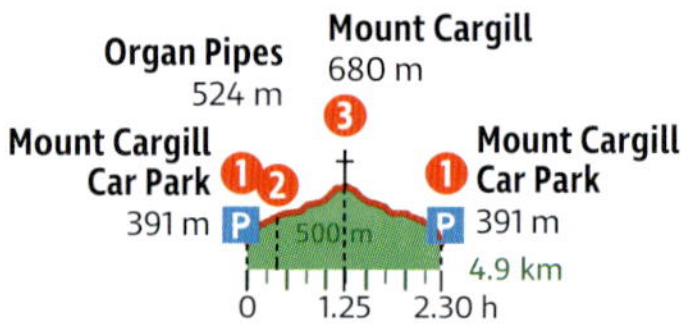

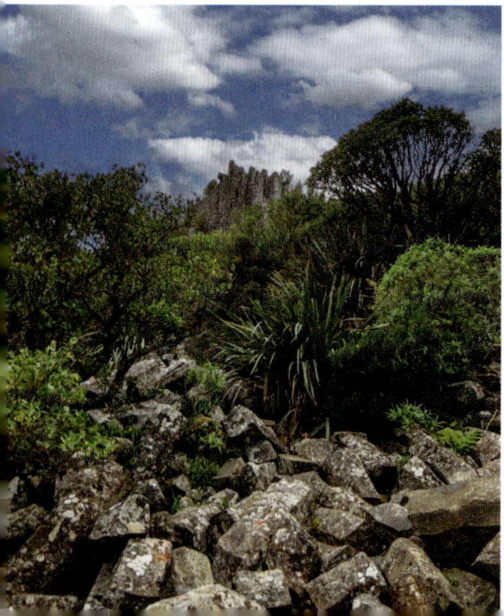

Schuttabbruchhalde am Fuß der Organ Pipes.

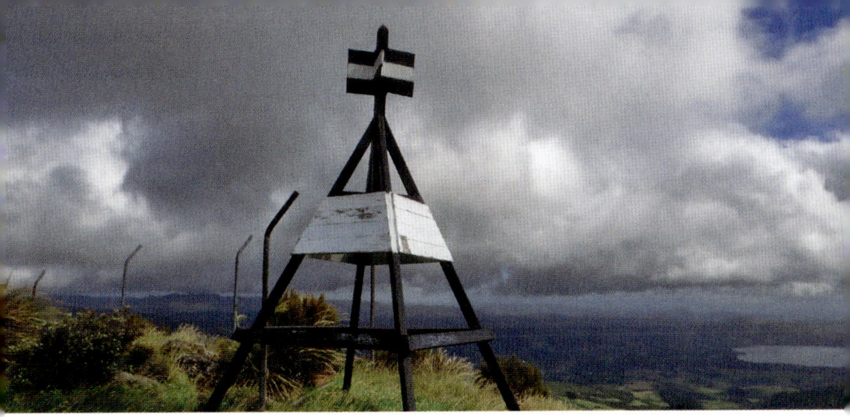

Gipfelmonument am Mount Cargill.

Vom **Mount Cargill Car Park** ❶ steigen wir über Stein- und Holzstufen durch einen dichten Wald die ersten 300 m steil bergan. Danach erreichen wir eine Lichtung, der Weg flacht hier etwas ab und führt in der Folge wieder zurück in den Wald. Wir passieren einen Felsüberhang und kommen nach 20 Min. zu einer Weggabelung mit Stichweg Richtung Organ Pipes. Bereits nach wenigen Minuten erreicht man eine Felssturzhalde unterhalb der Organ Pipes. Der Aufstieg zu den »Orgelpfeifen« führt auf der rechten Seite der Felssturzhalde hoch, ist aber nur Wanderern mit Klettererfahrung zu empfehlen. Wer einen Blick auf die Basaltsäulen werfen möchte, sollte geradewegs über die Felsen klettern (etwas mühsam, aber mit Vorsicht machbar). Nach etwa 100 m sieht man in einiger Entfernung die **Organ Pipes** ❷ aus Basalt emporragen.

Danach geht es wieder zurück bis zur Abzweigung und dort nach links (Wegpfeil Richtung Mount Cargill) weiter. Den nächsten Kilometer wandern wir abwechselnd auf einem Boardwalk und auf einem Erd-Stein-Weg, zumeist mit mäßigen Anstiegen. Der Sendemast auf dem Mount Cargill ist schon aus einiger Entfernung zu sehen. Bei einer Weggabelung halten wir uns rechts und treffen wenig später auf ein Tor. Danach steigt der Wanderweg etwas steiler an. Einen markanten Felsen umgehen wir rechts, danach wandern wir in einer Links-Rechts-Kurve (nun schon außerhalb der Buschlandschaft) auf den Gipfel des **Mount Cargill** ❸, 680 m, hoch. Ein Sendemast und ein Gipfelmonument (trigonometrischer Vermessungspunkt) markieren den höchsten Punkt. Der Ausblick über Küsten- und Hügellandschaft der Otago-Halbinsel ist eindrucksvoll. Der Rückweg erfolgt auf dem Hinweg.

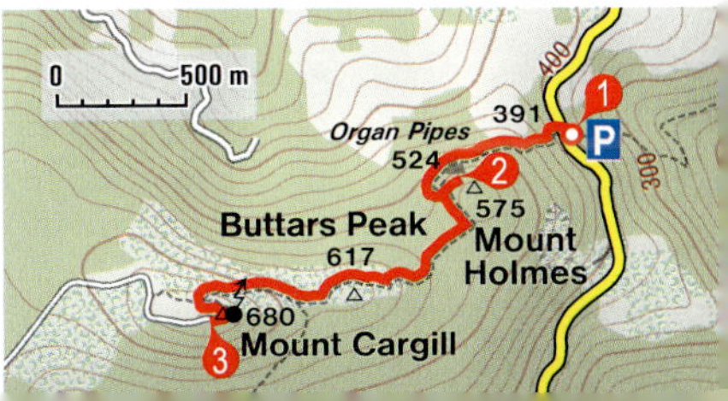

↗ 390 m | ↘ 390 m | 6.0 km

66 Lake Marian

3.00 h

Ein traumhafter See vor grandioser Bergkulisse

Der Aufstieg zum Lake Marian gilt zu Recht als schönste Kurzwanderung im Fjordland National Park. Zwar ist der Weg durch das Hanging Valley des Marian Creek nicht ganz einfach – glitschige Felsen und hohe Baumwurzeln sind zu überklettern –, aber das Ziel spricht für sich: schneebedeckte Gipfel und davor ein glasklarer See, in dem sich die steilen Gebirgshänge spiegeln, ein Ort zum Träumen.

Nächstgelegener Talort: Te Anau, 213 m, ca. 90 km entfernt.
Ausgangspunkt: Lake Marian Car Park an der Hollyford Road, 337 m, 90 km nördlich von Te Anau.
Anforderungen: Der Weg bis zu den Plattformen bei den Wasserfällen (Kaskaden) am Marian Creek (ca. 20 Min.) ist einfach und verläuft auf einem breiten Erdweg; der anschließende Anstieg am linken Rand des Marian Creek ist schwieriger und rutschig; an einigen Stellen müssen steile Anstiege mit Baumwurzeln überwunden werden.
Markierung/Infrastruktur: Der Weg ist mit den üblichen Symbolen markiert: orange Dreiecke, Informationstafeln, Holzstangen/Poller und Wegpfeile an einigen Kreuzungen; Toiletten am Wegeinstieg und knapp vor dem Lake Marian.
Einkehr: Keine.

Tipp: Besucher des Fjordland National Park sollten einen Tagesausflug zum Milford Sound (Māori: Piopiotahi) unternehmen. Der britische Schriftsteller Rudyard Kipling hat diesen bei seinem Besuch 1890 als achtes Weltwunder bezeichnet. Tatsächlich handelt es sich dabei nicht um einen »Sound«, sondern um den nördlichsten Fjord des Nationalparks, einen ca. 15,7 km langen Meeresarm, der tief in eine eindrucksvolle Gebirgslandschaft hineinreicht und aufgrund verschiedenster Rahmenbedingungen ein besonderes Ökosystem (Pflanzen- und Tierwelt) aufweist. Der Reiz der Naturlandschaft, die überhöhten Felshänge, der unvergleichliche Mitre Peak und die unzähligen Wasserfälle bringen Besucher ins Schwärmen. Weitere Informationen und mögliche Aktivitäten: newzealand.com/milford-sound.

Vom **Lake Marian Car Park** ❶ folgen wir dem Wegpfeil Richtung Lake Marian, queren auf einer Swingbridge den Hollyford River und wandern nach der Brücke nach rechts am Flusslauf entlang. Nach 400 m knickt der Weg nach links, führt leicht bergan und erreicht wenig später den Marian Creek. An dessen linkem Flussufer steigen wir bis zu einer Plattform hoch und genießen von dort den schönsten Blick auf die **Marian Falls** ❷. Nun dreht der Weg vom Fluss weg und führt auf einem steinigen und stellenweise rutschigen Pfad steil bergan. Die orangen Wegmarkierungen sind als Orientierung hilfreich, weil der Wegverlauf nicht immer ganz

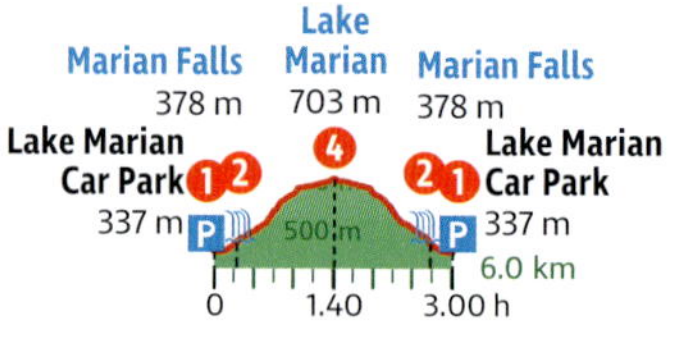

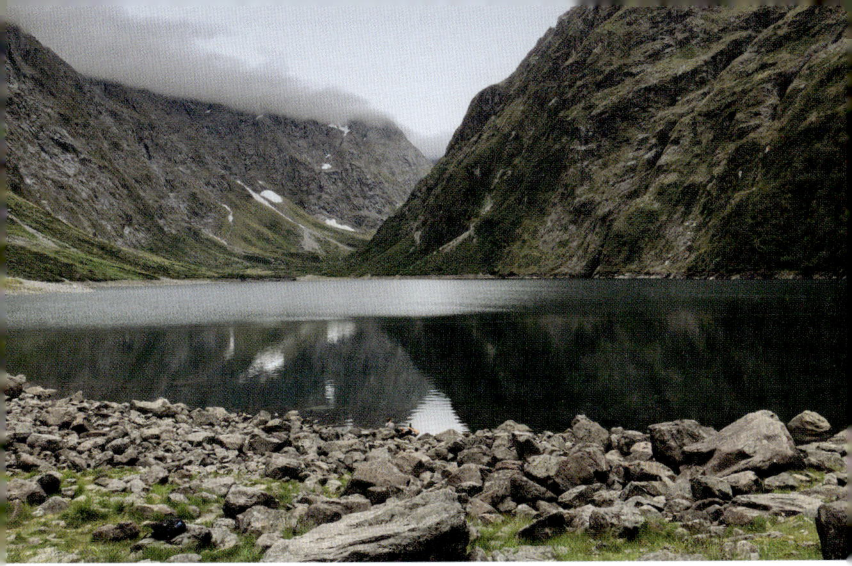

Lake Marian.

eindeutig ist. Im wahrsten Sinne über Stock und Stein steigen wir durch einen von Moosen und Farnen überzogenen Regenwald. Nach 1,5 km nähern wir uns für kurze Zeit wieder dem Ufer des Marian Creek, verlassen dieses aber gleich darauf wieder. Weiter geht es durch dichten Regenwald und stetig über Wurzeln und Felsen bergan. 20 Min. später queren wir ein kleines Flusstal (ein Zufluss zum Marian Creek) und steigen über eine steile Böschung und einen markanten **Wurzelstock** ❸ unter Einsatz der Hände aufwärts. Danach flacht der Weg etwas ab und geht – knapp vor dem Seeufer – in einen einfacheren Schotterweg über. Auf diesem wandern wir die letzten 300 m zum Seeufer des **Lake Marian** ❹ bergab.

Angesichts des gebotenen Panoramas hat sich der Aufstieg gelohnt: Eingezwängt zwischen steilen Berghängen und schneebedeckten Gipfeln liegt zu unseren Füßen ein spiegelklarer See, der von einem Saum an Felsen umgeben ist. Bei Sonnenschein ergibt sich ein wunderschönes Farbenspiel.

Der Rückweg verläuft auf dem Hinweg.

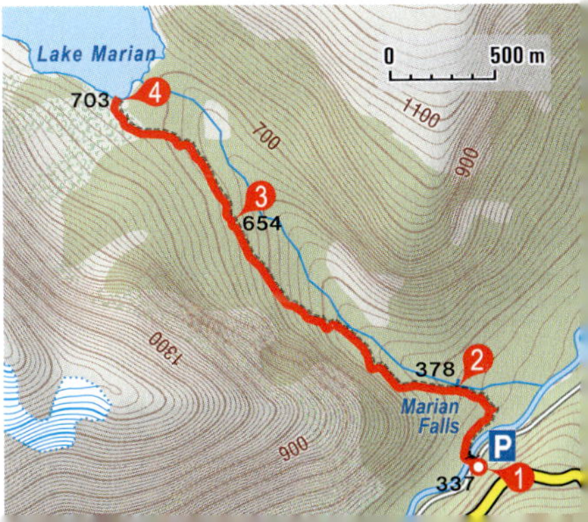

↗ 430 m | ↘ 430 m | 7.9 km

67 Key Summit, 918 m

3.00 h

Einfacher Gipfel am Rand zweier Nationalparks mit überragendem Gebirgspanorama

Der Key Summit ist ein unscheinbarer Gipfel, der jedoch – wie sein Name zu sagen scheint – eine »Schlüsselrolle« im Fjordland National Park einnimmt. Hier haben drei Flüsse ihren Ursprung, die als Hollyford River, Greenstone River und Eglinton River zu drei verschiedenen Küsten Neuseelands fließen. Das Gipfelplateau bietet nicht nur ein ungewöhnliches Biotop (Sumpfgebiet), sondern auch einen unvergesslichen Blick in den Felskessel (Cirque) über dem Lake Marian.

Nächstgelegener Talort: Te Anau, 213 m.
Ausgangspunkt: Car Park am »The Divide« an der Milford Road, 546 m, 85 km nördlich von Te Anau. Von Te Anau aus fährt ein öffentlicher Bus nach »The Divide«, weil hier auch der Startpunkt für die Weitwanderwege am Routeburn Track und durch das Greenstone Valley liegt.
Anforderungen: Der Wegabschnitt am Routeburn Track ist ein breiter Erd-Stein-Pfad mit mäßigem Anstieg durch einen Wald; der Aufstieg zum Key Summit verläuft auf einem einfachen Serpentinenweg; der Weg am Gipfelplateau ist ein schmaler, steiniger Pfad.
Markierung/Infrastruktur: Der Weg ist mit den üblichen Symbolen markiert: orange Dreiecke, Informationstafeln, Holzstangen/Poller und Wegpfeile an einigen Kreuzungen. Toiletten und Shelter am Wegeinstieg; zusätzlich gibt es eine Toilette knapp vor dem Gipfel des Key Summit.
Einkehr: Keine.
Tipp: An der Milford Road zwischen Te Anau und The Divide liegen unterhalb eines Parkplatzes (links der Straße, Fahrtrichtung von Te Anau zum Milford Sound) die bekannten »Mirror Lakes« des Fjordland National Park. In diesen kleinen Seen spiegeln sich – bei guter Sicht – die Gipfel der Earl Mountains, die auf der anderen Seite des Eglington Valley emporragen. Ein kurzer Spazierweg entlang dieser Spiegelseen ermöglicht viele großartige Fotomotive.

Vom **The Divide Car Park** ❶ folgen wir dem Wegpfeil Richtung »Key Summit«. Zunächst geht es auf einem gut ausgebauten Weg stetig bergan und dabei queren wir einige Bäche und Rinnsale, die an den Hängen des üppig mit Moosen und Farnen überzogenen Südbuchenwaldes herabfließen. Nach einem Wasserfall wird der Anstieg etwas steiler und führt nun in einigen weiten Kehren hoch. Links von uns blicken wir auf den markanten Gipfel des Mount Christina, der jenseits der Flusstäler von Eglinton und Hollyford River liegt. Nach etwa 2,5 km zweigen wir vom Hauptweg nach rechts ab (Markierung) und wandern nun einen Serpentinenweg zum Gipfelplateau hoch. Am Plateaurand angelangt, beginnt eine kurze Rundwanderung (»Key Summit Alpine Nature Walk«, 30 Min.), die wir im Uhrzeigersinn gehen. Der Weg durchquert auf einem Boardwalk spärliche Überreste einer Sumpflandschaft, die vom Wasser der abgeschmolzenen Gletscher

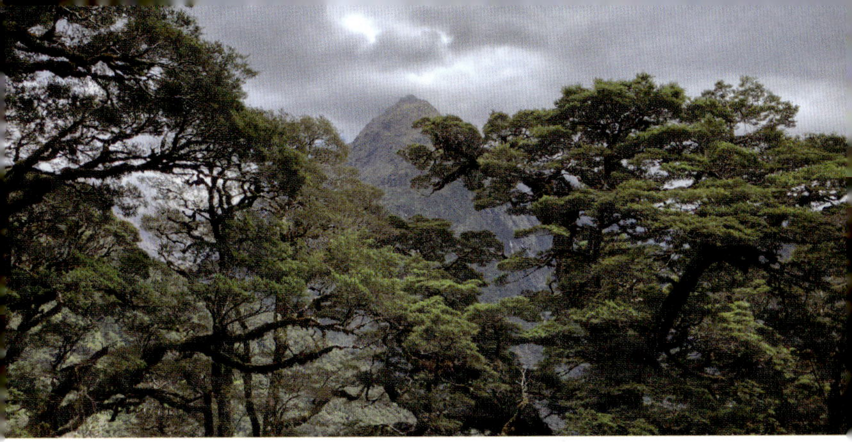

Wolkenverhangener Gipfel Mount Christina, hinter Bäumen verborgen.

geschaffen wurde. Alpine Butterblumen, Sonnentau, Sumpfkiefern, Orchideen und das neuseeländische Vergissmeinnicht sind hier zu finden. Informationstafeln weisen uns den Weg über die Tussockgrasebene bis zum höchsten Punkt am **Key Summit** ❷, 918 m.

Im Anschluss folgen wir einem Wegpfeil, der uns zu einem **Lookout** ❸ in das Hollyford Valley und auf den Felskessel (Cirque) über den Lake Marian leitet. Dieser prächtige Ausblick eröffnet sich freilich nur bei wolkenlosem Himmel, ein in dieser Gegend seltener Glücksfall. Das Hollyford Valley ist ein klassisches U-Tal, das durch Gletscherfluss geformt wurde. Vor 10.000 Jahren füllten die Eismassen das gesamte Tal und flossen bis über den Gipfel des Key Summit ins Eglinton und Greenstone Valley. Heute sind nur noch wenige Eis- und Schneereste auf den höchsten Erhebungen des Darran Mountain zu sehen.

Vom Lookout geht es zurück zum Rundweg auf dem Plateau. Bei der Weggabelung halten wir uns nun links und passieren mächtige Sumpfmoose. Am Ende des Rundweges steigen wir wieder auf dem Serpentinenweg ab und wandern auf dem Hinweg zurück bis zum **The Divide Car Park** ❶.

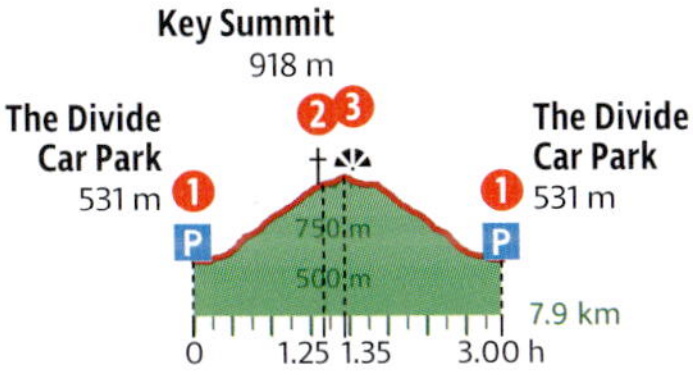

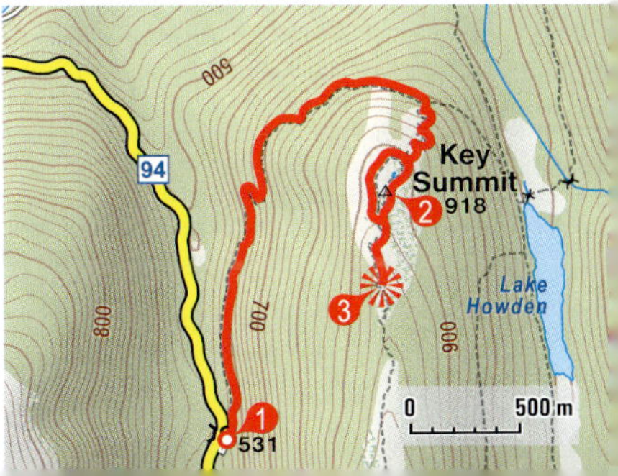

TOP

68

Caples – Greenstone Track

↗ 1500 m | ↘ 1500 m | 59.1 km

3 Tage

Unvergessliche Flusstalrunde zwischen zwei Nationalparks

Der Caples–Greenstone Track liegt in einer der schönsten Regionen Neuseelands. Hier treffen zwei der spektakulärsten Nationalparks des Landes aufeinander: der Fjordland National Park im Westen und der Mount Aspiring National Park im Norden. Die Flusssysteme von Caples River und Greenstone River entwässern die schwer zugänglichen Ailsa Mountains Richtung Lake Wakatipu. Die Landschaft wird von harten Sandsteinen, die auf vulkanischen Gesteinen auflagern, und von dunklem Serpentingestein aufgebaut. In den breiten Gletscherflusstälern dominiert Tussockgras, an den Gebirgshängen und über den McKellar Saddle (990 m) verläuft der Weg durch Südbuchenbestände. Dieser Weitwanderweg erfordert zwar eine gewisse Ausdauer (Etappenlängen), ist jedoch sonst recht einfach. Ein weiteres großes Plus: Der Weg gilt noch immer als Geheimtipp, während sich unweit von hier unzählige Wanderer auf den berühmten Routen Routeburne Track und Milford Track tummeln.

Talort: Kinloch, 335 m.
Ausgangspunkt: Greenstone Station Road Car Park am Ende der Greenstone Station Road. Anreise von Kinloch auf der Kinloch Road und der anschließenden Greenstone Station Road; 11 km, ca. 20 Min.
Anforderungen: 1. Tag: Von Greenstone Station Road bis Upper Caples Hut: einfacher Wanderweg im Caples Valley, z. T. auf feuchtem Graspfad verlaufend, ca. 16 km. **2. Tag:** Von Upper Caples Hut bis McKellar Hut: auf Waldweg mit vielen Wurzeln stetig bergan zum McKellar Saddle, von dort steil bergab ins Greenstone Valley und weiter bis zur McKellar Hut, ca. 14 km. **3. Tag:** Von McKellar Hut bis Greenstone Station Road: einfacher Weg am linken Flussufer des Greenstone River, z. T. feuchter Wiesenpfad durch Tierweiden; ca. 28,5 km. Wem diese Etappe zu lange ist, kann in der Greenstone Hut (nach 20 km) einen Zwischenstopp einlegen und die Tour in 4 Tagen abschließen.
Markierung/Infrastruktur: Der Weg ist mit den üblichen Symbolen markiert: orange Dreiecke, Informationstafeln und Wegpfeile an den wichtigsten Kreuzungen. Öffentliche Toiletten gibt es in den Huts entlang des Weges.
Unterkunft: Auf dem Track sind bisher keine Zeltübernachtungen möglich. Upper Caples Hut und Greenstone Hut sind kleine Hütten mit begrenzten Schlafplätzen (12 Personen); McKellar Hut hat 24 Schlafplätze; zudem gibt es die McKellar Lodge, die mehr Komfort (Privatzimmer) bietet. Für die Hüttenübernachtungen ist in jedem Fall in der Hochsaison eine Vorbuchung notwendig, die über die Website des Department of Conservation (DOC, doc.govt.nz) erfolgen soll. In der Nebensaison können Hüttenpässe auch kurzfristiger in den Visitor Centres der Nationalparks erworben werden.
Einkehr: In den Huts entlang des Weitwanderweges gibt es Aufenthaltsräume und Picknickplätze. Lebensmittel zum Verkauf stehen nicht zur Verfügung, jedoch gibt es Trinkwasser (Regenwasserbehälter), das auf eigene Gefahr konsumiert werden kann (keine Reinheitsgarantie).

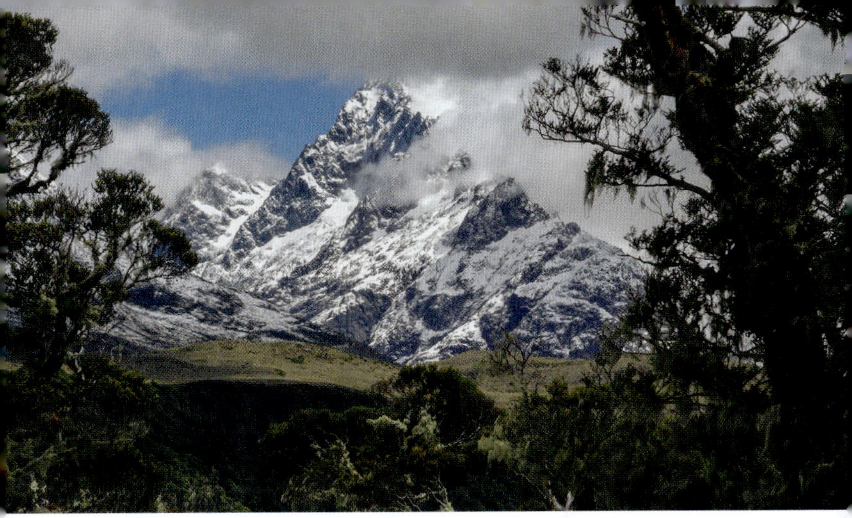

Der schneebedeckte Gipfel Mount Christina.

1. Tag: Vom **Greenstone Station Road Car Park** ❶ folgen wir dem Wanderweg, der am linken Ufer des Greenstone River flussaufwärts führt. Nach wenigen Minuten kommen wir zu einer Kreuzung. Nach links quert eine Brücke den Greenstone River zum Lake Rere Track. Wir wandern geradeaus auf einem schmalen Waldweg weiter, immer dem Flusslauf folgend. Der Weg steigt etwas bergan (Flussterrasse) und führt nach 20 Min. steil bergab und bei der Mündung des Caples River in den Greenstone River wieder knapp an das Flusstal heran. Nun geht es für den ersten Tag ausschließlich am Caples River entlang. Knapp nach der eben passierten Mündung treffen wir neuerlich auf eine Brücke, die nach links den Fluss quert. Am dritten Tag werden wir an dieser Stelle die Rundwanderung schließen und auf dem bekannten Weg zum Ausgangspunkt zurückkehren.
Nun geht es aber weiter auf dem Wanderweg am linken Ufer des Caples River. Dieser knickt wenig später nach links, während wir geradeaus weitergehen und nicht der Flussschleife folgen. 500 m später treffen wir wieder auf den Caples River. Eindrucksvoll ist der Blick über den Fluss auf die Ailsa Mountains. Der Weg verläuft weiter entlang des Flusses und pendelt zwischen Ufer und Wald. Nach etwa 2.30 Std. queren wir den Caples River nach links auf einer Brücke über einer spektakulären Schlucht. Gleich darauf erreichen wir die **Mid Caples Hut** ❷, die auf einer Lichtung liegt. Nun geht es am rechten Ufer weiter flussaufwärts. Für 1 Std. wandern wir nun auf einem Wiesenpfad, danach führt der Weg wieder in den Uferwald und steigt merklich an. In einer Flussschleife auf einer Lichtung, etwa 200 m abseits des Weges nach rechts, erreichen wir **Upper Caples Hut** ❸.

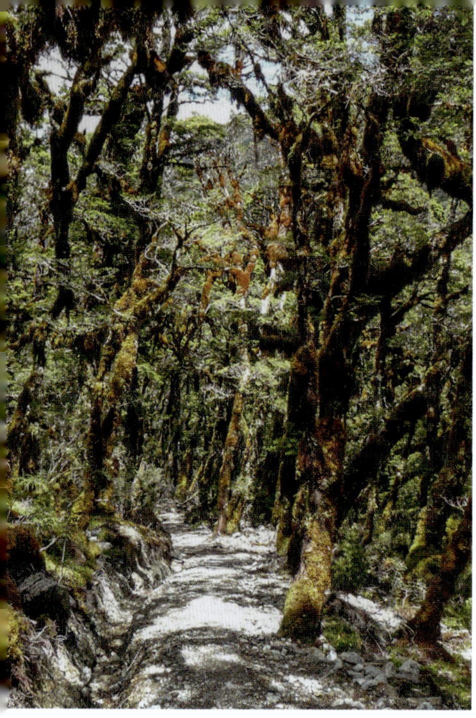

Südbuchenwald, von Moosen und Flechten überzogen.

2. Tag: Von der Upper Caples Hut kehren wir am nächsten Morgen zum Hauptweg zurück. Die erste Tagesetappe führt Richtung McKellar Saddle und ist einer der schönsten Abschnitte des Weitwanderweges. Es geht zunächst durch einen dichten, von Moosen und Farnen überwucherten Südbuchenwald, bei dem zahllose Steine und Wurzeln überstiegen werden müssen. Bei Regen oder Nebel ist besondere Vorsicht geboten. Im Aufstieg verlassen wir das Tal des Caples River nach einer letzten Flussquerung und erreichen knapp vor dem Pass einen Boardwalk in einer Tussockgraslandschaft. Der Blick auf die umgebende Gebirgslandschaft in Richtung Fjordland ist unvergleichlich schön. Der **McKellar Saddle** ❹, 945 m, ist der höchste Punkt des Weitwanderweges.

Von hier aus geht es wieder in den Südbuchenwald und steil bergab, über Steine und Wurzeln. Bald erreichen wir das Tal des Greenstone River und damit auch offenes Buschland. Den an dieser Stelle noch schmalen Fluss queren wir auf einer Brücke und folgen dem Talverlauf auf der rechten Flussseite. Wenig später führt nach rechts ein Weg Richtung Greenstone Saddle und Howden Hut, damit auch in Richtung des Routeburn Tracks bzw. zu »The Divide« an der Passstraße zum Milford Sound. Wir bleiben auf dem Weg, der uns

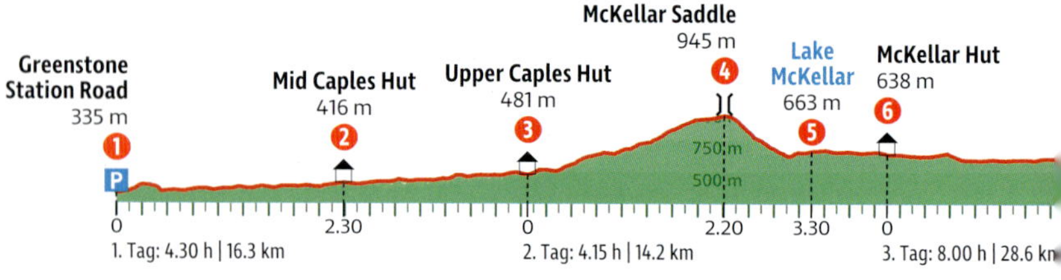

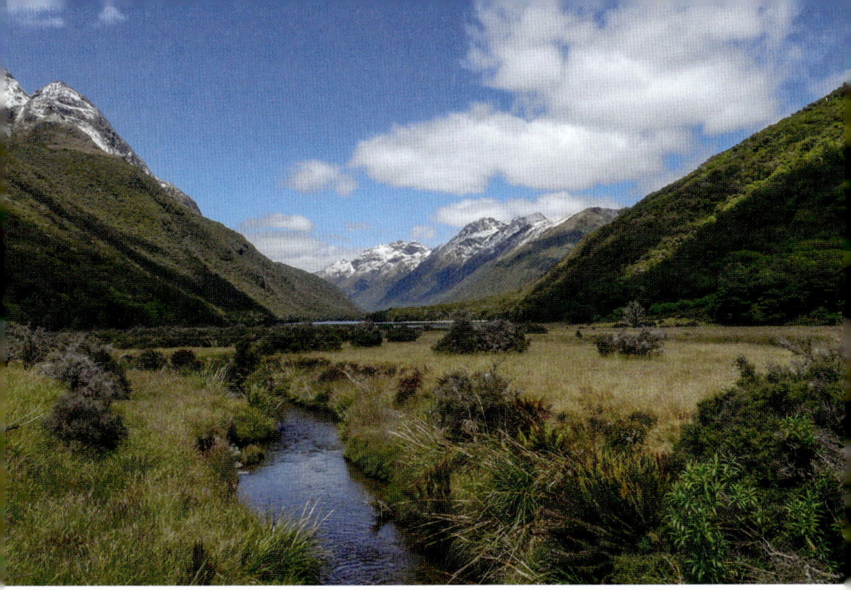

Das Greenstone Valley mit prächtigem Gebirgspanorama im Hintergrund.

das Greenstone Valley talabwärts führt. Etwa 1 km nach der Wegkreuzung erreichen wir den **Lake McKellar** ❺, durch den der Greenstone River hindurchfließt. Die Liegewiese am Nordufer des Sees lädt zu einer wohlverdienten Pause ein. Der letzte Wegabschnitt des zweiten Tages führt entlang des Westufers bis ans Südende des Sees. Dort liegt die McKellar Lodge (privat, größer und mit mehr Komfort, z. T. Privatzimmer erhältlich) und unweit davon die **McKellar Hut** ❻.

3. Tag: Am nächsten Morgen starten wir früh von der McKellar Hut und queren gleich gegenüber der Hütte auf einer Brücke den Greenstone River. Auf der linken Flussseite wandern wir nun stetig bergab, durch ein weites Tal mit prächtigen Ausblicken. Der Weg wechselt immer wieder zwischen Grasland und Busch, verläuft manchmal näher am Fluss und entfernt sich dann wieder; zudem führt er zeitweise auf einem Boardwalk entlang. Nach 3.30 Std. (13 km) erreichen wir den **Steel Creek** ❼. In diesem Flusstal hat sich eine Mure in das Greenstone Valley ergossen. Der Weg verläuft auf einem Schutthang und pas-

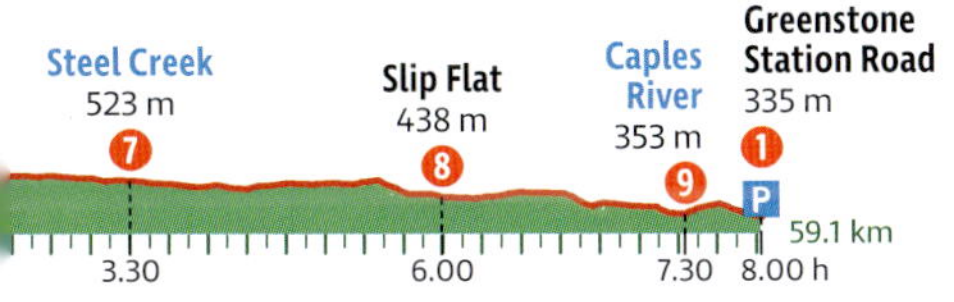

siert im Anschluss den Steel Creek auf einer schmalen Swingbridge nahe an der Steel Creek Lodge (privat). Danach geht es weiter am linken Talrand, zunächst wieder auf einem Pfad durch Grasland, später neuerlich durch einen Buchenwald. Etwa 1.30 Std. nach Steel Creek erreichen wir eine Wegkreuzung: Nach rechts führt eine Abzweigung über den Greenstone River zur Greenstone Hut (10 Min., mit Übernachtungsmöglichkeit).
Wer den Track in 3 Tagen abschließen möchte, hat von hier weg noch eine Etappe von 3 Std. zu bewältigen. Weiterhin geht es durch Wald, wodurch nicht sofort ersichtlich ist, dass sich ab hier das Flusstal stark verengt. Den

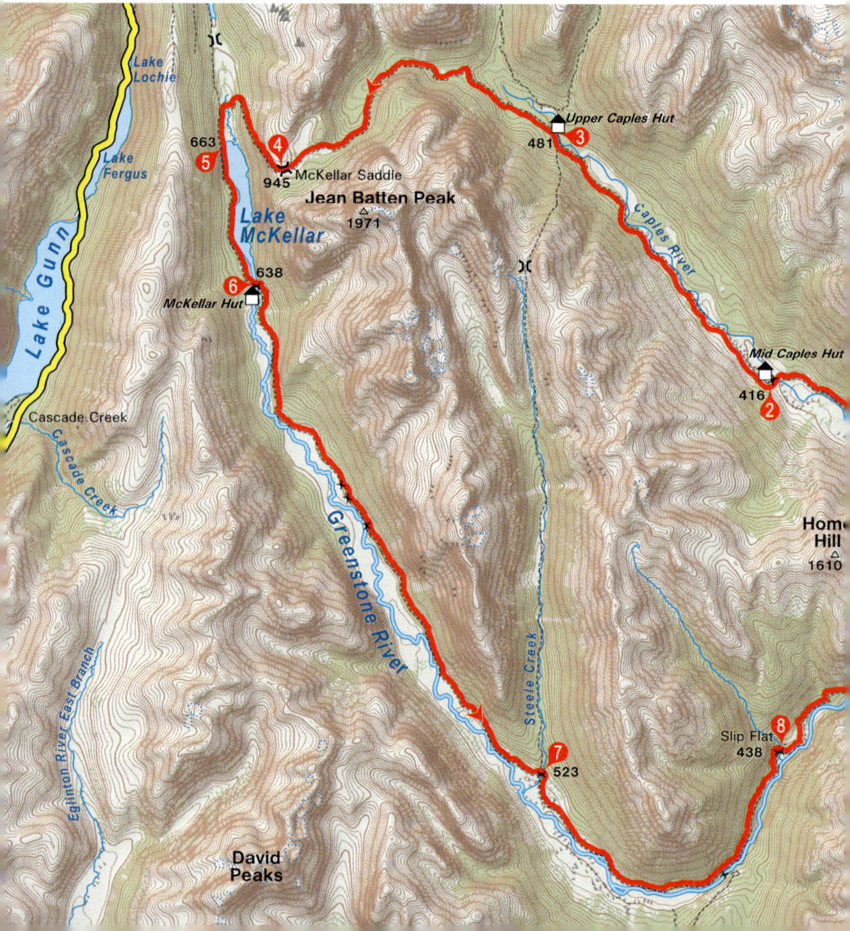

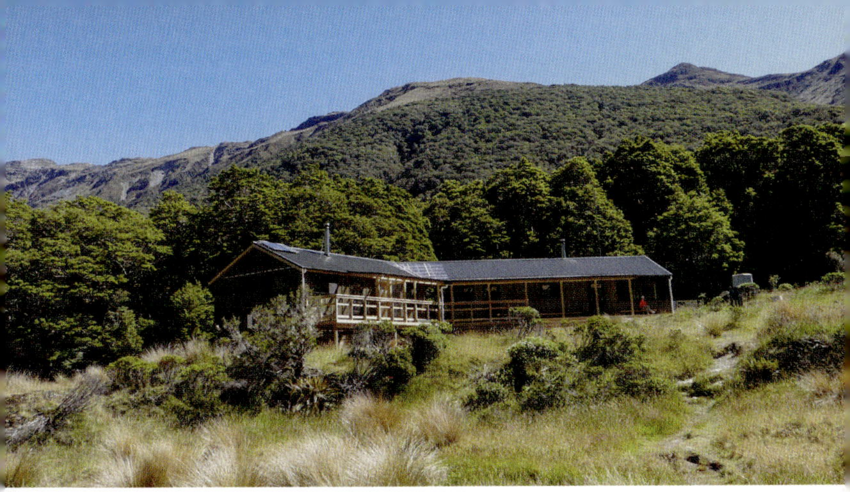

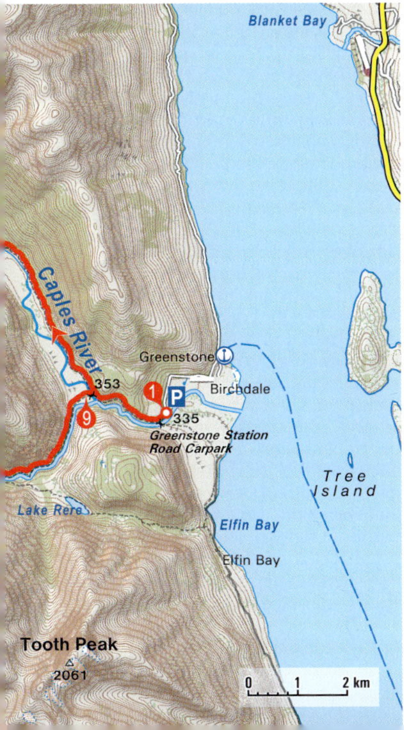

McKellar Hut.

Wald verlassen wir erst wieder nach 1 Std. bei **Slip Flat** 8. Bei einem Zufluss zum Greenstone River sind wieder Reste einer Mure zu sehen. Der Zufluss kann auf Trittsteinen oder im Wald auf einer Brücke gequert werden. Nach Slip Flat führt der Weg wieder in den Wald. Nach etwa 30 Min. erreichen wir eine Weggabelung. Nach rechts leitet der Lake Rere Track über den Greenstone River in Richtung Lake Rere und entlang des Lake Wakitipu zur Greenstone Station Road. Wir bleiben jedoch auf der linken Talseite des Greenstone Valley und erreichen etwa eine Stunde später die Brücke über den **Caples River** 9, nahe an der Mündung des Caples River in den Greenstone River. Nach der Querung des Flusses gehen wir nach rechts und erreichen 30 Min. später den **Greenstone Station Road Car Park** 1, den Ausgangspunkt unserer Wanderung.

↗ 1900 m | ↘ 1900 m | 66.5 km

69 Kepler Track

4 Tage

Grandiose Ausblicke auf die Seen und die Gipfellandschaft des Fjordland National Park

Der Kepler Track ist eine viertägige Rundwanderung, die in Te Anau, dem »pulsierenden Zentrum« des Fjordland National Park, startet und endet. Damit zählt dieser Great Walk Neuseelands zu jenem mit dem einfachsten Zugang. Nicht nur deswegen ist er einer der meistgegangenen Weitwanderwege des Landes, sondern er bietet auch ein einzigartiges Potpourri an Landschaften und Eindrücken: Südbuchenwälder an den Ufern von Lake Te Anau, Lake Manapouri und des Iris-Burn-River, von Tussockgras überzogene Hänge und Gipfel um den Mount Luxmore (1472 m) und die benachbarten Gipfel sowie die längste Gratwanderung Neuseelands mit spektakulären Ausblicken, nicht selten über den Wolken.

Talort: Te Anau, 202 m.
Ausgangspunkt: Kepler Track Car Park am Südende des Lake Te Anau, 212 m, oder Visitor Centre in Te Anau und dann ca. 3,5 km auf einem Schotterweg bis zum Control Gate am Südende des Lake Te Anau, 212 m.
Anforderungen: 1. Tag: Von Te Anau bis Luxmore Hut: zunächst gemütlicher Waldspaziergang bis zur Brod Bay; danach 800 m Anstieg auf Waldwegen und Pfaden bis zur Luxmore Hut, ca. 17 km. **2. Tag:** Von Luxmore Hut bis Iris Burn Hut: alpiner Weg und Pfad, z. T. auf einem Grat und mit Geröllfeldern; bei Wind und starkem Sturm ist die Wanderung im ausgesetzten Gelände herausfordernd. Abstieg auf Serpentinenweg zur Iris Burn Hut, ca. 14,3 km. **3. Tag** (ca. 15,7 km) und **4. Tag** (ca. 19,4 km): einfache Waldwanderung.
Varianten/Abkürzungen: 1. Am 1. Tag kann der Weg entlang des Lake Te Anau bis Brod Bay (ca. 8,6 km ab Te Anau, 5,4 km ab Kepler Track Car Park) durch ein Wassertaxi quer über den See ersetzt werden. – 2. Von der Luxmore Hut aus kann man die Tropfsteinhöhle Luxmore Caves besuchen (20 Min. in eine Richtung, Taschenlampe einpacken). – 3. Am 2. Tag kann man unterwegs Mount Luxmore besteigen (45 Min. in Auf- und Abstieg). – 4. Am 3. Tag lohnt sich ein Abstecher zu den Iris Burn Falls (40 Min. einfache Strecke ab Iris Burn Hut). – 5. Am 4. Tag kann der Großteil der Tagesetappe durch einen öffentlichen Bus von Rainbow Reach nach Te Anau ersetzt werden.
Markierung/Infrastruktur: Der Weg ist mit den üblichen Symbolen markiert: orange Dreiecke, Informationstafeln und Wegpfeile an den wichtigsten Kreuzungen. Öffentliche Toiletten gibt es in den Huts entlang des Weges.
Unterkunft: Hüttenübernachtung in der Luxmore Hut, Iris Burn Hut und Moturau Hut. Zeltmöglichkeit in der Nähe der Iris Burn Hut und der Moturau Hut. Für die Hütten- und Zeltübernachtungen ist in jedem Fall in der Hochsaison eine Vorbuchung notwendig, die über die Website des Department of Conservation (DOC, doc.govt.nz) erfolgen soll. In der Nebensaison können Hüttenpässe auch kurzfristiger in den Visitor Centres der Nationalparks erworben werden.
Einkehr: In den Huts entlang des Weges gibt es Aufenthaltsräume und Picknickplätze. Lebensmittel zum Verkauf stehen nicht zur Verfügung, jedoch gibt es Trinkwasser (Regenwasserbehälter), das auf eigene Gefahr konsumiert werden kann (keine Reinheitsgarantie).

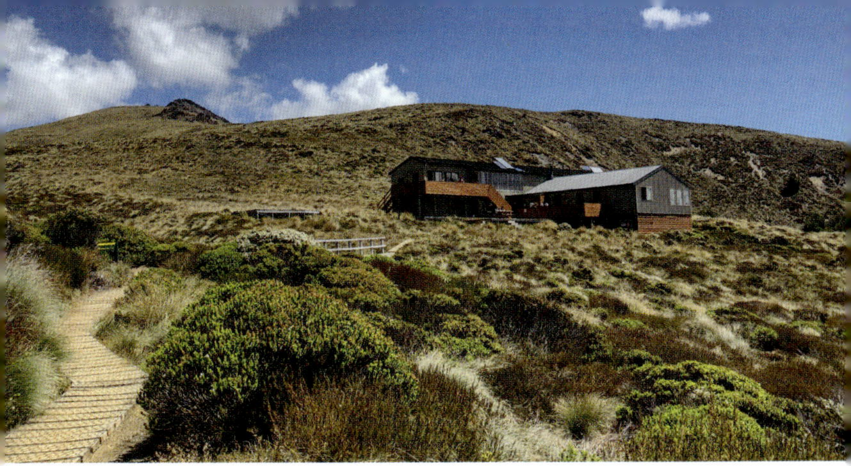

Luxmore Hut.

1. Tag: Bei einem Start am Visitor Centre in **Te Anau** ❶ folgen wir dem gut markierten Schotterweg am südlichen Seeufer, der uns vorbei am Bird Sanctuary (mit der sehenswerten Takahe-Voliere) zum **Kepler Track Car Park** ❷ am Control Gate führt. Dort überqueren wir auf einer Brücke eine Schleuse zwischen Waiau River und Lake Te Anau. Gleich darauf erreichen wir eine Weggabelung, bei der wir rechts Richtung Luxmore Hut weitergehen und drei Tage später von links kommen werden, um die Rundwanderung an dieser Stelle abzuschließen. Der breite Waldweg führt uns nun gemütlich durch schattigen, moosüberwucherten Rotbuchenwald am Ufer des Lake Te Anau entlang. Nach 45 Min. erreichen wir einen Picknickplatz an der Dock Bay und nach weiteren 45 Min. – über eine Swingbridge – die **Brod Bay** ❸, eine weite Sandbucht. Nach einer Linksbiegung (Wegpfeil Richtung »Luxmore Hut«) verlässt der Weg das Seeufer und führt uns in sanften Kehren leicht bergan. Nun beginnt der nicht enden wollende und immer steiler werdende Aufstieg durch den dichten Wald. Auf halber Strecke (1.30 Std. nach Brod Bay) treffen wir auf die eindrucksvollen **Limestone Bluffs** ❹. An den gewaltigen, überhängenden Kalksteinwänden sind Fossilfragmente von Algen und Muscheln im Fels zu finden. Wir steigen durch den allmählich lichter werdenden Wald weiter bergan, bis wir 35 Min. später die Baumgrenze erreichen. Über die weiten Grasebenen hinweg können wir links vor uns schon den Mount Luxmore erkennen. Wenn der Weg am Bergrücken abflacht, schweift der Blick zurück weit über Lake Manapouri, Lake Te Anau und Te Anau. In weiteren 40 Min. erreichen wir die **Luxmore Hut** ❺, 1085 m. Wer von der Tagesetappe noch nicht genug hat, kann einen Abendspaziergang zu den Luxmore Caves unternehmen. Ein Pfad führt links vor der Hütte dorthin.

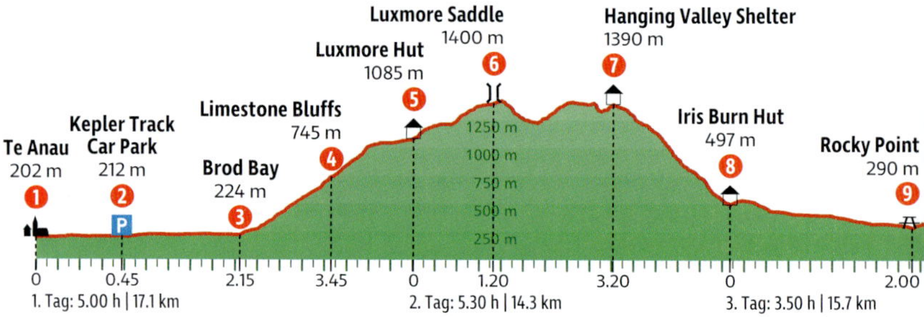

2. Tag: Hinter der Luxmore Hut wandern wir auf einem klar markierten Erd-Stein-Weg über eine offene Tussockgras-Ebene, die mehr oder weniger parallel zum Bergrücken liegt. Eindrucksvoll sind die atemberaubenden Ausblicke in die »grünen Schluchten« des Fjordlands. Weiter bergan passieren wir einige Geröllfelder und folgen dem Pfad, der sich an den östlichen Hängen des Mount Luxmore entlang windet, bevor er die nördliche Gratkante umrundet und dann in leichtem Serpentinenaufstieg die Nordflanke des Mount Luxmore bis zum **Luxmore Saddle** ❻, 1400 m, quert. Von hier aus kann man den luftigen Gipfel des Mount Luxmore (1472 m) auf einem gerölligen Pfad erklimmen. Jenseits des Luxmore Saddle flacht der Weiterweg am Kepler Track etwas ab und verläuft in westlicher Richtung auf einem schmalen Grat. Unvergessliche Eindrücke von grünen Bergkämmen und steil abfallenden Flanken begleiten uns für die nächsten 30 Min. Dann verlassen wir den Grat und wandern entlang abschüssiger Hänge und über ein kleines Geröllfeld zum Forest Burn Shelter (1270 m). Von der Schutzhütte aus verläuft der Pfad durch eine hochalpine Landschaft, führt uns um einige Hügel herum und schließlich über Alpenwiesen wieder auf den Bergrücken hinauf, über den wir zur zweiten Schutzhütte, dem **Hanging Valley Shelter** ❼, 1390 m, gelangen. Von hier biegt der Weg nach Süden ab und folgt für weitere 30 Min. teilweise über Stufen einem Grat abwärts bis zu einer Abzweigung (geradeaus ein Aussichtspunkt), an der wir uns rechts halten und nun steil bergab in den Kiefernwald hineinwandern. Der scheinbar nicht enden wollende Serpentinenabstieg bringt uns ins Hanging Valley. Dort gehen wir eine Weile am Bach entlang und weiter hinab ins Iris Burn Valley. Kurz hinter dem Abzweig zu den Iris Burn Falls erreichen wir die **Iris Burn Hut** ❽, 497 m. Wer von der Tagesetappe noch nicht erschöpft ist, kann einen Abendspaziergang zu den Iris Burn Falls unternehmen. Den Pfad dorthin haben wir bei der Wanderung zur Hütte schon passiert.

3. Tag: Von der Iris Burn Hut folgen wir am nächsten Tag dem Wegpfeil Richtung »Moturau Hut«. Wir überqueren einen Zufluss zum Iris Burn River, wandern über einen flachen Sattel und weiter durch einen eindrucksvollen kühlen Regenwald, immer leicht bergab. Nach 30 Min. gelangen wir

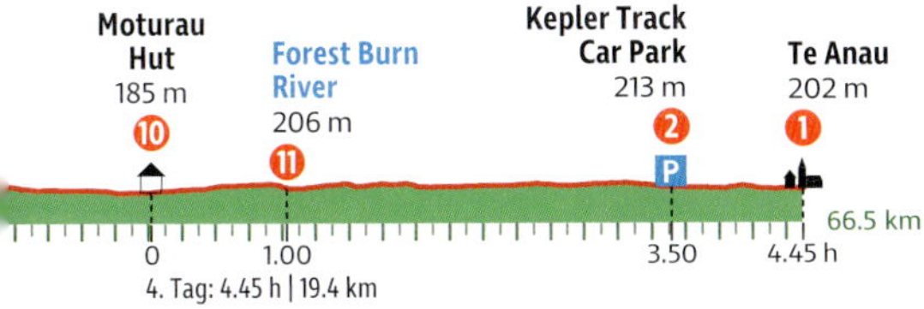

auf eine Lichtung, die durch den mächtigen Erdrutsch »Big Slip« im Jahr 1984 entstanden ist. Nach starken Regenfällen stürzen hier zahlreiche Wasserfälle von den Berghängen ins Tal. Wieder hinein in den Buchenwald begleitet uns für die nächsten 1.30 Std. das Rauschen des Iris Burn River bis zum **Rocky Point** 9, 290 m, einem mit Felsen bestückten Platz am Fluss mit Picknicktisch. Nun schlängelt sich der Weg durch das Iris Burn Valley über dicht mit Farn bedeckten Waldboden, weiterhin mal auf, mal ab am Fluss entlang, bis schließlich d**er Lake Manapouri in** unser Blickfeld rückt. Das letzte Stück wandern wir am See entlang und erreichen bald darauf die in der Shallow Bay wunderschön gelegene **Moturau Hut** 10, 185 m, mit einem herrlichen Blick über den Lake Manapouri, die Hunter Mountains und die Kepler Mountains.

Hangweg Richtung Mount Luxmore.

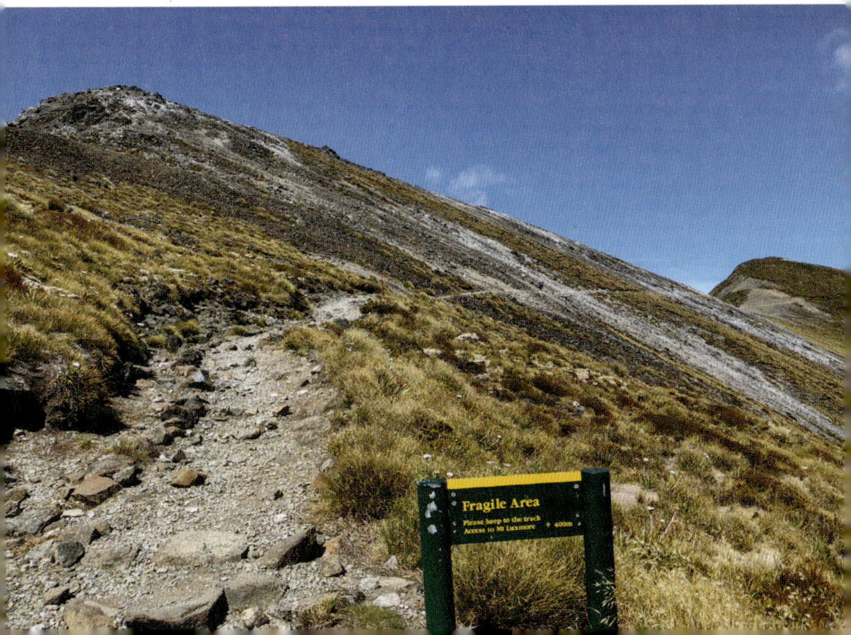

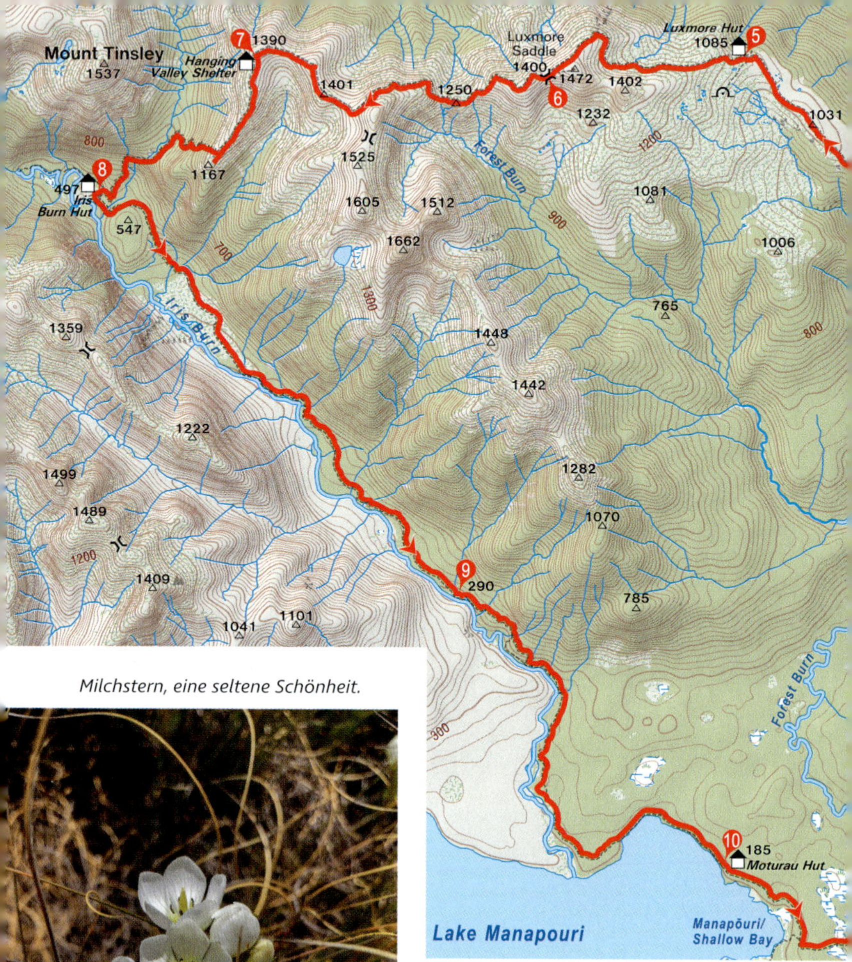

Milchstern, eine seltene Schönheit.

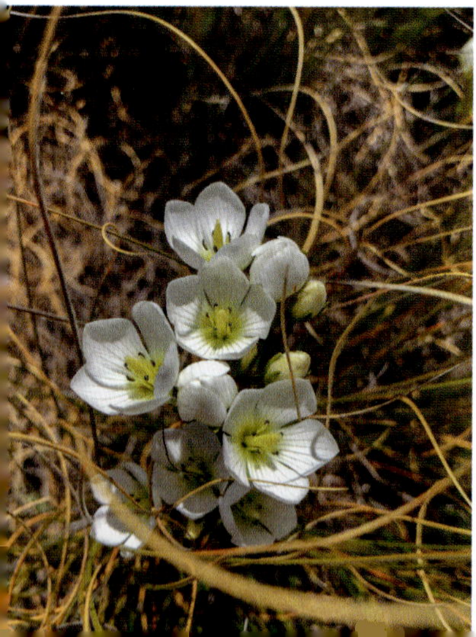

4. Tag: Von der Moturau Hut führt unser Weg am letzten Tag wieder in den üppig grünen Südbuchenwald hinein. Nach 20 Min. halten wir uns bei einer Weggabelung links (nach rechts führt ein Pfad zur Shallow Bay Hut) und erreichen wenig später ein kesselför-

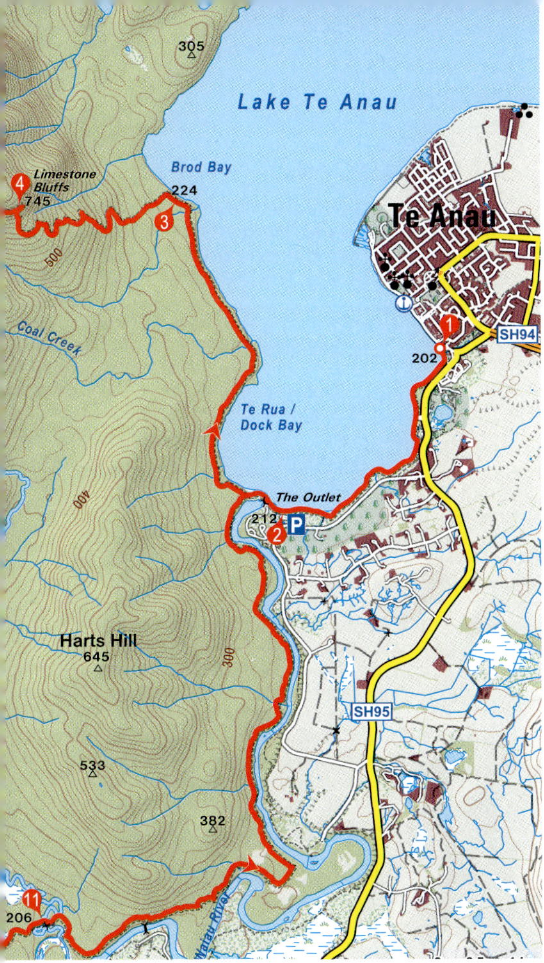

miges Sumpfgebiet (Drehort der »Dead Marshes« aus »Herr der Ringe«), in dem sich zwischen grünen Moosen auch tiefblaue Orchideen und winziger Sonnentau im Wind wiegen. Auf einem Holzstegweg nach links kann man in wenigen Minuten zum Ausblick auf den Spirit Lake wandern. Zurück am Hauptweg queren wir wenig später auf einer Swingbridge den **Forest Burn River ⑪** und erreichen bald darauf beim Boulder Reach Lookout das Ufer des grün schimmernden Waiau River.

Wer die Wanderung nun beenden möchte, der gelangt wenig später auf einer großen Swingbridge über den Waiau River zum Parkplatz »Rainbow Reach« (190 m); von dort erreicht man in 10 Min. eine Bushaltestelle am Manapouri Te Anau Highway.

Um den Kepler Track bis zum Ende zu wandern, gehen wir vor der Swingbridge über den Waiau River geradeaus weiter, meist parallel zum Fluss, durch lauschigen Regenwald und auf bequemen Waldwegen. Etwa 3 Std. später erreichen wir das Control Gate beim **Kepler Track Car Park ②**, 200 m. Wer die Tour beim Visitor Centre in **Te Anau ①** gestartet hat, hat noch die Etappe am Ufer des Lake Te Anau vor sich, um den Weitwanderweg abzuschließen.

↗ 1310 m | ↘ 1310 m | 34.0 km

11.15 h

70 Mount Luxmore, 1472 m

Ikonischer Gipfel im Zentrum des Fjordland National Park

Eine herausfordernde Bergwanderung, die nicht nur durch abwechslungsreiche Landschaften führt, sondern vor allem durch prächtige Ausblicke belohnt wird. Sowohl Distanz wie auch Anstieg können durch »abenteuerliche« Varianten verkürzt werden.

Talort: Te Anau, 202 m.
Ausgangspunkt: Kepler Track Car Park am Südende des Lake Te Anau, 212 m.
Anforderungen: Bis zur Brod Bay einfacher Waldweg ohne nennenswerte An- und Abstiege; von Brod Bay bis Luxmore Hut breiter Weg (davon 50 % beschattet) mit kräftigen Anstiegen (800 Hm); danach schmalerer, alpiner Weg, zuletzt kurzer Geröllanstieg zum Gipfel. Insgesamt eine sehr lange Tour, die nur für konditionsstarke Wanderer geeignet ist.
Markierung/Infrastruktur: Der Weg ist mit den üblichen Symbolen markiert: orange Dreiecke, Informationstafeln und Wegpfeile an den wichtigsten Kreuzungen.

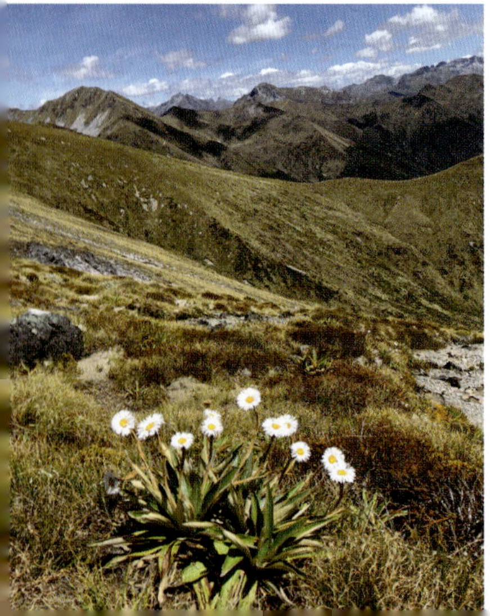

Einkehr: In der Luxmore Hut gibt es einen Aufenthaltsraum und Picknickplätze. Lebensmittel zum Verkauf stehen nicht zur Verfügung, jedoch gibt es Trinkwasser (Regenwasserbehälter), das auf eigene Gefahr konsumiert werden kann (keine Reinheitsgarantie).
Varianten: Es gibt einige Möglichkeiten, die Wanderung erheblich zu verkürzen: 1. Man kann die Tour erst bei Brod Bay starten, indem man ein Wassertaxi von Te Anau nach Brod Bay für den Hin- und Rückweg mietet (Wegersparnis 3 Std., ca. 11 km). Anbieter von Wassertaxis: Lakeland Boat Hire, Tel. +64 3 249 8364. – 2. In Te Anau wird HeliHiking angeboten: Nach einem kurzen Rundflug landet der Helikopter in Luxmore Hut; von dort kann man in etwa 1.30 Std. auf den Mount Luxmore steigen, im Anschluss bis Brod Bay absteigen und von dort ein Wassertaxi nach Te Anau nehmen; diese Kombination wird pauschal angeboten: southernlakeshelikopters.co.nz.

Vom **Kepler Track Car Park** ❶ am Südende des Lake Te Anau durchschreiten wir ein Control Gate und überqueren auf einer Brücke eine Schleuse zwischen Waiau River und Lake Te Anau. Gleich drauf erreichen wir eine Weggabelung, bei der wir rechts Richtung Luxmore Hut weitergehen. Der breite Waldweg führt

Mountain Daisy vor prächtiger Gebirgskulisse.

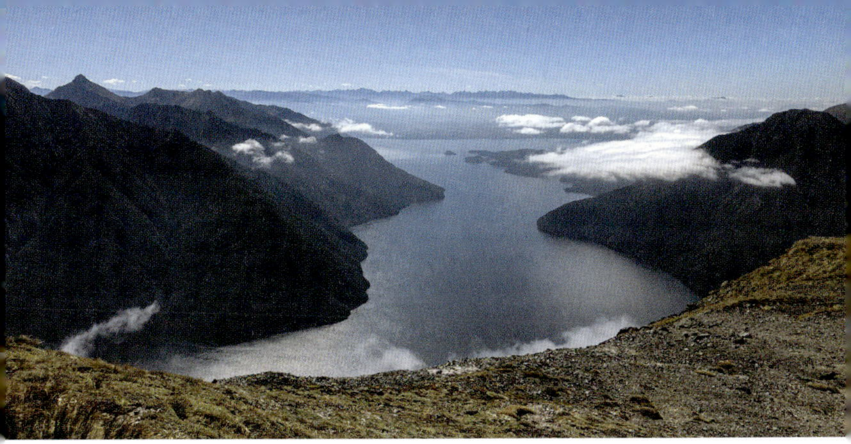

Oben: Der Lake Te Anau von den Hängen des Mount Luxmore aus.
Unten: Gipfelpanorama von Mount Luxmore aus gesehen.

uns nun gemütlich durch schattigen, moosüberwucherten Rotbuchenwald am Ufer des Lake Te Anau entlang. Nach 45 Min. erreichen wir einen Picknickplatz an der Dock Bay und nach weiteren 45 Min – über eine Swingbridge – die **Brod Bay** ❷, eine weite Sandbucht. Nach einer Linksbiegung (Wegpfeil Richtung »Luxmore Hut«) verlässt der Weg das Seeufer und führt uns in sanften Kehren leicht bergan. Nun beginnt der nicht enden wollende und immer steiler werdende Aufstieg durch den dichten Wald. Auf halber Strecke (1.30 Std. nach Brod Bay) treffen wir auf die eindrucksvollen **Limestone Bluffs** ❸. An den gewaltigen, überhängenden Kalksteinwänden sind Fossilfragmente von Algen und Muscheln im Fels zu finden. Wir steigen durch den allmählich lichter werdenden Wald weiter bergan, bis wir 35 Min. später die Baumgrenze erreichen. Über die weiten Grasebenen hinweg können wir links vor uns schon Mount Luxmore erkennen. Wenn

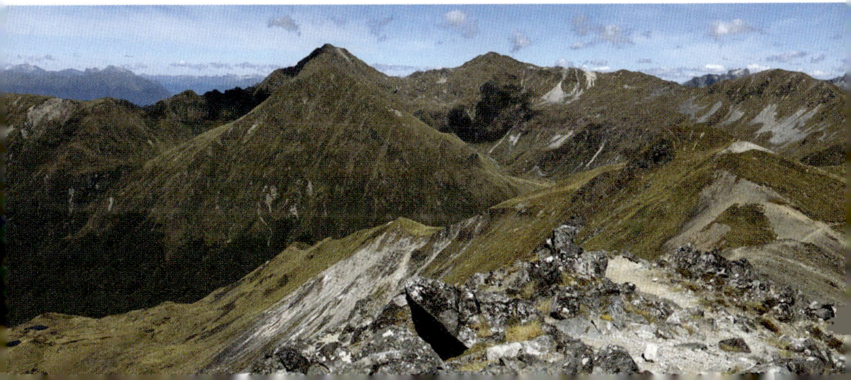

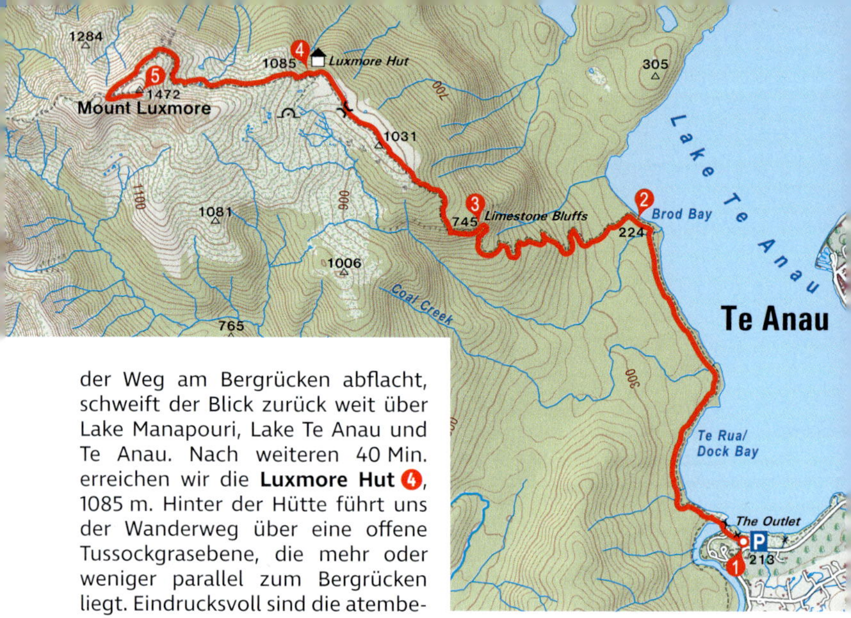

der Weg am Bergrücken abflacht, schweift der Blick zurück weit über Lake Manapouri, Lake Te Anau und Te Anau. Nach weiteren 40 Min. erreichen wir die **Luxmore Hut** ❹, 1085 m. Hinter der Hütte führt uns der Wanderweg über eine offene Tussockgrasebene, die mehr oder weniger parallel zum Bergrücken liegt. Eindrucksvoll sind die atemberaubenden Ausblicke in die »grünen Schluchten« des Fjordlands. Weiter bergan passieren wir einige Geröllfelder und folgen dem Pfad, der sich an den östlichen Hängen des Mount Luxmore entlang windet, bevor er die nördliche Gratkante umrundet und dann in leichtem Serpentinenaufstieg die Nordflanke des Mount Luxmore bis zum Luxmore Saddle (1400 m) quert. Hier am Sattel biegen wir nach links auf einen geröllligen Pfad ab und erklimmen in gut 15 Min. über einen Grat den Gipfel des **Mount Luxmore** ❺, 1472 m. Das grenzenlose Panorama reicht weit über das von Eiszeit und Gletschern geformte Fjordland hinaus.
Der Rückweg erfolgt auf dem Hinweg.

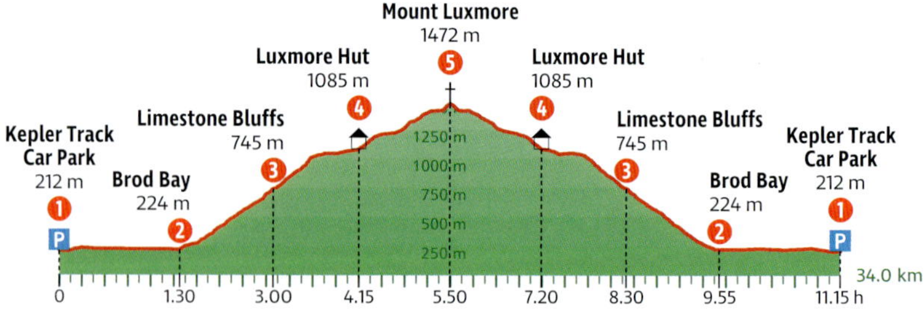

↗ 360 m | ↘ 360 m | 8.6 km

3.30 h

Circle Track am Lake Manapouri

Das Fjordland von einer unentdeckten Seite

Dieser Wanderweg liegt etwas abseits der üblichen Touristenpfade und ist damit wenig begangen. Dichter und unberührter Wald, kombiniert mit Seenlandschaft und unvergesslichen Ausblicken, machen den Circle Track zu einem besonderen Erlebnis.

Talort: Manapouri, 209 m.
Ausgangspunkt: Pearl Harbour (Bootshafen) in Manapouri. Der Bootshafen liegt an der Einmündung des Waiau River in den Lake Manapouri. Der Wanderweg startet am südlichen Flussufer des Waiau River. Dieser ist nicht überbrückt, weswegen man ein Boot oder ein Wassertaxi für das Übersetzen mieten muss. In Pearl Harbour liegt das Visitor Centre von Manapouri, wo Auskünfte zu Wassertaxis gegeben werden, z. B. Wassertaxi M. Molineux: +64 3 249 6619, Kosten (Stand 2023): 25 NZ-Dollar pro Person.
Anforderungen: Der Track ist zwar gut markiert, erfordert aber dennoch etwas Orientierungssinn, weil der Wald unübersichtlich ist und viele Baumstämme den Weg blockieren. Der Aufstieg zum Aussichtspunkt ist steil und erfordert an einigen Stellen Trittsicherheit und gute Kondition.
Markierung/Infrastruktur: Der Weg ist mit den üblichen Symbolen markiert: orange Dreiecke, Informationstafeln und Wegpfeile an den wichtigsten Kreuzungen.
Einkehr: Keine.
Tipp: Von Manapouri (Pearl Harbour) aus werden Ausflüge zum Doubtful Sound (Māori: Patea) angeboten, dem »Sound of Silence«, mit etwas über 40 km der längste Fjord des Nationalparks. Die angebotenen Touren queren den Lake Manapouri auf einem Boot, danach steigt man in einen Bus um und fährt über den Wilmot Pass Richtung Doubtful Sound. Am Fjord angekommen, gibt es Cruises unterschiedlicher Dauer. Empfehlenswert sind aber Touren, die über Nacht gehen (mit Kabine auf dem Schiff), um dieses einzigartige Naturschauspiel auch bei Einbruch der Dunkelheit und im Morgenlicht zu erleben. Weitere Informationen und Buchung: realnz.com/en/destinations/doubtful-sound.

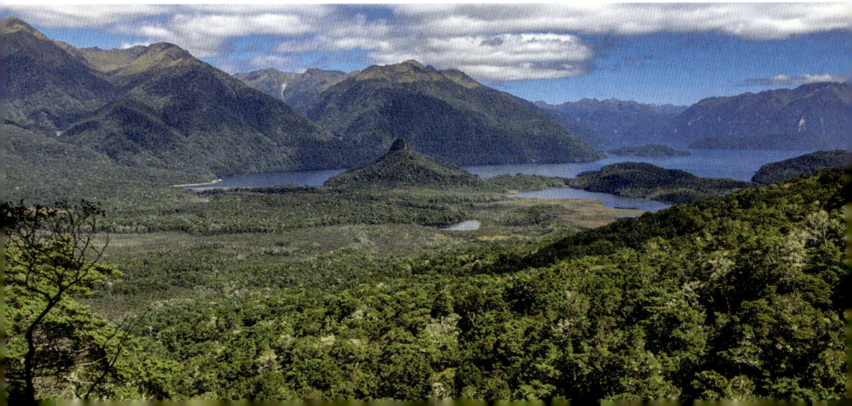

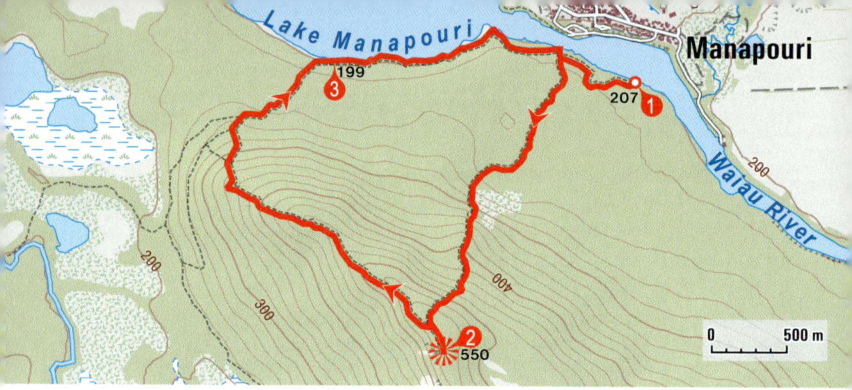

Vom Anleger gegenüber von Pearl Harbour in **Manapouri** ❶, 207 m, steigen wir die Stufen hoch und biegen nach rechts ab. Der erste Wegabschnitt ist ein Waldweg, der über wurzeliges Gelände verläuft und sich durch Baumreihen hindurch schlängelt. Nach 10 Min. (800 m) wandern wir bei einer Weggabelung nach links weiter (Wegpfeil »Circle Track«) und folgen einem schmalen Pfad durch einen ursprünglichen Buchenwald, durchsetzt von kleinen Farnbäumen. Nach einem weiteren Kilometer beginnt allmählich der Anstieg. Wir klettern über Wurzelstöcke und umgefallene Bäume, zwischendurch müssen auch einige Nassstellen gequert werden, was bei Regen sehr beschwerlich sein kann. Der Pfad schlängelt sich nun steil bergan und an einigen Stellen ist der Wegverlauf nicht ganz eindeutig; erst wenn wieder eine Markierung auftaucht (orangefarbene Dreiecke), ist Sicherheit gegeben. Nach etwa 45 Min. Anstieg erreichen wir eine Hangschulter und eine Weggabelung. Von hier aus erreichen wir in 2 Min. nach links einen **Viewpoint** ❷, der einen prächtigen Ausblick auf den Lake Manapouri,

Eine Bucht am Lake Manapouri.

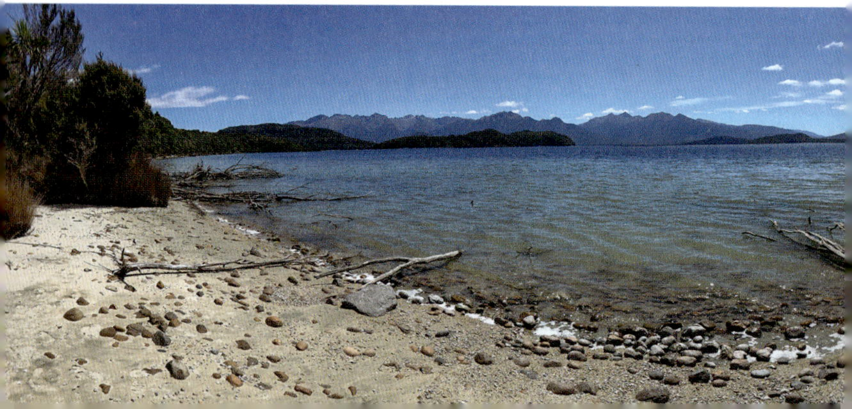

S. 245: Blick auf Lake Manapouri und umgebende Gebirgslandschaft des Fjordland National Park.
Rechts: Pier am Waiau River.

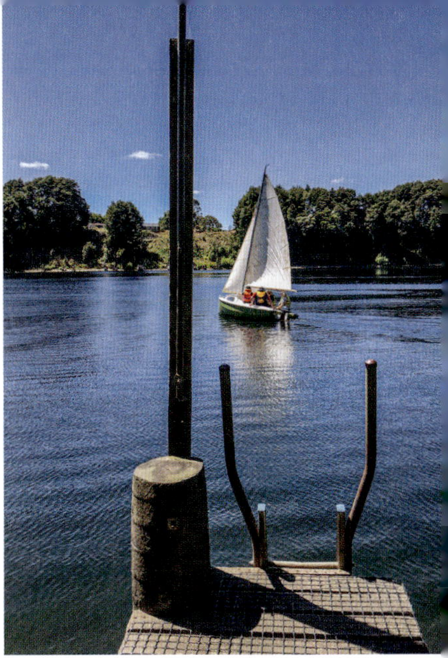

die Kepler Mountains im Norden, Mount Titiroa im Süden und die Bergkämme der Hunter Mountains im Westen ermöglicht.
Zurück bei der Weggabelung halten wir uns nun links und wandern einen deutlich erkennbaren Pfad am Bergkamm (jedoch im Wald gelegen) bergab. Der Abstieg ist weniger steil als der Anstieg. Zwischendurch müssen wir einen Gegenhang hochsteigen, um einen Hügel zu überqueren. Danach geht es kontinuierlich bergab bis zu einer Weggabelung. Nach links weist ein Markierungspfeil zur Hope Arm Hut, wir halten uns rechts und erreichen 20 Min. später eine Bucht am **Lake Manapouri** ❸. Zurück am Hauptweg, wenden wir uns nach links und wandern die letzten 2,5 km weitgehend eben, immer in der Nähe des Seeufers und später des Flussufers bis zur ersten Weggabelung und weiter bis zum Anlegesteg gegenüber von Pearl Harbour in Manapouri.

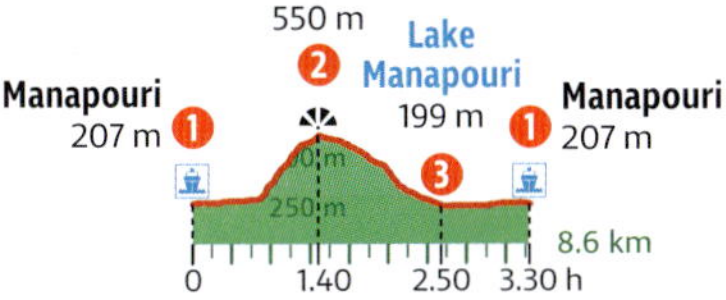

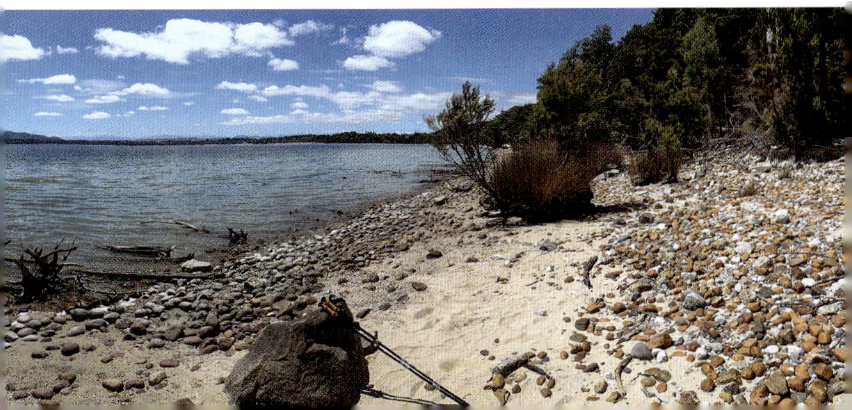

TOP

72 Tuatapere Hump Ridge Track

↗ 1400 m | ↘ 1400 m | 58.3 km

3 Tage

Ein neuer Stern unter den Weitwanderwegen Neuseelands

Der Tuatapere Hump Ridge Track kombiniert eine Reihe von Erfolgsfaktoren für einen gelungenen Weitwanderweg neuen Typus: Er liegt im Fjordland National Park, verläuft zum Teil am Meer, durchquert traumhafte Wälder, erreicht luftige Höhen mit unvergleichlichen Ausblicken und führt sogar an eindrucksvollen Felslandschaften vorbei. Nicht zu vergessen: Auch historische Plätze und Bauwerke liegen auf der Route, wie das eindrucksvolle Percy Burn Viadukt, eines der größten Holzbauwerke der Südinsel. Neben den landschaftlichen Höhepunkten bietet der Weitwanderweg auch etwas mehr Komfort in den Lodges: So stehen (gegen Aufpreis) Zweibettzimmer zur Verfügung und auch Lebensmittel und Getränke können in den Übernachtungsorten relativ kostengünstig gekauft werden.

Talort: Tuatapere, 27 m, ca. 25 km entfernt.
Ausgangspunkt: Rarakau Car Park, 60 m, es werden kostenpflichtige Shuttledienste von Tuatapere zum Rarakau Car Park angeboten.
Anforderungen: 1. Tag: Von Rarakau Car Park bis Okaka Lodge: Die ersten 2 Std. verlaufen auf einem einfachen, küstennahen Erdweg; bei Waikoau muss eine längere Swingbridge gequert werden. Zwischen Track Burn und Water Bridge geht es durch einen Buchenwald auf einem breiten Erdweg, der ab Flat Creek schmaler wird. Ab Water Bridge sind anspruchsvolle Anstiege zu bewältigen, die einiges an Kondition erfordern; ab Stag Point werden die Anstiege gemächlicher. **2. Tag:** Die Rundwanderung in der Felsenlandschaft von Hump Ridge verläuft überwiegend auf einem Boardwalk. Auch der Abstieg über die Hochebene und die Küstenterrassen erfolgt zu 30 % auf Boardwalks; der Anstieg auf die Aussichtspunkte (Felsen) erfordert etwas Klettergeschick. Ab Edwin Burn verläuft der Weg auf einem ehemaligen Bahndamm; der Wegabschnitt kann sehr feucht und rutschig sein; beim Überqueren der Viadukte können Menschen mit Höhenangst Probleme haben. **3. Tag:** Die Abschlussetappe ist einfach und verläuft zu 60 % auf dem Hinweg (küstennaher Erdweg).
Markierung/Infrastruktur: Der Weg ist mit den üblichen Symbolen markiert: orange Dreiecke, Informationstafeln und Wegpfeile an den wichtigsten Kreuzungen. Öffentliche Toiletten gibt es in den Huts und an einigen weiteren Stellen entlang des Weges.
Information/Reservierung: Der Hump Ridge Track wird von einem privaten Verein (Gemeinschaft der Bürger von Tuatapere) betrieben und vom DOC unterstützt. Er ist damit kein üblicher Weitwanderweg und auch (bisher) nicht als Great Walk klassifiziert. Aus diesem Grund ist das Anmeldesystem anders geregelt und auch der Preis fürs Wandern und Übernachten in den Lodges deutlich teurer. Genauere Informationen unter humpridgetrack.co.nz. Es empfiehlt sich, den Track ausreichend früh im Voraus zu buchen. Zudem muss man – bevor man zur Wanderung aufbricht – das Informationszentrum in Tuatapere aufsuchen, um dort Instruktionen und Vouchers für die Lodges abzuholen.
Unterkunft/Einkehr/Verpflegung: Am Tuatapere Hump Ridge Track gibt es zwei Lodges. Die Tagesetappen sind so

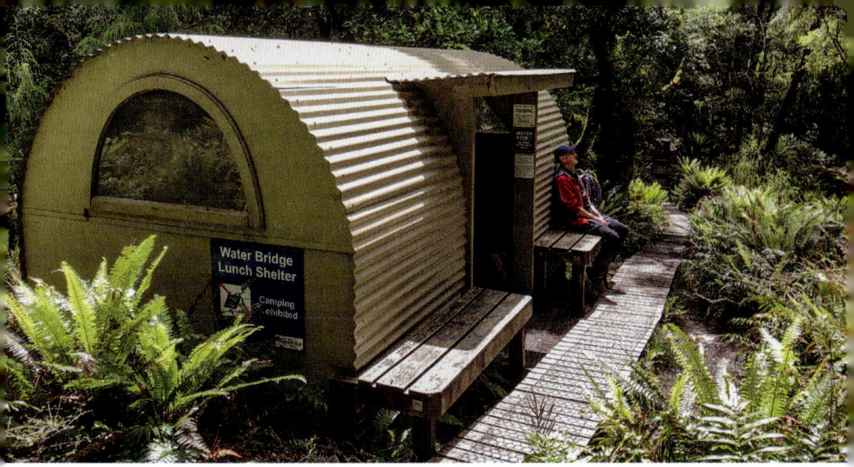

Water Bridge Shelter.

konzipiert, dass Übernachtungen in der Okaka Lodge (1. Tag) und in der Port Craig Lodge (2. Tag) erfolgen sollen. Die Lodges sind komfortabler als die DOC Huts auf den Great Walks. Es gibt Schlafsäle und Zweitbettzimmer; zudem stehen Küche, Aufenthaltsräume, Duschen und Toiletten zur Verfügung. Zum Frühstück bekommen die Gäste Porridge und Tee (beides ist im Preis inkludiert). Getränke und Lebensmittel zum Verkochen gibt es zum Kauf.

1. Tag: Wir starten am **Rarakau Car Park** ❶. Von hier aus gehen wir etwa 200 m auf der Zufahrtsstraße zurück und biegen bei einer Informationstafel (»Waitutu Tracks«) nach rechts auf einen schmalen Pfad ein, der von einem Weidezaun rechts des Weges begleitet wird. Für etwa 30 Min. (2 km) bleiben wir auf diesem Pfad, der sich parallel zur Küste durch einen Küstenwald schlängelt. Danach geht es auf rutschigen Stufen steil bergab bis zur Küste und an dieser entlang bis zur Mündung des **Waikoau River** ❷, den wir auf einer Swingbridge queren. Nach der Brücke liegt links an der Küste eine kleine Streusiedlung (Fischerhütten). Der Weg führt weiter auf einer Schotterstraße, die parallel zum Ufer verläuft. Für die nächsten 3 km kann man entweder diesen Schotterweg benutzen oder direkt am Bluecliffs Beach (Strand) entlang gehen. Die angeschwemmten Baumstämme dort sind ein interessanter Eyecatcher. Die Mehrheit der Wanderer wählt den Weg am Strand, der aufregender, aber etwas beschwerlicher ist. Bei **Stony Creek** ❸ mündet ein Fluss in die Bucht ein, der gequert werden muss. Bei Flut und Niederschlägen im Hinterland empfiehlt es sich, auf den Schotterweg zurückzukehren und die Swingbridge über den Fluss zu nehmen. Danach geht es auf einem breiten Erd-Schotter-Weg in ca. 20 Min. bis zur **Track Burn Hut** ❹ links des Weges, wo wir auf einer Swingbridge den Waikoko Stream queren. Danach folgt eine Art Schleuse aus Holz, damit

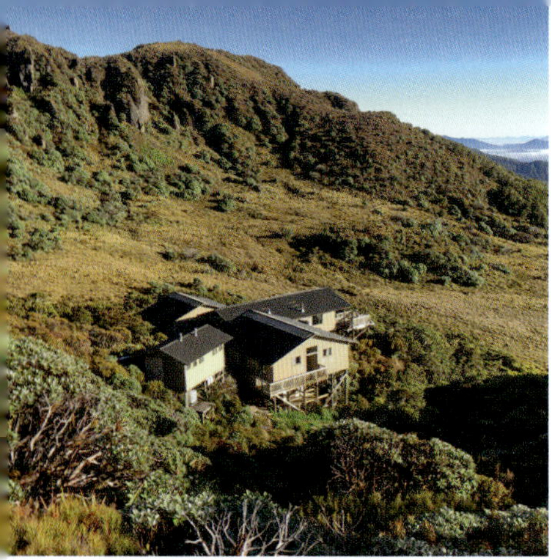

Okaka Lodge.

betreten wir offiziell den Fjordland National Park. Der nächste Wegabschnitt führt für ca. 1 Std. durch einen Küstenwald, etwa 20 bis 30 m über dem Meeresniveau. Unterwegs sehen wir immer wieder Abbrüche, die durch starke Niederschläge verursacht werden. Bei **Flat Creek** (5) queren wir auf einer Swingbridge den Pipi Tuarak Stream, der 50 m unter unseren Füßen strömt. Gleich darauf kommen wir zu einer Wegkreuzung. Hier biegen wir nach rechts ab und gehen Richtung Okaka Lodge (Hinweistafel). Zunächst wird der Weg schmaler und verläuft ziemlich lange (mit Unterbrechungen ca. 2 km) auf einem Boardwalk und unweit des zuvor gequerten Pipi Tuarak Stream rechts von uns. Der Anstieg ist in diesem Abschnitt mäßig und kaum wahrnehmbar. Danach queren wir auf einer Swingbridge einen Fluss und wenig später auf einer breiten Holzbrücke neuerlich ein Tal. Nun geht es ca. 30 Min. mäßig bergan bis zum markanten **Water Bridge Shelter** (6) mit Toilette. Dort gibt es bei der Holzbrücke auch die Möglichkeit, die Wasservorräte aufzufüllen (Seil mit Alubehälter).

Ab hier beginnt ein stetiger Anstieg über Wurzeln und Steine durch eine eindrucksvolle Waldlandschaft. Wir steigen in 2 Std. etwa 600 Hm über eine Distanz von 4 km hoch bis zum **Stag Point** (7), 772 m, einem markanten Aussichtspunkt. Wenn es das Wetter zulässt, dann öffnet sich von hier ein Ausblick Richtung Wae Wae Bay und Stewart Island. Noch liegen 30 Min. Anstieg vor uns, der ab hier jedoch etwas sanfter und von Boardwalks zum »Ausruhen« unterbrochen wird. Nach etwa 15 Min. erreichen wir eine Gabelung. Hier werden wir am 2. Tag nach links absteigen. Vorerst

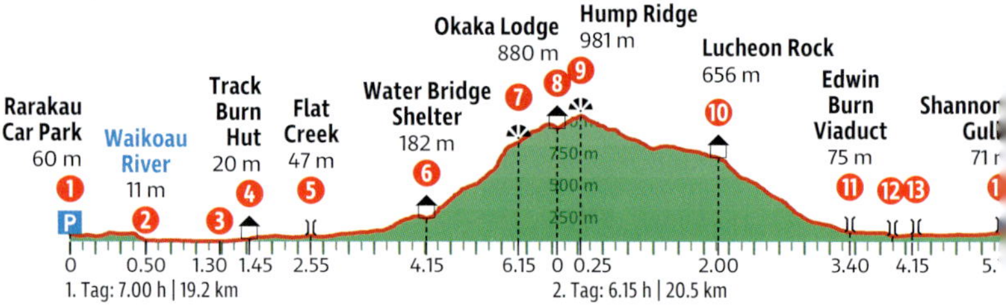

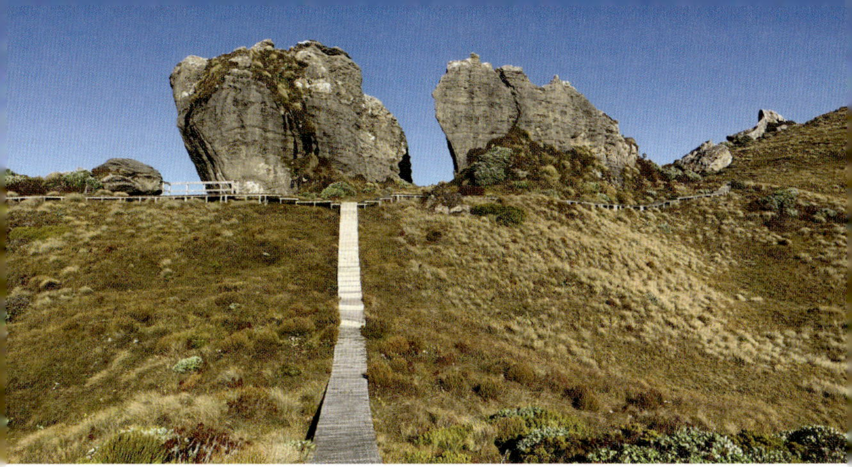

Felslandschaft am Panorama Loop Track.

wandern wir nach rechts und weiterhin leicht bergan bis zu einer Wegverzweigung (Einstieg in den Hump Ridge Loop Track nach links, s. Tag 2) und von dort weiter nach rechts etwas bergab Richtung **Okaka Lodge** 8, 880 m, die in einem Talkessel liegt.

2. Tag: Wir starten in der Okaka Lodge und steigen in wenigen Minuten bis zur schon bekannten Verzweigung hoch. Hier halten wir uns rechts und wandern etwa 400 m auf einem Boardwalk leicht bergan bis zu einem Einstieg in den Panorama Loop Track durch die **Hump Ridge** 9, eine eindrucksvolle Felslandschaft mit prächtigen Ausblicken auf Bergrücken, Täler, Küsten und Seen. Der Rundweg dauert etwa 20 Min. (ca. 700 m), lohnt den Aufstieg aber in jedem Fall. Im Anschluss kehren wir wieder zum Abzweig oberhalb der Okaka Lodge zurück und wandern von dort kontinuierlich bergab. Wir passieren wieder die Gabelung oberhalb von Stag Point und wandern geradewegs weiter in Richtung Port Craig (Wegpfeil). Nun geht es kontinuierlich bergab, über die weite Hochebene unterhalb der Hump Ridge und zumeist auf einem Boardwalk. Bei gutem Wetter bietet sich ein Ausblick über die halbe Südwestflanke der Südinsel, bis zur vorgelagerten Stewart Island – Wälder und Buschland, soweit das Auge reicht und ein traumhafter Blick über den Ozean.

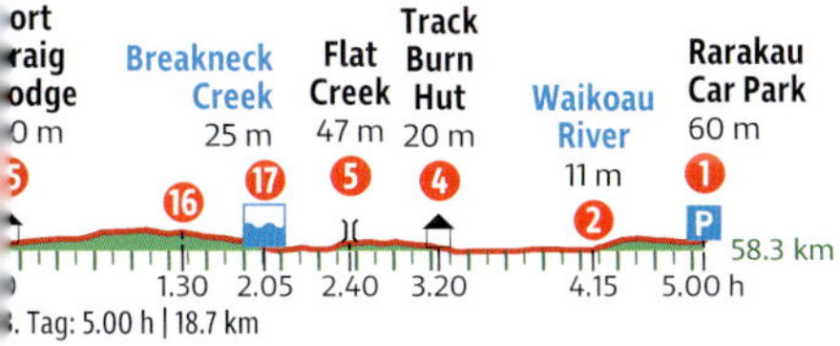

Beim **Lucheon Rock** 10 erreichen wir ein Shelter mit Toilette und Wasser. Der Aufstieg auf

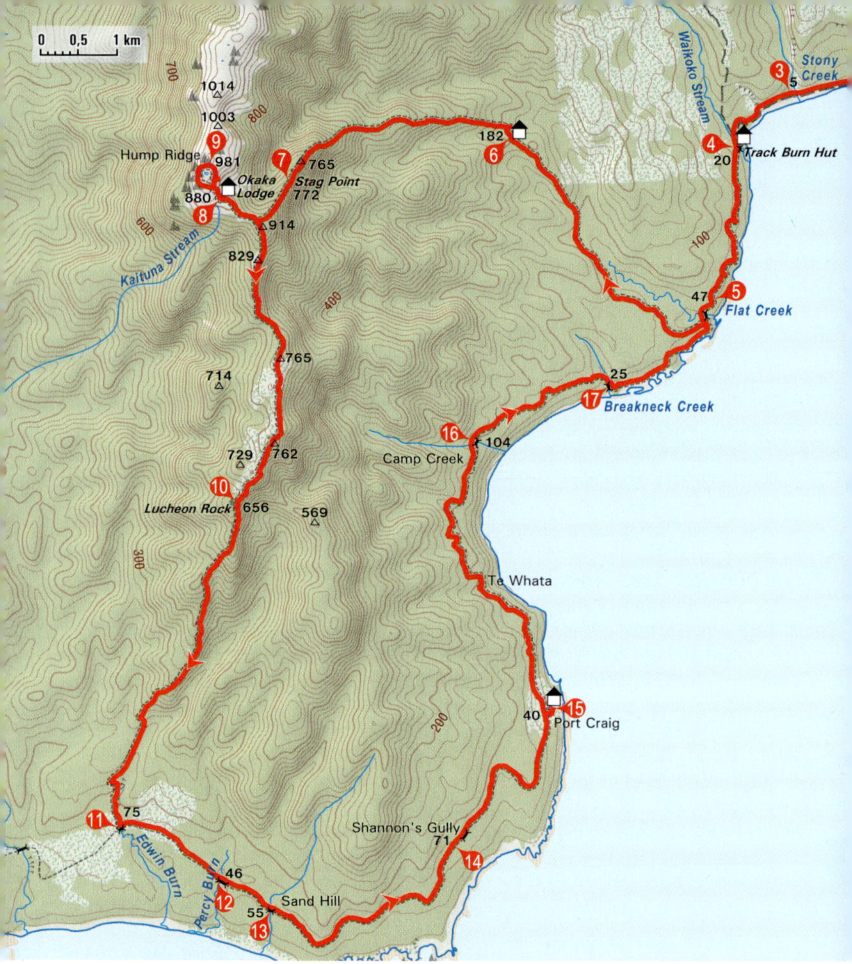

den Felsen ist wegen des Panoramablicks lohnend, erfordert aber Trittsicherheit. Nach dem Shelter geht es weiter bergab und auf einigen Gegenhängen wieder bergan. Der Weg verläuft zwar in der ersten Tageshälfte zu etwa 50 % auf Boardwalk, aber die Abschnitte dazwischen können bei Regen sehr matschig und rutschig sein. Etwa 1 Std. nach dem Lucheon Rock ändert sich der Charakter des Weges etwas. Er wird breiter und einfacher (geschottert). Bei einer Informationstafel werden wir darauf hingewiesen,

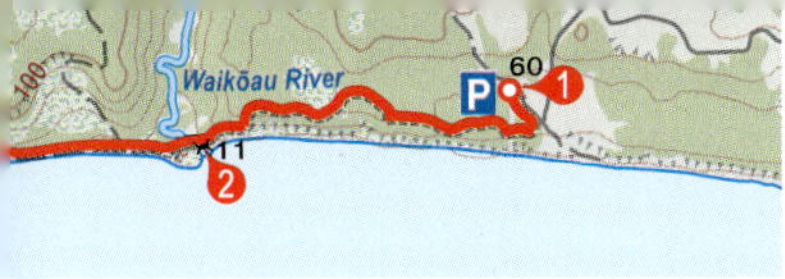

dass wir Māori-Land betreten, das Te Wāhpunamou (eine World Heritage Area in Südwest-Neuseeland, Teil des Fjordland National Park). Kurz darauf kommen wir zu einer Weggabelung am Edwin Burn River. Hier gehen wir nach links und queren den tief liegenden Flusslauf auf dem eindrucksvollen **Edwin Burn Viaduct** ⓫ (22 m hoch und 50 m lang). Dieses Relikt aus den 1920er-Jahren trug früher eine Eisenbahn, die von Port Craig aus 14 km weit in den dichten Regenwald der Südinsel verlegt wurde, um wertvolles Holz in die Sägemühlen von Port Craig zu transportieren und von dort weiter zu verschiffen. Bereits in den 1930er-Jahren erwies sich das Projekt als unrentabel, die Sägemühlen wurden geschlossen und die Eisenbahn zum Teil abgebaut. Wenige Relikte aus dieser Zeit sind am Rand des Wanderweges noch zu sehen, besonders eindrucksvoll sind die mächtigen aus Holz gefertigten Viadukte, die die tiefen Täler überspannen, auf denen heute der Wanderweg verläuft.

Nach dem Edwin Burn Viaduct wandern wir auf der ehemaligen Bahntrasse. Der Weg ist weitgehend eben verlaufend, stellenweise jedoch sehr feucht. Etwa 1,5 km nach dem ersten Viadukt erreichen wir das **Percy Burn Viaduct** ⓬, das von den Dimensionen her das mächtigste Holzbauwerk des südlichen Neuseeland ist: 35 m hoch und 125 m lang überspannt es den Percy Burn River. Nach einem weiteren Kilometer passieren wir das dritte, etwas kleinere **Sand Hill Viaduct** ⓭ (17 m hoch, 59 m lang). Ab hier sind es noch etwa 2 Std. und 8 km bis zu unserem Tagesziel. Der Weg verläuft weiter auf der Bahntrasse, die abschnittsweise schmaler wird (Durchbruch durch eine Felswand). Bei **Shannon's Gully** ⓮ müssen wir auf einer hohen Swingbridge einen Bachlauf queren. Etwa 45 Min. danach ist ein schmuckes Holzhaus (Old Port Craig School) der Hinweis, dass wir dem Ziel

Seite 254/255: Wanderweg über der Küste.
Unten: Felslandschaft bei Breakneck Creek.

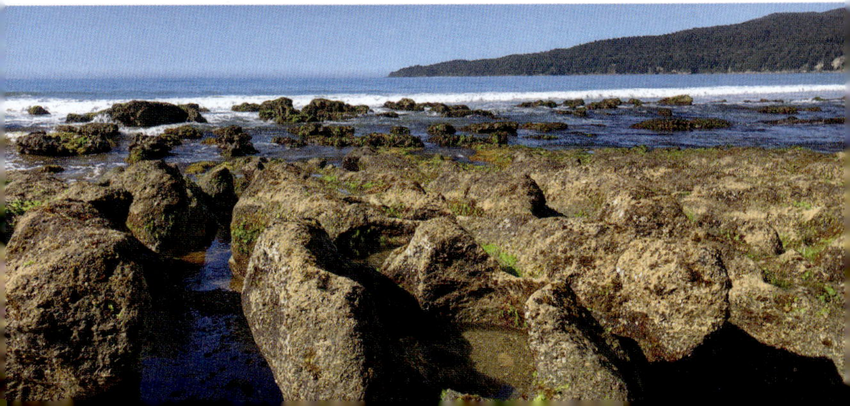

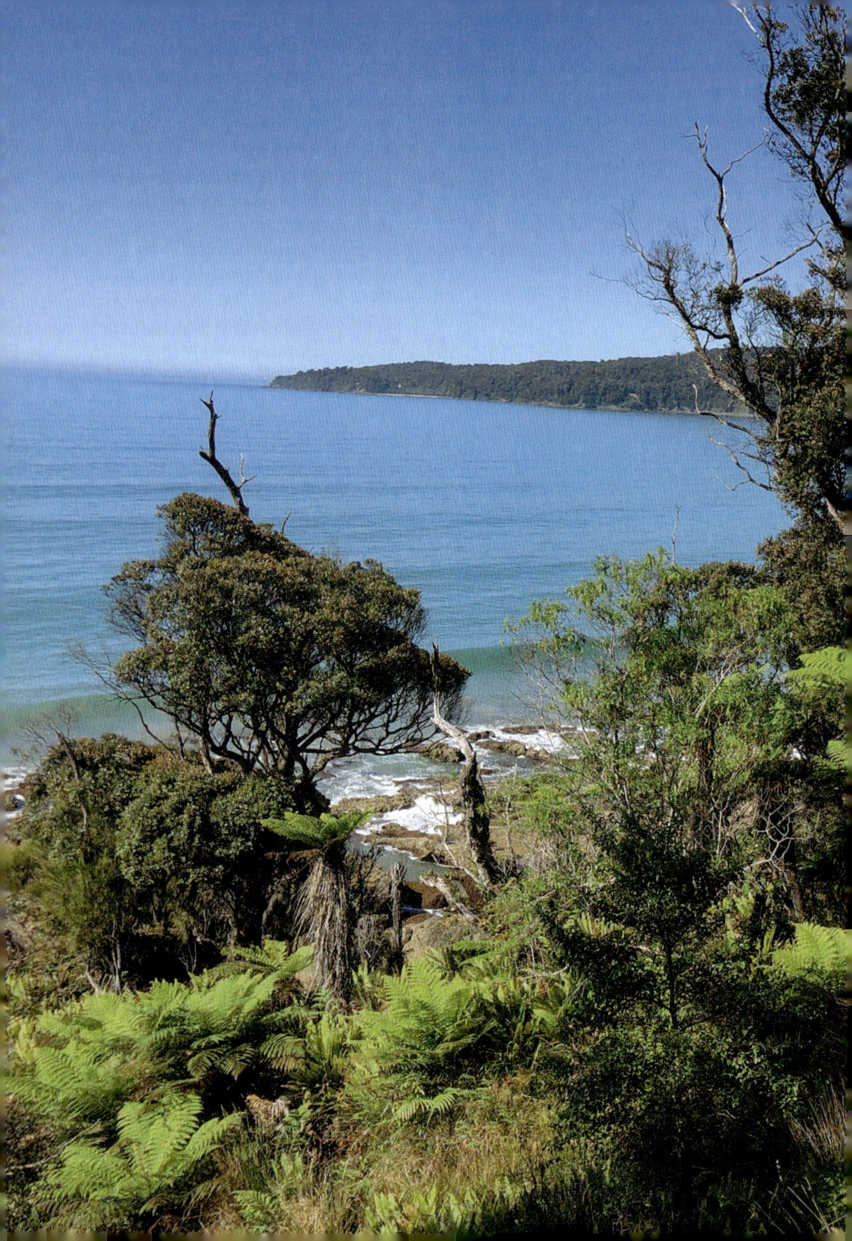

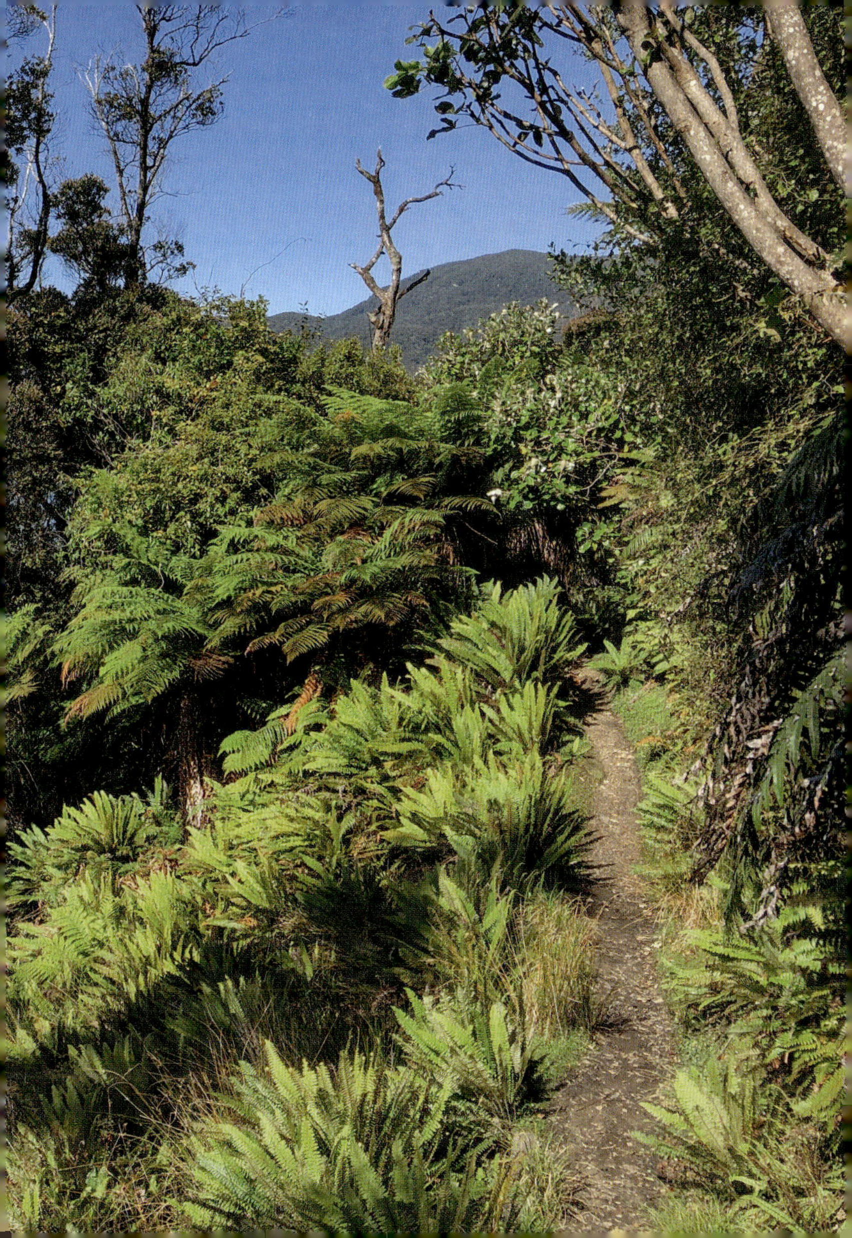

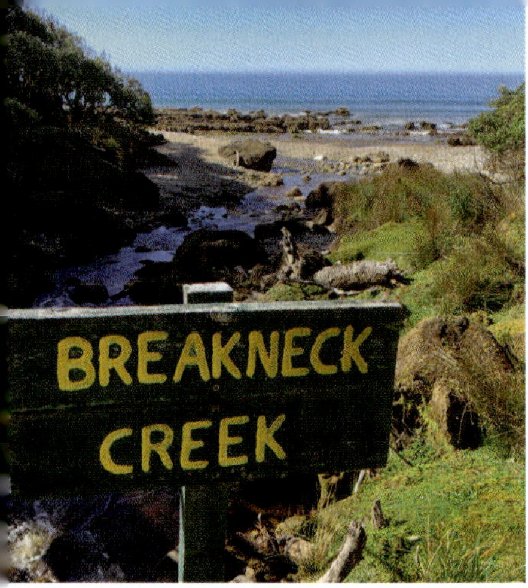

Breakneck Creek.

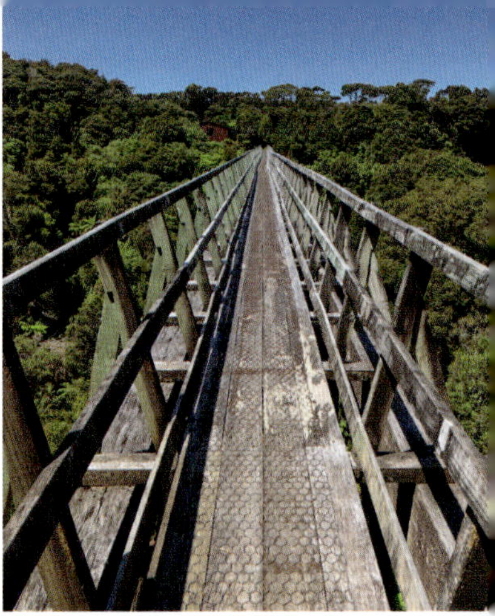

Percy Burn Viaduct.

nahe sind: 100 m weiter liegt die **Port Craig Lodge** ⓯. Möglicher Abendspaziergang: Von der Lodge aus gibt es einen Heritage Walk, der in ca. 10 Min. zum Mussel Beach führt. Auf dem Weg finden wir noch eine Reihe von Industrieruinen aus der Zeit der Sägemühlen. An der Bucht können mit etwas Glück Hector-Delfine küstennah beobachtet werden, fallweise auch Pinguine und Seelöwen.

3. Tag: Wir starten in der Port Craig Lodge und wandern bei der Weggabelung an der Port Craig School Hut nach rechts. Auf einem schmalen Pfad queren wir in der Folge einen Manuka-Wald und einige Täler von Flussläufen, die Richtung Küste entwässern. Der Wanderweg führt immer küstennah auf einer Seehöhe von 30 bis 90 m dahin. Nach etwa 1.30 Std. queren wir bei **Camp Creek** ⓰ auf einer Brücke einen tiefen Taleinschnitt. Gleich danach führt nach links ein Weg zu einer Toilette. Unser Wanderweg wird ab hier etwas einfacher. 30 Min. später erreichen wir **Breakneck Creek** ⓱, wo eine Brücke über die Mündung des O Hoka Stream leitet. Ein Abstieg zum Strand lohnt an dieser Stelle wegen der imposanten Felsformationen. Nach der Brücke queren wir auf einem steilen Pfad einen Hügel und steigen zum Blowholes Beach ab. Auch diese längere Sandbucht bietet bemerkenswerte Felsformationen. Am Ende des Sandstrandes überqueren wir neuerlich einen Hügel und erreichen die nächste Sandbucht. An deren Ende steigen wir die Steilküste hoch und erreichen die Wegkreuzung vor der Swingbridge über den Pipi Tuarak Stream bei **Flat Creek** ❺. Diese Stelle haben wir bereits am ersten Tag passiert. Somit schließt sich hier die Rundwanderung des Hump Ridge Track. Die letzten 10 km bis zum **Rarakau Car Park** ❶ sind uns vom Hinweg bereits bekannt.

2.30 h

Daffodil Bay Tracks

Küstenwanderung am Ästuar des Oreti River

Südwestlich von Invercargill liegt eine vermeintlich seichte Meeresbucht, die von einer lang gezogenen Halbinsel flankiert wird. Tatsächlich handelt es sich um das Ästuar des Oreti River, das aufgrund eines Zusammenspiels von Fluss, Wind und Wellen eine ungewöhnliche Naturlandschaft geformt hat. Die Daffodil Bay und ihre Totara-Wälder sind der schönste Teil dieser Flachküstenlandschaft.

Talort: Invercargill, 10 m.
Ausgangspunkt: Parkplatz am McLennans Flat südwestlich von Invercargill, 8 m.
Anforderungen: Sehr einfache Wanderung auf breiten Schotter- und Waldwegen.
Markierung/Infrastruktur: Es gibt ein lokales Markierungssystem; der Wanderweg setzt sich aus mehreren kürzeren Streckenwanderungen zusammen: Rover Track, Daffodil Bay Loop Track, Petrie's Track. Öffentliche Toiletten am Wegeinstieg.
Einkehr: Keine.
Tipp: Ein gehöriger Kontrast zur Stille der Wanderwege in Neuseeland ist die Bill Richardson Transport World in Invercargill. Bill Richardson (gest. 2005) war ein Geschäftsmann, der schon 1967 anfing, Fahrzeuge aller Art zu sammeln. Zunächst begann er mit alten Trucks, es folgten landwirtschaftliche Fahrzeuge, Motorräder und schließlich auch Autos. Als er starb, war seine Sammlung auf über 150 Stück angewachsen. Seine Tochter und ihr Ehemann haben diese Leidenschaft weiter verfolgt und die Sammlung ausgebaut. 2015 haben sie – zum Gedenken an Vater bzw. Schwiegervater – den Museumskomplex Bill Richardson Transport World geschaffen, der nicht nur für Liebhaber alter Fahrzeuge interessant ist, sondern ein Tagesprogramm für die ganze Familie bereithält. Weitere Informationen und Öffnungszeiten: transportworld.co.nz.

Wir starten beim Parkplatz am **McLennans Flat** ①, südwestlich von Invercargill, am Ufer des Oreti River. Von hier folgen wir der Markierung des Rover Track, der halb links auf einem breiten Schotterweg durch ein Buschland nahe am Flussufer verläuft. Nach etwa 10 Min. erreichen wir eine kleine Holzplattform, die als Lookout über den Oreti River angelegt wurde. Bei einer Weggabelung (etwa 10 Min. später) halten wir uns links und wandern weiter am Flussufer entlang. Mit Glück kann man hier eine vielfältige Vogelwelt beobachten, v. a. Austernfischer und Löffler. Ufernah umwandern wir eine kleine Halbinsel und halten uns bei einer folgenden Weggabelung links,

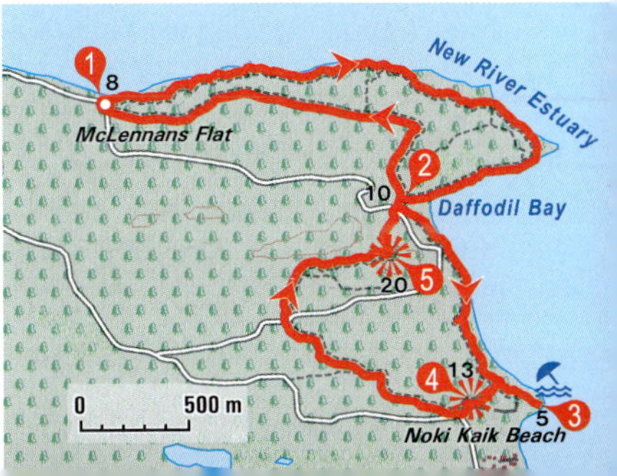

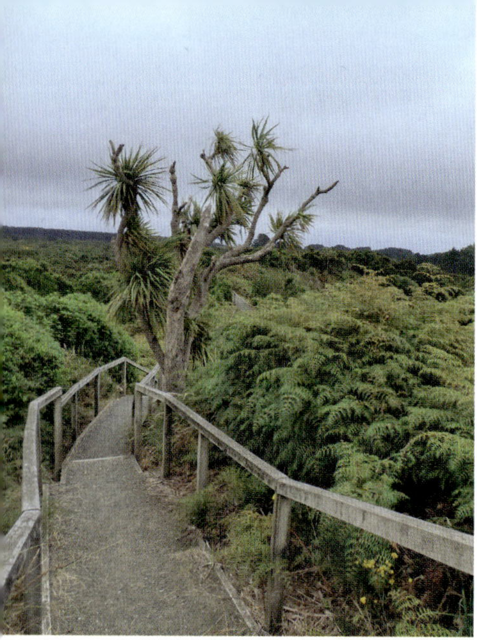

Wegverlauf am Hatch's Hill Lookout.

Richtung Daffodil Bay; später werden wir an dieser Weggabelung den Rückweg zum McLennans Flat passieren. In **Daffodil Bay** ❷ überqueren wir den ufernahen Parkplatz und folgen im Anschluss dem Daffodil Bay Loop Track, den wir im Uhrzeigersinn wandern. Zunächst erreichen wir eine Lichtung mit Picknickplatz, danach geht es auf einem schmalen Pfad etwas bergan. Der folgende Wegabschnitt führt durch einen schönen Küstenwald mit Ausblicken auf den Ästuar. Etwa 15 Min. nach dem Picknickplatz kommen wir zu einer Weggabelung. Hier wandern wir weiter Richtung **Noki Kaik Beach** ❸, einer weiten und flachen Sandbucht (ca. 5 Min.).
Zurück an der Weggabelung, geht es nun, zum Teil auf einem Boardwalk, nach links Richtung **Hatch's Hill Lookout** ❹, den wir nach etwa 10 Min. erreichen. Von dort gelangen wir in wenigen Minuten zu einem Parkplatz (Zufahrtsstraße zum Lookout, Toilette, Picknickplatz). Hier folgen wir dem markierten Weg (Daffodil Bay Loop – Inland Route) nach rechts in den Wald. Nach etwa 1 km queren wir eine Schotterstraße und wandern im Anschluss für etwas mehr als einen halben Kilometer auf Boardwalk. Danach geht es auf Treppen steil bergan zu einem weiteren **Lookout** ❺, zugleich dem höchsten Punkt unserer Wanderung. Hier bietet sich ein prächtiger Blick über Küstenwald und Flussmündung bzw. Meeresbucht.
Über Treppen steigen wir bergab, verlassen wenig später den Küstenwald und queren eine Lichtung nach rechts Richtung Parkplatz an der **Daffodil Bay** ❷. Jenseits des Parkplatzes erreichen wir wieder die Weggabelung, die wir schon am Hinweg passiert haben. Hier halten wir uns nach links und folgen der Markierung des Petrie's Track, der uns in ca. 20 Min. auf einem Schotterweg durch Kiefernwald zum Parkplatz am **McLennans Flat** ❶ zurückbringt.

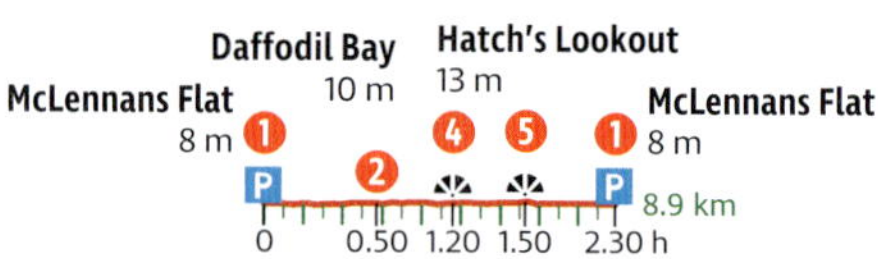

↗ 440 m | ↘ 440 m | 14.5 km

4.30 h

Foveaux Walkway und Bluff Hill, 265 m

74

Großartige Küstenwanderung an einem besonderen Platz

Die Halbinsel Bluff (benannt nach dem erloschenen Vulkan Motupōhue/ The Bluff) ist nur durch eine schmale Landbrücke mit der Hauptinsel verbunden. Der Charakter eines Vulkans ist noch deutlich zu erkennen. Die besondere strategische Lage an der Foveaux-Straße (= Meeresstraße zwischen Steward Island und Südinsel) hat in der Vergangenheit Hafen- und Industriekomplexe in die geschützte Bucht gelockt. Sieht man einmal davon ab, dann bietet diese Halbinsel ein Naturparadies in exotischer Lage. Die prächtigen Ausblicke vom Kraterrand Richtung Südküste und Steward Island und die eindrucksvollen Manuka- und Kanukawälder sind ein besonderes Highlight dieser Tour.

Talort: Bluff, 15 m.
Ausgangspunkt: Parkplatz an der Ortstafel von Bluff an der Ocean Beach Road, 7 m, etwa 2 km vor dem Ortszentrum von Bluff.
Anforderungen: Der erste Wegabschnitt folgt zum überwiegenden Teil einem Wiesenpfad, der einige Täler quert und durch einige felsige Abschnitte verläuft; nach 3 km mündet der Pfad in einen breiteren Küstenweg ein. Der Aufstieg zum höchsten Punkt der Halbinsel verläuft auf einem breiten Erd-Schotter-Weg, der zum Teil beschattet ist, aber innerhalb von ca. 1,5 km 250 Hm zurücklegt; insgesamt ist ein gewisser Orientierungssinn für den Weg vonnöten.
Markierung/Infrastruktur: Der Weg ist mit den üblichen Symbolen markiert: orange Dreiecke, Informationstafeln und Wegpfeile an den wichtigsten Kreuzungen. Diese Tour setzt sich aus mehreren Streckenwanderungen zusammen, die als solche markiert sind: Foveaux Walkway, Millennium Track, Topuni Track, Glory Track. Der erste und letzte Wegabschnitt führt über privates Weideland; dort müssen mehrere Weidezäune (mit Überstiegshilfen) überquert werden.
Einkehr: Keine.

Tipp: Stirling Point am Südende von Bluff ist in Neuseeland ein legendärer Ort. Hier endet der State Highway 1 im Süden des Landes, der in Cape Reinga im Norden der Nordinsel beginnt. Stirling Point ist nach Captain William Stirling benannt, einem britischen Walfänger, der 1836 hier eine Walstation eingerichtet hatte.

Die legendäre »Ortstafel« von Bluff.

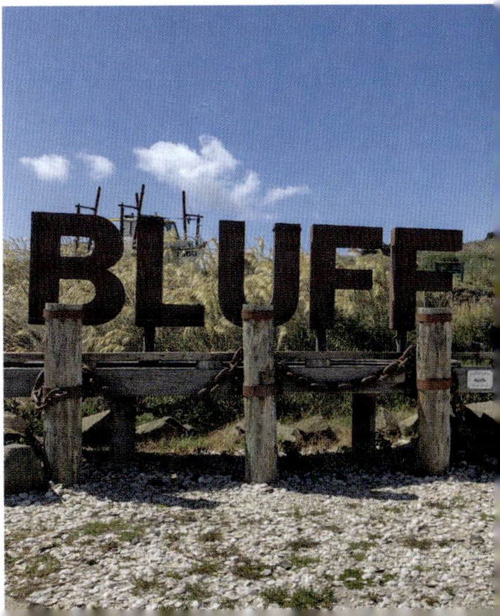

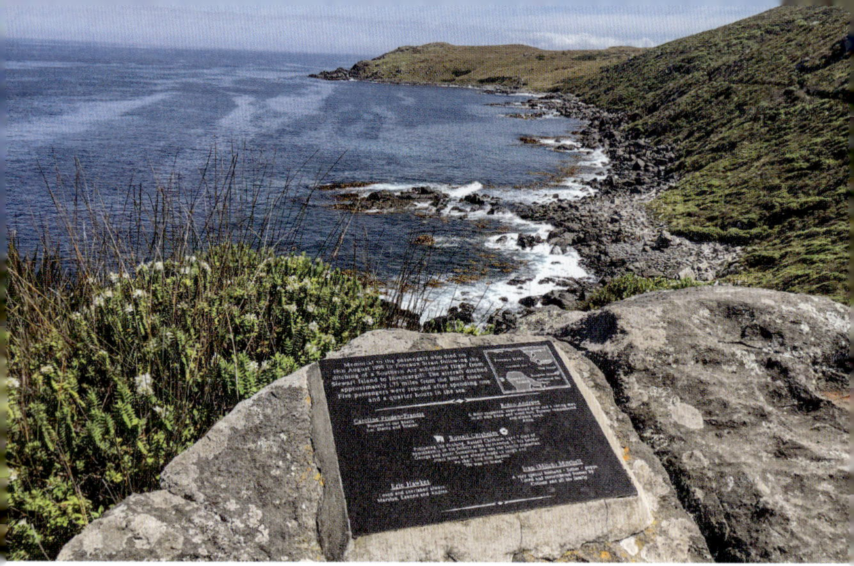

Lookout über der Steilküste von Bluff Peninsula.

Die Wanderung startet bei der Ortstafel von **Bluff** ❶, rechts der Ocean Beach Road Richtung Stadtzentrum. Eine Informationstafel zu Wanderwegen auf der Halbinsel ist an dieser Stelle auch angebracht. Wir passieren ein Holztor und folgen einem Wiesenweg leicht bergan. Danach geht es kurz entlang einer Baumreihe und nach einem Weidezaun mit Überstiegshilfe auf einem Schotterweg weiter. Wir passieren einen Teich links des Weges und »durchsteigen« wenig später einen Weidezaun auf ungewöhnliche Weise. Nun führt ein Wiesenweg über eine Weide weiter und wir queren neuerlich einen Zaun, wie in der Folge noch mehrfach. Auf einem Wiesenpfad wandern wir einen Hang bergan und genießen die herrliche Landschaft und malerische Ausblicke (z. B. auf die vorgelagerte Insel Stewart Island). Orange lackierte Holzstäbe markieren unseren Wegverlauf, der immer wieder kleine Täler, Bäche und Rinnsale und auch einige felsige Passagen quert. Nach einem kräftigen Anstieg über felsiges Gelände geht es bergab und wir umwandern eine schöne Felsformation links von uns, während rechts unter uns eine Schotterbucht liegt. Küstennah gelangen wir zu einer Wiese mit zahlreichen Stechginsterbüschen. Diese überqueren wir nach links und steigen auf einer Holztreppe über einen letzten Weidezaun. Hier beginnt der Küstenweg durch Buschland und Wald. Mächtige Flachspflanzen flankieren den folgenden Wegabschnitt. Etwa 15 Min. später steigen wir bei einer Weggabelung nach rechts einige Stufen zu einer Plattform auf einem Felsen hoch, ein schöner **Lookout** ❷ über der

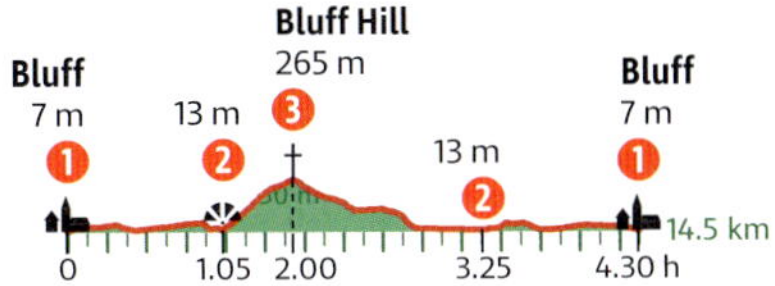

Steilküste mit Picknickplatz. Danach folgen wir der Wegmarkierung des Millennium Track zum Gipfel. Der Aufstieg verläuft auf einem Schotterpfad, der in vielen Kurven bergan führt, anfangs ohne Schatten, später durch einen dichten Buschwald (Manuka, Kanuka, Farnbäume). Der Weg mündet in einer Zufahrtsstraße, die uns links zum **Bluff Hill** ❸, 265 m, hinaufführt. Bei schönem Wetter ist der 360°-Blick atemberaubend schön.

Wir steigen wieder ab bis zum südlichen Parkplatz. Dort gibt es Informationstafeln und Überreste von Geschützen (Heritage Trail). Zwischen 1940 und 1944 wurde Bluff Hill stark befestigt und der Zweite Weltkrieg warf seine Schatten bis an die Südküste der Südinsel. Nun folgen wir für den Abstieg dem Topuni Track Richtung Stirling Point. Es geht durch einen dichten Wald steil bergab, zum Teil über Stufen. Nach etwa 1,5 km zweigen wir nach rechts in den Glory Track ab (Wegpfeil) und wandern auf einem breiten Waldweg durch einen Südbuchenwald, den letzten größeren Bestand auf der Bluff-Halbinsel. Dieser Weg mündet nach weiteren 1,5 km in den Küstenweg ein. Diesem folgen wir nach rechts und erreichen nach etwa 30 Min. den schon bekannten **Lookout** ❷. Von dort aus wandern wir auf dem gleichen Weg wieder zurück bis zum Ausgangspunkt der Wanderung an der Ortstafel von **Bluff** ❶.

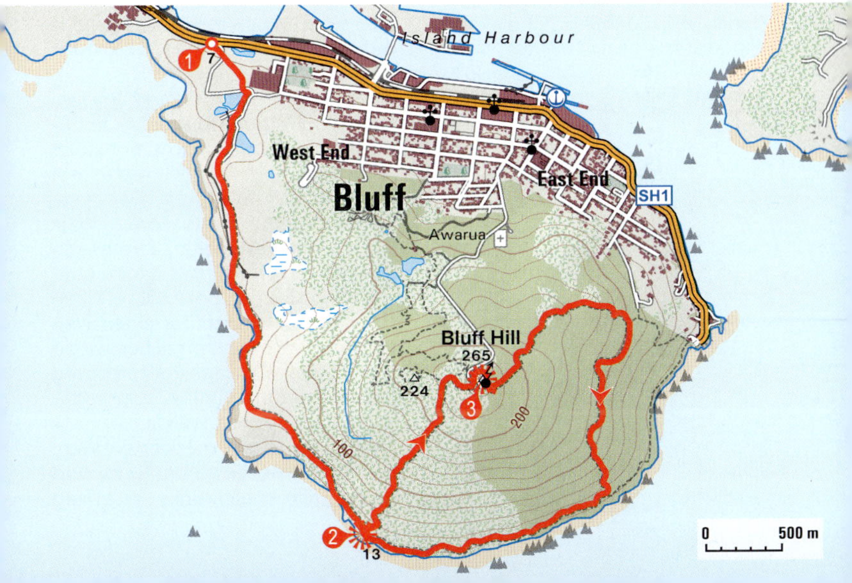

↗ 220 m | ↘ 220 m | 5.9 km

75 Waipohatu Waterfall Track

2.30 h

Ein Regenwalderlebnis am Westrand der Catlins

Etwas nördlich von Slope Point, dem topografisch südlichsten Punkt der Südinsel, liegen am Südabhang der Catlins dichte und kühlgemäßigte Regenwälder. Der Waipohatu Waterfall Track ist einer der wenigen Wege, die in dieser touristisch kaum erschlossenen Region angelegt wurden. Tatsächlich sieht man auf dieser Wanderung zwei Wasserfälle, einer davon ist breit, der zweite hoch. Daneben sind die Stille des Waldes und seine Vogelwelt Highlights dieser Tour.

Talort: Waikawa/Curio Bay, 7 m.
Ausgangspunkt: DOC-Parkplatz am Ende der Waipohatu Road, ca. 11 km nordwestlich von Waikawa/Curio Bay, 42 m.
Anforderungen: Der erste Teil des Weges ist rollstuhltauglich; nach einer Brücke geht der breite Weg in einen schmalen Pfad über, der – je nach Witterung – rutschig und matschig sein kann; die Abstiege zu den Wasserfällen erfordern Trittsicherheit.
Markierung/Infrastruktur: Der Weg ist mit den üblichen Symbolen markiert: orange Dreiecke, Informationstafeln und Wegpfeile an den wichtigsten Kreuzungen. Öffentliche Toilette und Picknickplatz am Wegeinstieg.
Einkehr: Keine.
Tipp: Slope Point liegt etwas südlich des Waipohatu Waterfall Track bzw. etwas westlich von Curio Bay und ist der topografisch südlichste Punkt der Südinsel. In der Umgebung findet man einige Farmhäuser und Weiden. Eine wenig befahrene Straße führt zu einem Parkplatz über dem Kap. Von dort ist Slope Point über einen Fußweg (ca. 20 Min. in eine Richtung) zu erreichen. Ein kleiner Leuchtturm steht an diesem denkwürdigen Ort, der jedoch nur wenige Besucher anlockt.

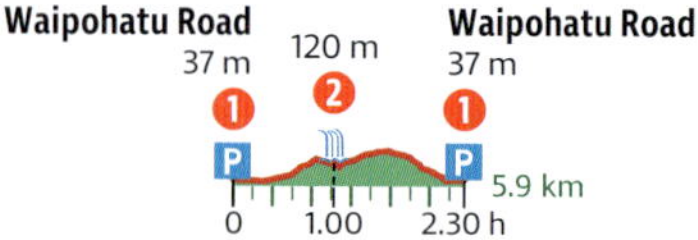

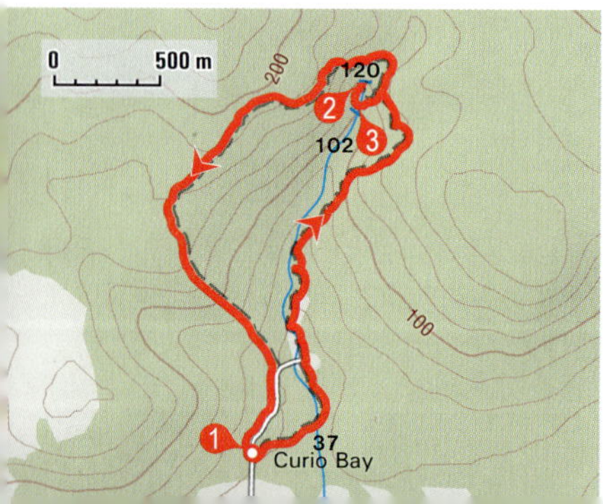

Wir starten am DOC-Parkplatz am Ende der **Waipohatu Road** ❶ in Curio Bay. Bei einer Informationstafel zum Track geht es nach rechts auf einen breiten Waldweg. Der erste Wegabschnitt ist als Forest Walk (1,3 km) definiert, der auch rollstuhltauglich ist. Nach etwa 5 Min. queren wir auf einer Holzbrücke einen Flusslauf, 10 Min. später einen weiteren. Gleich darauf erreichen wir einen Picknickplatz auf einer Lichtung mit Tischen und Bänken. Hier endet der einfache Forest Walk.
Wir folgen einem markierten Weg, der über eine Lichtung führt und nach 5 Min. nach links in einem

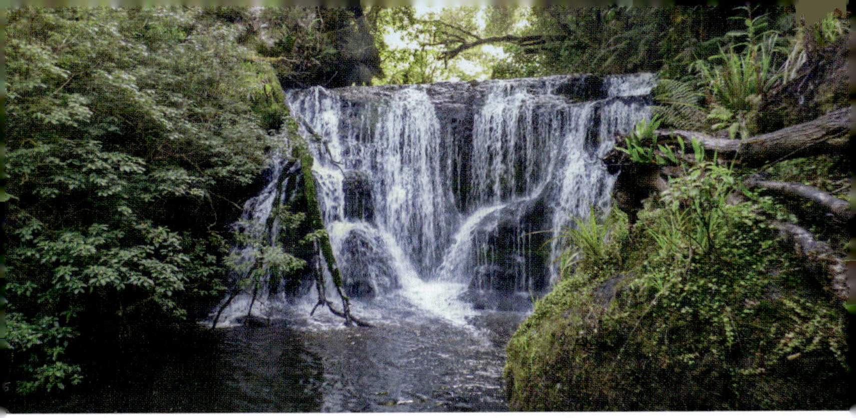

Der zweite Waipohatu Waterfall.

schmalen Waldpfad einmündet. Nun geht es entlang eines Bachlaufes rechts von uns, zunächst noch weitgehend ohne Steigungen, aber mit vielen Nassstellen und Wurzeln, die zu übersteigen sind. Nach einer Brücke kommt ein kräftiger Anstieg (Erdstufen) von fast 100 Hm. Der Pfad ist hier stellenweise verwachsen, mit etwas Orientierungssinn und mithilfe der Markierungen jedoch leicht zu finden. In einer Linkskurve steigen wir wieder etwas ab und queren einen Bach auf Baumstämmen. Danach geht es auf Erd-Holz-Stufen steil bergab bis zu einer Weggabelung. Hier finden wir links den Zugang zu den Wasserfällen (Wegpfeil: Stichwege, ca. 30 Min. hin und retour). Später kommen wir wieder zu dieser Weggabelung zurück, um die Wanderung fortzusetzen. Zuvor steigen wir auf dem Zugangsweg zu den Wasserfällen ab. Der **erste Wasserfall** 2 liegt rechts vom Zugangsweg. Der Abstieg ist schwierig und zum Teil rutschig. Dafür wird man mit einem Ausblick auf den ersten Wasserfall belohnt, eine hohe und schmale Wasserkaskade, die eine bemooste Felswand herabstürzt. Um den idealen Blick zu ergattern, muss man über einige Felsen klettern und den Bach überqueren. Zurück am Stichweg folgen wir dem Wegpfeil zum **zweiten Wasserfall** 3, der breiter und wasserreicher, dafür nicht so hoch ist. Danach wandern wir zurück zur Weggabelung. In einem Linksbogen umgehen wir den ersten Wasserfall und queren auf einer Brücke hinter dem Wasserfall den Fluss. Von hier aus verläuft unsere Route noch ca. 1,5 km auf einem schmalen Pfad durch den Wald, zumeist leicht bergab. Dann leitet uns die Markierung aus dem dichten Wald hinaus, und wir wandern in der Folge auf einem breiten Erd-Schotter-Weg, der zwischen zwei Wäldern verläuft und etwas bergab führt. Nachdem wir ein Gatter passiert haben, erreichen wir eine Weggabelung. Von links kommend, mündet der Forest Walk hier ein. Wir gehen nach rechts weiter und erreichen nach wenigen Minuten den Parkplatz am Ende der **Waipohatu Road** 1.

↗ 80 m | ↘ 80 m | 6.0 km

76 Papatowai Tracks

2.00 h

Eine gelungene Kombination aus Küstenregenwald, Strand- und Flusstalwanderung

Die kleine Feriensiedlung Papatowai hat eine besonders schöne Lage: am Ästuar des Tahakopa River gelegen, unweit eines langen Strandes und umgeben von Küstenregenwäldern – dazu die Einsamkeit. Diese Landschaft lädt geradezu zum Wandern ein. Diese einfache Tour bietet sich als unvergessliche Ergänzung zu einem Nachmittag am einsamen Sandstrand an.

Talort: Papatowai, 20 m.
Ausgangspunkt: Park- und Campingplatz rechts nach der Brücke über den Tahakopa River (Fahrtrichtung von Papatowai kommend), 1 m.
Anforderungen: Sehr einfache Wanderung auf Waldwegen und -pfaden sowie am Sandstrand.

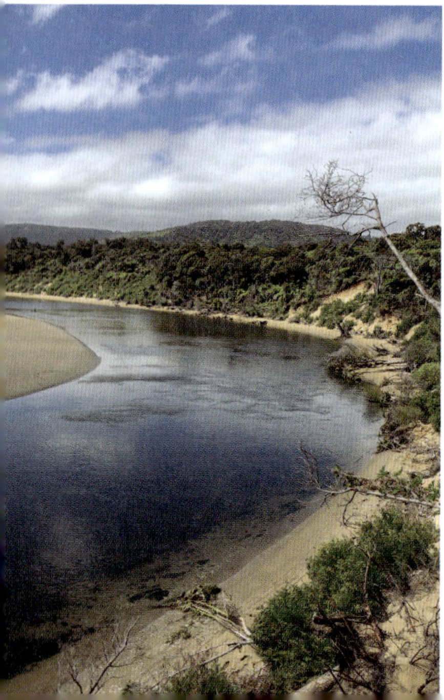

Markierung/Infrastruktur: Der Weg ist mit den üblichen Symbolen markiert: orange Dreiecke, Informationstafeln und Wegpfeile an den wichtigsten Kreuzungen. Die Tour kombiniert zwei kurze Streckenwanderungen: Old Possumers Track und Old Coach Road. Picknickplatz am Wegeinstieg.
Einkehr: Keine.
Tipp: Fährt man durch die kleine Siedlung Papatowai, dann fällt ein grüner Gewächshausbus auf. Hier leben und arbeiten der Künstler und Handwerker Blair Sommerville und seine Partnerin Sandra van der Sommen. Blair ist ein kreativ-exzentrischer Geist, ein Tüftler, der skurrile Geräte (»Automaten«) aus verschiedenen Gegenständen herstellt. Sandra zeichnet und malt (hauptsächlich Vögel). Die Werke der beiden sind in der Lost Gypsy Gallery in Papatowai ausgestellt. Weitere Informationen und Öffnungszeiten: thelostgypsy.com.

Wir starten am Park- und Campingplatz rechts nach der Brücke über den Tahakopa River in **Papatowai 1**. Dort ist auch ein Informationsschild zu den Wanderwegen angebracht. Wir umwandern ein Holzgatter, gehen auf einem Wiesen-Sand-Weg ein Stück den Flusslauf (Richtung Mündung) entlang

Blick auf den Tahakopa River.

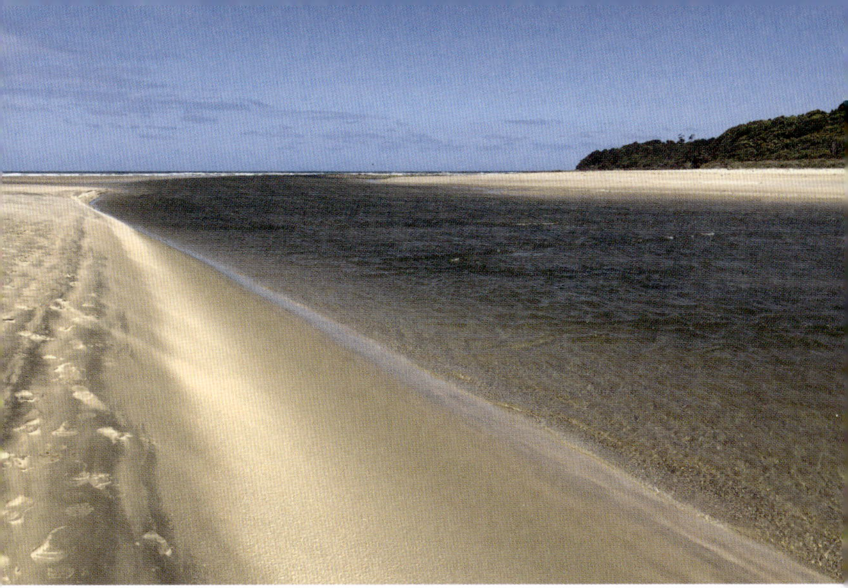

Mündungsgebiet des Tahakopa River in den Pazifik.

und biegen bei der ersten Gabelung nach 200 m links auf den Old Possumers Track ab. Dieser führt – stellenweise auf einem Boardwalk – durch einen dichten Küstenwald von Südbuchen, Farn-, Rimu- und Totarabäumen. Nach etwa 2,5 km (40 Min.) überqueren wir eine bewachsene Düne am Waldrand und steigen zum Strand ab. Vor uns liegt ein traumhafter und menschenleerer **Sandstrand** ②. Wir wandern nach rechts an diesem entlang bis zur Mündung des Tahakopa River in das Tasmanische Meer. In der Nähe der Flussmündung halten wir Ausschau nach einer Markierung (großes oranges Dreieck). Dort steigen wir auf einem Sandpfad eine Düne hoch und erreichen wieder einen Waldweg (Old Coach Road). Nach links hat man einen Ausblick auf das Tal des Tahakopa River und die vorgelagerte Sandbank. Auf diesem Waldweg erreichen wir in ca. 30 Min. den Park- und Campingplatz an der Brücke über den Tahakopa River in **Papatowai** ①, wo wir die kurze Rundwanderung abschließen.

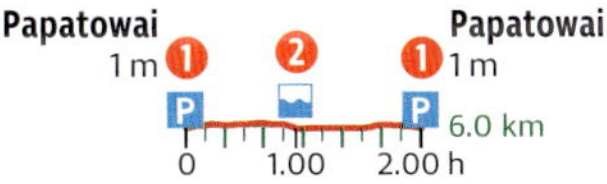

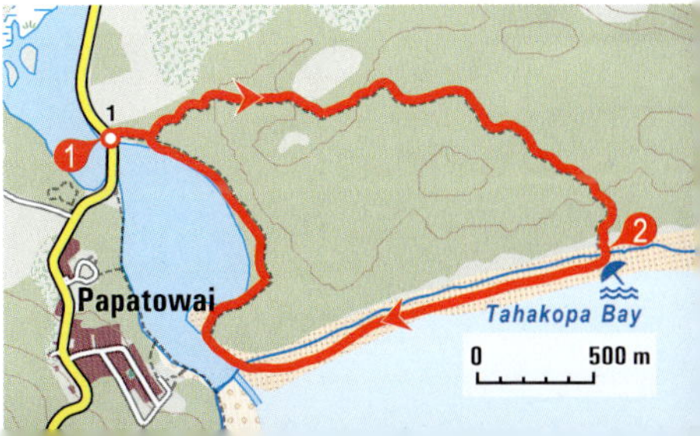

↗ 140 m | ↘ 140 m | 8.0 km

77 Catlins River Track

2.30 h

Eine unvergessliche Flusstalwanderung

Der Catlins River ist namensgebend für die Mittelgebirgslandschaft im Süden der Südinsel. Zwischen dem Campingplatz von Tawanui und dem Wallis Stream liegt einer der bekanntesten Wanderwege der Region. Er führt immer am Catlins River entlang, durch einen einheimischen Silberbuchenwald, vorbei an zahlreichen Stromschnellen und eingebettet in eine wunderschöne Pflanzen- und Tierwelt.

Talort: Owaka, 15 m.
Ausgangspunkt: Tawanui Park- und Campingplatz, 37 m, etwa 8 km südlich von Owaka, auf einer Schotterstraße erreichbar.
Anforderungen: Der Weg entlang des Flusses führt auf einem schmalen, zum Teil rutschigen Pfad mit immer wieder steilen An- und Abstiegen. Der Rückweg vom Frank Creek Car Park verläuft auf einer breiten Schotterstraße.
Markierung/Infrastruktur: Der Weg ist mit den üblichen Symbolen markiert: orange Dreiecke, Informationstafeln und Wegpfeile an den wichtigsten Kreuzungen. Öffentliche Toilette und Picknickplatz am Wegeinstieg.
Einkehr: Keine.
Tipp: Im Mündungsgebiet des Catlins River in den Pazifik liegt Jack's Blowhole, ein 144 m langer, 68 m breiter und 55 m tiefer Küstenschlund, etwa 200 m von der Steilküste entfernt. Benannt wurde dieses Loch nach dem Māori Tuhawaiki, einem Anführer Ngāi Tahu. Sein Spitzname war »Bloody Jack«. Erreichen kann man Jack's Blowhole auf einem Spazierweg, der in der kleinen Siedlung Makura startet und etwa 3 km (Hin- und Rückweg zusammengenommen) lang ist.

Swingbridge über den Catlins River.

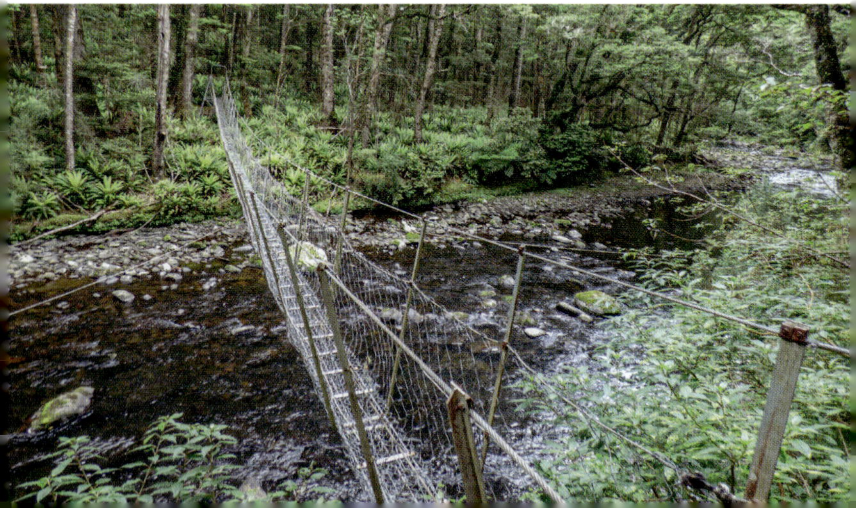

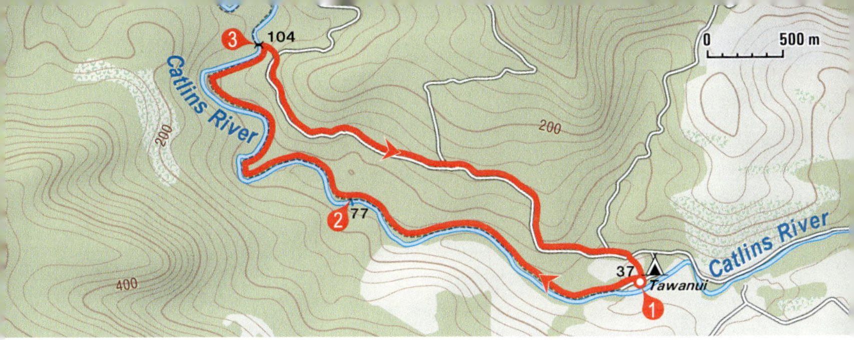

Wir starten die Wanderung an der **Tawanui Campsite** ❶ nördlich des Catlins River bei einer Informationstafel zu Wanderwegen im Flusstal. Unsere Tour führt zunächst auf einem schmalen Pfad Richtung Flussufer und dann immer flussaufwärts. Der erste Wegabschnitt ist sehr einfach. Nach etwa 20 Min. (ca. 1,5 km) wird der Pfad schmaler, steiniger und führt über einige Brücken (Zuflüsse zum Catlins River). Der Weg steigt allmählich etwas bergan und wir wandern in der Folge auf einer Terrasse, etwa 20 m über dem Fluss. Danach geht es wieder etwas bergab und wir queren auf einer Holzbrücke einen Zufluss. Sehenswert ist kurz darauf ein **Wasserfall** ❷, der zwar nicht hoch ist, aber aufgrund der Wassermassen und der Breite des Flusses beeindruckt.

Danach geht es auf Holz- und Erdstufen über den nächsten Hügel und in einen zauberhaften Waldabschnitt hinein mit vielen Farnbäumen, Lancewood und bemoosten Südbuchen. Nach einem kleinen Wasserfall queren wir neuerlich einen Hügel und erreichen vor einer **Swingbridge** ❸ eine Abzweigung. Hier gehen wir nach rechts und wandern über den Frank's Creek Access bis zur Catlins Road hoch. Diese Fahrstraße (Schotterstraße) verläuft parallel zum Flusstal. Auf ihr wenden wir uns in der Folge nach rechts bergab. Bei einer Straßengabelung bleiben wir rechts, queren danach einen Hügel und wandern im Anschluss steil bergab bis zur **Tawanui Campsite** ❶, wo wir die Rundwanderung abschließen.

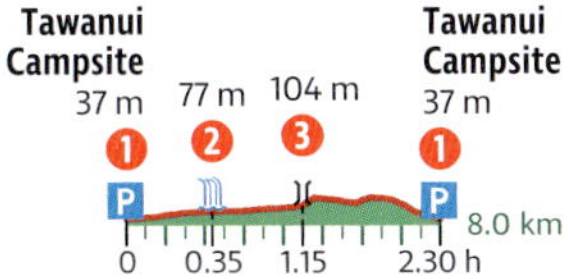

Wegverlauf durch dichtes Waldgebiet entlang des Catlins River.

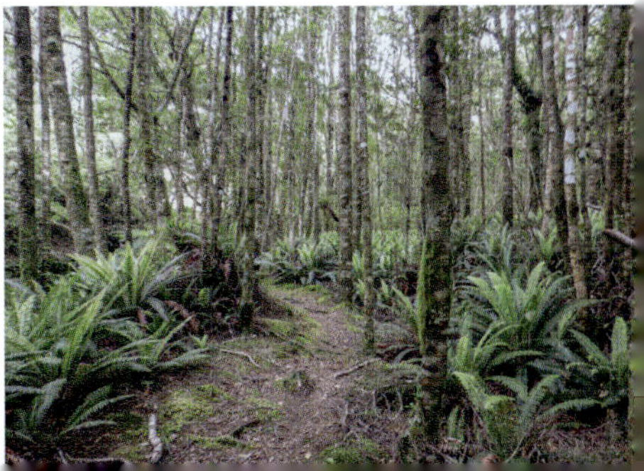

TOP

78 Rakiura Track

↗ 930 m | ↘ 930 m | 32.4 km

3 Tage

Neuseelands südlichster und kürzester Great Walk

Der Rakiura Track hat viele Facetten: Unerschütterlich führt er uns durch die reichhaltige Palette der Landschaftsformen, die Stewart Island zu bieten hat, empfängt uns mit wilden Küstenszenerien, weitläufigen Urwäldern und geschützten Sandbuchten, aber auch mit morastigen Wegabschnitten im Inselinneren.

Talort: Oban, 4 m.
Ausgangspunkt: Lee Bay, ca. 5 km nördlich von Halfmoon Bay/Oban. Den Weg dorthin kann man entweder zu Fuß gehen (4,5 km Asphaltstraße, 0,5 km Schotterstraße) oder ein Taxi dafür nehmen (Vorbuchung notwendig, Preis: ca. 35 NZ-Dollar).
Endpunkt: Oban/Halfmoon Bay, 10 m.
Anforderungen: 1. Tag: Zwischen Lee Bay und Wooding Bay: einfacher Waldweg, ca. 8 km. **2. Tag:** Zwischen Port William Hut und North Arm Hut: Waldpfad mit zum Teil beträchtlichen Anstiegen, auch bei trockener Witterung rutschige Wegabschnitte, ca. 12 km. **3. Tag:** Zwischen North Arm Hut und Halfmoon Bay/Oban: einfacher Waldweg; die letzten 2 km verlaufen auf Asphalt, insgesamt ca. 12 km Tagesetappe.
Markierung/Infrastruktur: Der Weg ist mit den üblichen Symbolen markiert: orange Dreiecke, Informationstafeln und Wegpfeile an den wichtigsten Kreuzungen.
Unterkunft: Es wird empfohlen, den Weitwanderweg in drei Etappen zu gehen. **1. Etappe:** Lee Bay bis Port William Hut, Hüttenübernachtung und Zeltplatz; **2. Etappe:** Port William Hut bis North Arm Hut, Hüttenübernachtung; **3. Etappe:** North Arm Hut bis Halfmoon Bay/Oban; daneben gibt es Zeltplätze in Māori Beach und Sawdust Bay. Für die Hütten- und Zeltübernachtungen ist in jedem Fall in der Hochsaison eine Vorbuchung notwendig, die über die Website des Department of Conservation (DOC) erfolgen soll (doc.govt.nz). In der Nebensaison können Hüttenpässe auch kurzfristiger in den Visitor Centres der Nationalparks erworben werden. Bei guten Wetterbedingungen und guter Kondition kann der Rakiura Track auch in zwei Tagen oder an einem Tag gewandert werden.
Einkehr: In den Huts entlang des Weitwanderweges gibt es Aufenthaltsräume und Picknickplätze. Lebensmittel zum Verkauf stehen nicht zur Verfügung, jedoch gibt es Trinkwasser (Regenwasserbehälter), das auf eigene Gefahr konsumiert werden kann (keine Reinheitsgarantie).
Hinweis: Auch bei scheinbar guter Wettervorhersage sollte auf Stewart Island immer mit starken Niederschlägen und extremen Wetterereignissen gerechnet werden; unbedingt regendichte und warme Kleidung mitnehmen.

1. Tag: Vom Parkplatz in der **Lee Bay** ❶ gehen wir nach links (Informationstafel zum Weitwanderweg) und betreten offiziell den Rakiura Track nach ca. 100 m durch ein Eisentor. Einen Abstieg Richtung Lee Bay gleich darauf ignorieren wir und wandern auf einem einfachen Schotterpfad, der zu Beginn von mächtigen Flachsbüschen flankiert wird und später küstennah durch Buschland führt. Etwa 15 Min. später passieren wir einen Linksab-

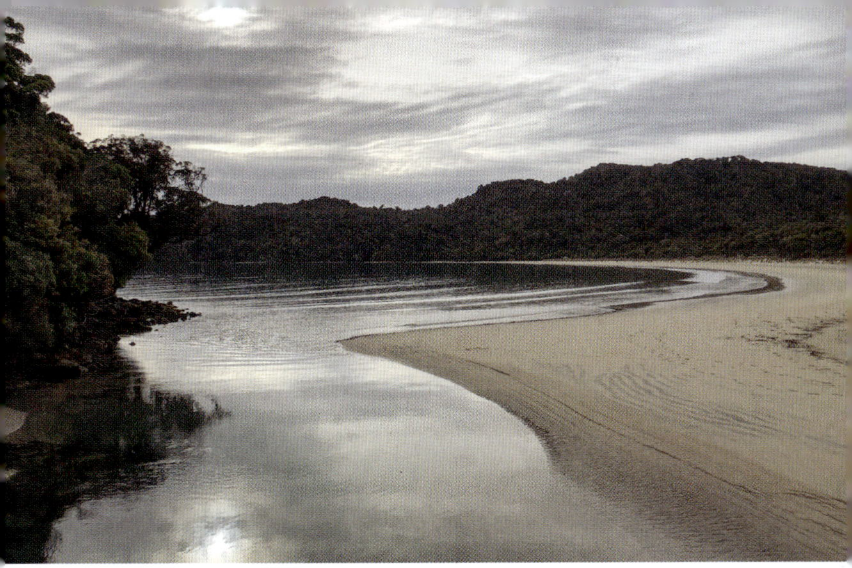

Māori Beach.

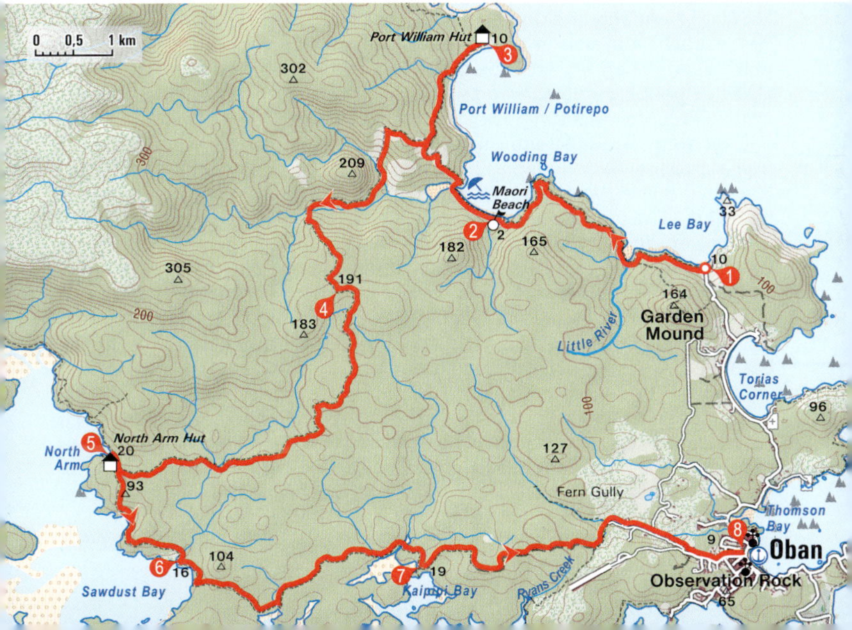

0 0,5 1 km
Port William Hut
10
3
302
Port William / Potirepo
Wooding Bay
209
300
Maori Beach
2
182
165
Lee Bay
33
10
1
305
191
4
183
200
164
Garden Mound
Little River
100
Torias Corner
96
100
127
5
North Arm Hut
20
North Arm
93
Fern Gully
Thomson Bay
8
9
Oban
104
6
16
7
19
Sawdust Bay
Kaipipi Bay
Ryans Creek
Observation Rock
65

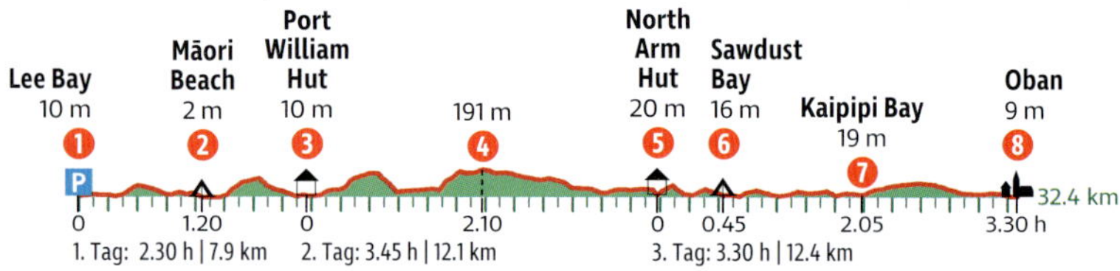

zweig Richtung Garden Mound, den wir jedoch ebenfalls ignorieren, gehen geradeaus weiter und queren kurz darauf den Little River über eine Brücke. Die kleine Bucht im Mündungsgebiet des Flusses kann bei Ebbe im Sand überquert werden, bei Flut gibt es einen Weg, der etwas rückversetzt liegt. Beide Wege vereinigen sich kurze Zeit später wieder. Eine Informationstafel weist darauf hin, dass es hier Seelöwen geben kann und in diesem Fall Vorsicht und Respektabstand geboten sind.

Zurück am Waldweg, geht es in der Folge stetig bergauf und bergab, vorbei an Farn- und Manukabäumen und von Lianen überwucherten Südbuchen. Dann passieren wir eine »Grenze«, auf die eine Informationstafel hinweist: Wir betreten Māori-Land. Wir umwandern eine kleine Halbinsel mit schönen Ausblicken, bevor wir zum **Māori Beach** ❷ absteigen, einem traumhaft schönen und weiten Sandstrand. Am Beginn der Bucht liegt ein Campingplatz und es sind Überreste einer Sägemühle zu sehen. Wir gehen am Strand entlang und queren auf einer schmalen Swingbridge eine kleine Meeresbucht, die sich im Zusammenspiel von Flussmündung und Tidenhub gebildet hat. Im Anschluss steigen wir über Stufen etwa 120 m auf einen Hügel bis zu einer Weggabelung hoch. Dort gehen wir nach rechts weiter (Wegpfeil Richtung Port William Hut). Am folgenden Morgen werden wir diese Weggabelung wieder passieren. In einigen Kurven steigen wir nun ab, passieren den Magog Peak und erreichen den traumhaft schönen Magnetic Beach. Vorbei am Bootsanlegesteg, gelangen wir zur **Port William Hut** ❸, die am Ende der Bucht liegt.

2. Tag: Von der **Port William Hut** wandern wir am Morgen zurück bis zur Weggabelung zwischen Māori Beach und Magnetic Beach, die wir am Vortag schon passiert haben. An dieser Stelle gehen wir nach rechts weiter und queren im Laufe des heutigen Tages das Landesinnere der nordöstlichen Halbinsel von Stewart Island. Der Wanderweg führt durch den für die Insel typischen Küstenregenwald mit Rimu- und Kamahibäumen, zahlreichen Baum- und Bodenfarnen, Orchideen und Luftwurzeln. Nach der Weggabelung überschreiten wir einen Hügel und kommen nach etwa 20 Min. zu den Resten eines Sägewerkes auf einer Lichtung. Über Treppen und Stufen geht es steil bergab und auf einer Holzbrücke über einen Bachlauf. In der Flussniederung (Fluss verläuft links des Weges) wandern wir über kleine Hügel und auf einer weiteren Holzbrücke über einen größeren Bach. Danach folgt ein kräftiger Anstieg in mehreren Kurven und über viele Stufen.

Der Weg ist hier beschwerlich und matschig. Wir überqueren eine Kuppe und steigen danach weiterhin leicht bergan. Eine Informationstafel weist darauf hin, dass wir genau in der Mitte der Tagesetappe angekommen sind. Kaum wahrnehmbar passieren wir den höchsten Punkt des Weitwanderweges auf einem **Gipfelkamm** 4, 191 m. Nun geht es konstant bergab. Ein Eyecatcher ist eine nicht zu übersehende Plastikkugel, die am Halfway Tree befestigt ist und Wanderer darauf hinweist, dass sie nun die Hälfte des Weitwanderweges bewältigt haben. Abgesehen davon ist das Naturerlebnis vollkommen: Unterwegs auf den rutschig-matschigen Wegen und beobachtet von einer zauberhaften Vogelwelt (Fantail Birds, Tomtits und Stewart Island Robins) nähern wir uns neuerlich einem Flusstal. Wir queren zwei Bachläufe und wandern im Anschluss leicht bergan. Etwa 30 Min. später erreichen wir eine Weggabelung. Hier halten wir uns rechts und gelangen etwa 5 Min später zur **North Arm Hut** 5, inmitten einer von Wald eingesäumten Bucht gelegen.

3. Tag: Von der **North Arm Hut** wandern wir am nächsten Morgen zurück bis zur Weggabelung und von dort rechts in 20 Min. weiter bis zu einer ersten Sandbucht, zu der wir über Stufen und in einigen Kurven steil bergab steigen. Danach geht es der Sandbucht entlang und durch einen Manuka-Wald wieder etwas bergan. Im Anschluss queren wir ein kleines Flusstal und etwas später einen etwas breiteren Fluss auf einer Brücke. Rechts davon liegt ein kleiner Wasserfall. In der Bucht der Flussmündung sind alte Metallbehälter aus der Zeit der Sägewerke versenkt. Gleich darauf erreichen

Wegverlauf an der Kaipipi Bay.

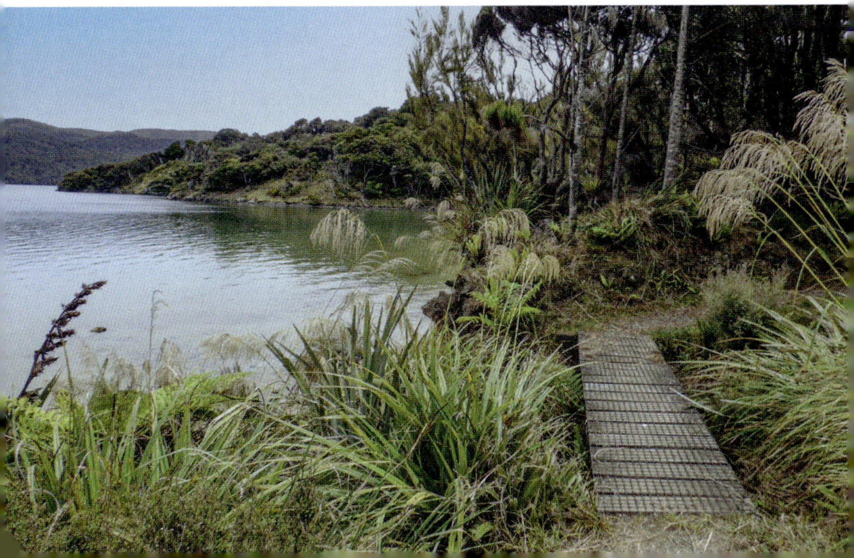

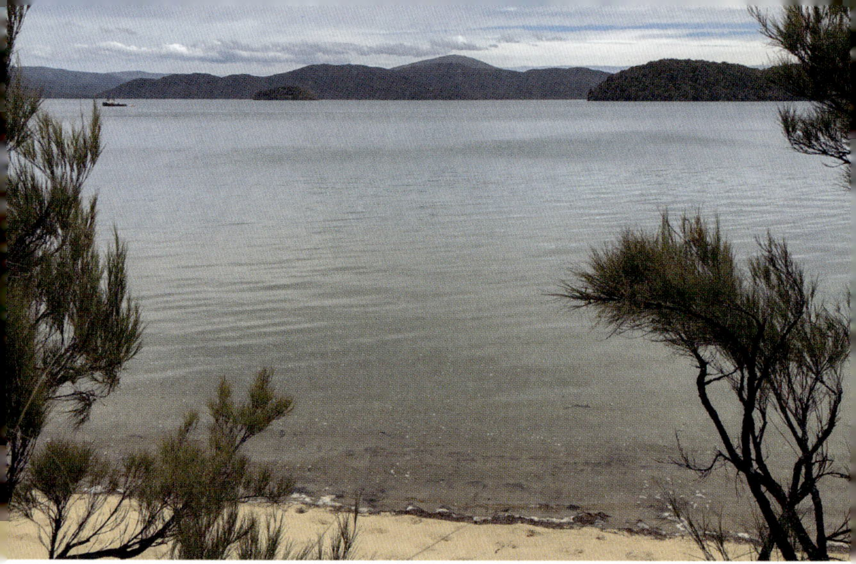

Blick über die Sawdust Bay.

wir eine schmale, aber lang gezogene Sandbucht, **Sawdust Bay** ❻, mit Campingplatz (Wegpfeil). Knapp danach knickt der Weg nach links, führt bergan und wieder von der Küste weg. Wir queren eine Landbrücke und treffen etwa 20 Min. später auf die nächste Meeresbucht, die wir durch die Bäume hindurch sehen können. Es geht in der Folge ein kurzes Stück der Bucht entlang und über einen Hügel in 30 Min. bis zur nächsten Bucht. In der Nähe einer Flussmündung sehen wir die Überreste von Gallon's Sawmill (kein Eingang, Privatbesitz).

Wenig später queren wir auf einer Brücke einen Flusslauf (Ästuar) und treffen danach auf den Hinweis, dass wir uns auf Māori-Land befinden. Nochmals kommen wir bei einer Weggabelung sehr nahe an die Küste, die **Kaipipi Bay** ❼, heran (lt. Informationstafel 2 Min.). Wir wandern jedoch in Richtung Halfmoon Bay weiter, es sind noch 5 km bzw. 1.30 Std. bis zum Ziel. Ab hier wird nun der Weg etwas breiter (alte Kaipipi-Straße) und führt kontinuierlich bergan. Wir queren einen Höhenrücken und nach etwa 1 Std. auf dem breiten Waldweg kommen wir zu einer Weggabelung. Nach rechts führt ein Weg Richtung Ryan's Creek, wir wandern links weiter und verlassen 10 Min. später den Wald, gehen halb rechts über eine Brücke und die Kaipipi Road (Fahrstraße) Richtung Halfmoon Bay/Oban. Wir passieren den Campingplatz Allan's Base Camp links und den Fern Gully Heliport rechts. Wenig später mündet die Kaipipi Road in die Main Road ein, die nach einem weiteren Kilometer in der Bucht von **Oban/Halfmoon Bay** ❽ endet.

↗ 160 m | ↘ 160 m | 8.7 km

3.00 h

Horseshoe Point Track **79**

Aussichtspunkt über den Klippen

Horseshoe Bay ist eine sichelförmige Bucht, die zwischen zwei kleinen Halbinseln nördlich von Oban liegt. Früher trug sie den Namen »Halfmoon Bay«. Diese Bezeichnung wurde jedoch auf die Bucht von Oban übertragen. Unsere Tour führt auf den südlichen Abschluss der Bucht und ist eine gemütliche Küstenwanderung mit einem lohnenden Lookout – Horseshoe Point – über die Foveaux.

Talort: Oban, 4 m.
Ausgangspunkt: South Sea Hotel in Oban/Halfmoon Bay, 8 m.
Anforderungen: Der Weg von der Halfmoon Bay bis zur Horseshoe Bay führt entlang einer Fahrstraße; der Weg um die Halbinsel mit dem Horseshoe Point verläuft auf Schotter-Erd-Wegen und zum Teil auf schmalen Pfaden mit einigen steilen An- und Abstiegen.
Markierung/Infrastruktur: Der Weg ist mit den üblichen Symbolen markiert: orange Dreiecke, Informationstafeln und Wegpfeile an den wichtigsten Kreuzungen.
Einkehr: Keine.
Tipp: In der Main Road von Oban/Halfmoon Bay liegt das kleine Rakiura National Park Visitor Centre des Department of Conservation (DOC). Dort erfährt man alles Wissenswerte zu Lage und Aussehen von Stewart Island und v. a. zu Flora und Fauna und zu den Wanderwegen der Insel. Öffnungszeiten: Montag bis Freitag, 8.30–16.30 Uhr.

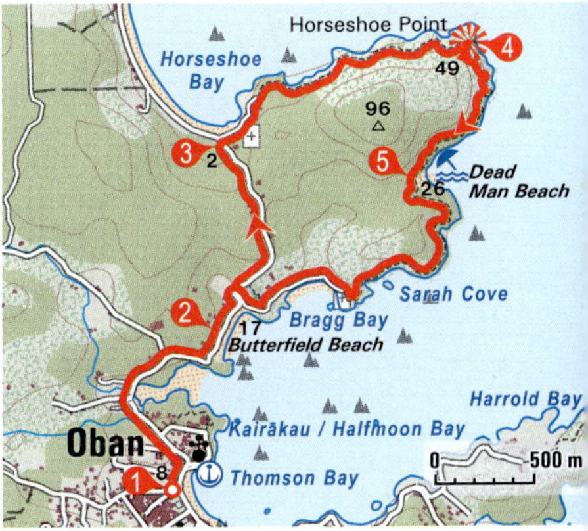

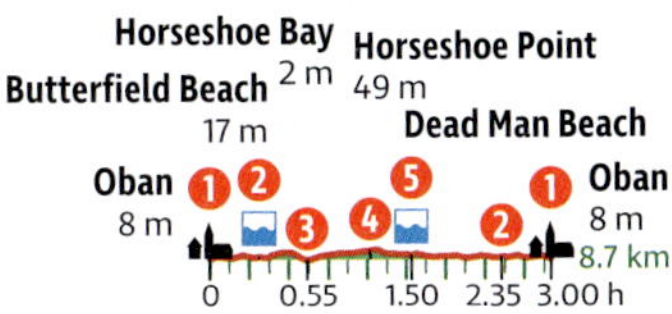

Wir starten die Wanderung vor dem markanten South Sea Hotel in **Oban ❶**. Mit Blickrichtung Bucht gehen wir nach links die Elgin Terrace und nach dem Ferry Terminal die Horseshoe Bay Road bergan und Richtung Mill Creek wieder bergab. Wir queren auf einer Brücke den Mill Creek River und bleiben auf der Küstenstraße. Neuerlich geht es über einen Hügel und bergab Richtung **Butterfield Beach ❷**, einer schönen Bucht mit Sandstrand und einigen Häusern auf der linken Straßenseite. Am Ende der Bucht passieren wir eine Straße, die von rechts einmündet; auf unserem

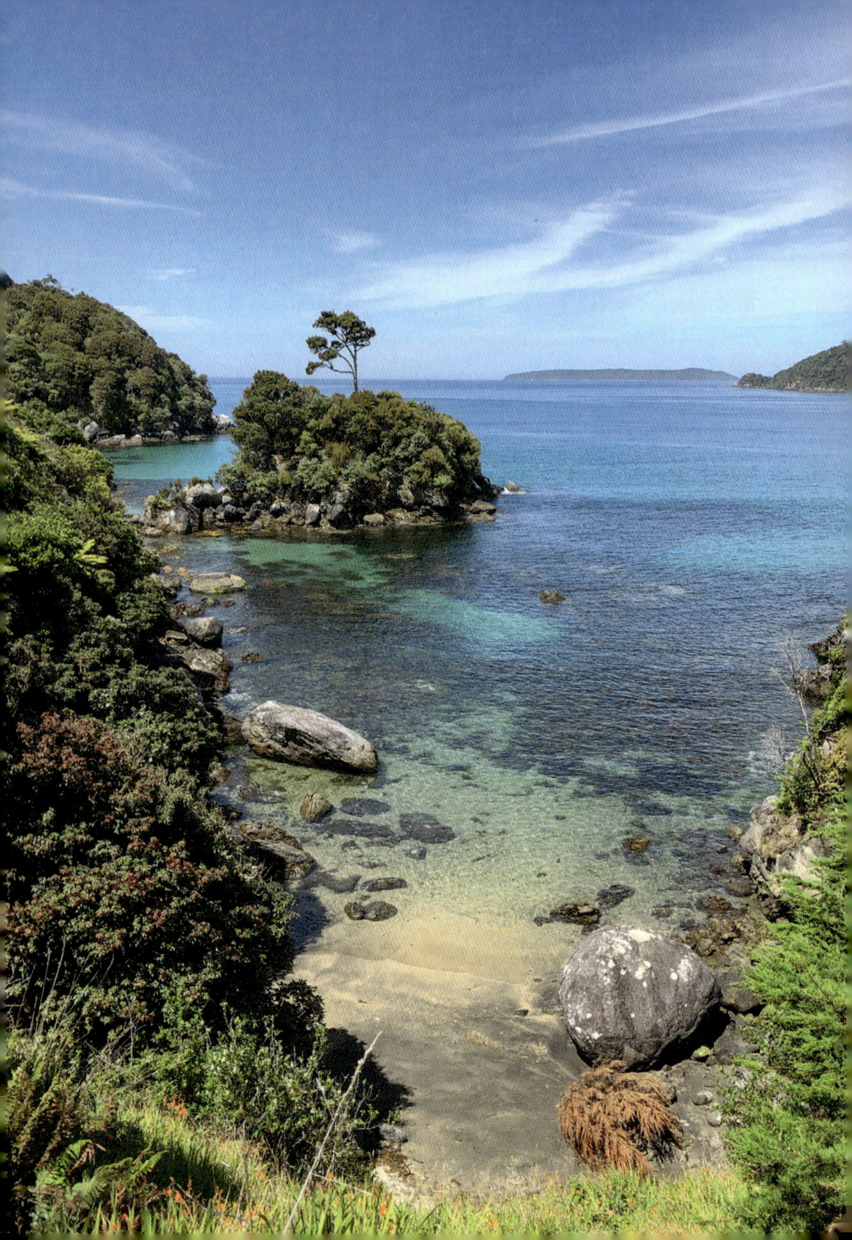

Rückweg werden wir von dort in die Horseshoe Bay Road zurückkommen.
Zunächst folgen wir aber weiterhin der Küstenstraße einen Hügel hinauf. Gleich rechts nach Butterfield Beach liegt der Moturau Moana Garden, ein Schild an der Straße weist darauf hin. Nach einem kräftigen Anstieg führt die Straße steil bergab Richtung **Horseshoe Bay** 3, 2 m. Schon zu Beginn der Bucht verlassen wir die Asphaltstraße und biegen nach rechts in eine Schotterstraße (Horseshoe Point Road) ein. Am Ende dieser Straße liegt rechts eine Glas-Recycling-Station, links davon startet der »Horseshoe Point Track« auf einem Erdweg (Markierung) und führt entlang einer Halbinsel, die die Südküste der Horseshoe Bay begrenzt. Mächtige Baumriesen (Eukalyptus, Thujen und Kiefern) säumen den Weg, ebenso zahlreiche Farnbäume, dazwischen wandern wir aber auch durch Busch- und Grasland, zuletzt steil bergan zum **Horseshoe Point** 4, 49 m. Hoch über dem Meer genießen wir eine wunderbare Aussicht zurück zur Horseshoe Bay, auf die vorgelagerten Muttonbird Islands sowie auf die Bluff-Halbinsel am »Festland« der Südinsel.

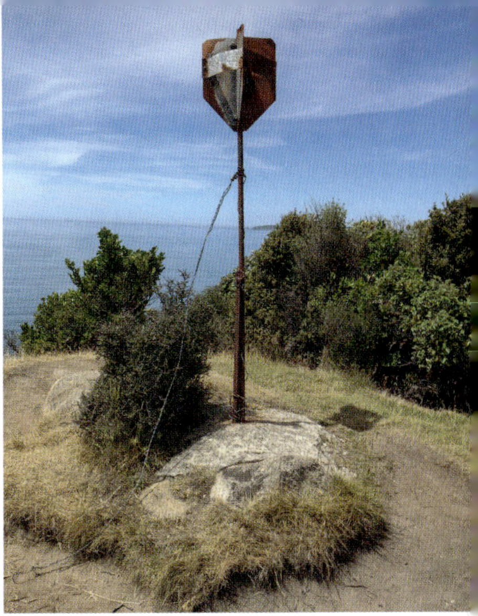

Horseshoe Point.

Es folgt ein steiler Abstieg in südliche Richtung, zumeist durch einen schattigen Farnwald verlaufend. Unser nächstes Ziel ist der **Dead Man Beach** 5, den wir nach etwa 20 Min. erreichen. Die traumhafte »Südseebucht« wird von Büschen und Sträuchern gesäumt, nur ein Ferienhaus oben am Hang stört etwas die Idylle. Über einen Treppenweg steigen wir sehr steil bergan und wandern alsbald wieder auf einem Waldweg durch viele Rimu-Bäume bis zu einem Haus mit eindrucksvollen Thujen, Picknickplatz und nahe gelegenem Familienfriedhof über Sarah Cove, einer kleinen Bucht mit vorgelagerter Felsinsel. Hier endet der schmale Pfad. Danach geht es auf einem etwas breiteren Weg leicht bergan und auf einer Schotterstraße die Bragg Bay entlang. Dieser Fahrweg mündet in die Horseshoe Bay Road ein; diese Stelle kennen wir bereits vom Hinweg. Links kehren wir auf der Horseshoe Bay Road zum Ausgangspunkt in **Oban** 1 zurück.

Links: Dead Man Beach.

↗ 160 m | ↘ 160 m | 7.1 km

80 Golden Bay Track

2.30 h

Zum Ringaringa Point

Eine der schönsten Kurzwanderungen der Insel führt uns zum aussichtsreichen Ringaringa Point, der mit seinen weißen Sandstränden und den im Wind wie Palmwedel wehenden Blättern des Cabbage Tree allemal mit Südseecharakter aufwarten kann, und uns zudem einen herrlich weiten Panoramablick über das Paterson Inlet beschert.

Talort: Oban, 4 m.
Ausgangspunkt: South Sea Hotel in Oban/Halfmoon Bay, 7 m.
Anforderungen: Zumeist einfacher Wegverlauf auf Asphalt, Erdwegen und Wiesenpfaden; um Halfmoon Bay und Golden Bay führt der Weg auf Fahrstraßen entlang, zwischen Golden Bay und Deep Bay auf einem Waldpfad. Der Anstieg zum Ringaringa Point verläuft über hügeliges Wiesengelände.
Markierung/Infrastruktur: Der Weg ist mit den üblichen Symbolen markiert: orange Dreiecke, Informationstafeln und Wegpfeile an den wichtigsten Kreuzungen. Die Tour setzt sich aus verschiedenen kürzeren Streckenwanderungen zusammen, die jeweils mit folgenden Namen markiert sind: Fuchsia Walk, Raroa Walk, Golden Bay Track, Deep Bay Track.
Einkehr: Unterwegs keine; Oban.
Tipp: Südlich von Oban/Halfmoon Bay erstreckt sich eine Halbinsel, die am Acker's Point endet. In einer kleinen Bucht auf dieser Halbinsel (Harrold Bay), knapp vor dem Kap steht Acker's Cottage. Ein unscheinbares kleines altes Steinhaus, das aber eines der ältesten Bauwerke der Insel ist. Das Haus ist verbunden mit der Geschichte von Lewis Acker (1817 bis 1885). Lewis war Sohn einer wohlhabenden US-Familie und ist in New York geboren. Er suchte sein Glück in der Seefahrt und heuerte als Harpunier auf einem Walfangschiff an. So kam er 1831 nach Neuseeland, arbeitete zunächst in einer Walfangstation und später als Bootsbauer. Als solcher hat er sich mit seiner Māori-Frau Mary Pi auf Stewart Island niedergelassen. Dort bauten sie Acker's Cottage und lebten in diesem einfachen Steinhaus wahrscheinlich bis in die 1850er-Jahre. Seither wurde das Haus auch als Schmiede, Lagerraum für Fischerei, Brauerei und Werkstatt genutzt. Heute steht es auf der Liste der historischen Stätten des neuseeländischen Kulturerbes. Nach Vereinbarung kann Acker's Cottage besucht werden: Tel. +64 211 0895, visit@southlandnz.com.

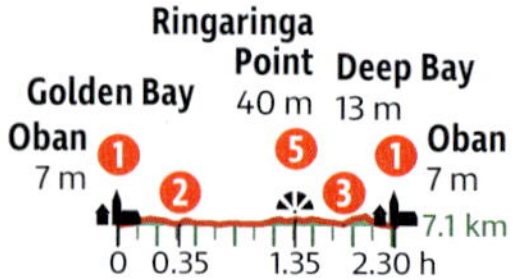

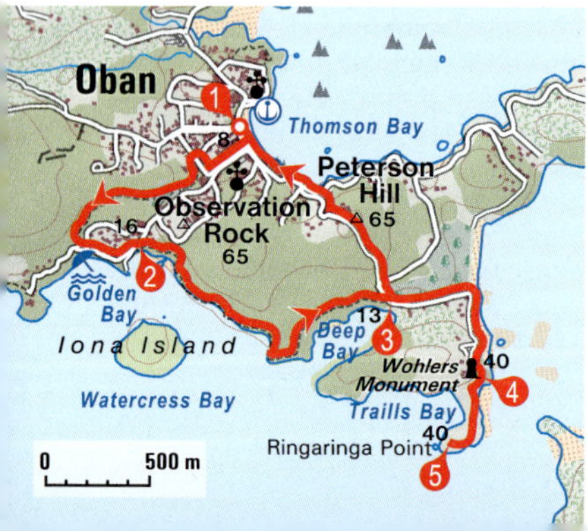

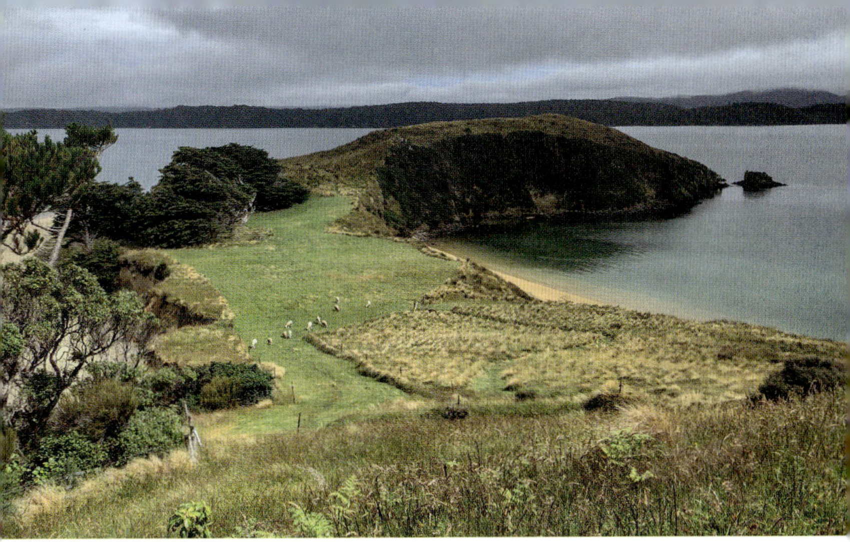

Blick auf den Ringaringa Point.

Wir starten die Wanderung vor dem markanten South Sea Hotel in **Oban** ❶. Mit Blickrichtung Bucht gehen wir nach rechts auf die Elgin Terrace und an der Ayr Street neuerlich nach rechts. Dabei passieren wir das Community Centre mit der Bücherei und am Ende der Straße das Stewart Island Backpackers. Gleich danach nehmen wir rechts die Dundee Street und folgen bei nächster Gelegenheit der Wegmarkierung des Fuchsia Walk nach links. Auf einem schmaleren Weg wandern wir durch Wald- und Buschland etwas bergan. Bei einer Weggabelung halten wir uns rechts und erreichen einen Sportplatz (Wiese), den wir diagonal überqueren. Nun orientieren wir uns an der Wegmarkierung des Roara Walks, der uns in der Folge durch dichten Küstenwald führt, und gelangen nach ca. 10 Min. zum Watercress Beach. Auf der Thule Road wandern wir nach links und treffen nach etwa 300 m auf den kleinen Hafen von **Golden Bay** ❷. Gegenüber vom Abgang in den Hafen bleiben wir bei einer Informationstafel weiter Richtung Deep Bay. Wir verlassen damit die Fahrstraße und wandern auf einem Erdweg durch dichten Küstenwald, stellenweise auf einem Boardwalk, mit zahlreichen An- und Abstiegen auf Stufen. Der Ausblick auf die Bucht ist durch das dichte Blätterdach nur eingeschränkt. Nach etwa 2 km (30 Min.) erreichen wir die **Deep Bay** ❸. Auf der Deep Bay Road geht es geradeaus weiter, links des Weges liegt ein Golfplatz, rechts eine kleine Siedlung. Die Deep Bay Road mündet in einer T-Kreuzung in die Ringaringa Road, die wir nach rechts, in Richtung Wohlers Monument, weitergehen. Der Blick auf die Steilküste und die vorgelagerte Ulva Island ist eindrucksvoll.

Wir folgen der Ringaringa Road bis zu einem Rechtsknick (ca. 300 m) und verlassen die Straße nach links auf einer Treppe (Hinweisschild »Wohlers Monument«). Der folgende Wegabschnitt führt über Privatland. Wir queren einen Weidezaun (Überstiegshilfe) und wandern weiter bis zum **Wohlers Monument** 4, einem Steinkreuz. Eine Informationstafel beschreibt die Pionierleistung von Reverend Wohlers und seiner Familie in dieser Region.
Vorbei an einem Bauernhaus, gehen wir über eine Schafweide bergab und bei einem mächtigen Rimu-Baum etwas rechts des Weges treffen wir auf die Gräber der Familie Wohlers. Auf der kleinen Halbinsel halb links vor uns liegt Ringaringa Point. Der Aufstieg dorthin dauert etwa 10 Min. und erfolgt über einen mehr oder weniger weglosen Grashügel. Bemerkenswert ist unterwegs rechts das Grab des Māori-Politikers Mohi Hamero Maraetaia und seines Sohnes. **Ringaringa Point** 5, 40 m, ist ein lohnender Aussichtspunkt. Unser Blick schweift über weite Teile von Stewart Island. Im Westen bietet sich uns ein herrliches Panorama über das Paterson Inlet, im Südosten erblicken wir Native Island und im Süden die Vogelinsel Ulva Island.

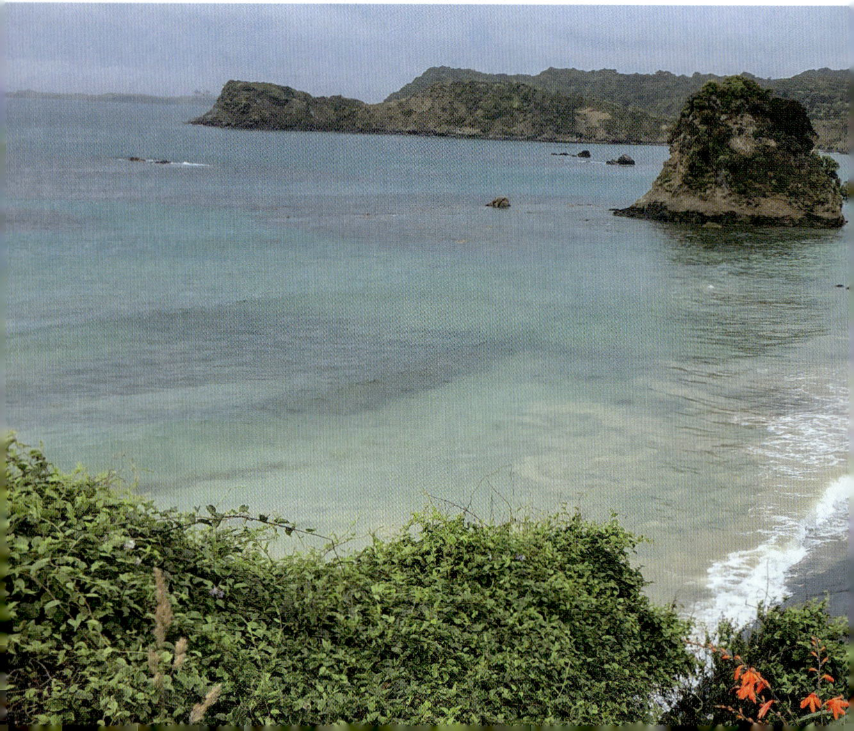

Im Anschluss kehren wir auf dem gleichen Weg zur **Deep Bay** ❸ zurück. Dort wandern wir nach rechts auf der Peterson Hill Road bergan weiter und zweigen bei erster Gelegenheit nach links (Wegpfeil) auf den Deep Bay Track ab. Nun geht es durch einen Küstenwald steil bergan. Oberhalb einer Wohnsiedlung verlassen wir den Wald und blicken auf Oban/Halfmoon Bay. Der Weg mündet wieder in die Peterson Hill Road ein, die wir bergab gehen, bis diese in die Elgin Terrace einmündet. Den letzten halben Kilometer wandern wir auf dieser Fahrstraße entlang der Halfmoon Bay bis zum South Sea Hotel in **Oban** ❶.

Rechts: Wohlers Monument.
Unten: Blick auf die Little Bay und Native Island dahinter.

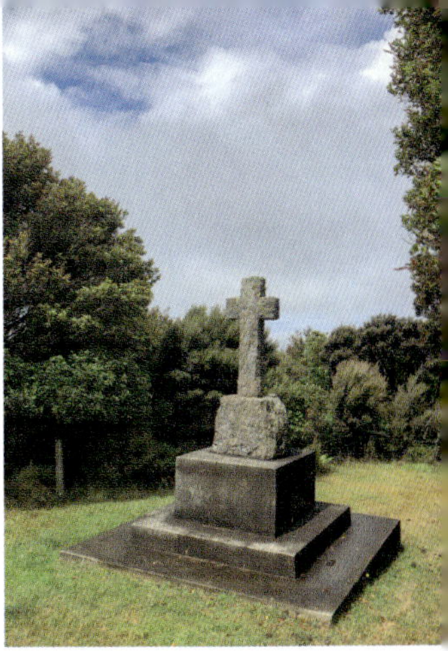

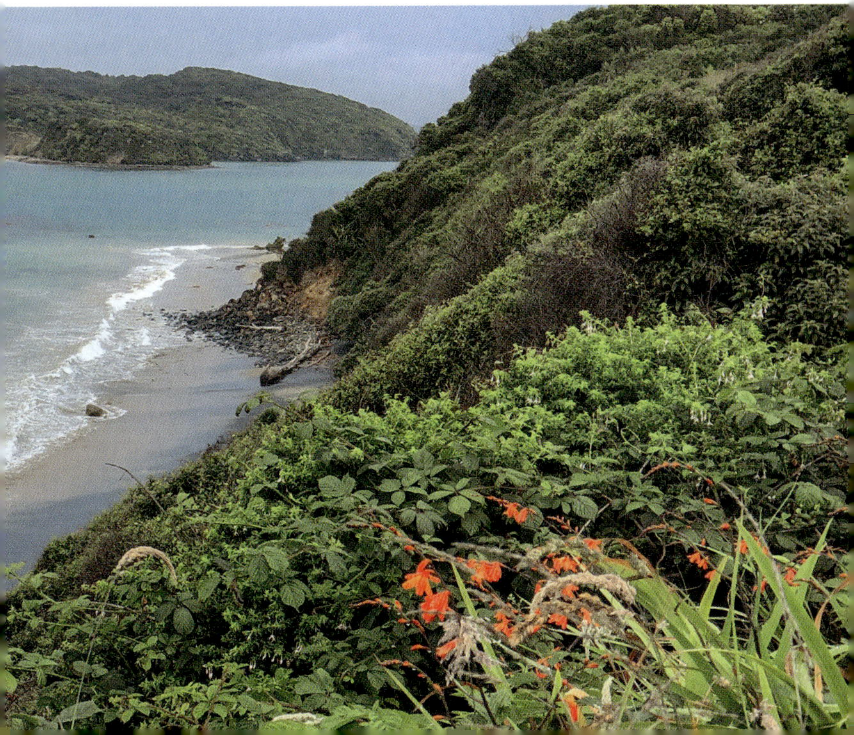

↗ 100 m | ↘ 100 m | 4.2 km

81 Ulva Island

2.30 h

Ein Vogelparadies und das ehemals südlichste Postamt Neuseelands

Ulva Island ist eine Insel im Paterson Inlet, der großen und vielgestaltigen Bucht im zentralen Osten von Stewart Island. Der kleinen Insel wurden aufgrund ihrer Lage schon einige Rollen zugewiesen. Von 1872 bis 1923 war hier das erste Postamt von Stewart Island in Funktion. Von 1899 an wurde die Insel schon als erstes Vogelschutzgebiet Neuseelands ausgewiesen. Heute ist Ulva unbewohnt und wird einem strengen Schutzregime unterzogen, vor allem, um zu verhindern, dass Ratten auf die Insel zuwandern, gilt diese doch seit 1997 als komplett rattenfrei. Ulva Island sollte man aufgrund seiner Tierwelt besuchen. Beim Spaziergang durch die Küstenwälder kann man zweifelsohne eine variantenreichere Vogelwelt beobachten als in fast allen anderen Wäldern Neuseelands. Zudem werden die schönen Sandbuchten auch von Seelöwen regelmäßig besucht!

Talort: Oban, 4 m.
Ausgangspunkt: Post Office Bay, im kleinen Hafen von Ulva Island, 11 m.
Anforderungen: Sehr einfache Tour auf breiten Waldwegen, die verschiedene Buchten von Ulva Island verbinden.
Markierung/Infrastruktur: Der Weg ist mit den üblichen Symbolen markiert: orange Dreiecke, Informationstafeln und Wegpfeile an den wichtigsten Kreuzungen. Wanderwege sind nur im Nordwesten von Ulva Island angelegt. Der hier beschriebene Rundweg ist eine Kombination aller Wanderwege der Insel.
Überfahrt: Die Überfahrt von Stewart Island (Hafen von Golden Bay) nach Ulva Island dauert 10 Min. Dafür kann man entweder ein Wassertaxi engagieren (zeitlich unabhängig) oder die Ulva Island Ferry nutzen, die in der Sommersaison fünfmal pro Tag fährt. Preis (Stand 2023): 25 NZ-Dollar. Weitere Informationen und Buchung: rakiura.nz.
Einkehr: Keine.
Tipp: Unweit des kleinen Ortszentrums von Oban/Halfmoon liegt die Galerie »Rakiura Jade« von Dave Goodin, der sich 2014 auf Stewart Island niedergelassen hat, um die alte Māori-Kulturtradition des Pounamu-Schleifens (= Jade) auf Stewart Island wiederzubeleben. Neben seinen Kreationen bietet er auch Workshops an, um Besuchern der Insel die Grundfertigkeiten zu vermitteln. Weitere Informationen: rakiura-jade.co.nz.

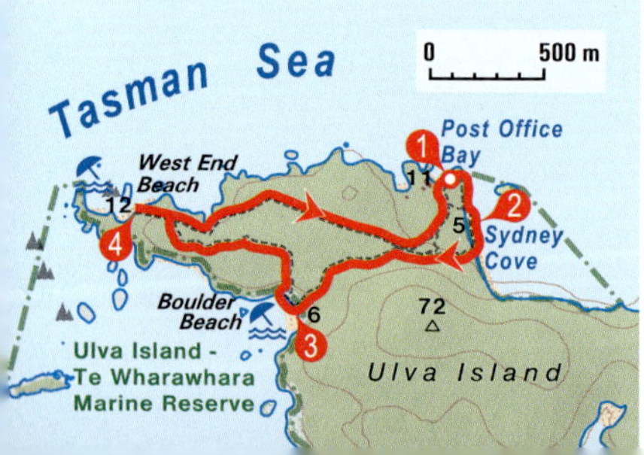

Wir starten am Pier der **Post Office Bay** ❶ auf Ulva Island. Bei einer Informationstafel in der Nähe des Piers erhalten Besucher der Insel in der Regel ein kurzes Briefing zu den Wanderwegen. Wir gehen am Ende des Piers nach links und wandern zum Flagstaff Point hinauf. Von der Plattform aus bietet sich ein schöner

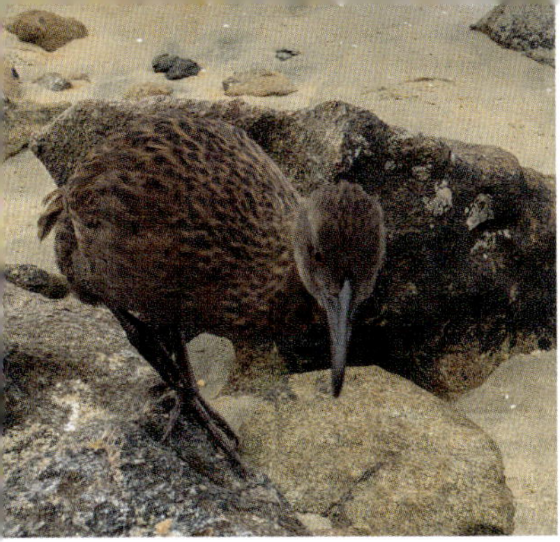

Ein neugieriger Weka.

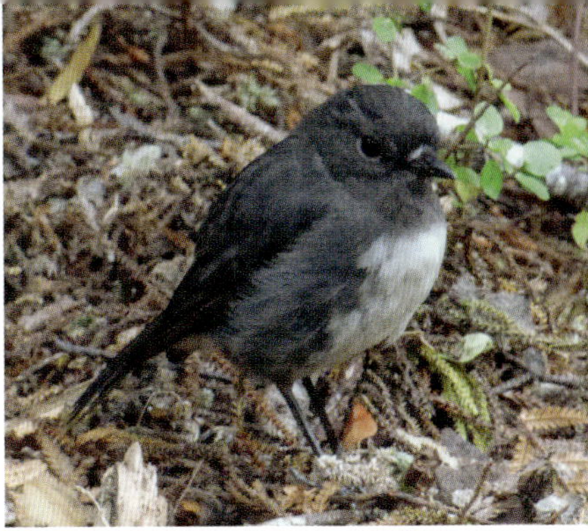

Stewart Island Robin.

Rundblick über das Paterson Inlet. Die Geschichte erzählt: Immer, wenn ein Postschiff auf Ulva Island anlegte, wurde hier die Flagge gehisst und die Holzfäller in den umliegenden Camps ruderten in der Folge herbei, um ihre Briefe abzuholen oder Neuigkeiten zu erfahren.

Durch einen dichten Wald steigen wir in wenigen Minuten bis **Sydney Cove** 2 ab. An diesem längsten Sandstrand der Insel soll zeitweise eine saisonale Siedlung bestanden haben. Heute befinden sich hier ein Shelter und ein Picknickplatz. Wir gehen bis zur Mitte des Sandstrandes, steigen über Holztreppen nach rechts in den Wald hoch und orientieren uns Richtung Boulder Cove auf der gegenüberliegenden Seite der Insel. Nach etwa 400 m kommen wir zu einer Kreuzung. Hier halten wir uns links und durchwandern in der Folge einen schönen Küstenwald mit reichhaltiger Vogelwelt. Der Weg überquert einen kleinen Hügel und erreicht **Boulder Beach** 3, eine geschlossene Sandbucht mit einigen vorgelagerten Felsinseln. Austernfischer und neugierige Wekas leben hier. Mit Glück trifft man auch Seelöwen an.

Der Weiterweg verlässt den Strand am nördlichen Ende (rechts mit Blick auf das Meer). Nun folgen wir der Markierung Richtung West End Beach. Zunächst steigen wir etwas auf und wandern ca. 15 Min. Richtung nordwestlichem Inselende. Bei einer Weggabelung halten wir uns links und gehen steil bergab zum **West End Beach** 4. Auch hier treffen wir auf eine sehr schöne Sandbucht mit vorgelagerten Felsinseln. Im Anschluss kehren wir zurück zur Weggabelung und wandern von dort in etwa 30 Min. nach links Richtung Post Office Bay. Nach etwa 20 Min. passieren wir die schon bekannte Wegkreuzung im Inselinneren und gehen von hier aus weiter nach links Richtung **Post Office Bay** 1, wo wir unsere Tour abschließen.

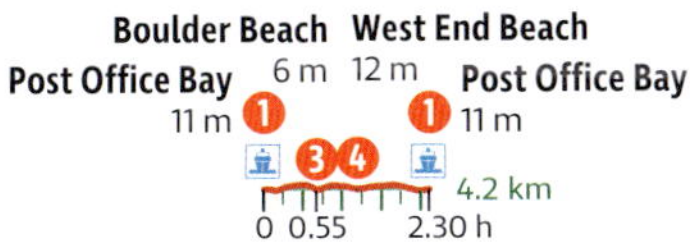

STICHWORTVERZEICHNIS

Umschlagbild: Der Tasman-Gletscher.

Bild im Innentitel: Ein neugieriger Kea.

Seite 38/39: Panoramablick im Aufstieg zum Roys Peak (Tour 57).

Seite 198/199: Blick auf Lake Wanaka und umgebende Gebirgslandschaft vom Wanaka Viewpoint aus.

Seite 220/221: Lake Wakatipu und Cecil Peak im Hintergrund.

Alle Fotos von Franz Halbartschlager und Gerhard Ruß, ausgenommen die Fotos der Seiten 121–150 und 157–169 (Sylvia Seligmann/Matthias Dollmann) und Seite 153 (Gerhard Hirtlreiter).

Kartografie:
81 Wanderkärtchen im Maßstab 1:50.000, 1:75.000, 1:100.000 und 150.000
Kärtchen der Touren 1–25, 39, 47–81 sowie drei Übersichtskarten
im Maßstab 1:6.500.000 und 1:10.000.000
Geodaten © OpenStreetMap und Mitwirkende,
Kartografisches Design: SHOCart (CZ), shocart.cz
Kärtchen der Touren 26–38 und 40–46 rolle-kartografie.de

Werk-Nr.: 4338

vollständig überarbeitete Auflage 2024
ergverlag Rother GmbH, München
978-3-7633-4662-2

MIX
Papier | Fördert gute Waldnutzung
FSC® C147178

euen uns über jeden Korrekturhinweis zu diesem Wanderführer!
er E-Mail an: **leserzuschrift@rother.de**

R BERGVERLAG · Keltenring 17 · D-82041 Oberhaching
89 608669-0 · rother.de

R
6.,
© B
ISBN
Wir fr
Bitte
ROTHE
Tel. +49